先端・ハイブリッド行政法

編著
田村泰俊
千葉　実
津軽石昭彦

早川和宏・土田伸也
廣地　毅・山口道昭・吉田　勉

HYBRID
ADMINISTRATIVE LAW

八千代出版

執筆分担（目次順）

田 村 泰 俊　明治学院大学法学部教授
　ガイダンス講義・第1講・第2講・第4講～第23講・ロー・スクール・予備試験・公務員試験へのガイダンス

早 川 和 宏　東洋大学法学部教授・弁護士
　第3講

土 田 伸 也　中央大学法科大学院教授
　第24講～第26講・第28講～第31講

廣 地 　 毅　中野区
　第27講

千 葉 　 実　岩手県（前・岩手県立大学特任准教授）
　第32講・第36講

山 口 道 昭　立正大学法学部教授
　第33講

吉 田 　 勉　常磐大学総合政策学部教授
　第34講

津軽石昭彦　関東学院大学法学部教授
　第35講・第37講

［Café de 自治体　執筆者（目次順）］

澤 幡 博 子（茨城県） ……………………①
松 下 啓 一（相模女子大学教授）……………②
佐 川 　 聡（茨城県） ……………………③
千 葉 　 実（岩手県） ……………………④
千 葉 絵 理（岩手県） ……………………⑤
平 井 省 三（岩手県） ……………………⑥
平 塚 弘 之（茨城県） ……………………⑦
津軽石昭彦（関東学院大学教授）……………⑧
千 葉 　 実（岩手県） ……………………⑨
霜 垣 慎 治（沼田市） ……………………⑩

［不利益処分フロー図作成］

平 井 省 三（岩手県）

はしがき

　『ハイブリッド行政法』が出版されたのはミレニアム、つまり2000年であった。その数年前、現在の八千代出版社長の森口恵美子さんと山竹伸二さんが、簡単な入門書の構想を持ってきてくださった。その意味では、この本も構想段階から考えれば、20年近くの時を経ることとなった。

　以上のような発想から、最初のハイブリッドは、石川敏行先生と田村の共著（石川先生担当部分の実質的執筆者として当時大学院生だった土田伸也中央大学教授）として、主に法学部以外の学生に行政法のイメージ作りをしてもらう入門的テキストとして出版された。風営適正化法を中心としたり、会話型式を導入したり、新聞の引用をこころがけたのも以上の理由による。それは、民事・刑事と異なり、イメージすらつかみづらい科目と考えられるからだった。

　その後、法科大学院志望者を対象とする必要性から、ページ数も大巾に増加して、『最新・ハイブリッド行政法』（2003年）として出版した。その後は、「改訂版」（2006年）。「改訂第2版」（2011年）、「改訂第3版」（2016年）と改訂が重ねられた。

　しかし現在では、周知のように法科大学院制度の現状は、かなり厳しい現状にある。法学部生で法科大学院を志望する者は少数となり、むしろ公務員志望の学生が多数となっている。このように、法学教育の環境やニーズが大きく変化した。このような状況から、この本も、行政法のイメージ作りとは言っても、むしろ公務員を志望する学生をその対象としようということとなった。加えて、かつてから、現役の、特に、自治体の公務員の方々が本書の読者として多かったこともあり（岩手県の例規集だけで、説明を試みるとの「岩手県行政法」という発想もなかったわけではないが、訴訟の説明で困難を感じた）、ここに編集方針を大きく変えることとした。自治体職員のニーズの背景には、多くの自治体で財源の関係から研修予算がけずられ、行政法を学ぶ機会のない公務員の方々が多くいるようであるから、そのような公務員の方々への入門書という位置付けも与えることとした。そこで、編集および執筆も、自治体実務に精通している者で行うこととし、書名も編集方針の変更から『先端・ハイブリッド行政法』とすることと

i

した。最先端の「人口減少問題」「災害復興」や、Café de 自治体に「行政ドック」等のテーマを入れたのも、以上の趣旨による。

　具体的には、以下のような編集方針でのぞんだ。

　多くの書店で、高校生向けの「世界史」や「日本史」「数学」等の教科書が売れているのは、社会人の人々が仕事の中で基礎のたりなさを感じる場面が多いからだと推測される。たとえば、法を学ぶにしても、わが国の法はヨーロッパやアメリカから継受したものなので、その根本的発想は、多くキリスト教や聖書に求められる。具体的には、刑罰の応報との発想はトマス・アクィナスに求められる（大塚 仁『刑法概説（総論）〔第 3 版増補版〕』13 頁〔有斐閣、2005 年〕）。加えて編者 3 人は、田村は明治学院大学、千葉は上智大学、津軽石は関東学院大学、すなわちいわゆるミッション系大学での講義経験があり、この基礎部分の重要性の認識を共有している。そこで、従来から、このような基礎部分を多く入れている田村執筆部分は、基本的には、その内容は維持することとした。また、訴訟リスクは公務員が意識すべき点であり、土田執筆部分もそのまま維持することとした。一方で、他の部分は、必ずしも風営法にこだわる必要もないこととし、主に自治体実務者や公務員志望者のニーズに対応して項目立てや内容の変更を行った。自治体の意思決定、議会と政策法務といった関心を入れたのは、このためである。

　とはいえ、本書が、行政法のイメージ作りのための入門書であることに変わりはない。学生のみなさんは、本書でイメージをつかんだ上で、宇賀克也『行政法概説Ⅰ〜Ⅲ』（有斐閣、2013 〜 2015 年）、塩野 宏『行政法Ⅰ〜Ⅲ』（有斐閣、2012 〜 2019 年）、大橋洋一『行政法Ⅰ・Ⅱ』（有斐閣、2015 〜 2019 年）、阿部泰隆『行政法解釈学Ⅰ・Ⅱ』（有斐閣、2008 年）、高木 光『行政法』（有斐閣、2015 年）といった高水準のテキストに取り組んでほしいと願っている。また行政実務家たる公務員の方々は、それぞれの職場で担当している法令を見る視点や土台を作ってほしいと願っている。

　なお、本書の基本的な思想は、近代法からポスト・モダンへの法の変化（地方分権も、このギア・チェンジのために必要）を基本としている。しかし、一方で、現在のグローバル社会は、特にビジネス・ローや国境をまたいだ国際犯罪といった刑事法で、さらに次の時代への法へ変化しつつある。このポスト・モダン

からさらに次の時代への法の変化が行政法に、どのような変化をもたらすのか、それは、次の時代の研究者や実務者の手にまかせられることとなる。

2019年6月5日

田村 泰俊
千葉　実
津軽石昭彦

目　　次

はしがき　i

ガイダンス講義 ………………………………………………………………… 1
現代行政法の構造　4　　公正性を支える法の哲学としての「社会契約」　8　　行政と「公正の原理」　9　　「新しい公共」と「公序」　10　　憲法と行政法　11　　「行政」と「行政法」の定義　14　　行政法と民法　15　　風俗からの宿題　16

Café de 自治体 1　マリちゃんへ（公務員をめざす皆さんへ）　18

第 1 講　「法律による行政の原理」の再検討 ……………………………… 20
法律による行政の原理の意味　21　　「行政」の内容の変化と原因　24　　行政改革と地方自治　29　　風営適正化法の位置づけ　30　　風営適正化法の現実から考える　31

第 2 講　現代型行政法の原則とアカウンタビリティー …………………… 33
「アカウンタビリティー」の意味　34　　「法的」コンセプトとしての「アカウンタビリティー」　35　　情報公開・個人情報保護制度　37　　パブリック・コメント　42　　政策評価　43　　その他のアカウンタビリティーの制度　45　　「風営適正化法」改正案でのパブリック・コメント　47

第 3 講　公文書管理 …………………………………………………………… 51
公文書管理の必要性　52　　公文書管理法にいう「公文書等」とは何か　53　　行政文書・法人文書の管理　54　　特定歴史公文書等の管理　55　　公文書管理の課題　57

第 4 講　行政法令の解釈 ……………………………………………………… 60
行政法令の性格　61　　自治体の法令解釈権　63　　風営適正化法の解釈についての判例　65　　判旨（破棄自判）　66

第5講　風営適正化法の沿革と組立て　69
この法律の目的　70　　改正の歴史　71　　行政法とその法源　75

第6講　「政策法務」と条例　79
「政策法務」という考え方　80　　政策の必要性の認識を具体例で見てみよう　83　　地方分権と条例　86　　風営適正化法と条例に政策法務の実際を見てみよう　87

第7講　行政立法　94
風営適正化法の「解釈基準」とは何か　95　　「解釈基準」の法的性格、「行政規則」から「行政基準」論、あるいは「外部化現象論」　96　　行政規則の外部化現象　100　　行政立法の手続　102　　風営適正化法の実例　103　　風営適正化法施行令からの宿題　104

第8講　行政計画　106
行政計画という手法　107　　行政計画とその法的規律　108　　風俗営業等への計画による規制　110

第9講　地方自治体と委員会　113
「ヨコの権力分立」と「タテの権力分立」　113　　伝統的な「行政組織法」を見る目　114　　法律上設置される自治体の審査会　116　　都道府県と公安委員会　116

Café de 自治体2　スタッフ制　119

第10講　行政指導　121
行政指導は日本独自の手法なのか　122　　法定行政指導と法律・条例に規定のない行政指導　123　　行政指導の沿革と行政手法・行為形式としての必要性　124　　最高裁判所の建築確認の留保の判決を見てみよう　127　　行政指導の類型と法的根拠　129　　行政指導と行政の実効性確保手法　130　　行政指導とその方法　131　　風営適正化法と行政指導　133

第11講　行政契約　138
問題の位置づけ　138　　定義　139　　種類　139　　具体例　140　　行政

契約の性格　141　　形式的行政処分との関係　142　　「行政処分」「行政契約」手法選択論　142　　行政手続との関係　144　　法律の根拠との関係　146　　争訟との関係　146　　事例の検討　146

第12講　ソフトな行政手法（啓発手法・表彰手法・補助金手法・民間活力の利用・事務管理・損害賠償的補助金） ……………………………………………… 148

行政手法の多様化とソフトな行政手法　149　　ソフトな行政手法の具体例と「公共性」の原理　149　　青少年保護育成条例・風営適正化法とソフトな行政手法　152　　事務管理　156　　損害賠償的補助金　156　　規制の必要性　157

第13講　行政調査 ……………………………………………………………………… 159

「行政調査」とは何か　160　　監視カメラの利用　163　　風営適正化法と行政調査　164　　行政調査のデュー・プロセス　167　　私人に対する調査命令等　168　　行政調査と刑事手続　169

第14講　申請に対する処分 …………………………………………………………… 171

「手続」という考え方と「行政手続法」制定への流れ　172　　風営適正化法と行政手続法第2章　176　　具体的な手続　177　　風俗営業と建築確認申請　183　　情報公開制度との関係　183　　適用除外　185

Café de 自治体 *3*　行政ドックの効果と課題　187

第15講　不利益処分の手続 …………………………………………………………… 189

不利益処分と手続的正義　189　　「聴聞手続」・「弁明手続」と風営適正化法　192　　具体的な聴聞手続　195　　風営適正化法の判例　202　　フーゾクからの宿題　202

Café de 自治体 *4*　聴聞は「裁判」か「お白洲」か　203

第16講　行政処分 ……………………………………………………………………… 205

「行政処分」という言葉　206　　「処分」と「行政行為」との関係　208　　「行政処分」とのコンセプト　212　　風営適正化法の判例を見てみよう　216

Café de 自治体 *5*　パワー・ハラスメント対策とそこにある政策法務のシーズ　219

第 17 講　行政処分の附款 222
行政処分の附款とは何か　222　　附款の種類　223　　風営適正化法と附款　226

第 18 講　職権取消と撤回および行政処分の違法性 228
「職権取消」と「撤回」を共通に扱う意味　229　　職権取消と撤回の相違　229　　職権取消と撤回の根拠　230　　職権取消と撤回の制限　232　　撤回と損失補償　233　　撤回権者——新しい提言　233　　風営適正化法の判例を見てみよう　235　　行政処分の無効と取消し　239　　訴訟法務との関係　243　　宿題　243

第 19 講　届出手続と行政手法としての意義 244
届出手法の意味　244　　政策法務論と風営適正化法での「届出」　246　　1998 年改正風営適正化法での届出制　247　　行政法への一つの視点　248　　風俗業を例とする宿題　251

第 20 講　行政の実効性確保手法 252
行政法理論全体の中での位置づけの変化　252　　従来の「行政強制」の機能不全　254　　即時強制の拡大　258　　「行政の実効性確保」とのコンセプトを利用したあらたな構成　258　　風営関連の判例を見てみよう（ケースへのあてはめ）　271

第 21 講　行政の実効性確保と民事的手法 275
従来からの「選択性」との争点　276　　判例の立場　277　　民事手法との「連続性」と具体例　278
Café de 自治体 6　行政上の義務の履行確保の問題について　279

第 22 講　罰則手法 281
「罰則手法」の意味　281　　行政と罰則の一般的な制度　284　　行政刑罰の特殊性　286　　過失の問題　288　　立法実務の視点　289

第 23 講　行政過程・行政作用から行政救済法への橋わたし 291
行政の様々なアクションと救済法との関係　292　　「行政裁量」論の位置づ

けと訴訟からの視点 296　　裁決の義務付・差止効果 301　　風営適正化法8条による営業許可取消と裁量 301　　自治体オンブズマン（パースン）など、訴訟以外の紛争処理システム 303　　「要件事実的」な行政法の見方 304

Café de 自治体 7　法規担当職員について　　306

第24講　損 失 補 償 ………………………………………… 308
損失補償の定義と損失補償の動向 308　　損失補償制度の法的根拠と損失補償請求権の法的根拠 309　　損失補償の要件 309　　損失補償の内容 310　　近年の損失補償 311　　損失補償の事前手続 312　　損失補償の事後手続 313　　事例の検討 313

第25講　国家賠償法1条 …………………………………… 315
1条の法律要件と法律効果 316　　法律要件①～③の関係 316　　「公権力の行使」とは何か？ 316　　「その職務を行うについて」とはどういうことか？ 318　　「故意又は過失」とは何か？ 318　　「違法に」とはどういうことか？ 319　　「他人に損害を加えた」とはどういうことか？ 319　　国家賠償法1条1項の法律効果 319　　事例の検討 321

第26講　国家賠償法2条 …………………………………… 324
国家賠償法2条の法律要件と法律効果 324　　「公の営造物」とは何か？ 325　　「設置又は管理に瑕疵があった」とはどういうことか？ 325　　事例の検討 327

第27講　行政不服審査制度 ………………………………… 328
行政不服審査制度 328　　不服審査の対象 330　　不服審査申立適格 331　　不服審査の種類 332　　審査請求申立期間 334　　教示制度 334　　審理員による審理 335　　審理手続の迅速化 337　　審査請求手続の開始 337　　参加人 338　　審理手続 339　　口頭意見陳述 339　　証拠書類の提出 339　　職権審理 340　　審理手続の終結・意見書の作成 340　　行政不服審査会等への諮問 340　　裁決 342　　裁決書の記載事項 344　　裁決の効力 344　　執行停止 344　　審査請求前置の見直し 346　　事例の検討 346

第 28 講　行政事件訴訟の類型 ……… 349
総説　350　　抗告訴訟　351　　法定外抗告訴訟　353　　当事者訴訟　353　　民衆訴訟　354　　機関訴訟　354　　事例の検討　355

第 29 講　取消訴訟の訴訟要件 ……… 358
序説　358　　取消訴訟の対象　359　　原告適格　360　　（狭義の）訴えの利益　363　　被告適格　364　　管轄裁判所　365　　出訴期間　365　　不服申立前置　365　　教示制度　366　　事例の検討　366

第 30 講　取消訴訟の審理 ……… 369
仮の権利保護　370　　訴えの変更　371　　訴えの併合　371　　訴訟参加　372　　違法主張の制限　373　　実質的証拠法則　374　　釈明処分の特則　374　　職権証拠調べ　375　　違法性判断の基準時　375　　瑕疵の治癒・違法行為の転換　376　　立証責任　377　　事例の検討　378

第 31 講　取消訴訟の終了 ……… 379
終局判決によらない訴訟の終了　379　　判決の種類　381　　判決の効力　382　　形成力　382　　既判力　383　　拘束力　383　　事例の検討　384

第 32 講　人口減少社会と行政法 ……… 385
人口減少社会と行政法　385　　人口減少を食い止めるための行政法　386　　自然減対策のための行政法　387　　社会減対策のための行政法　388　　人口減少に対応できる社会システムにしていく行政法　389　　人口減少による不都合に対処する行政法　390　　人口減少社会における今後の行政法の方向性　391

第 33 講　新地方自治制度 ……… 394
地方分権推進のための方策と経緯　394　　地方分権一括法の成立・施行　396　　第 1 期地方分権改革の自治体への影響　397　　自治立法権の変化　398　　法令解釈権の変化　399　　係争処理制度の整備　401　　第 2 期地方分権改革と地域主権改革　401　　第 2 期地方分権改革の内容　402　　風営適正化法との関連　403　　風営適正化法 2001 年改正　403

第34講　地方自治の意思決定——その制度と運用 …… 406

自治体の意思決定の制度的な仕組み　407　　間接民主制を補完する直接請求制度　408　　二元代表制による意思決定制度の全体像と考察の枠組み　409　　「訴えの提起」の議決事件——議決の要否を考えるケーススタディ　410　　専決処分のあり方——議決を不要とする制度　413　　再議の運用——議会の決定を変容する制度　418　　住民投票の運用のあり方——議会の意思決定に大きく影響を与える住民の意思表示　425　　自治制度と運用の考え方　429

第35講　自治体議会の政策法務 …… 431

議会の政策法務の特質　432　　議員立法の政策法務　434　　議会の議決と政策法務　445　　議会の監視機能と政策法務　448　　議会の政策法務能力の向上　450

Café de 自治体 8　政策法務を支えるお作法としての法制執務　452

第36講　条例の制定過程 …… 454

条例の制定過程とその意義　454　　条例案を作成するのは誰か　455　　条例制定過程の区分　456　　立法要否判断段階　456　　立案段階　458　　住民等調整段階　459　　審議・決定段階　460　　公布・施行段階　460　　事例の検討　461

Café de 自治体 9　住民の「安心」の確保について　463

第37講　防災や復興のための法制度 …… 465

災害大国ニッポン——災害の発生状況と自治体対応　465　　災害法制の制定経緯　467　　災害対策基本法の概要　468　　その他の主な災害法制の概要　473　　自治体における防災条例の制定　477

Café de 自治体 10　自治体内法曹有資格者の現状と展開——職務内容と任用形態等について　479

ロー・スクール／予備試験／公務員試験へのガイダンス …… 480

判例索引（年代順）　487
索　　　　引　492

略記一覧

最大判（決）	最高裁判所大法廷判決（決定）
最（1小）判（決）	最高裁判所第1小法廷判決（決定）
高判（決）	高等裁判所判決（決定）
地判（決）	地方裁判所判決（決定）
刑集	最高裁判所刑事判例集
民集	最高裁判所民事判例集
行集	行政事件裁判例集
下民集	下級裁判所民事判例集
労民集	労働関係民事裁判例集
家裁月報	家庭裁判月報
判時	判例時報
判タ	判例タイムズ
訟月	訟務月報
賃社	賃金と社会保障
労判	労働判例

参考文献リストと略号(「ガイダンス講義」参照)

阿部・システム	阿部泰隆『行政の法システム(上)(下)〔新版〕』有斐閣、1997年
阿部・解釈学	阿部泰隆『行政法解釈学Ⅰ・Ⅱ』有斐閣、2008、2009年
石川・論点	石川敏行『基本論点行政法』法学書院、1997年
植村・教室	植村栄治『行政法教室』有斐閣、2000年
宇賀	宇賀克也『行政法概説Ⅰ〔第6版〕・Ⅱ〔第6版〕・Ⅲ〔第5版〕』有斐閣、2017年、2018年、2019年
大橋	大橋洋一『行政法Ⅰ〔第4版〕・Ⅱ〔第3版〕』有斐閣、2018年、2019年
Q&A	生活環境研究会『明解Q&A改正風営適正化法』立花書房、1999年
小早川・上	小早川光郎『行政法上』弘文堂、1999年
小早川・下Ⅰ	小早川光郎『行政法講義下Ⅰ』弘文堂、2002年
櫻井=橋本	櫻井敬子・橋本博之『現代行政法〔第2版〕』有斐閣、2006年
塩野	塩野 宏『行政法Ⅰ〔第6版〕・Ⅱ〔第6版〕・Ⅲ〔第4版〕』有斐閣、2015年、2019年、2012年
塩野=原田・散歩	塩野 宏・原田尚彦『行政法散歩』有斐閣、1985年
芝池・総論	芝池義一『行政法総論講義〔第4版補訂版〕』有斐閣、2006年
田中・上	田中二郎『新版行政法上〔全訂第2版〕』弘文堂、1978年
高木	高木 光『行政法』有斐閣、2015年
高橋	高橋 滋『行政法』弘文堂、2016年
原田・要論	原田尚彦『行政法要論〔全訂第7版補訂2版〕』学陽書房、2012年
ハンドブック	風俗問題研究会『最新風営適正化法ハンドブック』立花書房、2011年
広岡・総論	広岡 隆『五版行政法総論』ミネルヴァ書房、2005年
百選	宇賀克也・交告尚史・山本隆司編『行政判例百選〔第7版〕Ⅰ・Ⅱ』有斐閣、2017年
藤田・総論	藤田宙靖『第4版行政法Ⅰ(総論)〔改訂版〕』青林書院、2005年
山下=小幡=橋本	山下 淳・小幡純子・橋本博之『行政法〔第2版補訂〕』有斐閣、2003年

　なお、この文献リストは、学生諸君がよく参考にしたり読んだりするテキストへの前段階という本書の性格に必要な最低限の文献に限っていることをお断りしておきたい。そして、各章でのそのほかの引用文献や参考文献の掲記も同様のスタンスに立っていることもお断りしておくこととする。

ガイダンス講義

先生 それでは本年度の行政法の講義に入ります。行政法は、法学部では3年生以上での履修指定がなされていますが、公務員試験やロー・スクール（法科大学院）も考慮すれば、判例・文献は自主的に調べてほしいのですが、参考として、西野喜一『法律文献学入門―法令・判例・文献の調べ方―』（成文堂、2002年）を見ておいてください。なお、アメリカではロー・スクール修了者が公務員になることも多く、法律の勉強は、どちらをめざすとしても同じだと考えてください。また、「法情報処理」などの関連科目も同時履修してほしい。ところで、皆さんは「行政法」ってどんなイメージを持っていますか？

マリちゃん （3年生）先生、予習しようと思ったんですが、今まで受講した憲法や刑法・民法と違って六法に行政法という法律は見あたりません。判例六法（『判例六法』〔有斐閣〕参照）でも「行政法総論」という項目だけで条文はなく、判例だけが並んでいますけど……。

マコト君 （4年生）先生！ ボクは3年の時この科目を落としちゃったんですが、消防法だとか道路交通法だとか独占禁止法だとか、いやいや動物愛護法なんていうものまであって、混乱しちゃいました。マリちゃんの気持ちもよくわかりますよ。今年は何とか一つの法律で説明してもらえないでしょうか。それに刑事訴訟法や民事訴訟法とも違い、手続の流れもフロー・チャートとしてよくわかりませんでした。もっとも、前期の中ごろからバイトで授業はさぼっちゃいましたけど。

先生 なるほど、マリちゃん・マコト君の疑問ももっともですね。それでは、前半は、イメージ作りも含めて、なるべく一つの法律を中心に、フロー・チャートとして整理し易いように行政過程の実際に即してやってみることにしましょう。とはいえ、たまにはこの科目の性質上、別の法律や関連した条例にも話がいきますからね。ただ、わが国でもロー・スクールができ、本来であれば、私が学生の時とはちがって、理論から行政法を見るのではなく、具体的な法律やその法律・条例に関する判例から行政法を見ることも大事だね！ 今の法科大学院は、それができず、受験的暗記勉強になっていると思う。法律事務所、ロー・ファームに持ち込まれるのは、理論ではなく、具体的な法律・条例の適用問題だからね！ それにしても大学で講義を担当してこういうやり方ははじめてですが、その意味でノートはしっかりとってください。でもマコト君、バイトのやり

すぎで欠席というのではこまりますよ。

マコト君 今年は何とか単位がほしいので、授業のない時間にバイトをしているからだいじょうぶです。出てくる法律の数が減るだけでも少し気が楽になります。だから、ロー・スクールの現状の問題や何だかんだというより、とにかく単位……お願いします！ 世の中の動きより、卒業、先生……たのみますよ。

マリちゃん マコト君とはちがって、私は県職員をめざして公務員試験も考えて先生のゼミにも入りました。この講義でもできれば、勝手ですがそのへんにも配慮してよろしくお願いします。できれば、実際の自治体で働く公務員の人たちの声も聞かせてもらえればとも……。それと、ロー・スクールをめざす文学部の友人もぜひこの講義のオーディト（聴講）をと……。

先生 わかりました。公務員の人たちの声は、「自治体カフェ」といった感じで紹介してみましょう。それと今は、公務員をめざす人々には「政策法務」が大事だと思います。そこでなるべく、木佐茂男・田中孝男編著『自治体法務入門（第4版）』（ぎょうせい、2016年）や吉田 勉『事例から学ぶ実践！ 自治体法務・入門講座』（学陽書房、2018年）を読んでみてほしい。とても参考になる本だと思う。それと、私に言わせれば、自治体職員も、法の適用や運用のプロです。その意味で、リーガル・マインドはぜひ必要です。そこで、マリちゃんが県職員をめざしているようなので、本年度は、最後に、自治体や条例の話を、特に入れてみることにしようか。分権あるいは地域主権の時代なので、意味があるでしょう。そういう意味では少しむずかしいかもしれないが、松下圭一・西尾勝・新藤宗幸編『岩波講座自治体の構想1～5巻』（岩波書店、2002年）も参考としてみてください。それと、ロイヤーをめざす人も自治体と法はとても大事です。それは知っておいてほしい！ それはともかく、ガイダンスですから、今年の講義のシラバス的な話と、行政法とは何かという話から入っていきましょう。それと、どうでしょうか、講義の前半部分は、イメージ作りのために、マコト君がフーゾクでアルバイトをしているようだし、高木 光『ライブ行政法（中級編）』3頁以下（有斐閣、1995年）などでも取り上げられているように、学生諸君も興味があるようですから風営適正化法やそれに関連するフーゾクに対する条例あたりで流してみませんか。サブ・カルチャー的と思う人もいるでしょうが、昔から法は「文化現象」（小野清一郎『新訂刑法講義総論』3頁〔有斐閣、1948年〕）と言われていますから。それでよければ、この法律の概略も少しお話ししておきましょう。そこで、判例ですが、大塚 尚『風俗営業法判例集』（立花書房、2014年）を手下に置くとよいでしょう。それと、日本の代表的なテキストなどのリスト（本書文献リスト参照）を配ります。言及する時の文献略語となりますから一人ずつ保存しておいてほしい。それと、公務員試験などを受ける人は、わが国の代表的なテキストは、必ず読んでください。そうそう、マリちゃんには、県の女性の係長さんから手紙が来ていたよ。「Café de 自治体」の1回目はこれを読んでもらうことにしようかな。それと、アメリカのロー・

スクールは、アンダー・グラジュエートで文学メジャー（主専攻）の学生が、「エクセレント」との評価を受けることが多い。法は、言葉と論理だということをよく示しているね！　オーディトは、大歓迎だ。

マリちゃん　ありがとうございます。でも、センパイに聞いた話だと先生の講義は雑談が多いっていうウワサですけど、ホントですか？

先生　私の先生は、よく教養が大切だと言っていたんだ。そんな影響かもしれないね！　最近は、アメリカのオレゴンに凝ってるんだよ。黒土三男『オレゴンから愛 From Oregon With Love』（フジテレビ出版、1983年）など読むと思い出しますよ。ついつい、アメリカ西海岸の話などしそうだね。

　ただ、本音を言うと雑談とは言っていますが、法を様々な角度から見てほしいという願いである場合が多いのです。私は学生の時、教職課程で「教科書を教えるのではなく、教科書で教える」と習いました。最近は、大学でも、教科書のページまでシラバスに記載させ、「教科書を教える」と言われても仕方のないような現象もあり、法科大学院では、ますますそんな傾向があるように思って心配しています。そして、法の基礎の勉強が、おろそかにされているように思います。また、それと関連して、「FD（ファカルティ・ディベロップメント）」や「認証」のやりすぎが、誤った方向に行き、学生の思考力・分析力を奪っていると考えているのは私だけでしょうか……。FDや認証の「負」の側面を、今、きちんと検討すべき時期にあると思います。学ぶ人々のために……。そして、基礎研究や勉強がしにくくなっている今のわが国の現実には、強い疑問を持っています。強い言い方をすれば、日本は「法科大学院」であって、「ロー・スクール」ではありません。

マコト君　でも雑談の方がいいや！　思考力や分析力より単位ですよ！　ここと、ここを書けばいい。判例のここが大事、アンダーラインを引いて。そういうわかりやすい授業にしてください。

先生　まあ、講義に入っていきましょう。本当は「オレゴンから法」といきたいのですが！　でも一方で、わが国にはドイツ行政法をベースとした研究の伝統があるので、これは忘れてはいけません。今は、難しいかもしれませんが、たとえば民事訴訟法一本でやっているアメリカと民事訴訟法とは別の行政訴訟の「一般法」として行政事件訴訟法を置くわが国の特殊性は、このあたりの理解がないと、実は、できないのです。たとえば、民事訴訟法との関係の「混乱」や「ひずみ」という実務上の問題などです。比較法はとても大切です。そのような意味で、日本の行政法はいわば「ハイブリッド」なんだよ。

　でも、最初にアメリカオレゴン州に着いた日、12月でした。クリスマスの直前で、音が、さみしさや……。でも希望が……。時々、アメリカの話にのめりこみそうだね！

　そうそう、行政法を学ぶ上では、憲法が前提となりますが、アメリカとの関係で、宮原　均『日米比較　憲法判例を考える〔改訂第2版〕（人権編）、（統治編）』

（八千代出版、2018年、2012年）を読んでおくと、とてもいい勉強になります。

講義ノート

現代行政法の構造　　阿部泰隆名誉教授は、そのテキストの中で「犬、いや、君も歩けば行政法に当たる」（阿部・システム〔上〕、vi頁）と述べ、行政法は「民事法、刑事法と並ぶ実定法の三大分野」と位置づけられている。同様の認識は、最近の多くの研究者が有していると言ってよいが、これはどのようなことを意味しているのだろうか（なお、2002年10月1日に身体障害者補助犬法〔聴導犬、介助犬、盲導犬を法により認定〕が施行され、最近では犬も行政法令にあたる時代になった）。

　詳しくは、この直後の第2講で述べることとするが、一言で述べればそれは「行政の守備範囲が広がっている」からにほかならない。これを言い換えれば、行政がわれわれの社会の利害調整を行ったり、社会的弱者を保護したりする役割を担っていると考えてもよかろう。すなわち、法律学というと、すぐそこでの紛争解決は、裁判所をイメージするが、利害調整や弱者保護でなされる「具体的な法の適用」や「社会的正義の実現」は、その多くは行政の手でなされていることを忘れてはならない。もちろん、そこでなされる行政のアクション（これは、従来のむずかしい用語法では「行政作用法」と呼んできたが、最近では、伝統的・古典的な「行政行為」中心の理論から離脱し、行政指導、計画、契約、調査などのアクションを取り入れる目的から「行政の行為形式」あるいは「行政手法」とするものが多い。たとえば、塩野・Ⅰ、102頁以下；小早川・上、254頁以下。なお、小早川光郎名誉教授は「行政作用上の行為」とされている；山下＝小幡＝橋本、122頁以下）が、その対象者の権利を害したとして、裁判所で、行政事件訴訟や国家賠償で争われることもある（これは、従来から行政救済法として位置づけられてきた。これについては本書第24～31講で扱う）。

　ただ、裁判所で争われるケースというのは、行政が行っている全てのアクションの中では「例外中の例外」であることも知っておこう。何でもかんでもすぐ裁判所に行く、というのはコスト（訴訟に要する費用）や時間、精神的な負担まで考えれば現実的ではない場合も多い。このことは、民事事件や刑事事件で

も、実は同じであり、最近では日本の民事訴訟で、裁判外紛争処理制度が、また同様の発想のアメリカでの ADR が論じられたり（たとえば、小島武司『裁判外紛争処理と法の支配』〔有斐閣、2000 年〕参照）、刑事事件は、起訴便宜主義があることを思い出してみよう。

　このことは、法の三大分野たる行政法でも同じである。ところで、行政法では、先ほど述べたように、行政の守備範囲がきわめて広いので、そこで生じる紛争（住民や業者との紛争に行政の介入が求められたり、業者や住民が自己に対する行政のアクションに疑問を感じたり）の解決は、裁判所（訴訟）という場のみでは、現実性がないことは明らかなのである。そのため、従来からの行政不服審査のほかに、苦情処理制度や自治体オンブズマン・オンブズパースンといった新しい制度が見られるようになってきている。

　さて、以上述べたように、行政の守備範囲が広くなってきているので、これに対応するためには、行政の側でも、すでにある法令の機械的適用のみでは十分に、行政サーヴィスを国民・住民になすことはできない（第 4 講参照）。つまり、行政の側でも、日々あらたに生じる行政需要には対応することが困難である。そこで、このような行政需要に対応するためには、行政自らの積極的な政策推進と、それを法的にどのように支えるのかという問題が生じてくる。

　様々な立場からの説明はあるだろうが、このような行政の積極的な政策推進と法的対応（これは従来の制度や法的対応を根本的に変更することも含む）を「政策法務」（このコンセプトについては、阿部泰隆『政策法務からの提言』〔日本評論社、1993 年〕）と呼ぶことが多くなっている（なお、同様の方向性を自治体に即して述べている木佐茂男・田中孝男編著『自治体法務入門〔第 4 版〕』〔ぎょうせい、2016 年〕を参照してほしい）。最近の例をここで掲げてみよう。

　1998 年東北地方をおそった大雨による洪水では、高齢者の多くが指定されている避難場所に避難しなかった（できなかった）と報告されている。自治体の財政は、現在、非常にきびしいが、この実状を放置することはできない。そこでたとえば、民間活力を活用し、町内会などで、一人ひとりの高齢者を避難場所へ連れて行く担当を決めておくなど、金のかからない組織作りを行政側から積極的に地域住民に働きかけていくことが必要である。

　さらに、このような災害の場合、全国から義援金が自治体に寄せられること

が多いが、これをどのように利用するのか（「お見舞金」などの名目で配るのか、別の利用をするのか、お見舞金の場合には、たった一人で災害にあった場合、行政からそのような名目の金銭の支給はないので不公平だとも指摘されている。ちなみに1998年の水害で、水戸市は一人につき5万円のお見舞金を支給している）、その根拠となる法的な対応（条例で定めておくのか、要綱という行政内部のルールのみで定めておくのか）はどうすれば（しておけば）よいのかといった問題である。

　もう一つの例としてダイオキシン対策も指摘しておこう。1999年に所沢産の野菜のダイオキシン濃度がテレビで報道され、消費者や農家に多くの不安や損害を与えた。そして、それに対しテレビ局の報道姿勢も問題とはされたが、加えて行政の対応（実際の行政による調査と公表、産業廃棄物処理業者への規制）などが問題となったこともある。

　そこで、行政法を学ぼうとする場合、判例や条文を理解していくという従来型の勉強のほかに、自分の創意工夫（行政手法の開発と、法的対応の考案）をしようとする努力が必要なのである。その意味できわめてクリエイティブな面を有するが、最近、「行政学」との対話（阿部泰隆『政策法学の基本指針』315頁以下〔弘文堂、1996年〕；大橋洋一『行政法学の構造的変革』275頁以下〔有斐閣、1996年〕参照）の必要性が言われるのもこのような事情によっているし、「総合政策学」と共通の面を有している。

　ところで、法的な対応として重要なのは、行政過程にどのように民意を入れていくのかという問題である。なぜなら「手続的正義」という法的要請（わが国では日本国憲法31条、なお、最高裁判所はこの要請が行政手続にも及ぶことを認めている〔最大判平成4年7月1日民集46巻5号437頁、百選Ⅰ116事件〕）は notice and hearing すなわち、行政は国民・住民に行政側の考えを十分に伝え、国民・住民の意見を十分に聞くことを求められているからなのである。

　特に、すでに述べたように行政の守備範囲が広がった現代社会では、事後の裁判所による紛争解決（後しまつ的解決）よりは、事前の意見交換の方が、よりクリエイティブな解決が期待できよう。その意味で notice and hearing の具体的な制度やそのキャッチ・ボールのくり返しがたいへん重要になってくる（たとえば、大橋洋一『対話型行政法学の創造』〔弘文堂、1999年〕）。

　そして、このような事前手続に着目し、そこからフロー（一連の流れ）として

見る理解を「行政過程論」（代表的文献として、塩野・Ⅰ、87頁以下；同『行政過程とその統制』4頁以下〔有斐閣、1989年〕参照）と呼ぶが、本書では、これをより徹底し、行政過程の実際に即して、行政指導から説明していくこととする。

この行政過程については、1993年に行政手続法、1995年を中心に都道府県の行政手続条例、その後、市町村の条例が制定されていることを忘れてはならないとともに、この法律・条例に規定されていない行政手法（たとえば、行政計画、行政調査、行政契約、補助金交付手続など行政の手法、行為形式の多様化）にも手続的要請は及ぶ（最〔3小〕判平成7年11月7日判時1553号88頁）ことを知るべきである。すなわち、お互いの意見交換こそ法的問題解決にとって重要なことを、ここでもう一度確認しておこう。

たとえば、法律事務所に解決の依頼に来る人の多くに「相手が全部悪い」と言う人がいる。ところが、民事・家事調停や口頭弁論手続の中で相手の言い分を聞くとトーンが下がってくる人が多い。そこに調停や和解制度の実質的基礎があるが、このような実状が、いかに相手の意見や考えを知ることが法的に重要かを示していることは容易に理解できるだろう（このような意味から、当事者は冷静に相手の言い分を聞けないので法律家たる弁護士をつける意味があるのであり、牽強附会あるいは強引に自己の依頼者の意見のみ主張させるために付しているわけではない。このことは行政手続での「聴聞」に弁護士がついて来た場合も同じである）。

また、閣議決定で1999年に導入され2005年に行政立法手続につき行政手続法改正で採り入れられたパブリック・コメントや、同様に2001年に閣議決定されたノー・アクション・レターも同様の意味を有している（これらの制度については後に詳しく述べる）。

そこで、行政そして政策形成というクリエイティブな場では訴訟というすぐれた後しまつ的解決とは異なり、事前に相手の意見や考えを知り、利害調整を行っていくことが必要である。さらに行政は、それを踏まえて条例などの制定も考えるわけである（「政策法務」の必要）。そのような意味で、まさに「何をどう学ぶのか――近代法への深い理解と現代法への模索」（塩野＝原田・散歩、9頁）は、この認識を一つのタイトルとして表していると言ってよい。

加えて、本書では、横軸として行政過程、行政手続論を、縦軸として行政手法と行為形式論を置くが、この関連で、西鳥羽和明「行政過程と行政手法論

(一)(二)」近大法学第35巻第1・2号1頁以下（1994年）、第3・4・5号89頁以下（1995年）を参照してみるとよい。

　なお、本書旧版の「はしがき」では、この2つのラインをタテ糸とヨコ糸にし「キリム」を織ってみたという比喩で述べたが、「キリム」とはトルコを中心とした美しい織物である（これについては、渡辺建夫『キリムへの旅トルコへの旅』〔木犀社、1998年〕参照）。うまく、キリムが仕上がるよう、これから行政法の「機（はた）」を織ってみることとしよう。

公正性を支える法の哲学としての「社会契約」　この後すぐに述べるように、行政の法の原理として「公正」があるが、これを支える法の哲学は、「社会契約論」に求められる。

　フランスの童話にこれをよく表す話がある。大要、次のような話となっている。父母を失った少年バーナビーは、父から教わった曲芸で何とか暮らしていた。冬になり収入もなくなった彼は修道士に助けられる。衣食を与えられた彼は何もお礼ができない自分に気づき、唯一彼のできる曲芸を聖堂の中でささげた。疲れ果て気絶した彼に聖母子像から聖母の愛と手がさしのべられた（バーバラ・クーニー著、末盛千枝子訳『ちいさな曲芸師バーナビー』〔すえもりブックス、2006年〕）。

　この話からは、人が自分のやれることを一生懸命やれば与えられることを知ることができるのではないだろうか。逆に言えば、金銭や物をたくさん出しても、それに見合うものが与えられるとは限らないことも知りえようか。つまり、「社会契約」でこれを参考に考えるとすれば、「税」の本質論を「契約」に求める理解があることを知ることともなろう。つまり、「税」は納税額の多い者にその対価にあわせて何かが国や行政からなされるわけではない。生活保護法が典型であるように、むしろ納税額の少ない者に与えられる場面をわれわれは見ることができる。つまり、やれることをせいいっぱい行った者には、公正性という法の原理から与えられるわけである。社会契約の「契約」は、民法的な「対価性」に支えられた契約の理解ではなく、「非対価性」をその本質としていることを忘れてはならない。なお、英語では、この2つの契約概念については、単語が異なっている。「非対価性」を表す契約はCovenantであるのに対し、「対価性」を表す契約はContractとなっている。（Covenantについて知りたい人は、バーバラ・片岡＝西尾道子『聖書の英語』174頁以下〔サイマル出版会、1982年〕を参照して

ほしい)。

行政と「公正の原理」　　なお、本書では、取り上げる法律の性格上、給付行政やサーヴィス提供の行政にふれる機会が少なくなりそうである（その意味で、行政は「法〔正義〕」に従ってそのアクションを起こすが、行政法の法原論については、外間 寛「行政法の法源・効力」木村章三郎・山内一夫編『精解行政法上』57頁以下〔光文書院、1971年〕を参照してほしい。また、原田尚彦名誉教授による「地方公共団体の自主法」〔原田・要論、32頁〕とのコンセプトを指摘する、高木 光『ライブ行政法〔中級編〕』53頁〔有斐閣、1995年〕の発想は、自治体の政策法務にも焦点をあてる本書のスタンスにとって、たいへん重要である）。そこで、ここでは「公正の原理」との関係で、一言だけ述べておくこととしよう（なお、「平等原則」を行政法の一般原則とするテキスト〔宇賀・I、58頁〕も、本書もその関心を同じくはするが、「公正」は「平等」よりも広いコンセプトとして本書は理解している）。行政は「公正」でなければならない。それが、後にも述べるような「公共性」にも結びつくわけである。このことは、本書で取り上げる、いわば規制的行政に限らず給付やサーヴィス提供の行政にもあてはまるわけである。

具体例として、アメリカでのサーヴィス提供の例を見てみよう。そこで、アメリカでこの行政（サーヴィス提供）を支える法の考え方は「コンシューマ・ベネフィット」であろう。たとえば、道路行政の分野では、2～3輌連結のTandem（なお、タンデムは元々2頭立ての馬車のことだったが、西海岸への馬車でのオレゴン・トレールの道を、今は2～3輌連結のトラックが走っている）の方が、一般のトラックより車輌重量税が低い州がある。その理由は、タンデムはタイヤの数が多いので道路への衝撃度が低いからである。つまり公正の考えにより利用者の実情から税額が決定されるのである（このような視点から、2000年に地方自治法をベースに東京都が導入を試み訴訟となった「外形標準課税」を、銀行への公的資金の投入や、他の業種との関係から考えてみるとよいであろう）。

また、もう一例としては、オレゴン州では「ゴミ収集」に、わが国とは異なり費用がかかるが（この点、吉村はんな『オレゴン四季物語』46頁以下〔駿台曜曜社、1999年〕）、これも同様の理解である（なお、そのほか、救急車の利用でも費用がかかる）。もっとも、わが国では有料にすると不法投棄が増加するとの議論がある。国情の相違も含めこれも考えてみよう。

さて、野沢温泉村は、「スキー場安全条例」を 2010 年 12 月 1 日施行させたが、この条例ではスキー場外での捜索費用は自己負担としている（2010 年 12 月 1 日 NHK ニュース）。コンシュマー・ベネフィットのわが国の例と言ってよかろう。
　ともあれ、行政にとっては「公正」という法の原理は、絶対に忘れてはならない。その現れ方は、それぞれの行政の分野で異なるが、それゆえ本書でも見るように、多様な行政手法の開発が求められているわけなのである。
　なお、行政上のルールには、一方で、理由なしに「決まっていること自体が必要」というものもあることは事実である。たとえば、ゴミの収集日（月曜日と水曜日か、あるいは火曜日と木曜日か）などであろう（このようなルールについては、長谷部恭男『憲法学のフロンティア』20 頁以下〔岩波書店、1999 年〕）。このように、一方で行政は技術的ルールをたくさん持っていることも知っておこう。

「新しい公共」と「公序」　　最近、「新しい公共」という言葉が、政策法務のエリアで使われる場合がある（たとえば、代表的な学会報告として、2010 年 11 月 20 日第 10 回日本自治学会「共通論題Ⅰ『新しい公共と住民参加』」）。最大公約数的に示せば、民間も含めその問題にかかわりうる全ての人々で政策実現をはかることと言ってよいようであるが、その内容や範囲は必ずしも明らかではないと指摘されている（田中孝男『条例づくりのための政策法務』193-194 頁〔第一法規、2010 年〕）。そのような意味では、公共性や公益と私的利益は相対化しているとも言えよう（この問題の分析として、曽和俊文「公益と私益」『芝池義一先生古稀記念論文集　行政法理論の探求』31 頁以下、〔有斐閣、2016 年〕）。
　もっとも、法理論的に言えば、世界の法理論は、このような発想を知らなかったわけではない。たとえば、アメリカ法では、「公序（Public Policy）」というコンセプトを有している（第 16 講「『行政処分』とのコンセプト」参照）。そして、このようなアメリカ法の発想を利用すれば、たとえば、次のような理解も可能となろう。すなわち、インターネットや ATM 等の社会的ネットワーク、あるいは金融市場等の社会的システムも民事法のみからのアプローチではなく、行政・刑事・民事法すべてからの総合的アプローチを採りうることとなる。
　さらに、連邦最高裁の判例でも、すでに修正 14 条に関する Civil Rights Case で、ジョン・マーシャル・ハーラン裁判官の反対意見の中に、現代でいう新しい公共に近い考えが示されている（たとえば、阿川尚之『憲法で読むアメリカ

史』273 頁〔ちくま学芸文庫、2013 年〕)。このように、「新しい公共」とは、決して新しい発想ではない。法を学ぶには歴史を知る必要があることを、ここからも学ぶ必要がある。

なお、フランス法には ordre public というコンセプトがあり、「公序」と訳されている（たとえば、北川敦子「フランス刑法における被害者の同意（1）——グザヴィエ・パンの見解を素材に——」早稲田法学会誌第 59 巻第 2 号 129 頁〔2009 年〕）。

さらに加えて述べれば、このような民間部門を採り込んだ公共の発想は、法理論的には、いわゆる「ソフト・ロー」を支える理論ともなりうるであろう（ソフト・ローについては、「ソフトロー研究」（東京大学大学院法学政治学研究科 21 世紀COE プログラム『国家と市場の相互関係におけるソフトロー——ビジネスローの戦略的研究教育拠点形成』事務局）が学術雑誌として発行されており、その新しい動向を知りうるので参照してみてほしい）。

ソフト・ローの範囲の採り方にもよるだろうが、風営適正化法では、法 40 条の「全国風俗環境浄化協会」、39 条の「都道府県風俗環境浄化協会」が民法 34 条の法人たることを要件とされているが、法理論的には、新しい公共、公序、ソフト・ローからの説明が可能であるように思われる。

さらに、行政法では、私人や民間部門が以上のようにその関心の中に入ってきているが、自治体でよく使われる「協働」というコンセプトも、このような最近の公共性や公序からの説明も可能となる。

憲法論では、「国民主権、参政権の尊さが認識されるべきである。国民が憲法を動かすのである」（庄司克宏編「日本国憲法制定過程（二・完）——大友一郎講義録——」法学研究第 83 巻第 8 号 144 頁〔2010 年〕）と言われる。まさに「協働」を支える理解と言ってよかろう。

憲法と行政法 さて、アメリカでは「基本権法（Civil Rights Act）」が、合衆国憲法の人権を現実に実現する重要な法律の一つとなっている（Civil とは「人権」のことである。「公民権」という伝統的な訳では、何のことかさっぱり理解できないことになろう）。別名、K.K.K. 法（クー・クラックス・クラン法——なお、K.K.K. のかぶった白いとんがった帽子のルーツは、スペインである。この点、中丸 明『スペイン 5 つの旅』157 頁〔文春文庫、2000 年〕参照）とも呼ばれている。

このように、憲法の具体的法的価値を実現するのが法律なのである。そこで、

　行政法の一つの役割として、憲法の人権規定を実現することが、クローズ・アップされることとなる。現に阿部名誉教授も「行政法とは、憲法の大枠の中で、歴史的に変遷する社会の管理を、一定の政策目的のもとに、公共性実現の観点から、行政活動を通じて行う法技術である」(阿部・システム〔上〕初版はしがき、iv 頁) と述べられている (また、櫻井＝橋本も参照せよ)。

　ところで、行政法の最先端のテキストは「三面的利害調整モデル」(阿部・システム (上)、37 頁、「三面関係」大橋・Ⅰ、12 頁) という関係を、社会的な各種の「利害調整者としての行政——多極間関係と現代行政法モデル」(大橋・Ⅰ、旧版 15 頁) として捉えているわけである (なお、民事紛争を行政が解決する「行政型 ADR」〔櫻井＝橋本、179 頁〕の発想も、この三面関係から出てくる)。

　一方で、純「近代憲法」は、国と個人という、いわば二面関係としてそこでの法関係を捉えている (大橋・Ⅰ、12 頁)。

　しかし、現代での人権の具体的実現は、公共性という法原理 (アメリカでは「一般的福祉」という表現を用いる場合も多い) から、三面関係の中で、弱者の人権を強者の権利行使から行政が守ることが強く要請される。これが、現代行政法の法関係の構造となる (なお、ロー・スクール時代の行政法の勉強は、憲法との関係で、このような法構造を前提に複合的・総合的勉強を心がけるべきであろう)。憲法学からも、最近は、自由権より生存権を意識する傾向があると指摘されている (佐藤幸治『憲法とその"物語"性』20-21 頁〔有斐閣、2003 年〕) のもこの傾向の一つの表れと言ってよい。

　具体例を見てみよう。最 (3 小) 判平成 11 年 12 月 14 日裁判所時報 1258 号 1 頁は、次のようなケースであった (事実・判旨について参考とした評釈として、松本和彦・平成 11 年度重要判例解説 16-17 頁)。

　それは、宮崎県の「青少年の健全な育成に関する条例」13 条 1 項での有害図書類としての指定処分の対象として、コンピュータ・ゲーム・ソフトを入力

したフロッピー・ディスクに対してなされた指定処分が、憲法21条に違反するのかどうかが争われたものである。なお、具体的な内容は、遊戯者が女子高生の衣服を脱がしたり、愛撫により反応したりすることが可能となっているようなものであり、それが性的感情を刺激し、健全な成長を阻害するおそれがあるとされたものである。

判旨は、正当な立法目的の達成と、必要かつ合理的な規制であることを理由に、最大判昭和59年12月12日民集38巻12号1308頁などを先例として、有害図書指定を合憲としている。（憲法訴訟における審査基準については、高橋和之『体系 憲法訴訟』〔岩波書店〕、2017年参照）

つまり、三面関係での公共性（「公共性」とは、憲法の人権保障を支える法的コンセプトであり、行政法が憲法の具体化である〔阿部・システム〔上〕初版はしがき、iv頁〕から、古典的な「公共の福祉」とはそのよって立つフィロソフィーを異にする。さらに、この公共性を支える原則として「必要性・有効性・効率性の原則」〔宇賀・Ⅰ、63頁〕は参考とされるべきであろう）を理由とする判決と見てよいようである。

加えて、三面関係は、法哲学からは、ロックの社会契約論やジェファーソンの民主主義から、政府が国民の固有の権利を守る責務を有する点にも求められる（この点、渥美東洋『全訂刑事訴訟法〔第2版〕』2-5頁〔有斐閣、2009年〕参照）。後に述べる社会安全政策論も、このような理論的基礎を有すると言ってよい。

なお、アメリカでは、憲法と刑事法との関係でConstitutional Criminal Lawとのコンセプトを見ることがある。わが国の行政法でも「憲法的行政法」との発想をとってみてもよいのではないだろうか。

さて、最後に風営適正化法の法的性格を考えてみよう。憲法との関係で経済活動の規制には「積極目的（たとえば、小売商業調整特別措置法についての最大判昭和47年11月22日刑集26巻9号586頁）」と「消極目的（たとえば、薬事法についての最大判昭和50年4月30日民集29巻4号572頁）」があり、そこでは違憲審査基準に相違があるとされる。つまり前者については「明白性の基準」であり、後者であれば「厳格な合理性の基準」であり、後者に比較し前者は「ゆるやか」だとされる（長谷部恭男『憲法〔第7版〕』206-207頁〔新世社、2018年〕）。そこで、「精神的自由権」と「経済的な自由権」との相違、すなわち著名な「二重の基準」プラス経済活動に対しての積極目的、消極的警察規制目的の相違を加え、「三重の

基準」(辻村みよ子『憲法〔第6版〕』134-137頁〔日本評論社、2018年〕)となっているとされる。さて、本書での主要な対象となる風営適正化法やピンクちらし根絶条例は、どういう法的性格と位置づけられるであろうか。それは、社会の害悪からの保護という点で消極目的規制となりそうである。

ロー・スクールの時代は、融合問題が予想されるから、ほかの法律分野の関係をしっかり把握しておこう。そのような意味で、民法との融合の例をフーゾクに求めれば、フーゾク業にも憲法22条の内容としての「営業の自由」(前掲最大判昭和47年11月22日)があるので、パチンコ店を出店しようとする者が、民間企業がこの計画阻止をもっぱら目的とし近くに児童公園を設置したため風営適正化法3条での営業許可が受けられなかった場合、民法709条での不法行為が成立する(札幌地判平成14年12月19日判タ1140号178頁。なお、この裁判例では直接的に憲法22条への言及はないが、風営適正化法1条の趣旨から営業の自由は及ぶと解される)。加えて、このようなケースを利用して、憲法の「私人間効力」についても復習しておくことをすすめる。

最後に、憲法との関係で、そのルーツをたどれば、「日本国憲法」や「民主主義」もキリスト教思想にたどりつく(橋爪大三郎＝大澤真幸『ふしぎなキリスト教』〔講談社現代新書、2011年〕)。平等選挙も同様の理解が成り立つ(竹下節子『キリスト教の真実』159頁以下〔ちくま新書、2012年〕)し、憲法や公務員法の「全体の奉仕者」も聖書に基があると考えられる(そこで、鹿児島重治『逐条地方公務員法〔第6次改訂版〕』520-521頁〔学陽書房、1996年〕のような理解には、強い疑問が生じる。したがって、「服務の宣誓」も行政・公務員への依存性の高くなった現代では公務員倫理と結びつけて理解されるべきである)。明治学院大学では「キリスト教の基礎」を必修科目としているが、法を理解するうえでも、こういった基礎科目はしっかり受講してほしい(この科目で明治学院大学の学生へのアンケートに答える形で書かれた文献として、土井健司『キリスト教を問いなおす』〔ちくま新書、2003年〕がある)。

「行政」と「行政法」の定義　「行政」の定義に関しては、現在、おそらくは、国の作用のうち、立法と司法をのぞいたエリアという、いわゆる控除説が通説であると言ってよいであろう(たとえば、塩野・Ⅰ、6頁)。

それは、行政実体法は、それぞれその間に関連性がない場合が多く、それぞ

れ別個の「政策目標」を有しているからにほかならない。たとえば、建築基準法は、居住者や利用者の生命・身体の安全やゆとりある街づくりをその政策目標とするのに対し、風営適正化法は、年少者の保護と風俗環境の保持などを目的としており、この2つの法律の政策目標は、基本的には関連性を有しない。そこで、「行政」の定義に「統一性」を求めた場合（田中・上、5頁）、それは、各実体法ごとのバラバラのそれぞれの政策目標から無理ということとなろう。そこで「行政」の定義としての控除説にはそれなりの合理性を見出すことができる。

　しかし、一方で、「行政法」の定義付けは可能であると考えてよいであろう。たとえば、阿部名誉教授は、「国家・公共団体が憲法的価値の枠内で、一定の政策目的（公共性）を、行政活動を通じて実現するために行政機関に授権し（根拠規範）、また、権限に枠をはめる（規制規範）一群の法、およびそれに付随して、行政活動を統制し、私人等の救済を図る法およびこれに関連する法」（阿部・解釈学Ⅰはしがき、ⅰ頁）とされ、政策目標から、「一群の法」と表現されているが、これは各実体法が別個の政策目標を有することから、正しい理解であると考えてよいであろう。この行政法の定義から、われわれは、個別の具体的な実体法を見る場合、その政策目標をきちんと捉えたうえで、解釈や運用を行う必要があるということを学ぶことができる。

行政法と民法　　まず、「行政」が行っているとはいえ、本来の行政上の事務と民間事業者と同じ立場に立つものとに分けられる。後者にあたる場合、基本的には民法が適用される。地方自治体で言えば、公立病院、公営の地下鉄、バスなどだが、判例では公営住宅の利用関係は民法上の関係とされている（最〔1小〕判昭和59年12月13日民集38巻12号1411頁、百選Ⅰ9事件）。ところで、この法律関係では、具体的な問題として、たとえば、時効の相違があげられる。実例として、水道法では、下水道は公衆衛生という行政目的なので料金不払いについては、地方自治法の5年、一方、上水道は民法の2年が適用されることは周知のことであろう（阿部・解釈学Ⅰ、202-211頁）。さて、この下水道にも、浜松市に実例があるようだが、民営化、すなわち「コンセッション方式」が認められる水道法改正法案が2018年国会に提出され（朝日新聞2018年1月23日）、同年12月6日に成立した。さて、この場合、下水道の利用

関係をどう捉えるべきであろうか。また、そこから、時効も従来どおり地方自治法（5年）なのか、それとも民法（2年）となるのか考えてみてみることは良いトレーニングとなるだろう。

次に、民法やその解釈が、行政の様々な行為型式の前提となる場合がある。空家対策特別措置法を例にとれば、空家の所有権が、指導、勧告、処分、代執行の前提となる。一方で、相続放棄による940条の管理義務は、それは次順位相続人等の権利保護目的であるから、指導、勧告の根拠規定とはなし得ない。

風俗からの宿題　2005年に改正された「東京都青少年の健全な育成に関する条例」は、地方自治法14条が認めている最大限の罰則、すなわち2年以下の懲役または100万円以下の罰金刑を法定している。加えて、規制対象も、いわゆる「ブルセラ」（15条の2　着用済み下着等の買受け等の禁止）、少年少女の深夜（午後11時から午前4時まで）外出の制限（15条の4）などに広げられている（朝日新聞2003年10月24日、茨城新聞2004年1月20日）。さらに、13条の5では、アダルト・ビデオ等の自動販売機については運転免許による年齢識別装置の装着を義務付けている（朝日新聞2004年1月7日夕刊）。

さらに、2005年には風営適正化法自体が改正され強化されている。主な改正点は、不法就労対策として、就労資格の確認義務の新設、拘束的行為の規制（36条の2、18条の2）。そして不法就労の基礎にあるといわれる人身売買罪（刑法）を営業許可にあたっての欠格要件の事由としたり、客引き・広告等への規制強化（22条、27条の2）、少年指導委員の職務内容の明記（38条）、いわゆる「デリバリー・ヘルス」業について、事務所等の届出義務（31条の2）などである（詳しくは、川崎政司「2005年の立法を振り返る──風俗営業法改正」〔地方自治職員研修2005年12月号34頁〕、鈴木達也「風俗営業等の規制及び業務の適正化等に関する法律の一部を改正する法律」ジュリスト第1306号、2006年）。これらの条例・法律の具体的な改正点を憲法・公正の原理・政策から考えてみることを読者への宿題としておく。

〈参考文献〉
　宇佐美　誠『公共的決定としての法──法実践の解決の試み──』木鐸社、1993年。
　グイド・カラブレイジ（松浦好治・松浦以津子共訳）『多元的社会の理想と法──「法と経済」からみた不法行為法と基本的人権──』木鐸社、1987年。

ジョン・ロールズ（矢島鈞次監訳）『正義論』紀伊國屋書店、1979 年。
「特集 行政法の基礎理論」法学教室第 237 号、2000 年。
H. L. A. ハート（矢崎光圀監訳）『法の概念』みすず書房、1976 年。
H. L. A. ハート（長谷部恭男訳）『法の概念』ちくま学芸文庫、2014 年。
ペーター・ヘーベル（井上典之・畑尻 剛編、石村 修ほか訳）『文化科学の観点からみた立憲国家』尚学社、2002 年。
リチャード・A. ポズナー（馬場孝一・国武輝久監訳）『正義の経済学―規範的法律学への挑戦―』木鐸社、1991 年。
ロナルド・ドゥウォーキン（小林 公訳）『法の帝国』未来社、1995 年。
ロナルド・ドゥウォーキン（石山文彦訳）『自由の法―米国憲法の道徳的解釈―』木鐸社、1999 年。
オレゴン州での政策法務について、
　福士 明「自治体の憲法―アメリカの憲章（Charter）制度」フロンティア 180、2000 年春季号 34 頁以下。
　福士「自治体の統括機構―アメリカ自治体の政府形態」フロンティア 180、2000 年夏季号 60 頁以下。
　福士「自治体の法務組織―アメリカ自治体法務官制度」フロンティア 180、2000 年秋季号 36 頁以下。
　福士「自治体の法務システム―アメリカ自治体連合の法務サービス」フロンティア 180、2001 年新春号 52 頁以下。
公共性について、
　松下啓一『協働社会をつくる条例』7-11 頁、ぎょうせい、2004 年。
行政の定義について、
　塩野 宏「行政概念論議に関する一考察」同『法治主義の諸相』3 頁以下、有斐閣、2001 年。
空家対策特別措置法と民法 940 条等について、
　田村「空家対策特別措置法と最後の相続放棄者への助言・勧告―民法 239 条、940 条、951 条以下への公法学からのアプローチ」明治学院大学法学研究第 107 号、2019 年。
憲法との関係について、
　中川義朗『行政法理論と憲法』法律文化社、2018 年。
　粕谷友介『「自由・平等」への異議申立て人は』上智大学出版、2007 年。

Café de 自治体 1

【マリちゃんへ（公務員をめざす皆さんへ）】

　公務員試験の受験勉強は、順調に進んでいますか。
　たった1日の試験のために、膨大な量の知識を詰め込む作業は、ホントに大変だと思います。今日は一息入れるつもりで私の話を聞いてください。

　ところで、マリちゃんはどうして公務員を希望しているのですか。
　「住民の役に立ちたいから！」は建前で、「仕事は楽そうだし、給料もまあまあ、なってしまえば一生安泰だから」というのが、ちょっぴり本音ではないでしょうか。……だって私が、そのとおりだったんですから。

　でも、こんな不純な動機でなった公務員ですが、とても面白く素晴らしい職業です。何が面白く素晴らしいって、私の場合は色々な人たちと出会えること、これにつきます。
　いまは「県議会事務局」というところで主に議員さん相手の仕事をしていますが、議員さんたちのパワーに毎日圧倒されています。有権者に対する凛々しい姿はもちろんのこと、「疲れたよ」「大変なんだよ」と本音を漏らす可愛い（？）姿まで見ることができるのがこの仕事の醍醐味だと思っています。
　昨年まで配属されていた「職員研修所」は、大学の先生たちとのお付き合いがあり、常に新しい知識を吸収できる職場でした。ここでも、その道では第一人者といわれる先生の素顔に触れることができました。たとえば、感動的な講義をすることで有名なT先生。水も飲まずにひたすら語り続けるその理由は、講義後ひりひりした喉に冷たいビールを流し込む瞬間の快感を味わうためだったという、……この事実を知っているのは私1人だけ……という状況はかなり楽しかったです。
　さらに興味深い人たちは、今まで一緒に仕事をした職場の上司や同僚たちです。競馬の勝負師、短歌の先生、山登りの達人、パティシエ、ミュージシャン……。ほんとに公務員（？）と首を傾げたくなる人ばかりなのですが、私にとっては人生の楽しみ方を教えてもらえる貴重な人たちです。

　私が公務員でなければ決して出会えなかったこれらの人たち。これらの人たちとのお付き合いから学んだことは「人の話を聞くこと」の大切さです。
　「人の話を聞くこと」によって、相手の考えに共感したり様々な考えがあることを理解する機会が増えるほど、自分がどんな人間になりたいのかがわかるようになります。マリちゃんも、家族を含め、自分の周りにいる人の話をきちんと聞くことから、はじめてみてください。これが遠いようですが、「住民の役に立ちたいから！」という大義名分に一番早く近づく方法だと思います。

私も、これからしばらくの間は、子どもの学校や地域社会を通じた人間関係がさらに広がりそうなので、今後はそういった現場で聞いたことを仕事に活かしていければいいなと思っています。

　試験の結果はどうあれ、いま勉強していることは決して無駄にならないはずです。マリちゃんの努力が実ることを、心から祈っています。

第 1 講

「法律による行政の原理」の再検討

先生 それでは、とりあえず今日は、行政法の講義というと必ずその基本的な考え方として取り上げられる「法律による行政の原理」について前提として話しておくこととしようか。

マコト君 先生、ボクは、去年の憲法の講義で「法治国家」という話を聞いたのですが、この考えは、国の権限の濫用から国民の権利を守るためにできたという趣旨だったと思います。法律による行政の原理も同じような考え方だと思うんですが、ボクのバイト先では、行政から規制ばかり受けているような感じもするし、どっちかというと周りの住民の人たちからも……。

マリちゃん よく思い出してよ。憲法では、私人間効力や第三者効力っていう話もあったし、経済活動は政策的規制を受けるから、表現の自由なんかの精神的自由権と違っているっていう「二重の基準」っていう話もあったわよ。特に消費者は、行政に期待しているわ！

マコト君 でも、やっぱ、自由は最大限尊重されるべきだよ。マスコミでは規制緩和ってよく言ってるし。民営化も流れだし……。

マリちゃん かつての伝言サービスや街で配っているポケットティッシュや、ポストに入れられている変なDVDのチラシ見てごらんなさいよ。ほかにも、使い捨てカンバンなんか、ハリガネがちっちゃな子供の顔にあたったりして危ないのよ！　とんでもないわ！　法律がなくたって、規制してもらいたいくらいだわ！　2002年には、「ワン切り」業者に有罪判決が下りたって聞きました。刑事法だけでなく行政法にもがんばってほしい!!

先生 なかなか、おもしろい議論だね。でも、2人ともカッカしないで、まずボクの話を聞いてみてほしい。それでは、はじめますよ。いわゆる「ゴミ屋敷」への自治体の対応などにも参考となるかもしれないよ。

講義ノート

法律による行政の原理の意味　わが国の最も代表的なテキスト（塩野・Ⅰ、68頁以下）を例として見てみると「法律による行政の原理」という項目が立てられ、その概念はドイツ行政法学での Prinzip der gesetzmäßigen Verwaltung の訳語であり、自由主義的政治思想をそのバックボーンとしている。そして、具体的な内容としては、法律の留保、法律の優位、法律の法規創造力であると指摘されている。すなわち、この概念は、すぐれて「近代法」的所産であると考えてよかろう。

それでは、この概念が、近代法によることを、もう少し、わかり易く述べてみよう。

およそ法の大きな分類としては、私たちは様々なものを見ることができる。たとえば、古代ローマ法、中国の律令、アメリカの証拠法学者ウィグモアが、「徳川ジャパンの法制度には独自のコモン・ローがある」と述べたと言われる徳川期の法制度など、現代のわが国の法とはその理解を異にしている。

その中で、わが国の民法や刑法も含めた、主に欧米で発展した法の基礎としての「近代法」は、中世までとは異なり、国家や行政を法に基づき動かすという考えをとることになるが、そこでは「国」や「行政」をどのように理解してきたのであろうか（なお、ここでは、国家を動かす法を「憲法」、そして、その考えを「立憲主義」と呼び、行政を動かす法を「行政法」と呼ぶこととなった）。それは、一言で述べれば「制限思想」として見ることができる。

すなわち、公法の分野では、行政は「社会にとって必要最低限度の秩序維持」活動（これを従来、警察行政、英語で言うと Police Power、ドイツ語で言えば Polizei と呼んできた）のみを行えばよく、それ以外のことはしてはならないとされた。そして、社会（一般市民法秩序）についてあてはまる私法は、なるべく「自由」にする（契約自由の原則）という立場に立つことを意味していた（そして、自らの法律上の行為については、自らが全て責任を負う――責任主義――もその帰結として出てくることとなる）。そこで、憲法上のいわゆる人権のカタログ、権利章典（Bill of Rights）も自由権を中心に組み立てられるが、この種の権利は、国（行政）が何もしなければ、アクションを起こさなければ、十分に確保されると、よく説明

されるわけである。

さて、このような法的理解の下では、行政は社会にとって必要最低限の秩序維持のみをなすこととなるが、何がその必要最低限の秩序維持なのかは、国民・住民の代表機関である「議会」が法律という形で、そして最低限の秩序が乱れた場合どのような対応を行政が取り得るのかを法律で定める（法律の法規創造力、法律の優位）こととした。そして行政は、この法律（現在では、当然、地方自治体の議会で制定される「条例」も含む——そこで、法律・条例による行政の原理と言ってよかろう）に従ってのみその活動が許される、つまり行政活動をなすには法律・条例の根拠が必要（法律の留保）ということとなる。

ところで、法律・条例は、主権者の代表機関たる議会で制定されることとなるが（これを最低限自らが守るべきルールは自らが作るという意味で自己統治と呼んでいる）、たとえば、何が「社会にとっての最低限の秩序」なのかは、その社会の構成員であれば、その全員が当然知っているはずなので、議員はまさに専門家でなくてもよいこととなる（そこで、自由主義的政治思想の下では、議員は、それぞれの問題についてはシロウトでよいこととなるし、またこれと関連し、政治家という職業を作らないことも大事なこととされた。ちなみに現在でも、アメリカのオレゴン州では、政治家という職業を作らないために、誰でも自らのそれぞれの職業を持ちつつ議員になって活動できるように、会期にしばりつけないよう、州議会は2年に1度というシステムを維持している）。

ところで、「法律による行政」とは、以上のようなシステムを呼ぶが、さらに「の原理」とされている。この「原理」とは法律学的にどのような意味を有しているのだろうか。それは、ごくわかり易く説明すると、「原理」とは「絶対に例外を認めない」という意味として捉えられる（これに対し「原則」は「例外を必ず予定する」という言葉なのである）。そうだとすれば、「法律による行政の原理」とは、行政は、絶対に法律・条例に従ってのみ活動すべきであり、法律・条例に書かれていない活動は、絶対にすべきではないという意味となろう。

実は、かつて、本書第10講で説明する行政指導について法律の留保との関係で批判的ないし、ネガティブな見解が見られたのも、このような近代法的な考えに固執したからにほかならないように思われる。

それでは、なぜ「原理」と考えたのであろうか。歴史的な一つの逸話をここ

で紹介しておこう。近代法は、イギリスにはじまった（王様との関係では、「君臨すれども統治せず」との考えをとったり、刑事手続では、プライヴァシー権のルーツとなった「城の法理、ルール・オブ・キャッスル」などの考えを生んだ）。その後の一つの通過点として、世界に広まるモーメントとなったのは、フランス革命やアメリカの独立であったことは誰も否定できない。当時、王権＝（イコール）行政であった（カメラリズム〔官房学〕、いわば王宮のハウス・キーピングを中心として行政を考える――と言われるのもこのことによるが、わが国の国家行政組織上の「官房長」にその名のみの名残りを見ることができるが、それはそのうえの職が「大臣」というのでしかたがないのだろう。しかし、民主主義の社会では、長官と総務部〔局〕長と変えるべきである。ちなみに韓国では、わが国の法務大臣のカウンター・パートたる職は法務長官と言っている）。「朕は国家なり」とは、まさしく「王様」＝「行政」を示す言葉であろう。

フランス・ブルボン王朝最後の王妃マリー・アントワネットは、臣下からの「女王陛下、国民はパンを食べられなくてこまっております」との言に対し（この時代、女性の化粧には小麦粉が使用されていた）、「パンが食べられないならお菓子を食べればいいじゃないの」と答えたと伝えられるが、実際にあったことかどうかは別として、少なくともこれが逸話として語り伝えられたのは、王権（行政）とはメチャクチャなものだというイメージを人々が有していたことを示している（なお、この逸話の内容は、実際には事実ではないと言われている。鹿島茂『パリ五段活用』16 頁以下〔中公文庫、2003 年〕参照）。

そしてまた、イギリス国内では近代法の時代に入っていたとしても、イギリス議会に代表者を送ることすらできなかった植民地アメリカの人々のイギリスへ抱いた思いも共通であった（そこで、「代表なければ課税なし」がスローガンとなる。そして、そこからも理解できるように租税法律主義は、近代法の考えであり、法律による行政の租税法版なのである）。すなわち、この当時、行政は王権のイメージと重なり合う、いわばマイナス・イメージであったと言ってよい。そして、法制度設計は、結局のところ、普通の人間の行動パターンを基礎としているので、「坊主にくけりゃ袈裟までにくい」ということわざからも理解できるように、国王の着ていた行政という袈裟には強いマイナス・イメージが与えられてしまった（ここに、公法と私法の分離、たとえば民事不介入の原則などが生じた主要な理由があった）。なお、この普通の人々の行動パターンを近代「法の理性（普通の人々の経験のつ

み重ねが法となる)」として説明したのはホッブスであることも知っておこう（ホッブス〔田中 浩・重森臣広・荒井 明訳〕『哲学者と法学徒との対話──イングランドのコモン・ローをめぐる──』25-27頁〔岩波文庫、2002年〕）。そこで、マイナス・イメージなので最低限の秩序維持さえすれば（あるいは、してもらえば）よく、それもまさに社会にとって最低限の秩序なので、その社会構成員であれば全員が知っていることだから、その全員の代表者たる議会が法律によって記述しつくすことができるので、それ以外は絶対に行ってはならない（行えば、メチャクチャなことをするおそれがある）と考えられた。もっとも、それほどまでに強いマイナス・イメージなら、行政を0（ゼロ）にすることも選択肢としてはあっただろうが、無政府の悲劇ということもまた当時の人々はよく知っていた（たとえば、著名なサッコ・ディ・ローマ──これについては弓削 達『世界の都市の物語 ローマ』185頁以下〔文春文庫、1999年〕参照）。そこで、そのような行政は0（ゼロ）との考えはとらず最低限の秩序は行政にまかせたわけである。

　そして、以上のような理解は、第二次世界大戦後のわが国の行政法学の置かれた立場とも軌を一にしていたことを忘れてはならないだろう。わが国でも、皇国史観や天皇主権による行政権（憲法学では、これを、神権的国体観念と呼ぶ。佐藤幸治『日本国憲法論』58頁〔成文堂、2011年〕）により命や財産を多くの人々が奪われた不幸な事実に基づき、近代法の「法律による行政の原理」を確認することから、戦後の行政法学はスタートをすることとなったのである。

「行政」の内容の変化と原因　以上のように、近代法が予定する「行政」とは、社会にとって必要最低限の秩序維持行政、すなわち警察行政（それゆえ、たとえば、保健所で行っている食品衛生や薬事行政、都道府県の建築主事の行っている建築確認、消防などは、学問的にはポリス・パワーに入ることとなる）を意味した（経済政策的な視点はそこにはないので、社会の秩序維持上の許可──警察許可、たとえば、飲食店の営業許可──は、要件が整えば必ず出さなければならないと説明される）。そして、それ以外の経済活動は、まさに自由であり、アダム・スミスを中心とする古典的経済理論も、自由にさせても「神の見えざる手」が導くので問題はないと説明した。

　しかし、このような考えは、第一に経済の現実が完全に否定することとなる（有名な、アメリカでのニュー・ディール立法と最高裁判所保守派──経済的自由を守る立

場——との争いを思い出してみれば明らかであろう。アメリカの最高裁判所については、ウィリアム H. レーンクィスト〔根本 猛訳〕『アメリカ合衆国最高裁——過去と現在』〔心交社、1992年〕参照)。すなわち1929年のウォール街(ニュー・アムステルダムとかの都市が呼ばれた時代にオランダ人が作った「壁」が地名の起源となった)からはじまった世界恐慌は、「レッセ・フェール」の無力を世界に知らしめた。

　加えて、経済的自由権(財産権)は、それを持つことのできる者の自由にまかせればまかせるほど、持たざる者との不平等が広がった。そこで経済活動の限度を設定しにくいマネー・ゲーム的側面からの経済恐慌の可能性から、これらの事態を避ける目的からと、社会的弱者保護(持たざる者)目的から、積極的な行政の介入が必要と考えられるようになった。後者の例としては、各種の社会保障立法や労働立法があげられるし、前者については、現在もケインズ主義の経済政策そのものをとっているわけではないが、ケインズ理論を代表としてスタートを切ったマクロ・ミクロ経済学(近代経済学)による経済政策を見れば、理解できよう(このような意味で、自由と政府の介入との調整の問題が生じてくるが、ハイエクが法との関係を論じているのもこのような背景があるからである。なお、このことは、現在の経済学がケインズ主義であると言っているのではなく、それに代表されるように、何らかの型で経済への国や行政の関与が認められるということなのである)。

　第二に、近代法が予定した基本的法律関係に変化が現れてきたことがあげられる。すなわち、近代法で予定した関係は、国(行政)— 個人(私人)の二面関係であり、この個人には、国以外の者は全て含まれたので、私たち人間一人ひとりも自然人という「人」である。他方、企業など、社会的に財力等を有し影響のある組織なども法人という「人」あるいは、有機体と考えられ、国(行政)から見れば、等しく「人」(私人)であると考えられた。あるいは、この当時の法理論は、組織などを全く意識してはいなかったと評価してもよかろう。

　そこで近代法の下では、もし財力などの力を有しない個人と財力などを有する企業などとの間で法律的、社会的、経済的問題が発生しても、それは私的自治の原則という民事法(社会に適用される法)の考えから、当然に当事者どうしにより解決されるものであり、行政の手による紛争の予防や解決は(先にも述べたように「行政」は、いわばマイナス・イメージだから)なされるべきではないと考えた。

しかし現実には、「力」関係のアンバランスから、このような法関係の把握には現実性を欠く。現に、現在、消費者保護行政や環境行政では、まず住民などから行政の迅速な対応が求められるのが普通であり、この場合、行政としては、法令に活動手法が何も書かれていないので何もできないとすることはできない。行政指導や、従来、行政規則（行政内部のルールで国民、住民の権利・義務に影響を与えない）と言われた要綱によりルールを作って対応するなど、可能な対応が必ず求められるのである。もし、何もしなかった場合、少しむずかしいかもしれないが、いわゆる規制権限不行使訴訟（国家賠償法に基づいて金銭賠償を求める訴訟）が提起されることも、ままある。

この種の訴訟は、わかり易く言えば、行政が何も（規制を）しなかった、あるいはしてくれなかったので自分たちに被害が生じたという点を請求の基礎とする訴訟なのである。このような訴訟について、よくわが国の学説は三面関係と表現するが（阿部泰隆『国家補償法』12頁〔有斐閣、1988年〕）、この種の訴訟はその一場面であり、この三面関係（大橋・Ⅰ、12頁、なお旧版では「多極間関係」「三面関係」と表現されている）こそ、現在では行政を取りまく法関係の基本的構造と考えてよい。そこで、たとえば、行政指導が、かつて言われたように、わが国独特の手法ではないことを実証した大橋洋一教授の論文でも（大橋洋一『行政の行為形式論』〔弘文堂、1993年〕）、最近のドイツ憲法で議論される国の保護義務論が紹介されていることは、このことの証左であろう。なお、アメリカではかなり以前から、同様の法関係をパレンツ・パトリエ（国親）として法的な説明としてきた（いわば、父親・母親の役目を行政が担う）。そこで、この法関係の変化を図示すれば、次図のようになる。

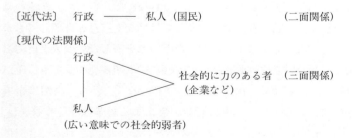

以上、述べたように、弱者保護のためには、近代法が予定した「制限思想」

ではなく、行政の積極的対応が望まれるようになった（ここに、法治行政の捉え方が変わる理由があるのではないだろうか。塩野＝原田・散歩、33頁以下を参考に読んでみてほしい）。

このような視点からは、風営適正化法などでは近代法の「『行政性悪説』はあまりにもナイーブ」（高木 光「行政法入門〔第1講〕」自治実務セミナー2005年4月号5-6頁）との指摘がある。

第三に、現代の社会が、ハイ・テクノロジー、高度工業化社会へ移ったことがあげられなければならない。そして、それに伴い、コンピュータの発達など、無名性の社会（ヒューマン・リレーションを欠く社会）が形成されたことも忘れてはならない。

まず、前者について述べれば、私たちは、自分自身の身の回りの日常的な安全性ですら自ら確認することはできない。つまり、ハイテク社会の中で、その構造や安全性については、ごく一部の専門家のみが知識を有し、それ以外の人々は何も知らない（たとえば、このことをわかり易く説明している、星野英一『民法のすすめ』〔岩波書店、1997年〕が参考となる）。一例をあげれば、化学的に処理された食品の安全性が本当にあるのかどうか、交通機関（航空機など）が構造上、整備上、本当に安全なのかどうか、自ら確かめることはできない。1997～1998年のいわゆる所沢市ダイオキシン問題（なお、同市のダイオキシン規制条例については埼玉新聞1999年10月1日）などは、この適例であろう。

また最近では、法令違反などによる欠陥住宅の問題もあった。千葉県では、秋田杉と銘うった住宅が、かなりの欠陥を有し社会問題となり、大阪府のある市では、木造三階建住宅のうち調査対象とされたものの7割に法令違反（たとえば、耐火壁を使用していない）があったと報道されたりもした。

そこで、行政により、規制をなし、検査などの手法も利用し、安全性を確保していかざるを得ない社会となっている。

後者について述べるなら、現代社会の無名性を利用した違法行為を見れば、明らかだろう。一般家庭のポストに入れられるビデオ等のチラシや街に放置される使い捨てカンバン、さらにかつての伝言ダイヤルなどによる違法行為、最近のインターネットの利用による様々な行為、例として、インターネットで他人の電話番号などを流し、いやがらせを行う（なお、アメリカ、オレゴン州の連邦

地裁では、アボーション〔人工妊娠中絶〕を行う医師の氏名を流した者に、1999年損害賠償を命じる判決が示された）などである。これらについては、もはや個人個人で対応することは不可能となっている。そこで、たとえばサイバー・スペースの利用について言えば、規制も含め、サイバー・スペース・ローの分野が発達している。

　第四に、孤独な人々が増加した社会に移ったことも忘れられてはならない。たとえば、わが国では中高年の一人ぐらしが急速に増加している（NHK「無縁社会プロジェクト」取材班『無縁社会』文藝春秋、2010年）。「人は社会性の生きもの」とよく言われるが、一人にならざるを得なくなった人々の抱えている孤独感は重く考えなければならない。孤独死、アルコールへの依存、あるマスコミが「パチンコ症候群」として報道したパチンコへの過度の依存、高齢により自らの財産や健康を自ら十分に守れない人々への対応は、誰も身近に手を差しのべる者のいない以上、行政が対応していかなければならないのである。

　以上、述べてきたことからも明らかなように、もはや行政のやるべきことを全て法律・条例に事前に書き尽くしておくことは不可能なのである（原田尚彦名誉教授は、このような現象を「生活擁護者としての行政」〔原田・要論、86-87頁〕と表現している）。つまり、それほどに行政の守備範囲は広がっているし、広がらざるを得ない。さらに、この現象を政策学の立場から「政策の日常化」（今井照『新自治体の政策形成』125頁〔学陽書房、2001年〕参照）と捉えることもできよう。その場合の法律や条例の立案も、政策実現の手法として行政法の範囲に入りそうでもある。つまり法律・条例を作ることも、すでに存在する法律・条例を前提とする法律による行政の原理とは異なった発想を生むこととともなろう。つまり、ここにこそ、法律による行政の「原理」の限界があるのであり、それのみで現在の行政手法あるいは行為形式を全て説明できなくなった原因である。そこで、最近のテキストでは「『法律による行政』の原則」とし、「原理」をつけない傾向もある（たとえば、今村成和〔畠山武道補訂〕『行政法入門〔第9版〕』8頁〔有斐閣、2012年〕参照）。あるいは、「法律による行政の原則」（藤井俊夫『行政法総論〔第5版〕』16頁以下〔成文堂、2010年〕）とする文献も見られる。また、ドイツ法的に「法治主義」（芝池・総論、38頁以下）とする文献もある。なお著者は、少し時間の経った文献だが、綿貫芳源『行政法概論』（有信堂、1960年）にもう一度注目して

もよいのではないかと考えている。そこでは、「行政法の基本原理」として「法の支配」をあげ、司法手続と行政手続をあげている（綿貫・前掲書、32-34 頁）。この広い意味での「法」（「法律」ではないことに注意）によることが示されている。ドイツ的「法治主義」と英米的 rule of law が異なることは、最近の憲法論でも再び論じられるようにもなった（佐藤幸治『日本国憲法と「法の支配」』〔有斐閣、2002 年〕）。行政法理論でも、これを参考とすべきであろう（なお、2004 年行政事件訴訟法改正も、「法の支配」の理念の下に行われたことが指摘され、小早川光郎・高橋 滋編『改正行政事件訴訟法』4 頁〔第一法規、2004 年〕、本書の視点からも注目される）。

さらに、以上のことは、住民の人々が行政への依存度を上げていることも意味する。そこで、行政は、いわば「かゆい所に手が届く行政（行政の守備範囲の拡大）」が求められて、これを政策面から見れば「政策の日常化（今井 照『自治体の政策形成』〔学陽書房、2001 年〕を参照）」という現象を生むこととなる。そこでは、「公」と「私」の接近やオーバー・ラップが生じ、近代法の分離思想から離れることとなる（NPO 条例、特定非営利活動促進法、PPP〔公民連携、パブリック・プライベート・パートナーシップ〕による理解〔東京新聞 2005 年 8 月 20 日〕、改正地方自治法での指定管理者などを考えよ）。そこで、「行政」は、社会の中で一番大きな「公共財」として見るべきであろう（一方で、民間も公共財としての側面を有することも忘れられてはならない）。

なお、「近代法」の考えで立法された法律や条文の運用が、以上のような法の変化につれて、その運用に変化が生じることがある。たとえば、街づくり政策から、土地区画整理法での照応原則がくずれたり、用途地域での例外許可を定める建築基準法 48 条但書許可の積極利用が、最近、議論されていることなどがあげられる。この場合、条文上の「公益性」要件をゆるめることとなる。これらは、法理論的には、「公益性」概念の拡大と見ることもできよう。

行政改革と地方自治　さて、ここまでで、行政の守備範囲が広がったと述べたが、ここで疑問を持つ人もいるだろう。それは、行政改革との関連から生じてくる。すなわち、行政改革は、行財政改革、つまり、行政組織の簡素化、公務員の定数削減を中心とするからなのである。

たしかに、国の行政改革は、そのような方向にあると思われる。しかし、地方自治体はどうであろうか。むしろ行政サーヴィスの向上が求められているの

である。前に述べた理由から、積極的な行政が必要とされるので、身近な問題へのきめ細かな対応の必要から、「国」という、行政の手を必要とする人々からかなり遠い存在より、むしろ問題をよく把握し得る身近な行政機関（すなわち「地方自治体」）に行政責任が求められるようになってきているのである。実は、現在の地方自治法は「役割の分担」（1条の2）との規定を有している。これは、政策の日常化の中、生活擁護者として自治体が、その分野においては、第1次的行政責任・政策策定責任を担うことを意味していると理解してよいであろう。そして、そのような行政分野では、国は、ロジィスティックがその役割となるであろう。自治法での「関与」の規定もそのような趣旨を基礎に解釈されるべきである。

そこで、わが国の代表的学説も、規制があたかも悪であるという考えに警鐘を鳴らしている（阿部・システム〔上〕、105-106頁）。1997年改正薬事法でも、製品回収命令権が、市長（一部）、特別区長にも認められたことは、このことの一例であろう。

チープ・ガバメントが全面的にあてはまるのは、国という局面においてであることも注意しておく必要がある。

要は、古典的な法律による行政の原理に拘泥することで、「法治行政」ではなく「放置行政」（石川・論点、24頁）にならないようにすべきなのである。

風営適正化法の位置づけ　それでは、本年度の講義のテーマとなる風営適正化法の法的性格はどのようなものとして捉えればよいのだろうか。

それは、一見すると、まさに社会の秩序維持すなわち警察法のようにも見えるし、そこで与えられる許可も、伝統的・近代法的な「警察許可」にあたりそうである（要件が充足されていれば、行政としては必ず許可しなければならない）。

しかし、この法律の1条は、この種の産業の育成も目的としているとも考えられ（適正化）、そうであるとすれば政策的側面もあるであろうし、警察許可といっても、付近住民の人々の原告適格が判例上よく争点とされているので（横浜地判平成3年9月9日判タ781号128頁；浦和地判平成3年3月25日判例地方自治86号62頁；広島地判平成元年5月25日訟月35巻10号1944頁〔本件評釈として藤原淳一郎、判例評論375号16頁〕）、単に警察許可とも割り切れそうにもない。

このように、この法律はまさに多面的・複雑社会(渥美東洋名誉教授の言葉、渥美東洋『複雑社会で法をどう活かすか―相互尊敬と心の平穏の回復に向かって』〔立花書房、1998年〕)、三面的利害調整モデル(阿部泰隆名誉教授の言葉、阿部・システム〔上〕、37頁)をよく反映していると言えそうである(なお、渥美名誉教授の「複雑社会」とのコンセプトは、「本書はしがき」で述べた「ポスト・モダン」からさらに次の時代の法への変化を表すコンセプトとも考えられる)。

なおアメリカで、サーシオレーライ(上告)の拡大は、人権訴訟(Civil Rights)、環境、消費者訴訟の利用の拡大とアボーションやデセグリゲーション訴訟など憲法原理の変化を原因とした訴訟の拡大によるとする指摘がある(宮城啓子『裁量上告と最高裁判所の役割』39頁〔千倉書房、1998年〕)。この種の訴訟は、三面関係で生じることが多いことをここで指摘しておく。このように憲法訴訟でも三面関係という認識が必要となっている。

風営適正化法の現実から考える　「法」は社会的な道具の1つなので、政治・経済・社会とともに動いていることを忘れてはならない。さて、純近代法的な発想からは、公務員の定数を減らすという方向性が出てくる。しかし、次のような現実を見てみよう。

「『ビジネス』、実態ラブホテル」(神戸新聞2008年1月28日夕刊)は、次のように報じている。

すなわち、小中学校等の周辺200mではラブホテルの営業は禁止されているが、ロビーや食堂を設置するなどして見かけ上ビジネスホテルとして営業許可を得ている。これは、風営適正化法上違反となる。神戸新聞は「人が足りず、全施設を調査できない」とする神戸市の立場を報道している(なお、この時点で、いわゆる偽装ラブホテルは151施設あると同新聞は報じている)。行政には常にムダがあり、公務員の数さえ減らせば財源の発掘も含め"何でもうまくいく"といった単純な発想(純近代法的発想)だけでは政策目標は達成できない。

このような事実と法の理解の必要(純近代法的発想からの離脱の必要)は、政党や政治家、国民双方がよく知って、何が政策として必要であり、そのためにはどのような法的ツールや、公務員の数の必要性や予算(費用 vs. 効果)等を冷静に分析して結論を導き出す必要があろう。

〈参考文献〉

古典的な概念を知るうえで、以下の文献を見よ。
　田中二郎『法律による行政の原理』酒井書店、1955 年。
　田上穣治『法律による行政』有斐閣、1943 年。
最近の問題意識を知り得る文献として、以下を見よ。
　大橋洋一「『法律による行政の原理』の動態的発展」法学教室第 223 号 35 頁以下、1999 年。
　高木 光『法治行政論』弘文堂、2018 年。
警察許可の法的性質については、以下を見よ。
　高木 光『ライブ行政法〔中級編〕補訂版』68 頁以下、有斐閣、1995 年。
「法律による行政の原理の限界の克服」と項目を立てるテキストとして、
　見上崇洋・小山正善・久保茂樹・米丸恒治『レクチャー行政法』23 頁、法律文化社、2001 年。
現代でも、政令との関係で法治行政の基本的な理解が重要である点について、
　阿部泰隆「『その他これに類する政令で定めるもの』という規定でラブホテルを規制できるか―法治行政」自治実務セミナー第 45 巻第 1 号、2006 年。
なお、明治憲法が「立憲主義」のほか、「神権的国体観念」を有し、近代憲法としては不徹底であった点につき、
　佐藤幸治『日本国憲法論』58 頁以下、成文堂、2011 年。
近代憲法（立憲主義）に基づく日本国憲法の成立過程につき、
　庄司克宏編「日本国憲法制定過程―大友一郎講義録（一）（二）」慶應義塾大学法学研究 83 巻 7・8 号、2010 年。
建築基準法 48 条許可の活用につき、
　第 65 回全国建築審査会長会説（2018 年 10 月 31 日 - 11 月 1 日における「記念シンポジウム資料集」および「発言資料」を参照。

第 2 講

現代型行政法の原則とアカウンタビリティー

先生 現代は、明治維新や日本国憲法制定時と同じくらい、法という考えが変化している時代なんだ。参考までに田中成明『転換期の日本法』(岩波書店、2000年)を見てほしい。いわば、「近代法」から「現代法(ポスト・モダン)」へと言ってもいいんだ。ただ、現在は、ポスト・モダンからさらに次の時代へ法がさらに大きく変化している。私の恩師の1人、故渥美東洋先生は、さらに次の時代を見ていたかもしれません。『複雑社会で法をどう活かすか』(立花書房、1998年)を読むとそう思うのです。渥美先生の法律学については、警察政策学会『犯罪法システムの構築―渥美東洋の政策・法学』(2016年)を見てみると良いでしょう。恩師への学恩は何があっても生涯、わすれることはできません。刑事訴訟法学者の渥美先生が、行政法改革の必要性につき、きびしく私にさとしてくださったこと、私がそれに、研究者として十分に答えられなかったこと、自分の力不足を知るとともに、先生には本当に申しわけなく思っています。

マリちゃん 学問を受けつぐ絶対に守るべき姿勢を学んだように思います。ところで、「グローバル・スタンダード」という表現を見るのも、その動きと関係があるのでしょうか。

先生 もちろん、そうさ。渥美先生は、RICO法(組織犯罪対策法)を中心にグローバル・スタンダードを求めていたように思う。また、電子機器の利用もそうだ。匿名で誹謗・中傷メールを送り、あげくのはてにSNSで拡散するなどというきわめて卑劣な内容などへの法的対応の必要など、ポスト・モダンから、さらに次の時代の法の構築が求められている。行政法の研究者の論文では、北村喜宣「『グローバル・スタンダード』と国内法の形成・実施」公法研究第64号(2002年)は、ぜひ読んでみてほしいな。時には、学会の最先端の議論を読んでみるのも、学生時代、とてもいい経験になると思うよ。

マコト君 バイト先で、役所はアカウンタビリティーを十分やってないなんて聞きます。それも、今の話と……。

先生 いい所に気がついたね! さっき紹介した田中先生の本は「議論・交渉フォーラム」という表現を利用している。つまり手続法理だね。手続では自分の考えを相手に伝えるためのアカウンタビリティーが常に求められる。一方で、「うそ」を伝えることは不正確な情報を伝えることになるからfraud(フロード)と言ってアメリカでは犯罪になるんだよ。こういった考えは、現代の法の、いわ

ばグローバル・スタンダードと言っていいと思うよ。
マコト君 先生！ 少しくらい雑談はないんですか。
マリちゃん のせちゃダメよ。時間がもったいないんだから……。
先生 弱いねぇー。アメリカに最初についた日、ホテルのバーで飲んでいたら、アメリカ人が声をかけてくれた。「おれの名はビル」って言うんだ。「『請求書』と同じだよ、おぼえておいてくれ」ってね。まさに自分の名前をいっしょうけんめい「説明」していた。……あんまり面白くないようだね！

■■■ **講義ノート** ■■■

「アカウンタビリティー」の意味　本来、「アカウンタビリティー」は、最後の審判での人間がその人生について説明する責任という神学上の用語である（深井智朗『プロテスタンティズム』185頁〔中公新書、2017年〕）。最近は、行政法の分野でも「アカウンタビリティー」という言葉をよく耳にするようになった（代表的文献として、鈴木庸夫『改正地方自治法とアカウンタビリティ』〔公人の友社、2000年〕）。また、アカウンタビリティーを行政法の一般原則の1つとして「透明性と説明責任の原則」（宇賀・Ⅰ、59頁）とするテキストもある。そして、政策的発想を有する大橋洋一教授のテキストでは、このコンセプトを「説明責任原則」として「行政法の一般原則」の中の「現代型一般原則」（大橋・Ⅰ、54頁以下）として位置づけていることは、重要な意味を有している。同教授の「対話型行政」や田中成明名誉教授の「議論・交渉フォーラム」（田中成明『転換期の日本法』84頁以下〔岩波書店、2000年〕参照）も、この「アカウンタビリティー（説明責任）」を基礎としていると考えて差しつかえはないであろう（その意味では、最近、法律学の研究者にも、「交渉学」に強く影響される者が出てきている。交渉学については、R. J. レビスキー、D. M. サンダーズ、J. W. ミントン〔藤田 忠監訳〕『交渉学教科書―今を生きる術―』〔文眞堂、1998年〕；太田月造・草野芳郎編著『ロースクール交渉学（第2版）』〔白桃書房、2007年〕参照。なお、アメリカのロー・スクールでは「どうやってYesをゲットするか」ということが重視される。わが国の法科大学院でも交渉学を講座として置く所もあるようである。そこで、アメリカのロー・スクールではアンダー・グラジュエートで文学や言語学、論理学をメジャーとした学生が優秀な成績をおさめることも多いという）。そこで、大橋洋一教授のこのコンセプトの定義を

参考としてみたい。すなわち、それは「行政機関が行政活動の様々な局面において、その都度市民に対して説明を行うことを内容とする」(大橋・Ⅰ、54頁) とされている。そして著者も、この定義は合理性があると考えている。

「法的」コンセプトとしての「アカウンタビリティー」　さて、「アカウンタビリティー」は、現代行政法を支える一般原則との位置づけからも理解できるように、それはすぐれて「法的なコンセプト」であることを理解しなければならない（たとえば、東京地判平成15年2月3日民集58巻8号2233頁は、都市基盤整備公団の購入後のマンションの値下げ販売につき、値下げ自体は適法としたが、当時の説明義務違反を理由に6,700万円の慰謝料を命じる判断を示したことからも理解できよう）。そして、それは鈴木庸夫名誉教授の指摘されるように、外国の行政法テキストでは、このコンセプトを一番最初に位置づける国もあり（鈴木・前掲書、89頁）、まさしく、世界のグローバル・スタンダードな考えになっていると言ってもよいであろう。わが国の行政法のテキストでも、憲法上の国民主権の原理から説明するものもある（櫻井＝橋本、9頁。また情報公開法1条も参照せよ）。

このことは、最近の立法の動向にも見ることができる。たとえば、2003年1月16日までに、警察庁の「住宅等侵入犯罪予防対策研究会（宮沢浩一座長）」がまとめた新法の素案では（当時2003年1月20日召集通常国会提出予定とされていた）、侵入窃盗の手口の情報を、国や地方公共団体が、鍵関連業者に提供することが規定されている（2003年1月7日報道）。これは、いわゆる「ピッキング」や「カム送り解錠」やその他の侵入手口を防止しようとするための立法案であったが、「情報の提供」にアカウンタビリティーの一つの姿を見ることができよう。

ところで「近代法」では、「責任」は「責任」という一つの概念しか存在しなかった。現代では「説明責任 (accountability)」のほか、「反応責任 (responsibility)」（実は、ここから「規制権限不行使訴訟」や「不作為の違法」という法律構成を導くわけである）や「引受責任 (liability)」に分けて考えるわけである。ちなみに、「近代法」が考えた「責任」とは、この中でも特に「引受責任」を指していたと考えてよい（刑事事件での刑罰の引受、民事事件での損害賠償の引受を考えれば、このことは容易に理解できよう）。このように、「責任」の分化は、これも「近代法」から「ポスト・モダン」への移り変わりと見ることもできるわけなので

ある。

　ところで、この「ポスト・モダン」の時代での「説明責任（アカウンタビリティー）」は、いきなり法の世界に登場したものではなく、「近代法」の「道具箱」の中のある道具を応用し、現代の法制度としたものなのである。それはあたかも「パソコン」という現代的な道具のキーボードが、「タイプライター」→「ワープロ」という発展の流れから出るようなイメージを持ってみればよいであろう。

　それでは、この「アカウンタビリティー」の基礎となった道具とは何なのだろうか。それは英米法で発展した「手続法理」「デュー・プロセス」との法的コンセプトであると言ってよい。現に、田中名誉教授の著書も「手続化」（田中・前掲書、125頁以下）について言及している。

　それは、手続法理の中のどういう点に現代の説明責任の基礎を見い出すのだろうか。後の講でも述べるように（第14、15講）、手続法理、デュー・プロセスの法制度上の支柱は「notice and hearing」なのである。つまり、相手の意見を十分聞き（hearing）、それを前提に伝える（notice）あるいは、伝えた後に意見を十分に聞く、このキャッチ・ボールであると理解しておこう。

　すなわち、行政の説明責任は、このnotice法理を充実・発展させ、法的責任として構成したものである（アメリカの情報自由法・FOIAが行政手続法から発展したことも、ここで思い出してみよう。さらに、小早川光郎名誉教授が、本講で述べるノー・アクション・レターを「行政手続過程」で扱っている〔小早川・下Ⅰ、63頁〕のもそのような理解からであろう）。つまり、国民・住民に行政が十分に、可能な限り説明を尽くす責任をもしはたさないといったケースが出た場合、制度の趣旨や目的から、たとえば情報公開制度のような場合、訴訟の対象になることもある。また、訴訟の対象とはならないまでも、それなりの責任が追及されるのは、その基礎が法的コンセプトであるからにほかならない。2001年5月27日に日本テレビで放送された、県職員の不誠実な対応について、岩手県知事が2001年5月30日付けで出した「『電波少年』の放送での対応について」では、「たらい回し」などに対する約190件の県への苦情について、お詫びが述べられている。著者から見ると、これもアカウンタビリティーを尽くさなかった結果だと思う。

　ところで、ここで、目的や趣旨から訴訟の対象になり得るものもあると指摘

したが、説明責任は法的責任として基礎づけられるものの、現実には現在はかなり広く捉えられている（そこで、逆に、訴訟の対象とはなりにくい制度もある）。

このことを適切に指摘しているのは、鈴木名誉教授であろう。鈴木名誉教授は「『説明責任』というのはアカウンタビリティーの大事な側面ではありますが、一面だけを言っている」（鈴木・前掲書、90頁）と指摘され、より広く捉えるべきことを提言されている。著者も制度として捉える場合、この広いアプローチが正しいと思う。そこで本書では、以下、この広いアプローチで代表的な「アカウンタビリティー」の制度を見ていくこととしたい。

情報公開・個人情報保護制度　情報公開法第1条は（自治体の情報公開条例第1条も、多くの自治体では同じ）「政府の有するその諸活動を国民に説明する責務」としてこのアカウンタビリティーを明文で定めている（なお、1999年に制定をみたこの法律の正式なタイトルは「行政機関の保有する情報の公開に関する法律」という）。

さて、アカウンタビリティーは「法的責任」であるから、説明する責務（任）が行政サイドにあるということは、国民の側には、そのカウンター・パートとして知る権利が予定されることとなる。そこで、有力説は、この条文から解釈により憲法上の「知る権利」を導き出し得るとする（塩野・Ⅰ、355-357頁。それは「行政情報管理」〔塩野・Ⅰ、351頁〕の章とされる）。

そこで、このようなアカウンタビリティーの理念に基礎を置く法律（自治体では条例）の代表的な規定を見ておこう。

アカウンタビリティーとの側面からまず注目されるのは、その対象文書であろう。

さて、周知のように、わが国の情報公開法制は自治体の条例が先行していた。しかし、そこで公開対象とされた文書は、「決裁・供覧」を経たものであった。つまり、いわば公式に「ハンコ」をついた記録に限られていた（決裁文書という）。しかし、現在の法律、そして多くの条例は「当該行政機関の職員が組織的に用いるもの」（法2条2項）としている。これは、決裁文書より広いコンセプトなのである（組織共用文書と呼ばれる）。そこで、組織共用文書であれば、個人的に作成したものでない限りこの法律の対象とされる。このように広いコンセプトを利用したのは、アカウンタビリティーの充実との関心があったからに

ほかならない。なお、2009年いわゆる公文書管理法が制定され、これもアカウンタビリティーを十分にはたすためには文書管理が十分に整備される必要があるので、アカウンタビリティーの担保制度と考えてよい。

　次に、不開示情報について見てみよう。情報公開法・条例は、開示についての適用除外を有している。法5条は、これにあたるものとして、次の6つの類型を掲げている。それは個人識別情報（1号）、法人等に関する情報（2号）、国家安全保障上の情報（3号）、刑事手続上の情報（4号）、行政機関内部・相互での意思形成過程の情報（5号）——なお、この類型の情報に関する最（2小）判平成6年3月25日判時1512号22頁、百選Ⅰ36事件は、これが憲法21条に反するものではないと判示している——、行政機関の事務・事業に関する情報（6号）である。

　しかし、これらについてもアカウンタビリティーの視点から、公益を理由とする義務的開示と裁量的開示が定められている。これは、人の生命、健康、生活又は財産を保護するため公にする必要のある情報の義務的開示（法5条1号ロ、2号但書）と、公益上の必要による裁量的開示（法7条）である。また、審議・検討にかかる文書についても「アカウンタビリティーの視点から開示することによる利益と、開示により適正な意思決定等にもたらされる支障を比較衡量する必要」（宇賀克也『新・情報公開法の逐条解説〔第8版〕』121頁〔有斐閣、2019年〕）との指摘からも理解できるように、これらは、アカウンタビリティーを基礎としていることを知ることができる。法6条の部分開示の規定も、同様の基礎を有すると考えてよいであろう。

　なお、鈴木名誉教授のように、アカウンタビリティーを広く捉えた場合、文書管理も、情報公開を支える重要な制度となる。そこで、宇土市のように文書管理条例が制定されている場合、この条例も広い意味でのアカウンタビリティーの制度と考えて差しつかえはないであろう。

　最後に、本講では、すでにアカウンタビリティーは「法的コンセプト」であることを指摘している点を思い出してほしい。つまり、法的コンセプトである限り、法的手続や法的救済システムが存在しているわけである。

　まず法的手続については、情報公開法独自の、たとえば、裁量的開示にあたっての第三者の意見提出や意見聴取（法13条）、文書の特定（法4条1項）や30

日以内とされる開示決定期限（法10条1項）のほかは行政手続法が適用される。そこで、たとえば、開示拒否処分については手続法8条での「理由の提示」が行政庁に義務づけられ、開示拒否の審査基準の設定・公表義務が、手続法5条で課されている。

　次に、不服申立てについてはどうだろうか。国を例にとれば、情報公開審査会、会計検査院情報公開審査会設置法が審査会に、不服申立てを受けた行政機関が諮問し、答申を受け決定を行うこととされている。また自治体の条例でもほぼ同じ法的手続となっている。なおここでは、アメリカの裁判手続で発展した、著名な「イン・カメラ手続」（不服申立人を除外し、実際の文書を検討する手続──なお、かつては「裁判官の私室で」などの訳が与えられていたが、これでは狭すぎるし実際の手続とは合わないので、手続の実際に合わせてこのように述べた）を法律や条例が規定していることは、知っておこう。なお、答申には法的拘束力はないが、答申内容の公表という担保手法により、実際は答申内容に沿った処分となり得るであろうし、そうでない場合でも、訴訟というフォーラムでは有力な証拠の一つとなろう（なお、行政不服審査法全部改正との関係で、情報公開審査会等を残した自治体と、全面的に新しく行政不服審査会を設置し原則としてそこで処理する自治体とに分かれることとなった）。また、この公表もアカウンタビリティーの一側面となっている。

　そして、当然、情報公開訴訟は可能である。この訴訟は、旧法36条により、原告の所在地を管轄する高等裁判所の存在する地方裁判所と、行政事件訴訟法12条による処分を行った行政庁の所在地を管轄する裁判所に提起することとされていたが、2004年行訴法改正で、行訴法上の制度となった（特定管轄裁判所）。これは、行政庁の所在地が、現実には東京に集中しているので、特例として定められたものであった。

　また最近の例として、自治体では初めて非公開文書について20年後の公開の義務付け（いわゆる時限公開制度）を導入する逗子市情報公開条例改正案があり（茨城新聞2006年1月27日）、訴訟のみが唯一の統制手法ではないことを政策法務の側面から知るよい例となろう。

　なお、まちづくり条例で、情報の提供を説明責任として規定している例として、2000年の「ニセコ町まちづくり基本条例」1条〜4条が注目を集めている。

逆に、情報公開請求に関し、権利濫用を認めた判例もある（最判平成15年9月25日平成15年〔行ツ〕173号、〔行ヒ〕176号、東京高判平成14年3月26日平成14年〔行コ〕289号、横浜地判平成10年10月23日平成12年〔行ウ〕41号）。法の一般原理がこのエリアでも適用されている例ともなろう（このような理解から、権利濫用規定をあえて設ける必要がないという主張もある。たとえば、村上裕章「情報公開法改正案の検討」法律時報84巻1号72頁）。ただ、最近では2008年の三重県条例の改正のように権利濫用禁止規定を導入する自治体も増えてきている（この点、山口道昭『〔入門〕地方自治〔第1次改訂版〕』214-215頁〔学陽書房、2012年〕）。市長への手紙について、広聴実施要領の運用において花巻市は、同一内容のくりかえしの請求については回答しないこととしている（広報はなまき2014年5月1日）。また、最近では、東京都個人情報審査会は、一人の人物が762件の開示請求を行ったケースにつき権利濫用を認めた（読売新聞2014年6月27日夕刊）。なお、筆者などは「量」の権利濫用もさることながら、同一文書をくり返し請求するといった「質」の権利濫用、相当な時間経過後の請求といった「時間」の権利濫用もありうると考えている。なお、訴訟のレベルでは、無効等確認の訴えで時間の権利濫用に近い発想がある（宇賀・Ⅱ、302頁は信義則違反との構成に言及している）。

　一方、個人情報保護制度は、どうだろうか（自治体では2000年4月1日現在で、1748自治体、つまり全自治体の52.7％で個人情報保護条例を有している、松下啓一『自治体政策づくりの道具箱』122頁〔学陽書房、2002年〕参照）。個人情報というと、情報保護つまり「出さない」側面にのみ目が向くだけではいけない。いわゆるプライヴァシーの権利を自己情報のコントロール権と捉える考えからは、自己についての情報を知る権利や誤った情報の訂正権が認められるべきであろう。そこで、個人情報保護条例を有している自治体では、身近な実例で言えば、自治体の職員採用試験に不合格だった者に、その者に限りその者の試験の得点を知らせるといった制度などがある。つまり、情報公開法が「何人」に対しても（法3条）アカウンタビリティーをはたす制度であるのに対し、個人情報保護法制は、自己情報につき「具体的な個人に対して」アカウンタビリティーをはたす制度なのである。

　なお、個人情報保護法制は、結果的に行政統制的機能も営むことを忘れてはならない。たとえば、学校での体罰事故報告書に関して、1990年12月川崎市

立の小学校での事故につき、校長や加害教師の対応や報告に関しての不正確な記述について訂正措置相当との判断を示し、その後、両親側の意見を報告書に添付するとの実務改革を、川崎市個人情報保護審査会（兼子 仁会長）の判断が導いたことが報告されている（坂本秀夫『教育情報公開の研究』151頁以下〔学陽書房、1997年〕）。なお、わが国の個人情報保護法は、2017年改正法が施行されているが、それは個人情報保護委員会の新設等、その保護と利用の強化をねらっている。この法律は、行政、民間双方を対象にしており、行政には、この法律を受け、「行政機関の保有する個人情報の保護に関する法律や、各自治体の個人情報保護条例が制定されている（園部逸夫・藤原静雄編『個人情報保護法の解説〈第二次改訂版〉』〔ぎょうせい、2018年〕）。なお、個人情報保護法は、ビッグ・データ等の活用に改正の重点があるが、これを受けて、行政機関個人情報保護法は、「非識別加工情報」「個人識別符号」等のコンセプトを導入している（これらについては、宇賀克也『自治体のための解説個人情報保護制度』〔第一法規、2018年〕）。

　加えて、最近では、法制審議会では、マイナンバーと戸籍の連携が議論されてきた（朝日新聞2019年2月2日）。そして、2019年5月24日いわゆるデジタルファースト法として成立した（日本経済新聞2019年5月24日夕刊）。

　さて、一つの宿題として、権利濫用を理由とする開示請求拒否の場合、情報公開条例では「却下」、個人情報保護条例では「棄却」という運用となっている。なぜなのか考えてみてほしい。

　なお、情報公開や個人情報保護制度では、文書やデータの管理がそれを支える制度として重要となる。国ではいわゆる公文書管理法が制定されている。また、政策法務の立場から、住民基本台帳ネットワークの利用を肯定的に評価する見解も示されている（鈴木庸夫「『震災復興』時代の政策法務」政策法務ファシリテータ第30号1頁〔2011年〕参考判例として、住基ネットに関する、最〔1小〕判平成20年3月6日民集62巻3号665頁）。このエリアの最近の動向と分析については、阿部・解釈学Ⅰ、475頁以下を読んでみるとよいであろう。

　また、個人情報との関係では、2016年から本格運用されたマイナンバー制度にも留意しておく必要がある。これは、社会保障や税番号制が制度の中心的な目的と言えようが、自治体においては、子育て支援事業や被災者への対応などの利用が考えられる。

パブリック・コメント　　現在の政策形成のサイクルは、Plan（立案）→ Do（実施）→ See（政策・行政評価）であると言われている。これは、国民・住民の政策形成過程への参画のサイクルであると考えてよい。そこで、1998年の中央省庁改革基本法は、その50条2項で「パブリック・コメント」制度の導入を定めた。

そして、これに基づいて閣議決定によって、1999年より実施している。ただ、この現実のパブリック・コメントは、国民の権利・義務にかかわる場合にのみ実施されるという狭いスタンスをとった。そこで、道路交通法の反則金引上げのような場合には実施されるが、計画案や情報公開法の改正のような場合には、実施されないこととなる。

ともあれ、直接、国民の権利・義務に影響する場合には当然、アカウンタビリティーを、国民に対し国は負うこととなる。たとえば、最近の環境法のあるテキストは、環境税や賦課金といった経済的に国民に負担を強要する法制度設計を行う場合、「新たな負担を求めるものであるから……（略）……国民に対する説明責任を果たさなければならない」（南 博方・大久保規子『要説環境法〔第4版〕』170頁〔有斐閣、2009年〕から引用）と述べている。

実は、この、アカウンタビリティーをはたす法制度が「パブリック・コメント」なのである。

それでは、このパブリック・コメントとはどのような法制度なのだろうか。それは、端的に述べれば、行政がその予定する施策に関し、住民・国民にその施策についての資料を提供し、住民・国民はその資料に基づき、その施策に関する意見を提出し得るという制度である。その意味で、説明と参画の制度であると言ってよい（このように参画まで含めて考える必要があるので、鈴木教授の広いコンセプトが合理性を有するわけである）。

ところで、すでに指摘したように、従来から国のパブリック・コメントは狭いアプローチをとっている（行政立法につき2005年行政手続法改正、第7講参照）。そこで、むしろこの制度の趣旨から広いアプローチをとっている自治体のパブリック・コメントを見てみよう。この自治体版パブリック・コメントは、2000年から岩手県、新潟県、滋賀県でまず要綱による制度としてスタートし、2001年には横須賀市で全国初の条例化をみているものである。さて、「横須賀市民

パブリック・コメント手続条例」は、その1条で、これがアカウンタビリティーの法制度であることを示している。すなわち「市の市民への説明責任を果たすとともに、市民への参画の促進を図」ることを目的としている。

そして、たとえば、岩手県が記者配付資料として出した「『パブリック・コメント』制度に関する指針について」は、これが県の「意思決定過程の公正性と透明性の向上を図」ることを目的としているとすることから理解できるように、行政手続法1条に示された理念と共通であることを知ることができる。このことからも、手続法理にそのルーツがあることを知ることができよう。

岩手県の制度で、さらに具体的に見てみよう。その対象は第一に、施策や公共施設に関する基本的な計画の決定や変更、第二に権利を制限したり義務を課す条例。第三に、そのほかであってもパブリック・コメントを実施するように努めるとの基本方針（ここでは、直接に県民の権利・義務を制限するものではない事項、たとえば情報公開条例の改正などが含まれる）である。このように、政策事項や情報公開条例の改正などでもその対象とする点で、国の制度よりその対象は広い。

さらに、意見提出の方法は、原則として1ケ月以上の期間となっていることと、郵便、ファクシミリ、電子メールまたは公聴会となっており、FAXないしメールに限っている国の方法より広い（なお、手続のフローについては、岩手県作成の図を本講末に掲記するので、そこを参照してほしい）。なお、ここでの公聴会は、政策事項などについての県民参画つまり民主主義的な制度であるのに対し、行政手続法10条での公聴会は、行政庁が具体的な行政処分の利害関係人からの情報収集手段である点で相違がある。同じ文言であっても区別しておこう。

また、パブリック・コメントをさらに補完するためのアカウンタビリティーの制度として、後に述べる2005年行政手続法改正での41条「意見公募手続の周知等」がある。

政策評価　「政策評価」もアカウンタビリティーの一つの法制度としての側面を有している（現に、2002年の「秋田県政策等の評価に関する条例」の1条では「県民に説明する責務が全うされるようにすることを目的とする」と規定されている）。それは、Plan → Do → See という政策形成モデルでは「See」の部分に相当する。北海道で行っている「時のアセスメント」（一定期間実施されない道の事業を中止するなどの評価制度、この点については、松下啓一『自治体政策づくりの

道具箱』47頁〔学陽書房、2002年〕参照。なお、北海道では2002年に北海道政策評価条例を制定した。その条例の「前文」で「時のアセスメントから政策アセスメントと歩んできた政策評価制度の体系化を図り」と宣言している）や、いわゆる事業評価以外に計画などのアセスメントも含めた最近の表現でいう戦略的アセスメントを導入した2002年の東京都環境影響評価条例や、2002年岩手県での、公共事業評価に関しての、公共事業評価委員会の条例化案（従来は要綱、つまり行政庁の内部基準——要綱は、内部基準なので、議会ではなくいわゆる「庁議」決定で成立する——から条例に格上げし、追認機関になってしまうことのないよう、実際に評価を行うことを目的とする。岩手日報2002年9月23日参照）は、自治体での具体例と言ってよい。そして、評価の具体的な内容の例としては、「費用対効果」などを思い出してみよう。さらに、もう一例のみ示せば、「ピンクチラシ追放"苦戦"—仙台—条例も効果いまひとつ」（岩手日報2001年8月23日）が、2001年6月成立の「ピンクちらし根絶促進条例」について報じているが、これも政策評価の必要性を示すいい例となろう。なお、このような政策評価があったためでもあろう、2002年の「福岡市ピンクちらし等の根絶に関する条例」では、6月以下の懲役または100万円以下の罰金という罰則手法によっている。

　ところで、この政策評価制度は、自治体を例にとれば、法的には住民参画の制度として位置づけてよいであろう。それは、Plan → Do → See というフローを考えれば、Plan に参画した住民にその評価を「説明」することとなるからなのである。

　さて、「参画」は、参画する者もその政策に対する参画責任とでも呼ぶべき広い意味での（その責任をまっとうしないからといって裁判で追及されるということはないが）責任を有するであろう。法は、フリー・ライダー（ただ乗り）は認めないわけである。そこで、政策評価結果を示された住民は、いわば参画したことにより自らも一つの通信簿を受けとることともなる。たとえて言えば、大学での授業評価で、授業担当者が、受講者の意見を受けるのと同時に（これが50%）、受講者も、予習・復習が不十分、あるいは履修登録はしているが出席していないなどの通信簿を受けることとなる（これが50%）のと同様である。

　話を元にもどして、Plan → Do → See の流れで考えれば、パブリック・コメントを導入することは、同時に政策評価を導入することも意味する。岩手県

では、2001年の「部設置条例」で、そのトップに総合政策室を設置したが、その中に「政策評価課」を設置している（なお、部の設置が条例によるのに対し、課の設置は、長の規則によっている）。

一方、国では「行政機関の行う政策の評価に関する法律」が2001年6月22日に成立し、29日に公布された。

なお、風営適正化法のような規制立法では、アメリカでの「規制インパクト分析（RIA：Regulatory Impact Analysis）」が参考となろう。

この法律は、その1条で「説明する義務」すなわち「説明責任」を、目的として掲げている。さらに、具体的には、法5条5項での政策評価の基本方針の公表、法19条での国会への報告と公表、法22条での政策評価情報を入手しようとする者への利便目的での所在に関する情報の提供、法16条での評価書およびその要旨の作成などである（要旨を作成しなければ、複雑な内容を一般には理解しがたいおそれがあるからである）。

もっとも、国の場合、閣議決定でのパブリック・コメントの範囲が狭いので、Plan → Do → See の連動が今後の課題となるであろう。

その他のアカウンタビリティーの制度　現在の政策型行政においては、そのほかにも様々なアカウンタビリティーの法制度が存在している。その中から、代表的なものを見てみることとしよう。

まず第一に、「ノー・アクション・レター」である。この法制度は、2001年3月27日の閣議決定で現実のものとなった。

さて、現代の高度工業化された都市型社会での行政規制法令は、何らかの形で、そこでの条文上の定義などがアイマイにならざるを得ない場合がある。

たとえば、食品衛生法での「有害な物質」（これが争点とされた東京高判平成7年10月31日判時1566号134頁。なお、本件については、その後、最高裁判所の判断も示されたが争点を読み取り易い控訴審判決を引用しておく）、廃棄物処理法での「不用物」（本件が争点とされた、最〔2小〕決平成11年3月10日刑集53巻3号339頁）などその代表例と言ってよいであろう。ところで、このような場合、これを不明確だとすると、違反は増加し、かえって社会の法的正義をほりくずす可能性がある。そこで、むしろ事前に行為者に照会してもらうことにより、もし法令違反にあたる場合、行為をおこしてはなりません、つまり「ノー・アクション」という通知

「レター」を行政サイドから送るという制度である。法令の内容を、まさしく説明するものと言ってよいであろう。また、訴訟との関係では、ノー・アクション・レターを受けて、改正行訴での差止めの訴えの可否につき、この訴えの即時確定の利益から考慮すべきことが指摘されている（小早川光郎・高橋 滋編『改正行政事件訴訟法』87頁〔第一法規、2004年〕）。

著者などは、今後、条例作りでも、参考となり得る法制度ではないかと考えている。

第二に、1999年法改正での「外部監査制度」がある。この制度は、地方自治法252条の37第1項、第2項に規定されている。この制度も、252条の38第3項、第6項で公表規定を有している。この法制度は、自治体の組織に属さない自治体外の専門化（弁護士、公認会計士など）が、自治体との契約に基づき実施するものである。また、自治体の財政援助団体などへの監査は、法252条の37第4項で、条例で具体的定めを置くこととなっている。

第三に、2005年行政手続法改正では、行政立法についてパブリック・コメント制度が導入されたが（第7講）、その41条で、パブリック・コメントが行われていることの周知と、実施に関連する情報の提供に努めるべきことが定められた。これは、すでに述べた、パブリック・コメント制度を補完するアカウンタビリティーの制度と言ってよい。

第四に、行政手続法の第2章（第14講）での9条「情報の提供」、8条「理由の提示」、第3章「不利益処分」（第15講）での同様の制度も、アカウンタビリティーの一つの姿となっている。

第五に、国税通則法の改正で導入された、調査結果の通知制度も説明責任の一つの制度である。

第六に、個別の条例等で1年間の実施状況の公表制度を有する場合がある（たとえば、埼玉県川口市の個人情報保護条例35条）。

加えて、訴訟法のレベルでは、改正行訴法23条の2「釈明処分の特則」も、自治体の説明責任をその基礎としている（小早川・高橋・前掲書、65、124頁）。

最後に、基本条例を指摘しておこう。地方自治法1条の2の国と地方の「役割分担」規定では、自治体の総合行政をその役割として示している。

この総合行政との立場から、自治基本条例など、その自治体の政策の基本的

方針を示す条例に関心が集まっている。その中でも著名な「ニセコ町まちづくり基本条例」(2001年4月施行) は、説明責任をその一つの目的としている。すなわち、同条例4条は「町は、町の仕事の企画立案、実施及び評価のそれぞれの過程において、その経過、内容、効果及び手続を町民に明らかにし、分かりやすく説明する責務を有する」と規定している。この規定は、政策形成のPlan → Do → See に沿って、その全てをカバーしていることに気がつくであろう。2002年の同町のホームページでのこの条文の解説では、農業振興計画等の各種計画や財政状況調査、決算結果などがその例として掲げられている。本講の一般的説明をしめくくるのにふさわしい条例なので、最後に掲げておくこととした。

「風営適正化法」改正案でのパブリック・コメント　2001年1月26日、警察庁は、風営適正化法改正に関しそのホームページに提言を掲げて、パブリック・コメントを実施し、それに基づいて、法改正が行われた。

この時の全文を、パブリック・コメントの例として掲記する。

平成13年1月26日
警　察　庁

「風俗行政研究会」提言書の公表及び風俗営業等の規制及び業務の適正化等
に関する法律（風適法）改正に関する意見（パブリックコメント）募集

警察庁では、今後の風俗行政の在り方について、「風俗行政研究会」（座長 成田頼明 日本エネルギー法研究所理事長）に検討を依頼しました。同研究会においては、平成12年9月より検討を重ねてきましたが、このたび、提言書（「少年の健全な育成に資する当面の風俗行政の在り方について」）が取りまとめられましたので、これを公表することとしました。提言書の内容は、別添のとおりです。

警察庁では、この提言書に沿って、次の内容の風適法の改正を検討しています。

```
1　テレホンクラブ営業に対する規制
 (1) 風適法による規制の一元化
   現在、テレホンクラブ営業については各都道府県の条例で規制されているが、複数の
```

都道府県にまたがって営業を行うことが容易な、店舗を設けずに営むテレホンクラブ営業の増加が顕著になるなど現行の条例による規制に限界が生じつつあることから、風適法により一元的に規制することとする。具体的には、テレホンクラブ営業を営む者に対して、①都道府県公安委員会への届出の義務付け、②営業禁止区域（店舗を設けるものに限る。）の設定、③広告宣伝の制限等の規制を行うこととする。

(2) 客が18歳以上であることの確認の義務付け

児童買春事件検挙件数中テレホンクラブ利用に係るものが過半数を占めるなど、テレホンクラブ営業が児童買春の温床となっている大きな要因は、女性からの電話が年齢を問わず接続されるシステムとなっていることであるため、テレホンクラブ営業を営む者に対し、客が18歳以上であることを確認した後でなければ通話の機会を提供してはならないこととする。

(3) 公安委員会の指示、営業の停止等の規制の整備

公安委員会は、善良の風俗等を害する行為を防止するため必要な指示をし、また、店舗を設けるテレホンクラブ営業には営業の停止処分を、店舗を設けないテレホンクラブ営業には営業の禁止処分をそれぞれ課すことができることとする。

2 インターネットを利用してアダルト映像を送信する営業（映像送信型性風俗特殊営業）に関する規制の強化

現行の風適法においては、プロバイダに対して、わいせつな映像を記録したことを知ったときには、当該映像の送信を防止するための必要な措置を講ずべき旨の努力義務を課しているが、児童ポルノについては、この対象とされていない。しかしながら、インターネット上における児童ポルノ事件が多発している現状を踏まえ、プロバイダの送信防止努力義務が生じる場合として、児童ポルノ映像を記録したことを知ったときを規定することとする。

3 店舗型の物品販売等営業のうち性的好奇心をそそる物品を取り扱うものに対する営業停止命令に関する規定の整備

わいせつ物・児童ポルノ関連事件で検挙された小売店舗の7割以上が風適法の規制対象でないことから、店舗を設けてアダルトビデオ等の性的好奇心をそそる物品を取り扱う物品販売営業を営む者がわいせつ物頒布罪、児童ポルノ頒布罪等の罪に当たる違法行為をした場合、公安委員会は、アダルトビデオ等の性的好奇心をそそる物品の販売等に限り、営業の停止を命じることができることとする。

4 その他所要の規定の整備

「障害者に係る欠格条項の見直しについて」（平成11年8月9日障害者施策推進本部決定）において、障害者に係る欠格条項については、真に必要であるか否かを再検討し、必要性の薄いものについては廃止するとされているところ、風俗営業を営もうとする者等に対する措置としては事後的な規制によっても一定の効果が期待できることなどから、精神病者に係る風俗営業の欠格条項を削除することとする。

（宛先メールアドレス、ファックス番号については、パブリック・コメント期間がすでに経過しているので削除した）。

自治体パブリック・コメントのフロー

```
パブリック・コメント制度の手続の手順
```

```
施策の計画や条例、公共施設の基本計画について、案を作成
```

案及び案の理解に資するための関係資料等を県民に公表案

案
・案そのもの

関係資料
・案を作成した趣旨、目的、背景等
・案の概要、代替案

関連する情報

根拠（法令、上位計画）
・案の位置付け
・必要と見込まれる経費の概要
・整理した論点その他

必ず利用するもの
・行政情報センター等
・県のホームページ

周知のため活用するもの
・説明会の開催
・報道機関への発表
・県発行の広報紙、広報誌
・印刷物の配布

県民が意見を提出（方法：郵便、ファクシミリ、電子メール、公聴会）
（この間、県は広く県民の意見、情報等を収集できるよう周知方法等を工夫する。）
提出期：原則として1か月以上

> 意見の提出期間として原則1か月を確保する

| 反映できる意見については、その意見に基づいて案を修正 | 反映できない意見については、その理由やその意見に対する県の考え方を取りまとめ |

最終的に意思決定した案の公表

必ず公表するもの
・最終的に意思決定された案
・提出された意見（類似意見は集約）
・公表した案の修正内容と理由
・提出された意見に対する県の考え方

必ず利用するもの
・行政情報センター
・県のホームページ

周知のため活用するもの
・報道機関への発表
・県発行の広報紙、広報誌
・印刷物の配布

最終的に意思決定した案で、議会の議決を要するものは、議会に提案

```
議 会 の 議 決
```

（岩手県要綱のフロー THE SIGNAL、2000年4月号、1頁「『パブリック・コメント制度の実施に関する要綱』の解釈・運用について」による）

〈参考文献〉

宇賀克也『政策評価の法制度』有斐閣、2002年。
宇賀克也『新・情報公開法の逐条解説〔第8版〕』有斐閣、2019年。
宇賀克也『ケースブック情報公開法』有斐閣、2002年。
宇賀克也『情報公開・個人情報保護』有斐閣、2013年。
笠井 修・高山佳奈子「ノーアクション・レターに対する信頼と民・刑事責任 (1)-(3)」NBL 第720、725、731号、2002年。
田中孝男「行政評価、パブリック・コメント制度と条例の目的規定」地方自治職員研修2000年6月号26頁以下。
常岡孝好「日本版ノーアクション・レター制度の導入」学習院大学法学会雑誌第37巻第1号、2002年。
寺田達志「戦略的環境アセスメント（SEA）の導入に向けて」ジュリスト第1149号100頁以下、1999年。
中原広道「経済産業省におけるノーアクションレター制度とその実績」NBL 第734号、2002年。
野村修也「日本版ノーアクション・レターの法的性質」銀行法務21第591号、2002年。
藤原静雄「個人情報保護法の制度設計―個人情報保護法案について―」日本公共政策学会公共政策研究第1号95頁以下、2001年。
園部逸夫＝藤原静雄編『個人情報保護法の解説〈第2次改訂版〉』ぎょうせい、2018年。
宇賀克也『番号法の逐条解説（第2版）』有斐閣、2016年。
松井茂記『情報公開法〔第2版〕』有斐閣、2003年。
柳憲一郎「政策アセスメントと環境配慮制度」森島昭夫・大塚 直・北村喜宣編『環境問題の行方』有斐閣、1999年。

第 3 講

公文書管理

マリちゃん　この間貸した『先端・ハイブリッド行政法』返してよ。

マコト君　ごめんごめん。持ってこようと思ったんだけど、ちょっと見つからなくって……。

マリちゃん　見つからないってどういうことよ！　先週もそんなこと言ってたじゃない。どうせ部屋がグチャグチャなんでしょ。

マコト君　グチャグチャってほどひどくはないよ……。

マリちゃん　それなら、見つからないなんてことないでしょ！

マコト君　そりゃ、キレイかと言われるとあれだけどさぁ……。

先生　まあまあ。ちゃんと探せば見つかるでしょう。返却が遅れたお詫びに、美味しいワインでもご馳走してもらえばいいじゃないですか。

マリちゃん　それなら来週まで待ってあげる。

マコト君　えーーーっ！　高くつくなぁ〜。

先生　本であれば、弁償という手もありますね。でも、それが公文書だったらどうでしょうか？

マコト君　公文書が見つからないってことですか？　僕の部屋みたいにグチャグチャじゃないだろうから、まさか見つからないなんてことは……。

マリちゃん　やっぱりグチャグチャなのね……。でも、南スーダンに派遣された陸上自衛隊の日報や、国有地払下げの交渉記録が見つからない、決裁文書が改ざんされていた、都道府県優生保護審査会の資料が廃棄されていた、なんてニュースを見たことがあります。マコト君の部屋みたいなことが、役所でも起こっているのかな。

先生　薬害エイズ・薬害肝炎問題のときも「見つからない」とされた文書が後に見つかりましたし、「消えた年金記録問題」なんてものもありましたね。借りた本ならば、弁償やワインで許してもらえるかもしれませんが、公文書ではそうはいきません。今日は、公文書管理について勉強してみましょうか。

マリちゃん　はい。勉強の後に美味しいワインが待っているから、がんばります！

マコト君　……。

講義ノート

公文書管理の必要性　第2講で触れているように、行政がアカウンタビリティー（説明責任）を十分に果たすためには、公文書がしっかりと管理されている必要がある。しかしながら、それが十分ではないという事態が、わが国には存在している。

　先生が触れた「消えた年金記録問題」とは、年金記録を管理している国のコンピュータに保存されている年金の加入や受給の記録が、個人個人に付された基礎年金番号に統合されていないまま（未統合記録）であったり、誤っていたりしたという問題である。「年金記録を特定の個人に統合できない＝返せない」という意味では、マコト君の本と同じであろう。未統合記録は、問題が発覚した2006年6月時点で約5,095万件、2018年3月時点で約1,903万件である。未統合記録により、国民年金を受け取ることができるはずなのに受け取れていない人、本来受け取れる額よりも低い額しか受け取れていない人がいると考えられる。マコト君のように、弁償やワインでどうにかなる問題ではない。

　そもそも、年金記録をはじめとする公文書は、国民のものでもある。確かに、行政の職員が作成・取得して日常業務で使用するもの（公用物）であるから、役所のものであるようにも思える。しかしながら国民は、情報公開制度・個人情報保護制度により、公文書を利用する権利を有している（行政機関情報公開法3条1項、行政機関個人情報保護法12条1項など）。その意味では、国民が利用するもの（公共用物）でもあるといえる。そこで、「公文書＝国民のもの」を、国民の同意の下で管理する必要性が認識され、「公文書等の管理に関する法律」（公文書管理法）が2009年に制定され、2011年に全面施行された。

　公文書管理法1条は、同法の目的を「国及び独立行政法人等の諸活動や歴史的事実の記録である公文書等が、<u>健全な民主主義の根幹を支える国民共有の知的資源</u>として、<u>主権者である国民が主体的に利用し得るもの</u>であることにかんがみ、<u>国民主権の理念</u>にのっとり、公文書等の管理に関する基本的事項を定めること等により、行政文書等の適正な管理、歴史公文書等の適切な保存及び利用等を図り、もって行政が適正かつ効率的に運営されるようにするとともに、国及び独立行政法人等の有するその諸活動を<u>現在及び将来の国民に説明する責</u>

務が全うされるようにすること」（下線は筆者）としている。公文書が、役所のものではなく国民のものであること、「民主主義」「国民主権」に繋がるものであることを確認できよう。

公文書管理法にいう「公文書等」とは何か これまで、特に断りもなく「公文書」という言葉を用いてきたが、公文書管理法は、その正式名称が示すとおり「公文書等」の管理について定めた法律である（「公文書」の定義は、同法に置かれていない）。同法2条8項を見ると、「公文書等」は、行政文書、法人文書、特定歴史公文書等の3つによって構成されている。それぞれの概要、開示・利用制度をまとめると、下記の表のよう

【表】公文書管理法が定める「公文書等」の内容

	文書の種類	文書の概要	開示・利用制度
公文書等	行政文書（2条4項）	国の行政機関（2条1項）の文書	行政機関情報公開法・行政機関個人情報保護法に基づく開示請求等
	法人文書（2条5項）	独立行政法人等（2条2項）の文書	独立行政法人等情報公開法・独立行政法人等個人情報保護法に基づく開示請求等
	特定歴史公文書等（2条7項）（歴史公文書等〔2条6項〕のうち、右のルートで移管・寄贈・寄託されたもの）	国の行政機関から国立公文書館等（2条3項）に移管された文書（2条7項1号）	16条1項に基づく利用請求
		独立行政法人等から国立公文書館等に移管された文書（2条7項2号）	
		国の行政機関以外の国の機関（立法機関・司法機関）から、内閣総理大臣を経て、独立行政法人国立公文書館の設置する公文書館（2条3項1号）に移管された文書（2条7項3号）	
		国・独立行政法人等以外の団体や個人から国立公文書館等に寄贈・寄託された文書（2条7項4号）	

第3講　公文書管理

になる。

この表のうち、特定歴史公文書等は「永久に保存」（公文書管理法15条1項）されるものであるため、その利用請求が公文書管理法で定められたことは、「将来の国民に説明する責務」（同法1条）を全うする手段が定められたことを意味する。

なお、公文書管理法にいう「文書」とは、図画及び電磁的記録（電子的方式、磁気的方式その他人の知覚によっては認識することができない方式で作られた記録）を含む概念であるため、紙のみならず、ハードディスク、USBメモリー、DVDに記録されているもの、日常的にやり取りされる電子メールも文書である（同法2条4項）。以下、文書の種類ごとに、その管理の方法を概観してみよう。

行政文書・法人文書の管理　行政文書の出生は、行政機関の職員によって作成されるか、取得（国民が提出した許認可等の申請書を受け取るなど）されるかのいずれかによる。作成されるべき文書が適正に作成されること、取得すべき文書が適正に取得されることなくして、文書管理は始まらない。そこで、公文書管理法4条は、文書作成義務を行政機関の職員に課している。もっとも、2011年の東日本大震災に対応するために設置された会議等の議事内容の記録が未作成であったように、文書作成義務が果たされているか、注視が必要である。

また、行政文書は「現在及び将来の国民に説明する責務」（同法1条）を全うするために作成されるものであるため、「行政機関における経緯も含めた意思決定に至る過程並びに当該行政機関の事務及び事業の実績を合理的に跡付け、又は検証することができるよう」（同法4条）に作成しなければならない。

行政文書の取得については、行政手続法7条、37条を参照してほしい。

公文書管理法によれば、作成・取得により生まれた行政文書は、以下のように管理される。

①行政文書を分類し、名称を付与し、保存期間・保存期間の満了する日を設定する（5条1項）。

②単独で管理することが適当なものを除き、行政文書ファイルにまとめる（5条2項。単独で管理するものと行政文書ファイルを合わせて「行政文書ファイル等」という）。

③行政文書ファイルを分類し、名称を付与し、保存期間・保存期間の満了する日を設定する（5条3項）。

④行政文書ファイル等に、保存期間が満了したときの措置として、国立公文書館等への移管又は廃棄の措置をとるべきことを定める（5条5項）。

⑤行政文書ファイル等を、内容、時の経過、利用の状況等に応じ、適切な保存及び利用を確保するために必要な場所において、適切な記録媒体により、識別を容易にするための措置を講じた上で保存する（6条1項）。

⑥行政文書ファイル管理簿に、行政文書ファイル等の分類、名称、保存期間、保存期間の満了する日、保存期間が満了したときの措置及び保存場所その他の必要な事項を記載する（7条1項本文。なお、同項ただし書・同法施行令12条により、保存期間1年未満の行政文書ファイル等は、行政文書ファイル管理簿に記載しなくてもよい）。

⑦行政文書ファイル管理簿を一般の閲覧に供するとともに、ウェブサイト等で公表する（7条2項。これを手がかりにして、行政機関情報公開法に基づく開示請求がなされる）。

⑧保存期間が満了した行政文書ファイル等を、国立公文書館等に移管し、又は廃棄する（8条1項）。

⑨以上の管理が適正に行われることを確保するため、行政機関の長は、行政文書管理規則を定める（10条1項）。同規則を定めるとき、変更するときは、あらかじめ内閣総理大臣の同意を得なければならない（10条3項）。定められた、あるいは変更された同規則は、公表される（10条4項）。

法人文書は、独立行政法人等の文書である。ここでいう独立行政法人「等」には、独立行政法人通則法2条1項に規定する独立行政法人のみならず、国立大学法人、日本銀行、日本年金機構なども含まれ（公文書管理法2条2項・別表第一）、全部で193法人もある（2017年4月1日現在）。法人文書の管理は、行政文書の管理方法に準じて行われることになっている（公文書管理法11条〜13条）。

特定歴史公文書等の管理　特定歴史公文書等を保存し、利用に供している国立公文書館等は、国立公文書館をはじめとして16施設存在する（2018年4月1日現在）。国立公文書館等に移管されない行政文書・法人文書は廃棄されてしまうことから、「将来の国民に説明する責務」を

全うする上で必要な施設であるといえる。独立行政法人等が193法人もあったことからすると、国立公文書館等の少なさは問題であろう。なお、52頁の表で示したように、行政文書・法人文書の開示・利用制度は情報公開制度・個人情報保護制度に委ねられているのに対して、特定歴史公文書等の利用制度は公文書管理法で定められている。

　公文書管理法によれば、特定歴史公文書等の管理は、以下のようになされている。

①特定歴史公文書等の内容、保存状態、時の経過、利用の状況等に応じ、適切な保存及び利用を確保するために必要な場所において、適切な記録媒体により、識別を容易にするための措置を講じた上で永久に保存する（15条1項・2項）。

②特定歴史公文書等の分類、名称、移管・寄贈・寄託者名、移管・寄贈・寄託の時期、保存場所等を記載した目録を作成し、公表する（15条4項。当該目録の記載に従って公文書管理法16条1項に基づく利用請求がなされる）。

③特定歴史公文書等について利用請求があった場合、原則として利用させる（16条1項。同項各号に掲げる場合は、利用拒否がなされる。利用の可否を判断する際には、同条2項により「時の経過を考慮する」ことが要求されるものがある）。

④特定の個人が識別される特定歴史公文書等については、当該情報の本人から利用請求があった場合には利用させなければならない（17条。行政機関個人情報保護法12条1項、独立行政法人等個人情報保護法12条1項が定める、自己を本人とする保有個人情報の開示請求に相当する）。

⑤利用請求に対する処分・不作為について審査請求がなされた場合には、原則として、公文書管理委員会に諮問した上で判断しなければならない（21条）。

⑥特定歴史公文書等が歴史資料として重要でなくなった場合には、廃棄されることもある（25条）。

⑦以上の保存、利用、廃棄が適切になされることを確保するため、国立公文書館等の長は、利用等規則を定める（27条1項）。利用等規則を定めるとき、変更するときは、あらかじめ内閣総理大臣の同意を得なければならない（27条3項）。定められた、あるいは変更された利用等規則は、公表される

(27条4項)。

公文書管理の課題　「情報公開と文書管理は車の両輪」といわれるが、公文書管理法の施行により、わが国もようやく法的両輪走行を始めることができた。しかしながら、その車輪はふらついているようにも思える。マリちゃんが言っていた陸上自衛隊の日報、国有地払下げの交渉記録の問題、決裁文書の改ざん問題は、いずれも公文書管理法の全面施行後に発生したものである。

陸上自衛隊の日報の問題とは、国際連合南スーダン共和国ミッションに派遣されている自衛隊の部隊から、中央即応集団司令部に日々の報告を行うために毎日作成・送付された「南スーダン派遣施設隊日々報告」という文書をめぐるものである。陸上自衛隊では、当該日報に対する行政機関情報公開法に基づく開示請求がなされた折、当該日報が存在していたにもかかわらず不存在を理由とする不開示決定をし、それと実態を合わせるために、陸自指揮システムの掲示板にアップロードされていた日報データを、不開示決定の判断以降に廃棄していた。あるものをなかったことにし、なかったことにしたので廃棄するという文書の取扱いがなされていたわけである。

国有地払下げの交渉記録の問題とは、鑑定評価額9億5,600万円の国有地が、1億3,400万円で森友学園に売却された事案につき、その妥当性を検証するために必要な行政文書が廃棄されていたという問題である。森友学園との交渉に当たっていた近畿財務局は、当該土地の処分等に係る協議記録等は、保存期間を1年未満としており、協議記録等を作成していたとしても、森友学園との売買契約終了後に廃棄することとしていたため、当該記録等を確認できなかったとしている。

決裁文書の改ざん問題とは、財務省理財局が、森友学園を相手方とする国有地処分案件に係る、決裁を経た14件の行政文書を改ざんし、国会等に提出したという問題である。決裁とは、行政機関の意思決定の権限を有する者が押印、署名又はこれらに類する行為を行うことにより、その内容を行政機関の意思として決定し、又は確認する行為をいうため、修正が必要な場合等には、改めて決裁を取り直す必要がある。財務省理財局では、この手続を経ることなく行政文書を書き換えたため、「改ざん」といわれている。改ざん前の行政文書と改

ざん後の行政文書を比べると、政治家関係者からの照会状況に関する記載、本省との調整状況に関する記載等が削除されている。

公文書管理をめぐって近年発生したこれらの問題は、「公文書＝国民のもの」という意識が、国家公務員の中に根付いていないことを示すものであるといえよう。

また、公文書管理法9条2項、12条2項、26条2項に基づき、公文書等の管理等の状況が毎年度公表されているが、その内容をみると、法律により要求されている事項が、必ずしも十全に果たされていないことがわかる。そこで示されている、行政文書ファイル管理簿等への誤記載・記載漏れ、背表紙の未貼付、文書の紛失、誤廃棄、諸外国と比べて低い国立公文書館等への移管率といった問題が今後も続くものであるのか、注視する必要があろう。

さらに、公文書管理法によって規律されていない、地方公共団体の文書管理の状況についても目を配る必要がある。マリちゃんが言っていた都道府県優生保護審査会の資料とは、旧優生保護法に基づき強制優生手術（いわゆる強制不妊手術）を行うことの適否の決定が記載されているものであり、その違法性を争う上で重要な証拠となるべきものである。国の公文書等であれ、地方公共団体の文書であれ、いずれも主権者であるわれわれのものである。いくつかの地方公共団体において、公文書管理条例を制定する動きがみられるが、その内容・制定率の推移などについても、目を向ける必要があろう。

〈参考文献〉
　　植草泰彦・大磯 一ほか『改訂　逐条解説　公文書管理法・施行令』ぎょうせい、2011年。
　　宇賀克也『逐条解説　公文書等の管理に関する法律　第3版』第一法規、2015年。
　　右崎正博・多賀谷一照・田島泰彦・三宅 弘編『新基本法コンメンタール　情報公開法・個人情報保護法・公文書管理法』日本評論社、2013年。
　　岡本信一・植草泰彦『改訂　Q&A　公文書管理法』ぎょうせい、2011年。
　　会計検査院「学校法人森友学園に対する国有地の売却等に関する会計検査の結果について」2017年。
　　財務省「森友学園案件に係る決裁文書の改ざん等に関する調査報告書」2018年。
　　高橋 滋・斎藤 誠・藤井昭夫編著『条解　行政情報関連三法─公文書管理法・行政機関情報公開法・行政機関個人情報保護法─』弘文堂、2011年。

内閣府大臣官房公文書管理課「平成29年度における公文書等の管理等の状況について」2019年。

日本年金機構「アニュアルレポート2017」2018年。

早川和宏「公文書管理法制の現状と課題」桃山法学第23号131頁、2014年。

原田 久「公文書管理制度の実証分析」立教法学第88号314頁、2013年。

防衛省監察本部「特別防衛監察の結果について」2017年。

第 4 講

行政法令の解釈

先生 最近は、ロー・スクールのほかにも、政策大学院や行政大学院が現実の姿となる時代になった……。

マリちゃん それは、司法と行政とは、法令の二大適用分野だということでしょうか。

先生 そう考えていいね。

マコト君 でも、公務員て、何となく機械的に条文をいじってるってイメージだよ！
　　バイト先でも、ずいぶん前に他人に戸籍謄本を勝手にとられたっていう人がいて、誰が自分の謄本を勝手に請求したのかって聞いても、当時の法務省通達でそれは教えられませんって役場の人にがんばられて、機械的だっておこっていた人がいたんだ。

マリちゃん 本当だったらひどいわよね。だから、住民基本台帳ネットや中でもマイナンバーはみんな不安になるんじゃないかしら……。憲法でも、プライヴァシーは、自己情報コントロール権だっていうことになってるし。ストーカー行為なんかに使われたらたまったもんじゃないわよ。

先生 マコト君の言ったことは、2つの面白い問題提起があるねぇー。

マコト君 え！ ホントですか？

先生 一つは行政法令の解釈の問題だ。もう一つは、自治体の法令解釈権とでも言っていいかな。分権一括法後クローズアップされているんだ。分権一括法で国から自治体への通達はなくなったことだし、そのあたりも勉強しておいてほしいね！

マリちゃん 県職員をめざす私も、何となく自治体の法令解釈って興味があります。

先生 じゃあ、それも含めて話をしてみよう。ところで、2002年に渋谷区では、住民票の請求者を本人に知らせる決定を個人情報保護条例でしたんだ（2002年11月1日NHK報道）。マコト君がバイト先で聞いた話も、今後は改善されていくんじゃないかな。現に、埼玉県内の市町村では、本人が申し出ておけば、第三者が、住民基本台帳法と戸籍法上の請求をした場合、本人に通知するという制度を2010年6月から行っている。法律論としては「〇〇市住民票の写し等の第三者交付に係る本人通知制度に関する要綱」のように要綱手法によっているんだ。また、そうでなきゃいけないと思う。まっ！ 講義に入ろう。

講義ノート

行政法令の性格　行政法令の特質は、一言で述べれば、専門・技術的、政策的なものが非常に多く存在することにあると言ってよいであろう（そこで、民法・刑法とは異なり1条は目的規定となる）。

このことが、一面では罰則との関係で「法定犯」が中心ともなろうし、別の一面での民事紛争との関係では、ADR（裁判外紛争処理）の強化、つまり専門家の判断を入れる紛争解決システムの構築との提言にもつながっていると考えてよいであろう。

以上の点を、法令の組み立てという面から見ると、それは、いきおい「条文の森」の中にまよい込んでしまい、具体的な条文の法令全体での位置づけや意味を見失う可能性をいつも抱え込むことともなる。

さらに、別の角度から見ると、裁判所（司法）での法令の適用は、個別の当事者についてなされるのに対し、行政府でのその適用はたとえば、租税法規に見られるように一度に大量になされる場合も多い（消費税法の簡易課税制度、すなわち必要経費を一律50％とみなすなども、このような視点から成り立つ制度であることも知っておこう！　なお、この制度は法と経済学の視点からの徴税コストからも説明がつく。それは、年間売上1,000万円未満の事業者には国庫への納入義務がないことからも容易に理解できよう）。

ところで、この「条文の森」と大量性ゆえの「画一処理」は、いきおい、法適用の形式化、マニュアル化を生んでいるように思われてならない。そして、地方分権一括法前の国の「通達」は、まさしく、マニュアル化・形式化の姿を示していたのではないだろうか（現在は「技術的助言」にすぎないとされるので、自治体は必ずしも法的にその助言に従う必要はない）。

たとえば、聖書を見てみると「息子や牛が井戸に落ちた時、〔たとえ〕安息日で〔あっても〕すぐさまそれを引き上げてやらないだろうか」（荒井　献・佐藤　研訳『新約聖書Ⅱルカ文書』94頁〔岩波書店、1995年〕）と述べてルールの硬直した画一的な解釈をいましめていると考えられそうな例が、法律を学ぶうえで参考となるのではないかと思われる。

ところで、行政は司法と並ぶ二大法適用分野であることは誰も否定し得ない。

第4講　行政法令の解釈

そこでは、現代の行政の目的を考えてみる必要がある。すなわち、現代の行政は、国民・住民サーヴィスの向上（このような視点から、2002年より三重県では、「課」を廃止し「チーム制」、「課長」の代わりに「マネージャー制」という民間を参考とした組織を採用している、笠谷 昇「三重県の組織マネジメントと勤務評価制度」地方公務員月報2002年7月号26頁以下参照）を目的としている。これを、公共性と呼んだり、国民・住民の一般的福祉を目的とすると説明したりしている。そこでは、画一的・形式的・マニュアル的法適用ではなく、具体的ケースに即した、国民・住民サーヴィス、公共性を実現する法適用を行うことで、行政府にも「法令の解釈」が求められることとなろう（なお、行政法における解釈学の意義については、「行政法解釈学の意義と成り立ち」として論じる兼子 仁『行政法学』23頁以下〔岩波書店、1997年〕を参照）。

　アメリカでは、法制度について聖書に言及することが、しばしば見られる。それは、法の発想に参考となるからであろう。そう考えてみると行政法令の解釈でも聖書は、法を学ぶわれわれに示唆を与えてくれるようにも思われる（なお、聖書解釈についての代表的文献として、ボンヘッファー「史的聖書解釈と霊的聖書解釈」浅見一羊他訳『ボンヘッファー聖書研究〔新約編〕』3頁以下〔新教出版社、2006年〕がある）。素人なりに読めば2000年前のその時代も、おそらく法の画一的、形式的適用が、本当に保護を必要とする人々を法の保護対象からはずした場合があったのではなかったであろうか。病に苦しむ人々や罪を行った人々はその代表であったろう。その人々にとって、イエスから手を差しのべられ、あるいは食事をともにあずかったりその言動にふれたことは、おそらくあたたかい癒しや赦しだったのではないだろうか（弱き人々により添う思想は、ある聖職者の方の御教示によれば、ルカ福音書によく表われているという）。

　これは、法の画一的、形式的適用が、本来法が保護すべき人々を見捨てる可能性を示し、決してそうであってはならないこと、すなわち一番法の保護を必要とする人々にこそ法の保護が与えられるべきとの教訓を教えているように思われる。

　実は、そこにこそ「法律全体の仕組みを十分理解し……（略）……当該法律が奉仕する目的ないし価値との関連にも注意」（塩野・Ⅰ、66頁）することが解釈の基本とされるゆえんであろう。

すなわち、これを平たく説明すると、民法では債権法と家族法では論理必然的継がりはないし、刑法では強盗罪と文書偽造罪も同様に論理必然的な結びつきはないのに対し、行政法令は、その法令内、あるいは、他法令と条文どうしが論理必然的な継がりを有しているということなのである。改正行訴法9条も、このような視点から見るとよく理解できるであろう（このような「仕組み解釈」と各行政エリアにつき、宇賀・Ⅰ、83頁以下）。
　また、行政法令は、社会常識を基礎とする民事・刑事（調停や裁判人は、社会常識ゆえに成り立つ制度である）と異なり、専門・技術性をその性格とするものが多い。

自治体の法令解釈権　　2002年の日本公法学会公法研究第64号の「学界展望」での行政法では、「政策法務」が取り上げられている。まさしく政策法務が行政法の一つの現代の流れと言ってよいようである。逆に言えば、よほど古典的な古色蒼然とした行政行為論中心の行政法学でもとらない限り、政策なき行政法は現代法においては考えられないとも言える。
　ところで、多くの人々が認めるように、分権の時代この政策法務は、特に自治体行政で強調される（なお、従来の地方公共団体などの用語に代え「自治体」との用語を「地方自治の政治行政の総合的な責任主体に法的にふさわしいよび名」兼子 仁『自治体法学』6頁〔学陽書房、1988年〕として、特に意識的に用いることも最近はしばしばある。山口道昭『図説新地方自治制度―分権改革の新展開―』はしがき、ⅲ頁〔東京法令出版、2001年〕。このようなスタンスを参考とすると、国と地方という何となくタテの関係を払拭してしまうためにも、「地方公務員法」は「自治体公務員法」に、「地方自治法」は「自治（体）基本法」に法令名を変更すべきとの提言にも説得力はあるであろう）。それは、改正自治法での「役割の分担」（法1条の2）規定が、自治体の総合行政を強調しているからにほかならない。
　ところで、分権一括法以前は、国のタテ割り行政と、それを支える旧機関委任事務制度により、国は、自治体に対し、いわば包括的な法令上の支配権を有していた。そこで、具体的な法令の一言一句に至るまで、「通達」で解釈を示し、自治体を拘束したわけである（そこで、法解釈が、一面で法源論と結びついた点は、この解釈を「法源論」として扱う塩野・Ⅰ、61頁のスタンスを見れば、理解できよう）。マコト君の言っているケースも、著者が実際に当時ヒアリングしたものである（プ

ライヴァシー侵害を受けている者は、保護されず、一方で、前面に立つ自治体職員も苦しむ。もしこれが事実とすれば、国はこういう場面を少しは考えてほしい。また「自己情報コントロール権」としてのプライヴァシー権との最近の法理論からも、きわめて疑問を感じる法運用である。「通達」のみが唯一正しい法解釈として実務で通用したのは、行政〔国〕の「無謬性」という誤った考えからの帰結ではなかったであろうか。また、行政の実務現場での悩みを具体的に取り上げ、解決策を提示しようとしなかった「理論」中心の伝統的行政法学にも問題はあるであろう。なお、阿部泰隆名誉教授の「期待を裏切る伝統的行政法学」阿部泰隆『政策法学の基本指針』32-33頁〔弘文堂、1996年〕の指摘には、賛成したい）。

ところで、全国一律の法適用を理由に（著者に言わせれば、法適用とは、具体的ケースごとに異なった判断が必要となるはずであるが、その点では「一律」というのは理解できない考えであると思う）、自治体の法令解釈権には否定的見解が多かったように思われる（もちろん、この場合も、訴訟で争われるという法適用の最終局面では、裁判所が解釈を示すことは言うまでもない）。

さて、具体的ケースを示してみよう。山口道昭教授は、次のような指摘を行っている。この指摘を見ると、自治体にとって、法令解釈権は、政策法務という点で、一つの重要な武器となることを知ることができるであろう。（「政策法務」とは、法という道具を自由自在に使う能力をも意味する）。具体的には、それは、生活保護の行政分野での指摘なのである。

そこで、山口教授は、まず前提問題として、次のような事実を示している（なお、ここで言う「実施機関」とは「自治体」のことである）。それは「厚生（労働）大臣およびその内部部局は、膨大な通達（処理基準）を発し、保護の実施機関の裁量を事前に統制している」（山口道昭『政策法務入門』89頁〔信山社、2002年〕より引用）。それは、生活保護法1条が「日本国憲法第25条の規定する理念に基き、国が」と規定し、これを「国」の責務としていることにその根拠があった。つまり、この法律の解釈・運用の内容を全て国が自治体に通達で示すという制度となった（なお現在は、自治法245条の4で「技術的な助言」となっていることは、機関委任事務が廃止され法定受託事務になったことによる）。

ところで、以下のケースは、まさしく、自治体としては、この「通達」に「基づいて『適切に』」処理した（山口・前掲書、89頁）ものであった（旧機関委任事務では、それは本来「国」の事務であることを理由に、自治体に対する国の包括的な指

揮・命令権が認められていた）。

　さて、はじめて学ぶ人々のために、多少不正確であるかもしれないが理解し易い表現を利用してみると、それは、「すっからかん」になったら給付する（英語でいう exhaustion）という基準を自治体は示されたと考えればよい。そこで、実施機関たる自治体は、生活保護受給金から預貯金や学資保険をかけた点を違反とし減額処分を行ったわけである。しかし、これらの国の基準を適切に執行した結果、自治体は、裁判所から違法判決を受けることとなった。山口教授の引用するケース（山口・前掲書、88頁）をここでもそのまま引用すると、秋田地判平成5年4月23日行集44巻4・5号325頁、判時145号48頁、福岡高判平成10年10月9日判タ994号66頁、金沢地判平成11年6月11日判時1730号11頁などである（なお、その後の最〔3小〕判平成16年3月16日民集58巻3号647頁）。

　著者に言わせれば、このような場合、国の画一的基準に従うとの法制度ではなく、むしろ自治体に法令解釈権（ここで言えば、生活保護法の解釈権）が与えられていれば、解決できた問題なのではないか。そこで、分権一括法の時代、まして、自治体には、法令解釈権があると考えるべきであろう。

　特に、「生活擁護者としての行政」（原田・要論、86-87頁）や「政策の日常化」（今井照『新自治体の政策形成』125頁〔学陽書房、2001年〕参照）は、まさしく自治法1条の2での「総合行政」をその役割分担として自治体に期待し求めていると考えられる。その意味でも、自治体の法令解釈権は、自治体政策法務での一つの重要な法的ツール（道具）なのである。そこで、最近は、この自治体の法令解釈権を認める見解が有力である（たとえば、北村善宣『自治力の冒険─分権時代の組織戦略─』38-39頁〔信山社、2003年〕）。

　なお、高知地判平成14年12月3日判タ1212号108頁が傍論で、自治体の法令解釈権の可能性を認めた（北村喜宣『自治力の情熱』21頁以下〔信山社、2004年〕）。なお、法令解釈に対する訴訟による統制として「解釈訴訟」として客観訴訟化する注目すべき試みもある（山岸敬子『客観訴訟の法理』〔勁草書房、2004年〕）。

風営適正化法の解釈についての判例　風営適正化法が用いるコンセプトはその意味が古くから争われてきた。最近でも「ダンス」とのコンセプトから無罪判決を下した例もある（大阪地判平成26年4月25日裁判所ウェブサイト）。さて、2000年に最高裁判所は、風営適正化法に基

づく行政処分を行うにあたっての法解釈について判断を示した。そこで、その判例を見てみよう。その判例とは、最（3小）判平成12年3月21日判時1707号112頁、判タ1028号138頁である。

事実の概要は、次のようなものだった。

本件被上告人Xは、1975年11月6日大阪府公安委員会から、風俗営業の許可を受け、パチンコ店を営んでいた。その後、実際上は他人に営業させたことが、法が禁止する「名義貸しの禁止」にあたるとされ、法26条1項に基づき、営業許可の取消処分を受けた。

さて、法26条1項は、第一要件として「法令違反行為」と、第二要件として「公益要件（将来にわたり善良の風俗等を侵害するおそれ）」をそこでの営業許可取消要件としていた。第一要件の充足（本件では名義貸し）が第二要件の充足を、ほぼ自動的に推認するとの実務に対し、第二要件は充足していないとして出訴したものであった。

判旨（破棄自判）　「特段の事情が認められる場合は別としてそうでない限り、名義貸しは、類型的に見て『著しく善良の風俗若しくは清浄な風俗環境を害し、若しくは少年の健全な育成に障害を及ぼすおそれがある』場合に当たると解するのが相当である……（略）……そうすると、右の特段の事情について主張立証のない本件においては、法11条、26条1項の規定に基づいて被上告人に対する風俗営業の許可を取り消した本件処分に違法があるとはいえない」。

さて、この判例は、「類型論」との解釈をとった。ところで、従来の実務は、この26条での第一要件を満たした場合、ほぼ「自動的」に第二要件の充足を許容していた（岡山地判平成6年4月20日判例地方自治136号84頁参照）。すなわち、画一的・形式的な第二要件の充足と言ってよかろう。

しかし、本件第一審と、第二審判決は、この画一的・形式的適用に対し、第一要件は、過去の違法行為に対する処罰であり、第二要件は、将来における行政秩序の維持目的なので、その法目的は異なるとの法26条の解釈についての理解を示した（大阪地判平成9年2月13日判例地方自治166号101頁、大阪高判平成9年10月1日判タ62号108頁）。つまり、この行政目的という点から考えれば、第二要件については、画一的・形式的適用、つまり第一要件充足＝（イコール）

第二要件充足との法運用を行うのではなく、第二要件充足については、様々な具体的な情況を踏まえて許可取消にあたっては判断を加えることとなろう（最高裁判所判決に対する、阿部泰隆・判例地方自治第211号99頁以下〔2001年〕の評釈を参照）。

そこで、最高裁判所の示した「類型論」が、もし画一的・形式的な自動的推認による第二要件の充足を意味するとするなら、そこには、法解釈の基本から批判が加えられることともなろう。そこで、そうであるとするならば、行政実務では最高裁判所のいう「特段の事情」を弾力的に解釈し、画一的・形式的適用にならないように努力すべきことが求められることともなろう。

ただ、一方で、あくまでも「行政法令一般」の性質論としては次のような関心も成り立つのかもしれない。それは、司法と行政の法を見る目の相違と言ってよい。すなわち、司法では訴訟提起される「個別」のケースを対象とするのに対し、行政法令では、たとえば租税法での課税処分（一例として、消費税法における簡易課税制度での必要経費を一律50％とみなすなど）や介護保険法を受けた条例での保険料の段階の見直し（たとえば、7段階制度から11段階制度への制度自体の変更）にともなう、保険料額の決定、あるいは子ども手当等の支給決定のように一度に大量の処分やその他行為型式の意思決定を行うことに合理性と必要のある場合が存在する。そこで、司法の目からのみ法を見て「類型論」そのものが全て否定されるような思考方法は持つべきではなかろう。つまり、これを「類型論」と呼ぶのかどうかはともかくとして、行政による法適用として、大量・画一的な処理を必要とする場合もあり得るわけである。

〈参考文献〉
本件評釈として、
　北原 仁・自治研究第77巻第4号114頁、2001年。
　田村『平成12年度重要判例解説』30頁、2001年。
行政法令の解釈について、
　阿部泰隆『行政法の解釈』信山社、1990年。
　特集号として公法研究第66号、2004年。
なお、自治体の法令解釈の実例として、
　田村「廃棄物処理法における産業廃棄物処分場設置許可申請と地方自治体の裁量権―平成9年札幌高等裁判所判決の批判的考察―」東京国際大学論叢（経済学部編）第21号、1999年。

その他、
　田村「都市計画法36条及び39条等と法システム的解釈」法学新報第112巻第11・12号、2006年。

第 5 講

風営適正化法の沿革と組立て

先生 第1講は、現代行政法が「行政の守備範囲の拡大」に直面しているという点を中心に話をしました。そして、2講〜4講で、それに関連する行政法の基本的な原則について話をしてみました。今日から、ガイダンスの時に皆さんと話し合って決めた方針にのっとって、一つの法律を中心に、従来、大学で「行政法総論」として取り上げていた範囲の話に入っていくこととしようか。

マリちゃん 先生、従来、行政法というと、イメージとして、規制や命令、強制といったパワーとして私たちは捉えることが多いと思いますし、だからこそ、変なDVDのチラシなんかを何とかしてほしいと思うのですが。

先生 科学的因果関係はわかりませんが、そういう映像やビデオを見て非行に走ったりする少年・少女がいたり、とにかく今の社会は「性を売り物」にする人たちが多くこまっているというのが現状じゃないかな？

マコト君 でも、この間、経済学の講義に出たら、「市場」は自由だという話をその先生は言ってたよ。とにかく、法の規制なんて時代おくれ。ボクみたいなパソコン、インターネットの利用者としては、自由っていうのにとても共感するなぁ〜。

先生 たしかに、Eメールでレポート提出とか、先生とのアポイントメント、教材のダウンロードなんかで、利用を義務づける先生も多くなったようだね。でもマコト君のような利用をする人には疑問を感じるよ。

マリちゃん マコト君、まさか、勉強のために利用しないで、アダルト映像ばかり見てるんじゃないでしょうね！ スマホもあやしいし。

マコト君 ……。

マリちゃん ほらごらんなさい、図星でしょ（笑）！ たしかにパソコンは便利だし、当然、使っていますが、教育学の先生たちは、むしろこの頃はこういった青少年の問題に頭をいためていることが、そういった講義に出ていてわかります。

先生 大学の中でも、学問によって様々な角度からのアプローチがあるようだね。今年、取り上げる風営適正化法も最近改正されて、サイバー・スペースの問題や少年少女の問題など、今、皆さんから出された対立点の嵐の中にあると言っていいんだ。それでは、この法律の具体的な沿革の中から現代につながる問題に至る経緯を見てみることとしよう。ところでマコト君、最近は大学生の「学力崩壊」ということが社会的問題になっていますが、そんなことにならないよ

う、今年はパソコンやスマホにばかり向かわないで、ちゃんと講義に出てノートをとってくださいよ。

■■■■■■■■■■■■■■■■■■■ 講義ノート ■■■■■■■■■■■■■■■■■■■

さて、すでに、第2講・第4講では具体例にそれを求めたように、今年の本講義では「風俗営業等の規制および業務の適正化等に関する法律」(1948年7月10日法律122号、以下本書では「風営適正化法」と略記する)という一つの法律を中心に、行政過程→行政救済、そして、地方自治へという流れで説明していくこととしたい。そこで、以下にはその前提として、この風営適正化法の概略についてその歴史を中心に、必要な限りで示しておこう。

また、最近は、具体的な法律の仕組みから解釈する「仕組み解釈」(塩野・Ⅰ、66頁)が中心であり、憲法に判断の根拠を求めた東京地判昭和40年9月16日行集16巻9号1585頁とは異なり、最(1小)判昭和46年10月28日民集25巻7号1037頁(百選Ⅰ117事件)のように具体的な法律の解釈に判断の根拠を求める傾向があるので、個別法の仕組みを実例で見ておく必要がある。

この法律の目的 1998年改正前の風営適正化法1条は「この法律は、善良な風俗環境を保持し、および少年の健全な育成に障害をおよぼす行為を防止するため、風俗営業および風俗関連営業等について、営業時間、営業区域等を制限し、および年少者をこれらの営業所に立ち入らせること等を規制するとともに、風俗営業の健全化に資するため、その業務の適正化を促進する等の措置を講ずることを目的とする」と規定していた。

さて、この目的規定について、改正前の法律を検証した「特集・風営適正化法施行10年を経て」警察学論集第49巻第2号(1996年)での、吉川幸夫「風営適正化法施行10年を経て」において、次のように述べられている。すなわち、第一に少年非行の防止という行政目的と第二に「風俗営業を国民に社交と憩いの場を提供するという点で一定の社会的有用性のある営業と位置付け、その健全化に資するため、その業務の適正化を促進する等の措置を講ずる」(吉川・前掲論文、2-3頁)ことにあるとされ、実務の解釈を示している。これをもう少し、わかり易く説明するとすれば、少年をこの種の営業による影響から遠

ざけ保護・育成すること（もう少し具体的に述べれば、性非行の防止）と、成人には、健全にこれらの営業を利用させること（ざっくばらんに言えばアソブこと）を目的としていると考えてよい。

ところで、わが国の法運用全体のシステム（「法律」ではない！ ここでは「条例」も含めて考えているので「法」としている。このように、条例も「国法」の一部であるとの考えは、代表的な文献では、兼子 仁『行政法と特殊法』〔有斐閣、1989年〕や阿部泰隆『政策法学と自治体条例』108-109頁〔信山社、1999年〕で説明されているし、著者も1999年に成立した、いわゆる地方分権法との関係でも賛成である）の中では、この法律については、事実上、地方自治体の青少年保護育成条例との関係では第二の目的が強調され、法律改正との関係では第一の目的が強調されてきたと評価して差しつかえないように思われる。

つまり、後に、詳しくは、「条例」の講義で説明することとするが、この法律と自治体の青少年保護育成条例とは、その目的が異なっているので（つまり、法律は第二の目的が強調され）、同じ風俗営業などを条例が対象とし、重い規制を加えても法律とは抵触しないとされてきた（後にも述べるが、古典的な「法律先〔専〕占論」──代表的な文献として、田中二郎「国家法と自治立法」法学協会雑誌第80巻第4号〔1963年〕。なお、法律専占とする方が妥当との見解は、阿部・前掲書、108頁であり高木 光教授の発案によることが紹介されている──からの離脱の歴史と考えてよい）。

改正の歴史　それでは、第一の目的からのこの法律の改正の歴史はどのようなものだったのだろうか。

この風俗営業などに関しては、その規制は旧憲法時代から存在した。そして、この時代には、庁府県令──これは警視庁令と府県令のこと──の名称（1943年まで、都はなかった）により規制がなされていたのである。

これを引きついだのが、1948年の「風俗営業取締法」であり、その後の法律名の変更も含め、現行法までの重大な改正は、1984年改正と1998年改正であろう。

さて、1984年改正以前にも、12回の改正が行われた（「ハンドブック」1-33頁を参照）。だがそれは、この種の営業の多様化と、すなわち青少年を取りまく環境の変化との戦いであったと言えよう。それは、この改正の歴史の中に例を求めるならば、風俗営業を5つの類型に整理し直し法律名も「風俗営業等取締

法」とした1959年改正、個室付浴場業（現在では、一般にはソープランドと呼ばれている）を、この法律の規制対象とした1966年改正、いわゆるモーテル営業をそれに加えた1972年改正を見れば容易に理解できるであろう（なお念のために述べれば、アメリカの「MOTEL」はファミリーでも利用する一般の宿泊施設であって、車社会の象徴であり、日本の「モーテル」とは意味と形態が異なる）。

　しかし、その後わが国は、高度経済成長からバブル経済を経た、急激な経済的な変化と、コンピュータを中心とする高度なハイ・テクノロジーの社会への移行に伴い、少年を取りまくあまりに多様な社会の変化に対応する必要からすでに指摘した改正が行われることとなった。

　まず、1984年改正の背景となった事情を簡単にまとめると（具体的には「ハンドブック」4頁以下）、いわゆるゲームセンターなどの約1割近くが何らかの形で暴力団と関係があり、全賭博事犯の50.4％を占める（1983年）までに至り、少年がこれらの場所を「たまり場」にしたり利用することが多くなったことや、従来の個室付浴場、ストリップ劇場、アダルト・ショップなどに加え（これらも、たとえば個室付浴場を例に取れば地域規制と行政処分しかなく規制手法としては不備だったと言われる）、「個室あるいはファッション・マッサージ」「ノーパンあるいはデート喫茶」など、当時としては新しい形の営業が現れたり、いわゆる「セックス産業」への規制の必要が生じた。

　たとえば、1983年には約2,000軒に達したと報告されるアダルト・ショップで販売されたいわゆるビニ本（ビニール本）など、性的好奇心をあおる商品に刺激された少年の性犯罪も目立つようになったと報告されたりもした。さらに、同年に約7,000軒になったと言われるモーテルに加え類似モーテルなど、いわゆるラブホテルで行われる売春等の女子の性非行が目立つようになり少年非行は「戦後第三のピーク」とまで言われるようになっていた。一方で、これらを背景に、少年少女を食い物にする犯罪（これを「福祉犯」と呼ぶ場合がある）も増加していった。

　そこで、以上のような実状に対応したのが1984年改正であった（1984年改正を受けた1994年発行の「ハンドブック〔三訂版〕」15頁）。

　そこでは、まず規制対象営業をセックス産業やそれに関連する営業にも拡大し、ストリップ、のぞき劇場、類似モーテルも含むラブホテル、そしてアダル

ト・ショップを、「風俗関連営業」として、個室付浴場と同様、地域規制などの対象とした（たとえば28条）。そして、次に、規制手法も多様化し、この種の営業やそのほかこの法律の対象となる営業の実態把握のための届出制の導入（たとえば、33条の深夜における酒類提供飲食店営業の届出、27条での風俗関連営業の届出）や、従来の行政処分での対応のみならず（8ヶ月以内の営業停止および営業廃止処分）、軽微な違反について、その前段階として「指示」（この手法ないし行為形式の法的性格は、行政指導との関係で問題となるが、これについては行政指導の講義にゆずることとする）制度の導入、あるいは、講学上の「行政調査」にあたる「立入」（37条）を整備（風俗関連営業をその対象に加え、報告または資料の提出の求めが可能。ただし、立入の必要性がない場合、報告または資料の提出のみ）し、これに関連し、いわゆる民間活力の活用（38条の少年指導委員制度）、それに関連し、啓発手法促進のための「風俗環境浄化協会制度」を導入（39～40条）などを柱としたものだった。このように、この改正は、実は、「風俗関連営業」とのコンセプトが、まさにキー・ワードとなったものであった。

　ところで、もう一つ、現代の行政法総論のテーマから注目される点を指摘しておこう。この1984年改正の背景には、「風俗行政の事実上の守備範囲の拡大」（吉川・前掲論文、3頁）があったと言われている。ところで、行政の守備範囲の拡大は、何も風俗だけではなく他の行政法領域でも同じである。そこでは、一つの特質として、行政手法ないし行政の行為形式の多様化にそれを求めることができる。

　実は、このような多様化の一つの側面として最近は「誘導型行政手法」とのコンセプトがよく用いられるようになった（小早川・上、231頁以下参照）。この手法は、そのオピニオン・リーダーの一人である大橋洋一教授の説明によれば、それは規制と給付行政との中間に位置する間接的手法（第三の活動形態）であり、規制手法や補助金手法が利用されていても、それは規制などが目的なのではなく一定の行動に国民・住民を向かわせる誘因としてそれを利用するものとされる（大橋洋一「ドイツ容器包装回収制度の研究——企業責任と誘導型行政手法に関する一考察」法制研究第66巻第1号27頁以下〔1999年〕）。

　以上の視点を参考とすれば、この1984年改正も、そのような手法を入れた一つの例として見ることもできる。その例として、すでに述べたようにこの

1984年改正前この法律は「風俗営業（等）取締法」とされ、まさに規制自体がその目的であったと考えてよい。しかし、この1984年改正では、法律名も「風俗営業等の規制および業務の適正化等に関する法律」と変更され、さらに1条の目的規定が加えられ、いわば誘導目標が入れられた。実はこのことが、手法の多様化にもつながったわけなのである。

　そして、この法律は1998年さらに改正され、同年5月8日に公布され、1999年4月1日より施行されることとなった。この改正の要点と目的を一言で述べるならば、「性を売りものとする営業への規制の強化」（「Q＆A」13頁および「ハンドブック」10-14頁）に求められる。

　その最も中心となるコンセプトは、従来の風俗関連営業に代えて「性風俗特殊営業」との新たなカテゴリーでこれを把握することとした点なのである。さらに、売春強要などの防止目的から「接客業務受託営業」とのカテゴリーも設けた（具体的な図は、「Q＆A」13頁参照）。

　まず、ここでの「性風俗特殊営業」は、「店舗型性風俗特殊営業」（店舗型ファッション・ヘルス、ソープランド、アダルト・ショップ、ラブホテル、個室ビデオ、ストリップ劇場）、「無店舗型性風俗特殊営業」（アダルト・ビデオなど通信販売営業、派遣型ファッション・ヘルス）、「映像送信型性風俗特殊営業」（インターネット利用のアダルト画像送信営業）とに分類されている。そして、最も注目されるのは、それぞれの営業形態に共通のピンクビラ・チラシ対策（最近まで、よく、一般家庭のポストにアダルト・ビデオ販売のチラシが入っていたことを思い出してみよう）としての広告・宣伝の規制（後に、憲法21条との関係として考えることとする）および、わが国ではじめてと言ってもよいが、ある意味でのインターネット規制が入り、いわゆる「サイバー・スペース・ロー」（このエリアでの代表的文献として、山口いつ子「風営法改正と青少年保護—インターネット上の表現に対する規制を中心として」法律時報第70巻第11号41頁以下〔1998年〕、藤原宏高編『サイバースペースと法規制—ネットワークはどこまで自由か』日本経済新聞社〔1997年〕参照）の一つの姿が示されたことであろう。

　さらに、この改正法では、外国人への被害防止（売春強要など）の観点から、受託接客従業者の旅券（パスポート）取り上げなどの禁止、高額な借金背負わせの禁止の目的から、ホステス・コンパニオンなどを対象とする接客業務受託営

業を創設したが、この売春強要の防止については、他に、「性風俗特殊営業」、「接客業務受託営業」と並ぶ「風俗営業」中の「接待飲食等営業」（キャバレー、ナイト・クラブなど）および「酒類提供飲食店営業」（バー、スナックなど）でも視野に入れられている。

　以上のように、実は、1998 年の改正は、性を売り物にする営業規制を中心に、サイバー・スペース規制などの現代の最先端の問題も含み、われわれにとって見のがすことのできない現代社会の問題を含んでいると言ってよいであろう。このように、セックス産業規制が、最近の改正の政策目的となっている。

　なお、ゲーム・センターやパチンコ屋・まあじゃん屋は、「風俗営業」の中の遊技場営業として位置づけられており、今回の改正では、基本的に、改正前と同様の形となっていることを付言しておこう。

　なお、本書第 2 講で見たパブリック・コメント手続を経て、2001 年法改正が行われた。この改正では「店舗型電話異性紹介営業」（法 1 条 9 項）、いわゆるテレ・クラが規制対象に加えられた点が主要な改正点である。そこで、自治体のテレ・クラ条例は失効した（2001 年附則 3 条。なお、本書では教材としては旧テレ・クラ条例も必要な限りで利用することをおことわりしておく）。その他「特定性風俗物品販売等営業の規制」（法 35 条の 2）なども入ったが、具体的な改正点は、ロー・スクールの時代には、具体的な法律のストラクチャーを知ることが大切なので、宿題として、第 2 講でのパブリック・コメントを参考に自分でさがしてみるとよい。

　なお、2005 年風営適正化法改正については、すでに「ガイダンス講義」のところでふれたので、ここでは略することとする。

行政法とその法源　　行政法での法源としては、通常、以下のような類別がわが国の代表的テキストでは、あげられている。それを塩野　宏名誉教授のテキストに求めてみることとしよう。そこでは、大分類として、第一に、「成文法源」（塩野・Ⅰ、61 頁以下）、第二に、「不文法源」（塩野・Ⅰ、69 頁以下）である。そして、前者として、憲法、条約、法律、命令、条例・規則を、後者として、慣習法、判例法、行政法の法の一般原則をあげている。

　あるいは、それを植村栄治教授のテキストに求めた場合は、成文法源として、憲法、法律、政令、府令、省令、各種の規則、条約、条例など、不文法源とし

て、慣習、判例、条理、行政先例など（植村・教室、32頁）をあげている。

　以上のように、行政法での法源は、かなり広いものとして捉えておいて誤りはないであろう（もっとも、小早川光郎名誉教授は、条理の法源性については議論の存し得る点と、判例については本来の意味での法源性は留保したうえで、その重要性を許容するとの指摘をされている。小早川・上、76-77頁）。

　それでは、フーゾク関係で、具体的な法源の例を見てみよう。

　まず、日本国憲法は「営業の自由」をその内容としていることは、現在では確立している（ただし、22条1項〔聴業選択の自由〕説と22条1項プラス29条〔財産権〕説があり、後説が、通説になりつつある。この点、浦部法穂『全訂第2版憲法学教室』220頁〔日本評論社、2006年〕）。そこで、フーゾク業も、この保障の対策となることとなろう。一方で、憲法は、その13条で「人格権」あるいは広義の自己決定権を保障している。そこで、青少年が、その人権を発展させる権利も保障されていると考えてよく、この点で、それが青少年保護育成条例などの根本規範となり得るであろう。

　次に、条約はどうであろうか。たとえば、出会い系サイトについての規制に関して、警察庁のアンケート調査では、「児童買春目的でのサイト利用」の禁止につき、この案に賛成した人のうち90％が児童の処罰にも賛成している。しかし、日本弁護士連合会は「子どもを処罰しない国際的な潮流に逆行する」（朝日新聞2003年1月22日）としてこれに反対している。この反対論を法的に支えるとすれば、それは「児童の権利に関する条約」（1994年5月16日条約2号）ということとなろう。場面は異なるが、被疑者との接見交通を妨害されたとする国家賠償事件を提起する弁護士は、よく「国際人権規約」などをその根拠の一つとして争うわけである。そこでもし、警察庁案が正式に法律となり、それにより処罰される児童が出た場合、弁護士は、この条約も法的根拠となし得るであろう。ただし、「制定法準拠主義」的違法判断手法をとるわが国の裁判所では、憲法や条約をあまりにふり回すのは、勝訴の可能性を低くするとも考えられる。

　そこで、具体的な制定法を見る必要がある。法律としては、当然、風営適正化法がある。そして条例としては、たとえば、2002年の「福岡市ピンクちらし等の根絶に関する条例」（この条例は、ちらし、使い捨て看板などもその対象とし、6

月以上の懲役、100万円までの罰金を定める全国初の条例である。日本経済新聞2002年12月19日）のように条例全体が、フーゾクへの法源となるものや、1997年の「きれいなまち渋谷をみんなでつくる条例」19条2項のように、「区長は、公共の場所等に青少年の健全な育成を阻害するおそれのある立看板等（以下「不健全立看板等」という）を提出した者に対し、当該不健全立看板等の除去を勧告することができる」との規定など、法令の中の一部の規定がフーゾクへの法源となる場合もある。

　ところで、何がザル法かは、法律を学ぶ者としてとても興味がわく（著者などは、行政法令を例とすれば、建設業法あたりはそのいい例だと考えている）。しかし一方で、法システムが精緻であるエリアの代表として、環境法（たとえば、最近の文献として、大塚 直『環境法〔第3版〕』〔有斐閣、2010年〕、北村喜宣『環境法〔第4版〕』〔弘文堂、2017年〕参照）などがあろう。不法投棄を例とすると、廃棄物処理法違反は、軽油取引税違反、条例違反さらに代執行の利用、事務管理の利用（第21講参照）と、いわば法令のコンビネーション（刑事と行政・民事のコンビネーション）をなしている。

　同様に、フーゾクに対する法令も、いわば飛行機の共同運航や鉄道の相互乗入れのように、法律・条例あるいは条文相互が複雑に入りまじり、違反者をアミにかけるシステムが精緻な法エリアであると言ってよい。このような法エリアでは、そこでの法システム全体を法源として把握しておく必要性が高い（全体的法システムに沿った法解釈の必要性につき、塩野・Ⅰ、65-68頁）。

　なお、風営適正化法のほかに、条例が法源となるが、その法理論的根拠として、風営適正化法は法律自体の趣旨として、条例による横出しや上乗せについて一切禁止する趣旨ではないので、条例に基づくラブホテル用建物への建築工事中止命令が合法だとする裁判例がある（名古屋地判平成17年5月26日判例地方自治271号60頁）。そこで本書でも、積極的に自治体の自主立法たる条例もとりあげることとしたい。

　なお、そのほかの法源については具体的な指示は略するので、読者が自分で調べてみることを期待する。

〈参考文献〉
条例が自主立法である点につき、
　宇賀克也『地方自治法概説〔第8版〕』187頁以下（有斐閣、2019年）。
福祉犯については、以下の文献を参照せよ。
　福祉犯捜査研究会『新版 注解 福祉犯罪―判例中心〔改訂〕』（立花書房、1998年）。
アメリカ法については、
　Jules B. Gerard, *Local Regulation of Adult Businesses,* West Group 2000.
個別法につき、
　亘理 格＝北村喜宣編著『個別行政法』（有斐閣、2013年）。

第 *6* 講

「政策法務」と条例

マリちゃん 私の家の周りでは、時々、子供たちに見せたくないようなチラシがポストに入っていたり、街に出るとテレフォン・クラブのティッシュを無理やり渡されそうになったりとてもこまってます。中学生のころスマホを持つようになったきっかけも、公衆電話のボックスが変なチラシでいっぱいだったからです。

先生 マリちゃん、それではそんな時、どうしてほしいと思う？

マリちゃん 条例で何とか、私たちの街からだけでも、こういうのを禁止してなくしてほしいと思いますけど……。

マコト君 何言ってんだい。憲法で営業の自由や表現の自由を習ったじゃない。そんなの条例で何とかできるわけないよ！　先生そうですよね。

先生 ちょっと待ってください。必ずしもそうとは断言できないんだよ。だいたい営業の自由には、政策的規制が可能ですし、表現の自由といっても内在的制約は可能と考えられるから……。

マコト君 えっ！

先生 あるいは、広告や宣伝、つまりコマーシャル・スピーチは財産権なので営業の自由の問題とも考えれば、まして政策的制約は許されることになるね。理屈を様々な方面から考えて立ててみればいいんだ。

マコト君 でも先生、風営適正化法の規制があるからそれでもう決まりでしょ。

先生 いやいや、それもそうとは限らないのですよ。阿部泰隆先生は、御自身の著作の中でよく「やわらか頭で考えよう」と書かれていますが、まさにそのとおりだと思います。

マリちゃん そうやって条例を作ったり、法律の改正を考えたりすればいいんですね！　フーゾク業に対して、かつて北海道が、法定外目的税として「パチンコ税」を考えていた、といった報道を図書館で前に見たような気がしますし（朝日新聞 2001 年 12 月 12 日）……。

先生 そうです。そのような考えを最近では「政策法務」と呼ぶのです。ただ、法律や条例は政策実現の強力な法的道具ですが、そのほかにも計画策定、法令解釈、訴訟の利用などもあることは忘れないでほしい。ここでは条例中心に、さっそく説明していこう。

講義ノート

「政策法務」という考え方

「純近代法」的な理解では、行政は「社会にとって必要最低限の秩序維持」（「警察行政」Police Power、消防、保健所、建築の監督）のみを行うこととなり、何を行うかは、議会があらかじめ法律・条例で全て書いている（「法律による行政の原理」、なお、当時は、現在のような地方自治という考えはなかったので「法律」のみとなっている）し、最低限の社会秩序が乱れた時には、その法律・条例に基づき基本的には命令・強制というスタイルでこれに対応する（「行政行為」だけをここでは考える）こととなる。しかも、そこでの社会秩序が乱れたという事態とそれへの対応を別な角度から見ると、偶発性（偶然に事態は発生する）と事後性（行政は事後的に対応する）、ということにもなる（本書第1講参照）。

しかし、現代の多面的・複雑な社会あるいは行政の三面的利害調整モデル（阿部・システム〔上〕、37頁以下）では、そもそも法律や条例に書いていないから、何か事が起きた時に「何もできません」ということはできないので多種多様の対応を求められる（もし行われなければ、逆に場合によってはいわゆる規制権限不行使訴訟も提起されかねない）。加えて、将来を見通した継続的な活動（たとえば、行政計画などを考えてみればよく理解できる）や法律・条例の改正や制定を専門・技術的な行政の立場から常に考えておかなければならないこととなる。

そこで、この多種多様な行政の対応ということから、現代の行政法理論は「行政手法」や「行政の行為形式」として、従来からある行政処分（行為）に加え多くの行政のアクション・スタイルを取り込んでいる。

そしてさらに、専門・技術的な行政の立場から、常に法律・条例の改正や制定を考えておかなければ対応できないが、そこでは常に行政が直面する具体的な問題を直視し改善策を考える（「政策立案（Plan）」）ことと、それを法律・条例などという形で実施していく（「法務（Do）」）ことが必要とされるわけであり、これを「政策法務」というコンセプトで捉えている。

そういう意味では、法律や条例を作る場合や法令解釈の単なる文言体裁などの技術的な面（国の組織で言えばこれを扱ったのが法制局であった）のみを扱う「法制執務」という概念や研修項目とは、政策面を入れた柔軟な発想を入れている

という面で異なっているということをよく知っておこう。そして、「政策法務」とは、法というツールを使って政策という未来を創るエリアをいう（そこで、過去の確定した「事実」の確認つまり「事実認定」中心の司法とは、その時間の矢印がいわば逆になる）。

　このような「政策法務」は、主に阿部泰隆名誉教授によって強力に主張されてきたが、それとは異なる角度とスタンスから木佐茂男名誉教授も「政策法務」「自治体法務」ということを強調する。そして、これらの提言が行ってきた、その功績にははかり知れないものがあるといってよいであろう。最近ではその影響を受け、大学講義用の行政法のテキストでも「政策」を扱う文献が現れてきた（たとえば、大浜啓吉『行政法総論〔新版〕』〔岩波書店、2006年〕では、その93頁以下で「政策形成」という項目を立てている。また、中川義朗「行政法の『政策化』と行政の効率化の原則について―ドイツにおける行政法改革論議を参考にして―」『川上宏二郎先生古稀記念論文集情報社会の公法学』77頁以下〔信山社、2002年〕も行政法を政策面から考える参考となる）。さて、阿部名誉教授は、「体系構築型モデルから、実態認識型・問題の発見解決型・立法政策用モデルへ」（阿部・システム〔上〕、41頁以下）として、これを表している。そこで、「政策法務」というコンセプトは主に、社会に生じている問題の実態を正しく認識したうえで政策を立案し立法（法律・条例の改正や制定要綱の立案）をめざしたり、政策実現のために法令解釈を行ったり（法令解釈については第4講）、訴訟で戦ったり（最近は「訴訟法務」と呼ぶ）、法という道具を政策実現に利用するものと考えておいてよいであろう。そして、そこでは刑事的手法、行政的手法、民事的手法を相互に補完し合いながらフレキシブルに問題に対応していくことが求められる。このことをやはり刑事法の立場から政策法学に重点を置かれ、本書でもお借りした「複雑社会」とのコンセプトで説明される渥美東洋名誉教授の言葉をそのままお借りすると次のようになる。

　「国会が、各省庁の政策担当者を含めた多くの関係者、スタッフから情報とアイデアを集め、統合的な計画をまず法律として制定し、その後に全体計画を実施するルールを刑事、民事、行政を問わずにまとめて定め、最終的には、一括法案として審議して法律を制定するなどの工夫が立法手続上、要求されている。例えば、薬物規制法は、国民の社会的健康、つまり公衆

衛生の増進という関心だけでなく、薬物企業による不当収益を利用した政治、経済企業活動への不当滲透や影響を阻止することが、薬物企業活動の競争、シェアー争いから生ずる重大な犯罪の予防、摘発という複雑な目標をもつ。さらに、この法律は、その目標を達成するための……（略）……一連のシステム、ルールと方策をパッケイジで制定するのでなければ、効果は低くなる」（渥美東洋『法の原理Ⅱ』45-46頁〔中央大学生協出版局、1993年〕。そして、そこでは「総合法」のコンセプトが提言されている）。

　以上の引用からは、「政策モデル」の法の動態の性格をよく表現していることを知ることができる。なお、最近ではこのような視点から刑事法・行政法の研究者を中心に「警察政策学会」が設立された（警察政策第1巻第1号〔1999年〕参照）。

　このように、政策法務は、鈴木庸夫名誉教授の指摘されるように自治体の法令解釈も含むものであり（鈴木庸夫・山口道昭・磯崎初仁・内山真達「政策法務の到達点―地方分権時代の政策法務を語る〈座談会〉」地方自治職員研修第434号21頁〔1999年〕）、さらに、鈴木名誉教授がそこで「研修学派」として分類される前述の木佐名誉教授の職員の政策能力の向上、パワー・アップというアプローチも存在している（なお、木佐名誉教授も自治体法務というコンセプトを立て、それは「自治体で行う一切の法的な意味をもつしごと」と広く捉えている。木佐茂男・田中孝男編著『自治体法務入門〔第3版〕』34頁〔ぎょうせい、2006年〕参照。その他、木佐茂男「自治体法務と政策法務」判例地方自治第145号〔1996年〕を参照）。以上のような政策法務という考え方は、現在たいへん広くわれわれの日常生活に生じる様々な問題にも関連していることであり（第1講で指摘した、政策の日常化を考えよ）、結局はつながっていることなので、それゆえ、住民の身の回りに生じる問題に対応する責務を負う地方自治体の職員の人々も、地方分権法の時代にあってことさら、この法という道具を政策実現にフレキシブルに使いこなす「政策法務能力」を養っていく必要がある。

　そのような意味から、行政に従事する公務員は「法の専門家」であることをよく理解しておこう（自治体での総合計画の必要性と政策法務については、岡田行雄『政策法務と自治体』〔北海道町村会、1998年〕参照）。なお、鈴木名誉教授の分類では、阿部名誉教授のアプローチは「行政法改革学派」とされている（なお、そのほか、

市民運動を中心とする松下圭一名誉教授のアプローチが紹介されている。なお、鈴木名誉教授の政策法務の把握は、ほかに鈴木庸夫「自治体の政策形成と政策法務」判例地方自治第133号86頁以下〔1995年〕を参照)。この阿部名誉教授のアプローチは、まさしく政策実現のために、法という道具を改革しそしてフレキシブルに利用するという立場だと考えてよいように思われてならない。

　なお、裁判・司法が過去の後しまつの法であるのに対し、政策法務は、法という道具を使って未来を創ることだと考えてもよいのかもしれない。

　なお、自治体政策は、住民、議会、長、一般職員がともに協力して創り上げるものである。これを示す一つの例として、2006年「栗山町議会基本条例」がある。この条例では、長や職員に反問権を与えている。

政策の必要性の認識を具体例で見てみよう　現在、すぐに解決がつく問題ではないが、2つ宿題として問題を提起してみよう（なお、政策の実現には必ず事実と現実の認識が必要となる。これを、いわば「政策事実」と呼ぶ〔松下啓一『自治体政策づくりの道具箱』180頁以下〈学陽書房、2002年〉参照〕。この点で、実務・現場主導型の考えと言ってもよいようである）。

　一つは、ゴミ行政の分野から、廃棄物の不法投棄の問題である。

　埼玉県では、1999年の所沢のダイオキシンの問題以来、住民の危機意識の向上や行政などの監視の目がきびしくなったので、産業廃棄物の処理が業者にとっては非常にむずかしくなったと言われる（このような実状を知るために、基礎知識を得るのにわかりやすい文献として、とりあえず、畠山武道『産業廃棄物と法』〔北海道町村会、1988年〕参照）。それゆえ、実は、そこで処理あるいは投棄されなくなった産業廃棄物は茨城県を含む近県に流れ、そこで不法投棄される事案がふえていると言われる。これにどう対応すべきであろうか。不法投棄をする業者を罰則手法で罰するだけでは効果はうすい（本書第19講参照）。すなわち不法投棄をした産業廃棄物を処理させ原状回復をさせなければ行政目的は達成されない。現実には、原状回復費用の約40％は自治体が負担していると言われるが（畠山・前掲書、30-31頁）、Law and Economicsの観点から言えば、不法投棄をした者がこれをなすべきであり、つけを住民の税金からまかなうのも不合理だという考えは十分に成り立つであろう。国の廃棄物処理法のみでは、十分に対応し切れないこの種の問題に、どのような条例を使って対応すべきであろうか（代

表的文献として北村喜宣『環境政策法務の実践』〔ぎょうせい、1999 年〕参照）。ここでは、不法投棄の防止と原状回復という政策目標をまず立て、罰則手法プラス何かその政策目標達成の手法を選択し、条例化していくこととなろう。

　また、ついでに述べれば、法と経済学的視点からは、政策実現の基金の手当も考えなければならない。自治体の実例として、「千葉市リサイクル推進基金条例」（1998 年条例第 17 号）などを見てみるとよいであろう。

　第二にバリヤー・フリーについて考えてみよう。代表的には、バリヤー・フリーとは、車いすを利用する障害者の人々（わが国では「ハンディキャップ」という英語を使う人が多いが、最近のアメリカでは Physically Challenged と表現する場合が多いことに留意）の移動を妨げるような物を取り除いて移動し易くすることを言っている。たとえば東京都では、1995 年に東京都福祉のまちづくり条例を制定しているが、この条例のバリヤー・フリーの規格は、国の旧通達によるこの条例の具体的整備基準によれば「車いす使用者の利便と視覚障害者の安全な通行との双方を考慮し、歩車道境界部には段差を残すこととし、その段差は 2 cm とする」とされている。これは、多少の段差があれば、視覚障害の人々は、自分の持っている杖で車道に入ることを識別できるので、交通事故の危険を避けることができるし、車いすの人々は 2 cm であれば、多少の不便はあるにしろ車いすで歩道にあがることができるというバリヤー・フリーの実現が可能となるからであると説明されている。

　ところで、かつて一部の自治体では、住民から首長に要望があり市町村などの道をバリヤー・フリーのために 0 段差（フラット方式）を検討しはじめた例があると報告されている（なお、別の県でも同様の要望がよせられたと聞いている）。さて、この場合 2 つの問題点があるように思われてならない。

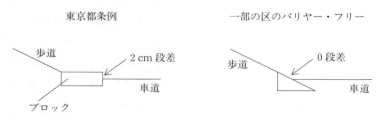

（この二つの断面図はイメージとしてのもので正確なものではないことをおことわりしておく）

一つは、0段差で、本当に視覚障害を有する人々に不便はないのか（この場合、行政手続の理念から十分なヒアリングやパブリック・コメントの活用がなされなければならないのではないだろうか）、第二にこれでは自治体ごとに規格が異なるので、同じ地内で、都道府県道は2cm段差、市町村等の道は0段差と相違が生じ、さらに国道との整合性も問題となりかねない。このような、いわばチグハグな状態では、視覚障害を有する人々は本当に困難を強いられることになりはしないだろうか（なお、最近は別のブロック型状もある）。このような意味では、実務の発想である法は、問題発見→法というツールを利用した解決であることを知ることができる。

さて、従来の法理論では、都道府県条例と市町村・特別区条例との関係は、はっきり言えば上下の関係には立たないので、その調整が問題となるわけである（詳しくは、阿部泰隆『政策法学と自治条例—やわらか頭で条例を作ろう』131頁以下〔信山社、1999年〕参照。なお、旧統制条例は1999年の改正で、廃止されたことも知っておこう）。このことは、何もバリヤー・フリーだけの問題ではなく、最近の例を思いつくままに拾ってみると、いわゆる岩手山火山活動に関する「ハザード・マップ」を前提とした県と関係市町村との調整（たとえば、どちらが避難勧告を出すのか。この場合、もし爆発しなければ、補償の問題などが生じるので市町村としては県にやってもらいたいという本音がありそうである）の問題や、同様の市町村・県そして国相互間の連絡調整の不備は、1999年の東海村放射線漏れ事故でも表面化したのであった。

このように総合的な調整や対応が必要であり、著者は条例に他の自治体への「協力要請条項」などを都道府県・市町村・特別区それぞれが調整を行うことにより、具体的数字が（2cmなら2cm、ゼロならゼロ）すぐに見えるように立法上の工夫を行い、連絡調整機構を作ってやっていくのがよいのではないかと考えている。なお、分権一括法は、主に国と自治体との対等・協力関係に目を向け、都道府県と市町村との対等、協力関係にはその関心があまり向かなかった。しかし、すでに述べた統制条例の廃止に加え自治法での「補助執行（旧153条3項）の廃止」や岩手県のように、県条例で市町村の実務を定める、いわゆる「責務規定」を廃止した例から理解できるように、やはり都道府県と市町村も対等・協力関係にある。なお、補助執行廃止の意味については今井 照『新自

治体の政策形成』111頁以下（学陽書房、2001年）が適切な指摘を行っている。
　なお、都道府県と市町村との関係につき「協働事務」との重要な提言が北村喜宣教授からなされている（北村喜宣「都道府県条例における適用除外規定」自治実務セミナー第42巻第1号25頁〔2003年〕）。このように、政策実現の組織間関係の整備や行政組織法制も政策法務の一部となっている。

地方分権と条例　　以上のような、政策法務の発想は、国であれ自治体であれ、現代の行政課題を考える場合、当然に必要となってくる。

　ところで、現在、多くの学生が職業としてめざす自治体の公務員は、法というツールを使って政策を実現する「力」、すなわち、政策法務能力が求められる（その目標を有する学生は、たとえば北村喜宣『分権政策法務の実践』〔有斐閣、2018年〕を読んでみるのも、良い勉強となろう）。

　そこで、本講では、地方分権の時代でもあり、身近な行政としての地方自治体にその焦点をあててみることとしていく（一般的文献として、自治体学会編「自治体の政策責任」年報自治体法学第12号〔1999年〕を参照してみるとよい）。行政組織法のエリアでも、千葉県のように政策法務課（長の直近下位の組織は条例事項なので、部は設置条例、課は規則により設置することとなる）を置く自治体もふえた。

　さて、1999年は、改正地方自治法が公布され2000年に施行されて、機関委任事務が廃止される（「法定受託事務」となった）など（この点については、成田頼明「改正地方自治法の争点をめぐって」自治研究第75巻第9号3頁以下〔1999年〕参照）、地方自治体の役割が大きくなる時代の幕明けとなった年と言ってよいであろう。そして、条例の制定権（地方自治法14条）の拡大を伴うものと解されている（たとえば、「地方分権に必要とされる政策法務能力の向上」地方行政ゼミナール3198頁〔ぎょうせい、1999年〕参照）。

　ところで、従来、法律と条例との関係については、古典的な「法律先（専）占論」がとなえられてきた。この考えは、一般的には「法律先占論」と呼ばれたが、最近、高木　光教授や阿部名誉教授は「法律専占論」とされる（阿部・前掲書、108-109頁）ものである。この考えの特徴は、わかり易く言えば、まず法律ありきという考えであるが、それは法律が制定されれば自治体はそれに関しては条例は制定してはならないのみならず、法律が規制を加えていない場合に

も、条例制定権は否定されるというものである（たとえば、法律が指定地域としていない場合など〔阿部・前掲書、108 頁〕）。

　その根本的な発想の源は、条例は「国家法」ではないという認識（阿部・前掲書、108-109 頁）にあった。すなわち、地方自治体の条例制定の範囲を著しく狭める考えであったと言ってよいであろう。

　しかし、このような理解は、憲法が保障する地方自治制度の理念や、そもそも、かゆい所に手が届く行政ということを考えれば、住民の実状を知り得る自治体こそがフレキシブルに対応する必要があることから（距離の遠い「国」ではなかなか対応できない）、「法律先（専）占論」は、全く実状に合わなくなった。

　それゆえ、その後の行政法学の流れは、条例制定権の拡張へその努力が向けられてきたとされているし（阿部・前掲書、108 頁）、正しい評価であろう。現にたとえば公害規制の分野での、いわゆる「上乗せ条例」など（国の法律は全国一律の最低基準を定めるという、いわゆる「ナショナル・ミニマム論」だが、これについては、原田尚彦『環境権と裁判』〔弘文堂、1998 年〕；室井 力『現代行政法の原理』〔勁草書房、1983 年〕；阿部・前掲書、114 頁以下参照）がある（2018 年東京都受動喫煙禁止条例もこのタイプである）。なお、宿題として、最近、東京の杉並区で深夜スーパーの出店計画について付近住民が環境問題（夜うるさくて眠れない。これを「環境権」として法的に構成することが可能かどうかを考えてみてほしい）を理由に反対運動を行った例がある（日経流通新聞 2000 年 2 月 1 日付参照）。この種の営業は、いわゆる大店立地法では規制できないので、杉並区は 1,000 ㎡以下の店も対象とした独自条例を検討し条例化をみているので、どのような条例が可能か考えてみてほしい（その場合、特に憲法・法律との関係が問題となる。この場合は憲法の「営業の自由」と 1998 年の大規模小売店舗立地法との関係を考えてみてほしい）。このように、政策法務では条例がよく強調される。それは、自治体の持っている法的道具の中で条例が最も強力な道具であるからなのである。ただそのほかにも計画策定、法令解釈など、様々な政策法務の道具があることは忘れてはならない。

風営適正化法と条例に政策法務の実際を見てみよう　風営適正化法の改正の歴史は、性風俗産業（性を売り物とする営業）やそれにかかわる犯罪への対応の歴史であると言ってみてもよい。その意味では、政策法務という考えとその必要性を知るモデル・ケー

スを提供していると言ってよい。1998年改正法にその例を見てみよう。

この意味での1998年改正法の柱は、次の2点に集約されると言ってよいであろう。

第一が、外国人女性などによる風俗事犯の増加への対応と、第二がインターネットなどを利用した、性を売り物とする営業が増加したことからその利用、つまり情報化への対応であった（「ハンドブック」12-15頁）。

第一の点について、少し説明を加えてみたい。この点について、1998年改正法は、法2条9項、35条の2、35条の3において「接客業務受託営業」とのコンセプトを新設して規制を加えることとした。具体的には、コンパニオン派遣業や外国人芸能人招へい業、芸者置屋業がこれにあたり、あっせんされた者の客に接する業務につき営業所において実質的な責任を負うものを指す（「Q&A」48頁）。

このようなコンセプトを新設した理由は、外国人女性の不法就労に関し、悪質なブローカーが介在し、パスポートの取り上げや高額な借金を背負わせることにより売春に追い込む事例が多くなったからだと言われる（「ハンドブック」50頁）。そしてさらに、違反行為については「営業の禁止」との手法をとることとしたが、これは、この業種は、自らの営業所で営業を行うのではなく複数の営業をなしているのが通常なので、処分後多少の差異をほどこし実質的には同じ営業をくり返すのを防止するため（「Q&A」49頁）、営業停止にとどまらず「同種の営業の継続及び新たに同種の営業を開始することも禁止」（「ハンドブック」52頁）することとし、行政の実効性を確保しようとしたものだとされている。さらに、不法就労助長罪など他の法律の刑罰法規とのリンクも行っているわけである。

第二の点であるサイバー・スペース規制については、そのエリアの文献にゆずるとして、本書では、広告および宣伝規制（風営適正化法28条5～8項）の強化を中心に31条の8も含めこの広告規制について、少し述べてみよう。

1998年改正の規制は、店舗型性風俗特殊営業そしてそれを準用する型で、無店舗型および映像送信型へも及ぼされている。そして、その中心は「広告制限区域等」であるが、「等」と入っているのは、風営適正化法が予定する学校・児童福祉施設の周囲200m以内のほか、都道府県条例で店舗型性風俗特殊営

業を営むことを禁止される地域のうちその広告または宣伝を制限する地域とされた地域である（「Ｑ＆Ａ」54頁）。そして、具体的に禁止される広告または宣伝とは、プラカードや電話ボックスに貼紙をすること、ビラなどを置いたり、郵便受けに入れること（そしてこのビラにはポケットティッシュも含まれる）、広告制限区域外でも、18歳未満の者へのビラの頒布、居住している家へのビラ配りなどが禁止されている（「Ｑ＆Ａ」50-53頁）。

　さて、以上のような禁止規定の強化は、1998年改正前は、家庭の郵便受けに投げ込まれるチラシや、衣服を脱いだ人などの描写のない立看板などが規制の対象とされていなかったのでこれを規制する必要があり、しかもソープランド、ファッション・ヘルスなどは、直接、性を売り物にする営業であり、青少年の健全な育成に障害を及ぼすおそれが高い（「ハンドブック」53頁）からである。さらに、無店舗型については、営業所の特定が困難な場合もあり得るので、「警察職員による違反広告物の排除」を許容している（「ハンドブック」60-61頁）。これは、無店舗型では無届営業などが予想されるからだとされている。

　さて、このような、1998年の風営適正化法の改正法に至るまでには、様々な条例上の努力があったし、現在でも、この法律のカバーしていないところでは、条例による規制が行われている。そして、この分野では、あらたな営業形態が、常に姿を変えて出現したりすることから、条例によるあらたな規制手法の開発は、住民保護のためにも、ぜひ必要であり、それゆえ政策法務的発想が不可欠となっている。

　努力のあとをアットランダムに取り上げてみると、たとえば、いわゆる「テレクラ条例」をあげることができよう。このような条例の必要性について、岩手日報1997年1月31日では「性犯罪から青少年守れ――県のテレクラ条例あす施行」との記事が掲載されており、それによれば、テレクラが介在した事件23件のうち14人が県青少年環境浄化条例違反（みだらな性行為及びわいせつな行為の禁止）であり、このような実態から、いわゆるテレクラへの地域制限、18歳未満の者へのチラシの配布禁止などの条例を定めたと報告している。

　このように2001年改正前、この「テレフォン・クラブ」（入店方式のほか、ツーショットダイヤルなど）については、1998年改正法の店舗型の対象とはならなかった（風営適正化法2条で定められている店舗型は、店舗型ファッション・ヘルス、ア

ダルト・ショップ、ラブホテル、個室ビデオ、ストリップ劇場、ソープランド。「Q＆A」13頁；「ハンドブック」102-173頁。「テレ・クラ」については、2001年改正法を見よ）のであり、まして無店舗型ではない。そこで規制条例の必要性があったわけである（いわゆる「横出し条例」「横出し規制」）。そこで取られる手法は、まず実態を把握することからはじまる。そうするとたとえば、いわゆる「ツーショットダイヤル」の利用は「利用カード」（利用に必要な電話番号、会員番号などが記載されている）によることが多いので、届出制で業者を把握したうえで、自動販売機による販売を禁止することで18歳以下の者への販売を規制したり、「フリーダイヤル」での青少年の利用に規制を加える目的からそれを知り得る彼ら彼女たちへの情報源を断つために広告規制が重要であろうし、当然、罰則手法による担保は必要といった具合に考えるわけである（たとえば、平田百合「福岡県青少年育成条例」ジュリスト第1087号5頁以下〔1996年〕；岐阜県総務部青少年課「『青少年保護育成条例』の改正とその後の施行状況」自治フォーラム第448号〔1997年〕などを参照。またこれを演習課題とした公務員実務研修などでの参加研修生からの意見・情報を執筆にあたって利用した）。

そのほかにも、各自治体は様々な規制条例を有している。神奈川県では、その青少年保護育成条例を、1996年に改正し、テレクラ規制のほか、保護者に対し青少年の深夜外出を抑制するよう努力目標を示したうえで、保護者の承諾なく連れ出した場合、20万円以下の罰金（5条）とされている。さらに有害がん具類を知事が個別に指定する他に、「包括的指定方式」を入れたが、これは個別指定がなくとも、一つには「性的がん具類（いわゆる大人のおもちゃ）」、今一つは「使用済みの下着（いわゆるブルセラ商品など）」は包括的に「有害がん具類」とされ、青少年に与えたり販売した場合30万円以下の罰金（9条）との規定（なお、この場合、青少年であることを知らなかったとしても処罰対象とされる）も有している。

なお、著者は、このような行政目的達成には「包括的指定方式」はきわめて有効であると考える。このあたりにも古典的な刑法の罪刑法定主義や明確性の理論へ反省をせまることとなろう（なお、このような場合、政策法学的には「ノー・アクション・レター」の利用も考えてみよう）。

なお、雑誌類については、個別指定をとる条例が多い。たとえば、東京都青少年の健全な育成に関する条例、1997年改正条例では、7条以下で、立ち読み、

販売を禁止している。そこで、あるコンビニグループでは、それぞれの雑誌売り場に、以下のような趣旨のフダを下げている（なお、本書出版社の報告によれば、読者の便宜を考え、あるコンビニエンスストアの本社および複数の店にこのフダの写真の提供などを再三にわたり出版社を通してお願いしたが、返事すらいただけなかったとのことなので、最大公約数的な、このような図にした。そこで、この種のフダを下げている企業名は一切省略せざるを得ない）。

> 東京都条例により18歳未満の方は、
> 成人向けの出版物の立ち読み、購入は出来ません

そのほか、この条例では、いわゆる援助交際に対し売春禁止規制（違反に対しては、1年以下の懲役または50万円以下の罰金）とし規制の網をかけている（もっとも、この規定のみは、1999年に成立した児童買春・児童ポルノ処罰法により失効し、法律による規制によることとなった。この点、阿部泰隆『政策法務自治体条例』192-193頁〔信山社、1999年〕；園田 寿『〔解説〕児童買春・児童ポルノ処罰法』〔日本評論社、1999年〕参照）。

さらに、ラブホテル規制条例では（この点、阿部・前掲書、128頁以下）、たとえば、風営適正化法での規制外のモーテル類似施設についての地域制限について、最近、適法との判断が示されている（盛岡地決平成9年1月24日判タ950号117頁）。なお、「東京都テレホンクラブ等営業及びデートクラブ営業の規制に関する条例」(1997年条例第60号、なお、この条例の現在の効力については、風営適正化法2001年改正附則3条との関係で、自分で調べてみてほしい）は、その名のとおり、届出手法、禁止区域手法、広告規制により、デートクラブもその対象としている（この条例については青少年問題研究第186号〔東京都、1997年〕を見よ）。

なお、条例と条例との関係で「県」の風営適正化法施行条例より、風俗営業店舗に対し重い規制を定めた「伊丹市教育環境保全のための建築等の規制条例」が適法だと判示されたケースがある（神戸地判平成5年1月25日判タ817号177頁。本件評釈として、村田哲夫・京極 務・小久保哲郎・判例地方自治114号8頁）。

以上のように、政策法務の発想から、自治体の条例では、様々な工夫がなされていることが理解できたと思われる。

なお、最後に本書の読者に望みたいことは、これほどまでに青少年に有害な環境が広がってきており、規制の必要があることをぜひ知っていただきたいと

いうことである。実例としては、石川県加賀市が2001年10月に施行した加賀市図書等自動販売機の適正な設置及び管理に関する条例がある。この条例は石川県青少年条例でカバーしていない有害図書などを規制対象としている。そして、販売停止や自動販売機の撤去命令のほか、公表、10万円以下の罰金でその実効性を担保している。なお、憲法21条の表現の自由は、基本的には民主主義の実現を目的とするので、この種の図書は21条の対象外と理論構成をするが、この種の図書は、まさしく収益目的だから、コマーシャル・スピーチ類似なので財産権への政策規制は許容されるとの理論構成をなすこととなろう。

〈参考文献〉

阿部泰隆『政策法学の基本指針』弘文堂、1996年。
阿部泰隆『政策法務からの提言』日本評論社、1993年。
阿部泰隆『国土開発と環境保全』日本評論社、1989年。
阿部泰隆『やわらか頭の法政策』信山社、2001年。
阿部泰隆『政策法学講座』第一法規、2003年。
阿部泰隆『続政策法学講座』第一法規、2010。
阿部泰隆『日本列島「法」改造論：続々政策法学講座』第一法規、2018年。
岡田行雄『政策法務と自治体』北海道町村会、1997年。
木佐茂男『自治体法務とは何か』北海道町村会、1991年。
木佐茂男『分権改革の法制度設計（自治総研ブックレット54）』地方自治総合研究所、1997年。
田中孝男・木佐茂男『テキストブック自治体法務』ぎょうせい、2004年。
地方自治制度研究会『Q＆A改正地方自治法のポイント』ぎょうせい、1999年。
「特集分権社会と自治体法務」自治フォーラム第509号、2002年。
天野巡一『自治のかたち、法務のすがた』公人の友社、2004年。
山口道昭『自治体実務からみた地方分権と政策法務』ぎょうせい、2000年。
山口道昭『政策法務入門』信山社、2002年。
山口道昭『政策法務の最前線』（第一法規、2015年）。
寺田雅治・安念潤司・生沼裕『政策法務の基礎知識』第一法規、2004年。
磯崎初仁編『政策法務の新展開』ぎょうせい、2004年。
吉田 勉『自治体法務つれづれ草教室』茨城県地方自治研究会、2006年。
北村喜宣＝山口道昭＝出石 稔＝磯崎初仁編『自治体政策法務』有斐閣、2011年。
北村喜宣『環境法政策の発想』Lexis Nexis、2015年。
北村喜宣他編『自治体政策法務の理論と課題別実践』（第一法規、2017年）。

外国の事情については、以下の文献を見よ。
　木佐茂男『豊かさを生む地方自治―ドイツを歩いて考える』日本評論社、1996年。
　（なお、地方自治法については多数の文献があるが、この法律は改正が頻繁に行われるので、本書の趣旨――学生、実務家の勉強――から掲載しないこととした）
地方分権及び条例については、以下の文献参照。
　石川敏行「地方分権はどこまで進むか―行革関連法をふりかえる―」書斎の窓第492号41頁以下、2000年。
　小早川光郎・小幡純子編ジュリスト増刊　あたらしい地方自治・地方分権　有斐閣、2000年。
　北村喜宣編『分権条例を創ろう』ぎょうせい、2004年。
　田中孝男『条例づくりへの挑戦』信山社、2002年。
明治学院大学法学部での講義を基とする文献として、
　鈴木庸夫「政策法務論」明治学院大学法科大学院ローレビュー23号、2015年。

第 7 講

行政立法

マリちゃん 先生、今年、租税法も取っているのですが、実体法が複雑でさっぱりわかりません。たとえば、法人税法なんか……。

先生 それは、マグナ・カルタ以来の伝統で、実体法に全て書き切るという建前を今でもかなり維持している面があるからなんだ。いわば実体法の部分が重くなっているんだね。きみたちも、もしマグナ・カルタに少しでも興味がわく人は、たとえば、W. S. マッケワニ（禿氏好文訳）『マグナ・カルタ―イギリス封建制度の法と歴史』（ミネルヴァ書房、1993 年）や J. C. ホウルト（森岡敬一郎訳）『マグナ・カルタ』（慶應義塾大学出版会、2000 年）が出版されているので、読んでみるとよいでしょう。

マコト君 実体法が重いって言いますけど、刑事訴訟法では、よく先生は刑事訴訟規則っていうのも話してくれます。行政法にはそういうのないんですか？

マリちゃん でも、六法の規則のところ、いつもめんどくさがって引いてないじゃない。

マコト君 え！ よく見てるんだぁ……。

先生 もちろん、ある。大六法で何か行政法に関する法律を見てみてください。一番最後に、施行規則とか施行令の存在が示されています。後は法令全書や専門六法、たとえば食品衛生六法や土木六法で見ればいいのです。それとそうそう、アメリカでの「連邦民事訴訟規則」「刑事訴訟規則」は日本でいうと法律本体なんだ。訴訟は手続が専門的なので日本と違って刑事訴訟法・民事訴訟法を「規則」という名で裁判所が全て作るのです。そこで、日本の民訴法、刑訴法の細則を書いている民事訴訟規則・刑事訴訟規則とは異なり、規則とは言っても法律本体なんです。規則という日本語訳に引っぱられて混乱しないようにしてほしい。

マコト君 でも先生、アメリカはともかくとして、今、規則だとか施行令だとかおっしゃいましたが、バイト先の店主さんは、何か広告を出すのに解釈基準っていうのを一生懸命見てましたけど、そんなのは名前すら六法に載ってないですよね。

先生 それではそのあたりから説明していきましょうか。

講義ノート

風営適正化法の「解釈基準」とは何か

風営適正化法は、法律なので国会で制定され改正されている（なお、立法府たる議会について、アメリカでは議事堂は Capitol というが、これはローマのカンピトーリオの丘、the capitolin hill に立っていたジュピターの神殿 Capitolium に由来している。そこで大文字で Capitol Hill とするとウォシントン D. C. の連邦議会を意味する。See Merriam Webster's Collegiate Dictionary 10th ed. at 169。さらに、遡れば、それはジュピター神殿を建てる時に頭蓋骨〔カプト〕が出たからだとされる。石鍋真澄『サン・ピエトロが立つかぎり―私のローマ案内』73頁〔吉川弘文館、1991年〕。これと異なり日本の国会は the Diet と英語では表記する）。近年では、1998年に議会で風営適正化法が改正された。それに伴って、1999年2月に警察庁生活安全局による、この改正法の「解釈基準」（正式には「風俗営業等の規制及び業務の適正化等に関する法律等の解釈基準」という。なお法律等となっているのは施行規則を含むからである。たとえば、解釈基準第6の2・3「施行規則第4条第1号の」等参照）が示された（具体的に見てみたい場合は、「Q＆A」83頁以下）。そして、これは警察庁が設定したルール、つまり議会（国会）ではなく行政庁が設定したルールだということはすぐに理解し得るであろう。それでは、なぜこのように行政主体がルールを設定する必要があるのだろうか。

たとえば、風営適正化法では、この法律の対象となる「風俗営業」について2条で規定している。そしてその中の11項3号では「バー、酒場その他客に酒類を提供して営む営業」も11項での「接客業務受託営業」にあたるとする。

ところで、「その他客に酒類を提供し」とあるが、ワインや日本酒などは一般の料理にも利用するので、厳密に言えば少しでもアルコールが入っていれば酒類にあたりそうでもある（ちなみに、アメリカでは、ビールやワインは料理にも利用するので一般のスーパー・マーケットでも販売している――なお、日本酒もワイン扱いであるので最近は一般の店のワイン売場で売られている――ほか、レストランなどでも出されているが、オレゴン州のようにハード・リッカー、つまりウィスキーやジンは酒店、酒場の営業許可を必要とする州が多い。のみならずミネソタ州のように土、日曜はハード・リッカー店は営業してはならないとのたぶん州法による州もある――ちなみに著者はしかたがないのでミシシッピー川を越え、となりのウィスコンシン州まで買いに行ったことがある――。つ

いでに述べれば、ポリシーとしてワイン、ビールも置かないレストランもけっこう多いことからもわかるように料理用としてでもおよそアルコールは一滴たりとも使わないとする店もある。「禁酒法」〔the Prohibition——まちがっても禁止という一般用語として訳さないこと〕の背景もよくわかるのである。なお、禁酒法については、岡本　勝『アメリカ禁酒運動の軌跡——植民地時代から全国禁酒法まで』〔ミネルヴァ書房、1994年〕参照）。

そこで、どの程度のアルコールの提供を意味するのか法律本体からは読み取れないし、またそこまで細かく書くことも立法技術上困難なので、より細かな部分については解釈基準を立てて法運用を行うわけである。そこで、この「解釈基準」第8の6「酒類提供飲食店」の意義を見ると、次のようにその基準が示されている。

すなわち「1.『酒類を提供して営む』とは酒類（アルコール分1度以上の飲料を言う）を客に提供して営むことを言い、提供する酒類の量の多寡を問わない」と規定されている。

そこで、飲料ではない料理の中に味つけで利用したような物はこれに含まれないこととなる。このように細かな基準を定めているわけである。

「解釈基準」の法的性格、「行政規則」から「行政基準」論、あるいは「外部化現象論」

以上のように、行政法規、すなわち法律や条例の適用を実際に行うためには、より具体的な法運用上の運用基準が必要とされている。

ところで、純粋な「近代法」的な理解、すなわち「法律（現在で言えば、法律・条例）による行政の原理」の下では、国民の権利・義務に直接影響するものは、法律本体に規定するべきであると考える。これをわが国のテキストではドイツ行政法学での理論を引きつぎ、一般には「法律の法規創造力」とも呼ぶことが多い（そこで、ここでいう「法規」とは、一般的な意味で利用されている、つまり法令全般を指すと考える人が時々いるが、そうではなく、国民の権利・義務にかかわるという特別な概念つまり、法律によれば、国民の権利・自由への侵害が可能となる〔芝池・総論、40頁〕との考えであることに注意せよ。なお、この概念の詳しい内容と変化については、石川・論点、104頁以下を見よ）。

しかし、多かれ少なかれ世の中が複雑になるに従い、法律本体に全てを書くことは不可能になってくることとなった（そのいい例としては租税法を掲げることが

できよう。租税法では、法律による行政の原理を「租税法律主義」と呼び、これを最もよく実現している法の分野であると言ってよい。「代表なければ課税なし〔No taxation without representation〕」とのアメリカの独立に結びつく言葉からも、立法府へ代表をおくり、法律によらなければ新しい税金を課税すべきではないとのこの考えは理解できよう。しかし一方で、それゆえに租税実体法はきわめて複雑になり、たとえば、はじめて読む者にとっては、法人税法などは読んでみても全く理解できないという事態をまねいている——ちなみに、税理士試験で試験免除をねらい大学院で法律専攻をする者が多いのもこのためであろう——。そこで現在では、かつて行政法各論の一部として扱われたものを、租税法という独立科目として扱う大学がふえたわけである。ついでに、もう一言だけ述べれば、刑法での罪刑法定主義や構成要件論も同様の近代法的発想に立っていると考えてもよいであろう。すなわち、すでに述べた法規創造力を適切に説明する小早川光郎名誉教授は、この概念を「予測・計算可能性」〔小早川・上、78頁〕として説明されるが、この理念と刑法上のこの概念の説明に一つの共通性のあることがわかる)。そこで、その細かな部分は、実際に法の適用にあたる行政にまかせるという発想が生まれて来ざるを得ないわけである。これが「行政立法」の理論なのである（そこで、憲法もこのような考えを73条6号で許容している）。そこで以下、行政立法の一般論を勉強してみよう。なお雑談をすると、ボストン・ティー・パーティー（ボストン茶会事件）が起きたボストンでは、「新税反対（No New Taxes）」と書いたプレートを、おみやげ用品として売っているが、ともかくも「代表なければ課税なし」については、田中英夫『アメリカ法の歴史上』55頁以下（東京大学出版会、1968年）を参照してみるとよいであろう。

　本題にもどって、まず第一に、行政立法の行政法総論においての位置づけについて見てみると、テキストの目次的に言えば行政処分の後に置くもの（たとえば、山下＝小幡＝橋本、164頁以下）もあるが、代表的なテキストの多くは、行政処分（論者によっては行政行為）の前に置くものが多い（たとえば、塩野・I、102頁以下；小早川・上、96頁以下；広岡・総論、117頁以下；芝池・総論、112頁以下）。このことは、行政過程論的発想が広く受け入れられていることを示すものと考えてよい。さらに、行政立法は、行政指導・計画・契約などと並んで置かれる場合もある（たとえば、山下＝小幡＝橋本、164-170頁）し、行政処分（行為）を間に挟んで並立的に並ぶ場合もある。これは、行政の行為形式論、行政手法論的発想が、

やはり受け入れられてきているためと考えてよいであろう。

　第二に、行政立法の種類を見てみよう。伝統的な理解に立つと、この行政立法は「法規命令」と「行政規則」の２つのカテゴリーに分類される。

　ここで言う法規命令とは、すでに述べた「法規」をその内容に含むもの（すなわち私人の権利・義務に何らかの法的な影響がある）を指すとされる。そして、それはさらに、「委任命令」と「執行命令」の２つに分けられている。

　この２つの相違は、法規たる性格を含む点では共通だが、委任命令が法律・条例の規定に基づき、法律には書かれていないあらたな法規それ自体を作り出すのに対し、執行命令は、法律・条例で定められている義務を具体的に実現する方法など詳しく定める（たとえば、よく引かれる例としては、届出義務——これについては本書第19講——が法律・条例で規定されている場合、その書式を定めるなど）ものを言うとされる。そして、それは国では、政令（内閣）、旧総理府令・省令、外局規則（会計検査院、人事院など）であり（憲法73条6号、国家行政組織法12条、会計検査院法38条など）、地方自治体では規則（地方自治法15条）という形式で制定される。

　さて、ここで問題となる代表的な争点は、委任命令での委任の限界という点であろう。一般論として考えてみると、いわゆる白紙委任の禁止は当然のこととして、法律・条例自体がどの程度の定めを置いておくべきか（委任方法）という点と、委任された限界を超えた命令（命令の内容）の問題に集約されると言われる（塩野・Ⅰ、102頁以下；石川・論点、109頁）。

　そして、実際、このあたりが争点とされた代表的判例としては、白紙委任かどうかが争点とされたケースとして、国家公務員法に基づく人事院規則の政治的行為が争われたもの（最〔1小〕判昭和33年5月1日刑集12巻7号1272頁）、委任された限界を超えたのではないかとされたケースとして、銃砲刀剣類所持等取締法に基づく銃砲刀剣類登録規則が、法律に明文を欠く美術品等にあたるものとして「日本刀に限る」とした要件を加重した点について、サーベルを所持したいとした者が争い、限界を超えていないとされたもの（最〔1小〕判平成2年2月1日民集44巻2号369頁）や、旧監獄法にもとづく監獄法施行規則で、被拘留者と幼年者との接見が禁止されていることが委任の範囲を超え無効だとされたもの（最〔3小〕判平成3年7月9日民集45巻6号1049頁、百選Ⅰ 48事件）がある。

なお最近も、インターネットによる医薬品販売の禁止を省令に行ったことが違法だとの判例がある（最〔2小〕判平成25年1月11日民集67巻1号1項、百選Ⅰ50事件）。また、本件は確認訴訟である。
　また、老齢加算の廃止に関する生活保護基準の改定に関する、最（3小）判平成24年2月28日民集66巻3号1240頁、最（2小）判平成24年4月2日民集66巻6号2367頁、百選Ⅰ51事件や、2011年地方自治法の改正の基となった解職請求の代表者に関する最大判平成21年11月18日民集63巻9号2033頁、百選Ⅰ49事件が近年の判例としてある。
　なお、特殊なケースとして、そもそも法規なのかどうかという点が争点とされたケースがあるが、それは「告示たる学習指導要領」は法規たる性格を法的に有するとされたものであった（最〔1小〕判平成2年1月18日民集44巻1号1頁、百選Ⅰ52事件）。
　さて、六法全書を見ると、このような法規命令は、風営適正化法にも存在している。それは、政令たる「法律施行令」、国家公安委員会規則たる「法律施行規則」や「遊技機の認定及び型式の検定等に関する規則」「風俗環境浄化協会に関する規則」、旧総理府令たるこの「法律に基づく許可申請書の添付書類等に関する総理府令」などがあることがわかる。
　それでは、次に「行政規則」とは、どのようなものなのだろうか（なお、関西地域の代表として広岡　隆名誉教授は「行政命令」と呼ぶ。広岡・総論、120-121頁）。端的に言ってしまえば、それは法規ではないものということになろう（たとえば、市長への手紙実施要綱など）。それでは、具体的には、どのような内容のものとされてきたのだろうか。わが国の代表的なテキストは、これを五分類あるいは三分類に分類している。まず、五分類に類別するのは塩野　宏名誉教授である。それは第一に組織に関する定め、第二に公務員や国立学校の学生など、特別の関係にある者に関する定め、第三に各行政機関に対し、その活動の基準となる定め、第四に補助金交付規則・要綱、第五に、建築指導要綱など、行政指導の基準である（塩野・Ⅰ、112頁以下）。次に三分類に類別する説がある。それは第一に行政組織のルール、第二に部分秩序に関するルール、第三に行為基準である（山下＝小幡＝橋本、167-168頁。なお、小早川名誉教授も、第一に行政組織規定、第二に特別権力関係、第三に行政の内部規定とされる――小早川・上、96-103頁）。そこで、

本講冒頭にあげた「解釈基準」は風営適正化法を実際に運用する公務員に向けられたものと考えられるので、五分類説の第三、三分類説の第三にあたりそうである。

行政規則の外部化現象　ところで、行政規則とは以上のように、法規ではないものとされてきたが、行政が定立するルールは、私たちの権利・義務に、実際には影響する場合が少なくない。そこで、大橋洋一教授のように「行政準則論」として、再構成する試みもなされている（大橋・Ⅰ、122頁以下）。また、「行政基準」との項目立て（宇賀・Ⅰ、273頁以下）も同様の関心を有していると考えてよいであろう。

そこで、行政規則が国民・住民に影響しないという意味で、行政組織内部のものにすぎないと考えることには、現実には困難が生じるわけである。そのため、行政組織の外部にいる国民・住民の権利・義務に実際に影響するという意味で、これを一般に、「行政規則の外部化現象」と呼んでいるわけである（たとえば、塩野・Ⅰ、112頁以下）。

例としていくつかこの現象を示してみよう。たとえば、わが国では、行政手続法での審査基準（5条）、処分基準（12条）は、行政規則だとする見解がある（芝池・総論、120頁）。しかし、この基準の立て方によって申請者は許可を得られるのかどうかが決まるし、不利益処分を実際に受けるのかどうかということになるわけなのである。

さらに、たとえば、地方自治体では、条例ではなく、実際には要綱（自治体の行政組織の立て方にもよるが、部長制を置く所では部長決裁でこれを立てることは可能である）により補助金を支出する場合がある。一例を示せば、のら犬・のら猫対策としてその不妊・去勢手術に要綱に基づき約5,000円の補助金を、飼主に支出するわけであるが、当然、飼主には支給される権利が生まれる。

あるいは、著名な訓令・通達の判例をこのような外部化現象の例として知っておくべきであろう。一般に訓令・通達とは（なお、別の定義の立て方もあるがここでは省略する）、いわばピラミッド構造をなしている行政組織で、内部的に意思統一をはかるために出されるものと考えればよい（たとえば業者から中元や歳暮を受け取ってはならないという意思統一をはかる場合、知事が部課長会議の席でそれを口頭で要請したような場合を訓令といい、○○県知事発第○○号という文書で職員に通知した場

合を通達という。なお、国から自治体への通達は現在はない。それは、技術的助言となった）。

　ところで、実際には「通達による行政」という言葉から明らかなように（これについては、高木 光『ライブ行政法〔中級編〕補訂版』56頁以下〔有斐閣、1995年〕）、この訓令・通達が行政運営に重要な役割をはたしている。そこで、この訓令・通達が、実際には、行政外部のいわばピラミッド外にいる国民・住民の権利・義務にかかわったとして争われたケースがある。墓地・埋葬などに関する法律に基づく通達の取消しが求められたケースで、通達は行政内部のものであり法規ではないから取消訴訟は提起できないと判示された（最〔3小〕判昭和43年12月24日民集22巻13号3147頁、百選Ⅰ55事件）。しかし原告は、罰則手法の担保の下、通達により異宗徒の埋葬を強要されるとする主張から明らかなように、実際には義務を課されているわけである。なお関連判例として、著名なパチンコ球遊器事件がある（最〔2小〕判昭和33年3月28日民集12巻4号624頁、百選Ⅰ54事件）。

　さて、このような事情から、代表的な学説は、補助金給付が平等取扱いに反するような場合、違法性を肯定する見解（塩野・Ⅰ、119頁）や、そもそもそうであれば、行政規則という概念を捨てるべきであるとする見解（たとえば、平岡久名誉教授は「行政基準」として整理される。平岡 久『行政立法と行政基準』〔有斐閣、1995年〕参照）が登場するわけである。そのような意味から言えば、小早川名誉教授のテキストをそのまま引用させていただくが「要するに"行政規則"の概念は、今日、もはや維持されるべきではな」い（小早川・上、103頁、なお同名誉教授は、その言葉に続き、この概念に代えて「行政組織規定」「行政内部規定」を提言されている）ということになろうし、少なくとも、学説の大勢として、法規命令と行政規則を一括して「行政立法」として把握することには問題があるとの理解に至っている（石川・論点、111頁）との認識に誤りはないであろうし、法規命令と行政規則を概念的に確立したものとして扱うことはもはや不合理だと考えてよい。

　ただ、いずれにせよ、行政立法については、2004年改正行政事件訴訟法での当事者訴訟に明示された「公法上の法律関係に関する確認の訴え」で争いうる可能性が出てきた。

　さて、風営適正化法の「解釈基準」を見てみても、以上の認識に誤りのない

ことは理解できる。たとえば、風営適正化法16条は、風営業者に対し、その営業所周辺で「清浄な風俗環境を害するおそれのある方法で広告又は宣伝をしてはならない」と規定し、さらにこの実効性を確保する手法として「指示処分」(風営適正化法25条)、「営業の停止等の処分」(同26条)を利用し16条を担保している。解釈基準は、この法制は、公衆の目に触れ易いものに限るとしているが、具体的には「ア．公道、駅前広場等多数の人間が通行する場所で行われる場合にあっては、当該広告物等が、付近(数メートル程度離れた場所)にいる人間に判別できる程度のものとする。ただし、プラカードをもって移動する場合のように、広告物自体を移動させる場合にあっては、すぐ近くで判別できるものであれば足りる。また、ビラ配り等公衆の各人に手渡す場合は、ビラ等の大きさを問わない。イ．公衆電話等公衆が特定の目的のために利用する場所における広告又は宣伝は、当該場所を利用する人間が利用の際に広告物等の内容を判別することができるものであれば足りる」とし、内容についてもその次に具体的に示している(「Q&A」98頁)。

このように、この種の営業をする私人は、現実にはこの解釈基準により、行っていい広告と違法となる広告があり、すなわち規制を受けることとなる。

なお、地方自治法245条の9の法定受託事務に関する「処理基準」は、その法的性格として、解釈基準・裁量基準双方の性格を有する(塩野・Ⅲ、242頁)。国から自治体に示されるこの処理基準については、鳥取地判平成18年2月7日判時1983号73頁は法的拘束力を有するとするが、国と自治体の対等・協力の立場から、学説では、この理解に強い批判がある(宇賀克也『地方自治法概説〔第8版〕』416-418頁〔有斐閣、2019年〕)。自治体職員やそれをめざす学生にとっては、分権から問題を考えてみるいい題材となろう。

行政立法の手続 以上のように、伝統的な意味での行政規則も含め、行政立法と従来わが国で言われてきたルールに関して、アメリカ合衆国では、行政手続法上「ルール・メーキング」とこれを捉えて、手続法理による行政統制をめざしたのであった(比較法的視点も含め、常岡孝好編『行政立法手続―諸外国の動向と日本法の課題』〔信山社、1998年〕参照)。

わが国では、個別の法律では、政省令について、公聴会や意見提出、審議会などの利用がなされる場合があるし、これを指摘し命令策定手続の重要性から

このような項目を立てるテキストも見られるようになっている（山下＝小幡＝橋本、161-162頁）。

かつては行政手続法や手続条例にはこの種の手続は存在していなかったので、これを立法に盛り込んだり、パブリック・コメントの活用などが課題となっていた。

そこで、2005年行政手続法改正で、行政立法に関し、「第6章意見公募手続」が導入されることとなった（○○法施行規則、○○令）。このパブリック・コメント制度では、原則として30日以上（39条3項、例外は40条1項）の期間で（適用除外は39条4項）行われる。そして、そこで提出された意見を十分に考慮することが求められ（42条）、結果の公表も行わなければならない（43条）こととされている。また46条では、地方公共団体も同様の制度の導入に努めるべきことが定められている。たとえば、千葉県では、2007年に行政手続条例を改正し、「第6章意見公募手続等」（37～44条）を追加し、規則の制定手続を定めた。

もっとも、自治体の場合、すでに統一的なパブリック・コメント条例を有している所もあった（たとえば「横須賀市市民パブリック・コメント手続条例」）。このような統一条例のスタイルをとった場合、行政立法や行政計画の他に、条例の制定・改正という自主立法そのものも対象とすることが可能となる（横須賀市条例4条(1)参照）。しかし、もし「行政」手続条例上の制度とする場合は、それは「行政」手続条例なので、行政立法や行政計画は対象となし得ても、条例の制定・改正を対象とすることは困難となるので、行政手続条例上のパブリック・コメントと要綱上のそれが並んで存在することとなろう。

このようなパブリック・コメント導入の必要は、施行令等の改正といっても、実は、国民に大きな影響を与える場合があるからにほかならない。たとえば、2010年施行の建築基準法施行規則の改正では、指定道路調書に法42条2項道路として記入された場合、自分の土地を道路用地として提供する義務を負うこととなる。

風営適正化法の実例　新聞報道では、2008年当時「男性が女性を選んで店外へ誘い出す仕組みの『出会喫茶』を発端にした児童買春事件が急増している」（読売新聞2008年10月6日）と報じ、神奈川県や京都府が条例で対応していることを、風営適正化法の対象外であることを主要な

理由であったからと報道している。

　これに対し、2011年1月1日施行の「風俗営業等の規制及び業務の適正化等に関する施行令」(昭和59年政令第319号)は、このようないわゆる出会い系喫茶について、政令改正により、風営適正化法第2条第6項第6号の店舗型性風俗特殊営業として、規制対象に加えた。このように、行政立法といっても、規制対象の追加等、影響が大きいことを知っておく必要がある(なお、風営適正化法では、行政立法で新たな営業へ対応する必要があることから行政立法の改正は多い。最近でも、2010年、2008年、2004年に改正が行われている「ハンドブック」22-34頁参照)。

　なお、政策法務のエリアでは、条例制定により、国の法令の改正等をうながす自治体の動きを「国法改革法務」(たとえば、東京都市町村職員研修所編『これだけは知っておきたい政策法務の基礎』79頁以下、公人の友社、2004年)と呼んでいる。

　また、風営適正化法を受けた1985年旧総理府令は性風俗店等に対し従業員名簿の備え付けを義務づけているが、府令(現内閣府令)は、日本人については本籍、外国人については国籍の記載を求めていた。一方、職業安定法は本籍等の収集を禁止している。そこで、警察庁は、府令を改正し、本籍、国籍の記載を削除することとした(朝日新聞2014年8月22日)。

風営適正化法施行令からの宿題　さて、すでに述べた、神奈川県や京都府等は、いわゆる「青少年保護育成条例」を改正し、出会系喫茶に対し青少年の入店・勧誘等には6ヶ月以下の懲役または30万円以下の罰金、事業者の届出義務違反に対しては、神奈川県では20万円以下の罰金、条例違反については、1年以下の懲役または50万円以下の罰金、学校等の周辺200m以内の営業は、6ヶ月以下の懲役または30万円以下の罰金を規定していた(読売新聞2008年10月6日)。

　それでは、風営適正化法施行令改正により出会い系喫茶が国の法令対象となったが、これらの条例の規定はどうなるのだろうか。失効するのか、法律と条例の目的が異なるから失効しないのか考えてみてほしい。その場合、条例と法律との関係の条例の効力論(上乗せ条例等)が、条例と施行令との間にも成り立つのかも合わせて考えてみてほしい(自治法14条1項は、「法令に違反しない限り」と規定しているが、さてどうか?)。

　なお、条例は、違反に対し懲役刑を選択刑として規定しているが、このよう

な場合、制定した自治体としては、現実の処罰意思を有している場合が多い。ついでに、そうであるとすれば、罰金刑のみの場合、制定者意思はどこにあるのかも考えてみてほしい。

ここでは、施行令という国の定める行政立法を見てみた。国の場合、このように政令・省令が行政立法の代表である（行政手続法2条1号）。どちらも法律を運用する細則としては同じだが、政令は内閣で、省令は各省で制定される。一般的には、内容の重いものが政令事項となるが、どちらで規定するかは、実務的には「相場感」があると言われる。伝統的には政省令は法規命令とされる（高木、99頁）。そして最近の判例として、省令でインターネットによる医薬品販売を規制したことを違法とした前掲最（2小）判平成25年1月11日がある。

〈参考文献〉
最近の条例も対象とする統一的なパブリック・コメントについて、
　内桶克之「パブリック・コメント手続条例の制定について」茨城自治第274号、
　　2005年。
2005年改正行政手続法につき、
　青木康『新・行政手続法』ぎょうせい、2005年。
　宇賀克也編『改正行政手続法とパブリック・コメント』第一法規、2006年。
　常岡孝好「行政立法手続の法制化」ジュリスト第1304号、2006年。
その他、
　大橋洋一『行政規則の法理と実態』有斐閣、1987年。
　鈴木庸夫「要綱行政の新たな展開」年報自治体学第7号、環境と自治自治体学
　　会、1994年。
　田村「建築基準法上の2項道路と施行規則改正に伴う行政訴訟での要件判断」
　　明治学院大学法学研究第85号、2008年。

第 *8* 講

行政計画

先生 自治体公務員の人々のための雑誌の中で、磯部 力名誉教授は「自治体行政法学入門」という連載をされていましたが、その中で「固定観念から自由になること」（磯部 力「自治体行政法学とは？（1）」自治実務セミナー第38巻第3号7頁〔1999年〕）という項目を立てられ、思考方法について貴重な提言を示されています。政策法務やそれに伴う新しい行政手法やシステムの開発といった今年の講義テーマの一つの視点から言っても興味深いと思いました。それに自治体の公務員をめざす学生には、ぜひ全部を読んでほしいと思います。

マリちゃん 県職員を目標にしている私も、読んでみて「目からウロコ」が落ちるような思いをした連載でした。

先生 いろいろな意味で、行政法は過渡期にあるんだ。発想の転換がとても大切だよ。ともかく今回は行政計画について話をしてみたいんだが、それはこの手法がよく前回の行政立法と比較されるからなんだ。

マリちゃん 具体的適用というより一般性ということでしょうか？

マコト君 ちょっとまってよ！ バイト先では、計画のおかげであそこじゃ商売できないって騒いでるよ。とても一般的なもんじゃないってフンイキだよ。

先生 そうだね。計画は規制手法としても使うんだよ。マコト君も、いいところに目をつけたね。

マコト君 ほ～ら、ボクだってマリちゃんの目からウロコを落とせるんだ！

マリちゃん 何よ！ だったらこの言葉の語源、知ってるの！

マコト君 え……。し…、し…、知らない……。

先生 目からウロコが落ちるとは聖書の言葉なんだ。加賀乙彦『聖書の大地』178頁（日本放送出版協会、1999年）でも紹介されているように「使徒言行録」（『新共同訳聖書』〔日本聖書協会〕）、「使徒行伝」（『新約聖書Ⅱルカ文書』191頁〔岩波書店、1995年〕）にあるんだよ。今度、読んでみるといいね。

マコト君 え！ 読むんですか……。まいった～。また一本取られちゃった。

マリちゃん それと、アナタのような人は、荻原博子さんの『隠れ貧困』（朝日新聞出版、2016年）を読んで、人生の資金計画を立てた方がいいわよ！

先生 2016年2月、日銀はマイナス金利を導入した。確かに、マイナス金利政策をとれば、住宅ローンの金利も下がり、外国のように住宅購入がふえ一時的には……？ しかし、ローンは老後の生活破綻をまねくリスクも大きい。破綻者が

増せば、社会保障費が財政に占める割合はふえ、財政上問題が生じる。親の介護や子供の教育費はこれに拍車をかける。たび重なる日銀の経済刺激策には限界もありそうだ。将来の社会構造も含めた、時間的マクロ経済政策の発想も必要そうだね。この意味でも政策的発想は必要なのかな。ともあれ、これをきっかけに金融関係の法制度について勉強することもとてもいいことだと思う。法学部の学生は、金融機関に就職する人も多いからね。最近の日銀の金融緩和への評価は、たとえば、井出英策「日銀の金緩和『成長依存社会』変革を」(毎日新聞 2018 年 5 月 22 日) を読んでみるといいでしょう。

講義ノート

行政計画という手法　　最近の代表的なテキストの一つは、行政計画について「しかし、『計画』が法的にみてどのような性格と特色をもった手段なのかは、さほど明確ではない」(山下＝小幡＝橋本、153 頁) と著者の本音をのぞかせている (そこで、行政計画は、「行為形式の一つではない」との見解も生じる。高木 光『ライブ行政法〔中級編〕補訂版』181-182 頁〔有斐閣、1995 年〕。本書は、そこで規制に着目していることもあり「手法」とした)。だが、政策が中心の一つとなっている現代の行政にあって、行政計画を抜きに行政を論じることはできないという点では、すでに共通の認識が確立していると言ってよい。植村栄治教授も「極めて一般的な行政手法」(植村・教室、163 頁) と述べている。

そこで、ここではとりあえず、最近の代表的な見解を示しておこう。それは、行政計画は、第 7 講で勉強した行政立法と同様に、将来、行政はどう動くべきかという方向性を示しているが、行政立法が、「こういう場合はこうしなければならない」といういわば「条件プログラム」であるのに対して、行政計画は、いわば「目標プログラム」である (原田・要論、122 頁；石川・論点、99 頁) とする。そして、それゆえに、広い計画裁量が認められると考えてよい (塩野 宏名誉教授は、これを委任立法に類似することを指摘しつつ効果裁量のうちの形成裁量とされる。塩野・Ⅰ、237-238 頁)。もっとも、後に見るように、実際上の規制効果あるいは規制手法として利用し得ることは忘れてはならないように思われる。そこで、有力な学説は、この行政計画の法的特質を、第一に「目標設定性」、第二に「手段・活動の総合性」に求めているわけである (小高 剛ほか著『行政法総論』50-51 頁〔ぎょうせい、2006 年〕；石川・論点、99 頁)。また、最近の政策法務というコン

セプトを中心に考える阿部泰隆名誉教授のテキストでも、「合意形成のシステム」（阿部・システム〔下〕、542-543頁）と「土地利用規制の法システム」（阿部・システム〔上〕、232頁以下）で計画とその問題点を分析し、貴重な提言をされている。

そこで、以上の点を踏まえたうえで、ここでは、行政計画の定義として、塩野名誉教授の「行政権が一定の公の目的のために目標を設定し、その目標を達成するための手段を総合的に提示するもの」（塩野・Ⅰ、234頁）に求めるとよいであろう。そして、その目的から考えれば、大橋洋一教授の行政計画の機能としての「行政活動の総合化機能」と「公共性担保機能」（大橋・Ⅰ、144頁以下）は、大いに参考となろう。

行政計画とその法的規律　　以上のように、行政計画は、目標と手段を特質とする行政手法の一つであると言える。なお、芝池義一名誉教授のテキストでは「非権力的・補助的行政活動」の一つ（芝池・総論の目次を見よ）として位置づけているが、著者は、現在の行政計画の役割を考えれば補助的とは少なくとも言えないように思う。

ともあれ、この行政の行為形式ないし手法（石川・論点、101頁では、この面での整理を行い、「行政の行為形式論」より「行政手法・手段論」の方が広いコンセプトであることが示されているし、それは、先程紹介した高木 光教授の指摘からも理解できよう）の一つとしての行政計画と、その法的規律が、次に問題となろう。なお、最近では、行政法総論の全体構造として、規制行政、給付行政といった各行政エリアの「法的仕組み」と捉える重要な見方がある（宇賀・Ⅰ、83頁以下）。一方、この法的仕組みをどのように捉えるのかが明らかになってはいないとの指摘もある（高木、199頁）。このような高度な理論問題にも注意を向けることは、とてもよい勉強となろう。

ところで、行政計画はいわば将来を向いた手法なので、そこにはその継続性が一つの特徴となろう（この意味で、偶発的事態に事後的に対応する「行政処分」との違いを知ることができる）。それゆえ、そこにはいわゆる「ローリング（計画の目標達成評価とそれに基づく見直し）」がつきものなのである。その意味では最高裁判所も判示しているように、まさにそれは「青写真」（最大判昭和41年2月23日民集20巻2号271頁）ということとなるであろうし、その効果もまさに「一般的」なもの（最〔1小〕判昭和57年4月22日民集36巻4号705頁、百選Ⅱ153事件）とい

うこととなろう。なお、最高裁は、最近青写真判決を変更し、抗告訴訟の対象となる範囲を広げた（最大判平成20年9月10日民集62巻8号2029頁、百選Ⅱ152事件）。

また、計画と計画との間に矛盾が出た場合の整合性について、最（1小）判平成11年11月25日判時1698号66頁、百選Ⅰ56事件がある。

さて、そうであるとすれば、純近代法的な法律による行政の原理（すなわち行政活動を事前に法律・条例で規定しておくという法律の留保論）では、とうてい説明することはできそうにもない（法律や条例によるとしても、それは基本法・条例というスタイルとなる。たとえば、東京都住宅基本条例——1992年条例第109号——）。しかも、行政計画については、事実上、広い計画裁量が行政サイドに認められる（芝池・総論、234頁）。そこで、現在の学説や法システムは、計画策定手続を手続法理により規律しようと考えるわけであり、具体的な方法として、公聴会や縦覧（もっとも、阿部名誉教授は、「それは広報誌への掲載、庁舎の掲示板への公告によるため、住民が気づくのは偶然である。縦覧も役所の勤務時間内に限られるので、職業を持つ一般市民が見に行く時間はなく……（略）……コピーはとれず」〔阿部・システム〈下〉、542頁〕と批判されていることは十分に知っておくべきであろう）や意見書の提出（これも、一方通行だとの批判が阿部名誉教授の同書でなされている）などがある。そして、最近では、従来の審議会方式にかえて「パブリック・コメント」（政策や計画の策定、立法にあたり、電子メールなどで国民・住民の意見を広く受け付ける手続で、国では1997年から、地方自治体では、岩手県・新潟県・滋賀県で2000年から導入している制度）が導入されはじめたことは注目に値する（自治体パブリック・コメントでは計画がその対象とされていることが多い）。なお、パブリック・コメントの際「代替案提示」（大橋・Ⅰ〔旧版〕、296-297頁。なお、「市民による計画提案制度」「代替案提示制度」を「計画策定手続の発展可能性」とする大橋・Ⅰ、154-155頁）は重要な内容となろう。

このように、行政計画のような政策的手法としての法的性格の強い行政手法では、Plan（立案）→ Do（実施）→ See（評価）という政策形成サイクルによる規律が重要となる（宇賀・Ⅰ、290頁）。

いずれにせよ、行政としては、実効的な手続的配慮の開発に努めるべきである。その意味では、公務員の人々の「政策法務研修」において、情報公開や手続も取り込んで行うべきとの提言（山谷成夫「地方分権時代の職員研修——政策形成能力と法務能力の向上」地方公務員月報1999年3月号2頁以下；同「政策法務研修をどのよ

うに行うか」自治フォーラム1999年第2号67頁以下）は重要である。
　加えて、議会による法的規律の例として、基本計画への議会の承認、議会への報告等を定める「岩手県県行政に関する基本的な計画の議決に関する条例」（2003年10月9日）があり、パブリック・コメントと並び「協働」の視点から注目される。

風俗営業等への計画による規制　さて、いよいよ、以上のような一般論を知ったうえで、風俗営業への計画による規制の一例を実例で見てみることとしたい。

　なお、大橋教授は計画の類型論の1つとして「拘束型計画、誘導型計画、指針型計画」を掲げる（大橋・Ⅰ、146頁）が、以下の中野区の計画もこれにあたるであろう（なお、そのほか「全国計画と地方計画」「トップダウン型計画とボトムアップ型計画」「総合計画と部門計画」「行政内部型計画と対市民型計画」「拘束型計画、誘導型計画、指針型計画」を掲げているもの〔大橋・Ⅰ、145-146頁〕が、大いに参考となる）。

　東京都の中野区では、1992年に「中野区南台四丁目地区における建築物の制限に関する条例」（1992年6月17日公布区条例第39号）を制定している。この条例の2条では「東京都市計画地区計画の決定……（略）……に基づく」とされていることからも、行政計画に関連した条例であることが容易に理解できよう。

　さて、この条例の3条は、次のように規定している。すなわち「地区計画により近隣商業地区に指定した区域内においては、風俗営業等の規制及び業務の適正化等に関する法律……（略）……2条第1項第5号から第8号までに掲げる風俗営業及び同条第4項第2号から第5号までに掲げる風俗関連営業の用途に供する建築物は、建築してはならない」と規定している（なお、風営適正化法1998年改正で、風俗関連営業は別の名称に変更されたことは本書第5講参照）。さて、その後、いわゆる神戸を中心とする大震災の経験から（詳しくは、阿部泰隆『大震災の法と政策』〔日本評論社、1995年〕参照）、中野区でも、この1992年の条例をベースに、この地区（南台）での「防災街区整備地区計画」を1999年に立案した。そして、その中での「特定建築物地区整備計画」において、風俗営業（風営適正化法2条1項5〜8号）と店舗型性風俗特殊営業（風営適正化法2条6項2〜6号）に使用する建物の建築の制限（用途制限）を行うことを予定している。

　中野区都市計画部が1999年9月に発行した「中野区まちづくり通信6　南

台一、二丁目防災まちづくりニュース」によれば、1999年10月5日〜18日まで、この計画案は縦覧され、10月7日と11日に地元の小学校で説明会がなされたし、同10月5日〜25日の間に住民は、計画案に対して意見書を提出し得るとされた。その後、審議会（区計画審議会、都都市計画審議会）を経て、計画決定・告示と手続が進むわけである。

また、「千葉市地区計画の区域内における建築物の制限に関する条例」では、地区計画を利用し、まあじゃん屋、パチンコ店等の出店を規制している。

そのほか、法律上の制度が利用可能なものもある。たとえば、建築基準法上の「地区計画」などである。ある実務書は「地区整備計画で一般の用途地域規制では可能なパチンコ店等を排除でき」る（荒 秀編『新建築基準法50講〔補訂版〕』11頁〔有斐閣、1998年〕）と説明されている。なお、地区計画とは「良好な環境の形成または保持を図るため、昭和55年の都市計画法および建築基準法の改正によって導入された」（荒編・前掲書、220頁）法制度である。

最後に、以上のように、計画は規制手法の一つとして機能する側面を有するので、訴訟との関係が問題となる。

判例は、大阪阿倍野市街地再開発事件（最〔1小〕判平成4年11月26日民集46巻8号2658頁）で、例外的に行政計画の処分性が肯定される場合のあることを認めた。

さらに、かりに処分性が認められない場合でも2004年行訴法改正での当事者訴訟での「公法上の法律関係に関する確認の訴」で行政計画を争いうる可能性があることとなった。

しかし、その後、すでに指摘した平成20年の青写真判決の判例変更が行われた結果、処分性が拡大され当事者訴訟の利用範囲は狭まっているといえる。

なおついでにここで述べさせてもらうと、例外的に、国家賠償訴訟では、選挙による自治体の長（地方公務員の人たちの慣例で庁内では「首長」を「クビチョウ」と呼ぶことがある。公務員の人々がクビチョウと言ったとき、「クミチョウ」に聞こえることがある。間違っても暴力団の組長と誤解しないこと）の変更による計画変更（これ自体は憲法が選挙という制度を予定する以上、本来、違法ではない）について、信頼保護の法理に形式上の違法性を求め、実際には損失補償に近い法運用を行う場合がある（最〔3小〕判昭和56年1月27日民集35巻1号35頁、百選Ⅰ25事件）。

〈参考文献〉
交告尚史「計画策定手続」ジュリスト第1304号、2006年。
遠藤博也「行政計画」『現代行政法大系2』有斐閣、1984年。
見上崇洋『行政計画の法的統制』信山社、1996年。
宮田三郎『行政計画法』ぎょうせい、1984年。

第 9 講

地方自治体と委員会

先生 風営適正化法やそれに関連する青少年保護育成条例を中心に行政法を見ることにしたわけだが、そうなると都道府県の公安委員会について最低限の知識は持っておく必要があるね。フローという点では、ここに置くのも変ですが、基礎知識を得ておくためと理解してください。

マコト君 ボクの運転免許、○○県公安委員会ってなってるけど、あれかな？

先生 そうそう……。そこで法運用の監督をするんだ。

マリちゃん そういえば、この春卒業して高校の先生になった先輩がもらっていた教員免許も○○県教育委員会でした。これも似たようなものですね？

先生 そうです。それでは、さっき言った理由でこの委員会制度について少しだけ説明してから、前回説明した行政計画以外の実際の行政の手法や行為形式に入っていこう。また、ここでは、本年度の講義で、最後に自治体や条例についてエキスパートの先生たちからの特別講義も予定しているので地方分権についても少し話そう。政策法務の観点からは、自治体の位置づけも大事なのだね。そして、それを支える公務員の人々の法務能力の向上も大切だね。きみたちも主に自治体の職員の人々が実務の経験から書いた、木佐茂男・五十嵐敬喜・保母武彦編『地方分権の本流へ—現場からの政策と法』（日本評論社、1999年）を参考のため読んでみてください。

講義ノート

「ヨコの権力分立」と「タテの権力分立」

1999年は、いわゆる地方分権法、地方自治法の改正により、いわば地方の時代の本格的な到来を告げることとなった年だった。つまり、地方自治体が国と対等に肩を並べる時代になったと言ってもよいであろうか。

さて、そういう意味では、アメリカでは連邦政府と州政府は伝統的に、対等の立場、まさに州は「ステート（State）」つまり「国」なので、そう考えてきたわけである（ドイツのラント〔Land〕＝州についても同様）。ここには、州と連邦政府が、対等の立場からチェック・アンド・バランスをはかるという法の思想

があるわけであり、「立法・司法・行政」を Government（このように英語のガバメントは三権全てを含んだコンセプトである）をヨコに 3 つに割ったものだが、それに対しいわば「タテの権力分立」と言ってもよいであろう。

　わが国の、山下・小幡・橋本教授のテキストも「タテの構造（国と地方）」と「ヨコの分立（立法・行政・司法）」と分けるが（山下＝小幡＝橋本、6-10 頁）、このようなアメリカ的理解に近づいていると言えそうである。事実、2000 年施行の地方自治法の改正では「機関委任事務」が廃止され、あらたに「法定受託事務」という新しいコンセプトに衣替えし、国から自治体への関与も事実上ゆるめられたり、その手続が整備されたりしたが（なお、関与の中でも許認可などには、行政手続法とほぼ同様の制度が置かれた〔自治法250条〕）、それもこのような流れの一つと考えてよい。

　なお、アメリカでは州は、先程述べたようにまさに「ステート（国）」である。そこで租税法も州ごとに異なっている。たとえば、オレゴン州では消費税（セールス・タックス）はないがそのかわり固定資産税が高いのに対し、隣のウォシントン州では消費税があるかわりに、固定資産税は低い。そこで州境には町ができる（ウォシントン州に家を買って、ふだんの買物はオレゴン州でする）。コロンビア川沿いのバンクーバーの町もこのような町である（ついでに述べれば、コロンビアとは「コロンブス」のこと、つまりアメリカのことである）。ところで、ついでにもう一つ言えば、オレゴン州民（オレゴニアン）は、ウォシントン州で買う時ドライバーズ・ライセンスを見せれば、消費税は免除されるが、これは州と州との条約（トリーティー）に基づく。キャリフォーニア州とはこの種の条約はないので、キャリフォーニアで買い物をした時には消費税を払うこととなる。このように、アメリカは、まさに「自治」と「分権」の国なのである。実は、その中で行政委員会という発想が出てきて、わが国にそれが継受された。

　なお、憲法との関係で、従来は、地方自治を「制度的保障」の理論で説明する傾向が強かったが、最近は「補完性の原則」で説明する考えが有力となってきている（たとえば、鈴木庸夫「政策法務と自治体改革の法原理－補完性の原則によせて」自治体学研究第 89 号 2 頁〔2004 年〕参照）。

伝統的な「行政組織法」を見る目　　さて、風営適正化法を直接に運用しているのは、都道府県公安委員会であり、この

ような行政委員会は、従来から「行政組織法」として位置づけられ説明されてきた（なお、現在のテキストの中で、行政組織法が最も充実している文献は、塩野・Ⅲ、4頁以下だが、塩野 宏名誉教授は公務員法・公物法と並んで「行政手段論」として行政組織法を位置づけている）。

ところで、最近のテキストでは、この「行政組織法」について、かなり問題意識が高くなってきていると考えてよいであろう。

たとえば、地方自治体の実際の活動は「行政」なのだから「行政組織」に置かれたが、むしろ国と一体として捉えると「統治主体」という側面を有するので「行政組織法の枠だけで理解することはできない」（山下＝小幡＝橋本、6-7頁）という指摘がなされている。

さらに、著者によれば行政手続法上の聴聞主宰者（19条）などは、伝統的な「官庁理論」ではどうも説明できないのではないかと考えている。

より根本的な問題に遡れば、行政組織法の捉え方に「歪み」が出てきている（石川・論点、38頁）というところをよく知っておかなければならない。その理由の一つのみを示せば、大臣・知事という行政庁が組織法上の中心だが、実際に、法律や条例を立案するのは、誰でも知っているように、行政組織法上の「補助機関」にあたる一般の事務職の公務員である（石川・論点、39頁）からと考えてよい（第37講）。

さらに、2001年の「部設置条例」で総合政策室をそのトップに位置づけ、旧条例でトップだった総務部をボトムに置いた岩手県の試み（その後、旧に復した）や、「政策推進システム」とのコンセプトを利用して組織を組み立てる三重県（笠谷 昇「三重県の組織マネジメントと勤務評価制度」地方公務員月報2002年7月号26頁以下）、さらに横須賀市の政策法務委員会（北村喜宣『自治力の発想』27頁以下〔信山社、2001年〕）など分権一括法後、政策型にその組織を改革する自治体が増加していることは注目される。

さらに、この組織を支える職員についても「政策法務」との関連が出てくる。鈴木庸夫名誉教授は「政策法務の3学派」という分類を提示されているが（鈴木庸夫・山口道昭・磯崎初仁・内山真義「政策法務の到達点―地方分権時代の政策法務を語る〈座談会〉」地方自治職員研修第434号21頁〔1999年〕）、木佐茂男名誉教授のアプローチを「研修学派」として分類されている。実は、このように、実際には、

補助機関にあたる人々が、実動部隊であるから、個々の法務能力を十分に上げておく必要から公務員の人々への「研修」を重視し、そこを通して実際の法運用や制度の改善につなげていく必要が考えられているからだと言ってよかろう（そこで、この関心は、職員中心型と言ってもよいであろう）。このように、現実の行政と理論とに差が生じているところに、多くの人々が行政法のテキストを見て、行政組織法が理解しづらいと感じる一つの原因がありそうである。

法律上設置される自治体の審査会 各地方自治体には、建築基準法に基づく建築審査会、都市計画法に基づく開発審査会、介護保険法に基づく介護保険審査会などが設置され、権力分立の一場面として一般には第三者機関とも呼ばれる。

これらの審査会は、従来から、行政不服審査法上の審査請求事件を扱う権限が与えられてきた。そこで、これらの審査会では、すでに第三者性を有しているから、2014年改正行政不服審査法で導入された審理員による審理という制度は適用されないとされるのが原則である（詳しくは、整備法で個別法律の改正をみる必要がある）。

なお、建築基準法のように、審査請求前置主義が廃止されたが国への審査請求や再審査請求は残り、裁決の拘束力からの裁定的関与が残ったものもある（裁定的関与に関連する判例として、いわゆるエコテック訴訟〔東京高判平成21年5月20日裁判所ウェブサイト〕がある。なおこの判例は改正法を適用しており、口頭弁論終結時説をとったとも読める。行政訴訟の違法判断の基準時は処分時説が通説だから、この点をどのように考えるべきか、考えてみてもよいだろう）。分権という点から、その合理性を検討してみてもよいであろう。

ともあれ次に、公安委員会をみてみよう。

都道府県と公安委員会 風営適正化法を見ると、関係法令として、国家公安委員会規則（施行規則）や旧総理府令（許可申請書類に関するもの）、政令（施行令）があり、大枠は、これらの国の法律および関係する法令で定められている。そして、そこでの府や委員会は国家行政組織法上の、いわゆる「3条機関」である。ただし、委員会は、法案提出や予算要求はできないことには注意しておこう（国家行政組織法11条、財政法20条）。

しかし、実際の風営適正化法の運用は、法3条にあるように「都道府県公安

委員会の許可」となっている。

　そこで、地方自治体の「行政」ではなく包括的意味での組織全体を見てみると、地方自治体は、行政庁（知事、委員会）、補助機関（公務員）、執行機関（警察官などの実力行使、法執行を実際になす者）、諮問機関（審議会など）、自主法を定立するための議会から成り立っている。もっとも、地方自治法は、知事、市長村長、委員会・委員を「執行機関」という名称で呼んでいる（地方自治法139条・180条の5）ように、このあたりの概念は、かなり錯綜している（詳しくは、石川・論点、36-49頁参照）。

　そして、「行政」という面に焦点をあてれば、地方公共団体（自治体）は、国や特殊法人と並んで、国民・住民（行政客体、私人）に対し「行政主体」と呼ばれることが多い（もっとも、これは、「権力行政」中心の見方であるとし、「行政体」とする学説もある。たとえば、芝池・総論、5頁；室井　力編『新現代行政法入門（2）』3頁〔法律文化社、2004年〕など）。

　そこで、都道府県公安委員会は、とりあえず、都道府県という行政主体の執行機関の一つと考えておこう。そして、地方自治法は、その中での行政委員会の「法定主義」をとる（138条の4）が、都道府県公安委員会についての規定は、第7章「執行機関」の第3節「委員会及び委員」の中の180条の9にその法律上の根拠を有している。

　そこで、具体的にこれを見てみよう（代表的参考文献として、古居儔治『現代地方自治全集4　地方公共団体の行政組織』230頁以下〔ぎょうせい、1977年〕参照）。

　ところで、そもそも、行政委員会を置く意味は、どこにあるのだろうか。

　およそ、「法」と「制度」との関係は、法を担う人間は、必ず誤ちを行う（つまり完全な人間はいない。この意味でも、自分だけが正しいと考えがちな人——けっこう多い——は自己啓発の意味で法律学の講義をよく聞いてみるのもよいであろう）という人間観に立っているといってよい。そこで、チェック制度を置くわけである。商法での株主代表訴訟などもそういう意味であり、憲法の権力分立制度もそのような法思想に基礎を置く。

　さて、地方自治法で言えば、有名な住民訴訟（アメリカの納税者訴訟にそのルーツがある）や、自治体の食糧費問題を発端に1997年改正で入れられた外部監査制度（弁護士、公認会計士と監査契約を結び監査を行う。現在の契約金は、ある県では約

2,000万円となっている)もそのような趣旨である。実は、アメリカ法より継受された「行政委員会」制度も、このようなチェック制度の一つとして理解しておいてよい。

さて、都道府県公安委員会は、以上のような意味から「公正・中立性」が重要である。委員は5人あるいは3人であり、任命前5年間に、警察や検察の職員でなかった者でその都道府県議会議員の被選挙権を有する者の中から知事が任命することとなっており、任期は3年である（警察法38〜41条）。なお、欠格条項などは条文で見てみよう。さて、当然のことながら、行政委員会の性格から、知事の指揮監督権は及ばない（これが及ぶ職を、一般に「知事部局」と呼んでいる）。そしてその権限は、都道府県警察の管理にあり、そのための規則制定権を有している。

もっとも最近は、2000年の新潟女性監禁事件をきっかけとして、同様の理念に立つ国家公安委員会については、事務局が警察庁に置かれていることなど、問題が提起されている。

なお一方で、最近では、公安委員会と一般行政（知事部局など）との連携プレーも多くなった。たとえば、ピッキング対策条例（たとえば、2002年大阪府条例）や、不法投棄対策での警察官の知事部局への出向・併任などである。

〈参考文献〉
　稲葉　馨『行政組織の法理論』弘文堂、1994年。
　塩野　宏『行政組織法の諸問題』有斐閣、1991年。
　塩野　宏『国と地方公共団体』有斐閣、1995年。
　藤田宙靖『行政組織法』有斐閣、2005年。
中央の行政組織の動向については、次の文献を見よ。
　石川敏行「中央省庁再編のゆくえ―行革関連法をふりかえる―（上）」書斎の窓第1・2号、32頁以下、2000年。
公務員法上の「出向」「併任」の法的仕組みについて、
　北村喜宣「警察官の派遣・出向と行政執行過程：産業廃棄物行政の最近の動向」『金子　宏先生古稀祝賀　公法学の法と政策（下）』601頁以下、有斐閣、2000年。
　中島正博「産業廃棄物の不法処理防止のための『市町村職員を県職員として併任』の事例を考える」住民と自治2001年11月号32頁以下。
エコテック訴訟については、
　田村「廃棄物処理法と行政争訟での違法判断の基準時―エコテック訴訟をめぐ

って」明治学院大学法律科学研究所年報第30号、2014年。

Café de 自治体 2

【スタッフ制】

　役所の窓口で、ある課には、たくさんの市民が並んでいるのに、隣の課はガラガラで職員が手持ちぶさたにしているという場合がある。こうした組織の縦割りや臨機応変に手伝おうとしない仕事ぶりが、お役所仕事の典型として、しばしば批判される。

　ただ、どんなことにもわけがあるから、こうした対応になるのも、それなりの理由はある。

　この場合は、役所の仕事は、法的な責任がついてくるから、スーパーマーケットで商品を売るようには、簡単に手伝うことができないというのがその理由である。

　だったら「そのくらいの商品知識は身につけたら」といわれると、反論はできないから、さほど説得力のある理由ではないようである。それに、増えない人と増え続ける仕事を何とか打開する方策を探さないと、自分たちがパンクしてしまうという事情から、組織の縦割りを越える取り組みが試みられている。

　そのひとつがスタッフ制である。スタッフ制とは、係制のように係長がいて、その下に係員がいるという体制をとらずに、係長・係員をスタッフとするもので、これによって組織の縦割りを排して、人や仕事の流動化を図るものである。係制をそのままに「お互い助けあいましょう」といっても、実践するのがむずかしいから、いわば、形から入ろうというものである。

　このスタッフ制は、全体にはメリットが多いが、ただ相当周到に作らないと、形だけで実質的には係制と同じということになってしまう。

　いまから20年近く前、わが都市にもスタッフ制を導入しようと考えた行政管理セクションが、自ら範を示す意味でスタッフ制を導入した。

　しかし、これは外から見ると、何をやっている組織なのかわかりにくいことおびただしい。誰が機構担当で、誰が行政改革担当なのかわからず、○○担当は誰だっけという問答を何度かくり返すことになった。

　スタッフ制のむずかしいところは、主査同士で仕事の取り合いと押し付け合いになることである。仕事にはグレーゾーンがあるから、お互いにつっぱると、あっちだこっちだという議論をくり返すことになる。だったら明確に線引きしようということになって、係制と変わらない。

　同様に、優秀な職員の取り合いになる。ひっぱりだこにあった彼は、一人でオーバーワークになってしまう。

　つまらないことであるが、意外とむずかしいのが机の配置である。人数が多

いとシマを作って机の配置をすることになる。その結果、そのシマごとにメンバーが固定してしまって、実質的に係制と同じようになってしまうのである。形から入ろうとして形から崩れてしまう例である。

　私はスタッフ制の組織で育ってきたが、よいメンバーに恵まれてきた。怠け者の私には、切磋磨効果があるスタッフ制が向いているようだ。

第 10 講

行 政 指 導

先生 できれば外国の法を知ることも必要だ。最近、ボクは、山田信彦『スペイン法の歴史』（彩流社、1992年）を読んでとても興味をひかれました。

マリちゃん 先生！ 去年の秋スペインへ行ったんですけどパエリア以外にもいろいろな食物があるんですね。バルセロナでパン・コン・トマテと一緒に食べたルヴァリョっていうキノコのソテー、日本にはないとってもいい味でした。セビーリャのガスパッチョというスープも忘れられません！

先生 マリちゃん……。ルヴァリョっていうのはハツタケのことだよ。日本にもむかしからあるのです。ボクも子供の頃からよく取ってハツタケごはんなどにして食べています。山の西側の斜面の松の木、しかも小松の下の風通しのいいところに生えてくるんだ。キノコ類の中でも一番早く出てくるので「ハツタケ」というんだよ。

マコト君 ハツタケなんてデパートやスーパーで見たことないなぁ～。

先生 今の社会では、自然に直接ふれることが本当になくなったようだね。デパートに並んでいるものだけが見えるのではこまりますよ。だいたい、デパートやスーパーで「シメジ」と言っているもののほとんどはヒラタケなんですよ。でも法律の世界にも同じようなことはある。逆に日本独自の手法だと言われたものが、外国にも実は存在していたといったことですね。もちろんマリちゃんには悪いのですがルヴァリョの例のように、日本にはすでに存在する現象を、外国で論じられると何か新しいもののように紹介したりということもあります。どちらも、いけないことのように思います。実は、今日取り上げる行政指導についても同じようなことが言えるんだ。さらに、本シメジかヒラタケか、何となく「指示」は「指導」か「処分」かといった議論を連想したり……。

マリちゃん でも、先生がスペインのキノコに詳しいなんてびっくりしました。

先生 そうかな。まあ、ルヴァリョについて見てみたければ、東 理夫・菅原千代志『スペインは味な国』40頁（新潮社、1992年）を見てください。キノコ大国ハンガリーに行ったときも、Ízletes rizike Lactarius deliciosus とブタペストの市場の見本でも表示されていました。ついでに言えば、ボクはスペイン料理がとても好きですが、日曜日など、渡辺万里『スペインの竈から』（柴田書店、1994年）を参考に、オリーブオイルを片手に料理に挑戦したりもしてるんだよ。

マコト君 へえ～。そうだったのか……。

講義ノート

行政指導は日本独自の手法なのか

　かつて、行政指導という行政手法ないし、行為形式は、わが国独特のものであると否定的・批判的に捉えられてきた。すなわち、法律・条例の実体法上・作用法上の根拠もなく行われるし、それは法律・条例によらず暗黙のうちになされるというわが国の風土によった反法治主義的なものだという考えであったと言ってよいであろう（たとえば、広岡・総論、161頁）。

　しかし、最近では、行政指導は何もわが国独特のものではないと言われている。この分野で最も代表的な研究をなしたのは大橋洋一教授だが、大橋教授のフィールドワークによれば、そのベースとされるドイツ法にも行政指導はあるとされる（大橋洋一『現代行政の行為形式論』109頁以下〔弘文堂、1993年〕：同『行政法学の構造的変革』〔有斐閣、1996年〕参照）。

　なお、ここで少し横道にそれるのかもしれないが、大橋教授の研究方法に、一言、言及しておくこととする。それは、はじめて行政法を学ぶ人々にも参考になると考えるからである。

　すなわち、従来のわが国の法律学の典型的な研究のスタイルは、少し言いすぎかもしれないがいわば文献型であるとイメージしてみればよいであろう。そして、このことは特に比較法の分野で著しい現象であったと言える。極論すると、対象国をほとんど訪問したことがないのに外国法の論文が書かれることがけっこう多い。そうではないにしても、対象国での文献中心主義はかなりの滞在経験のある者の中にも多く見られるのである。

　さて、ここから生じるのは、外国の文献で言及されるとわが国にも紹介されるという現象であろう。最近の例で述べれば、行政（政府）が、犯罪や企業の行為から広い意味での社会的弱者を保護することを当然の前提として考え、それがアメリカではすでに具体的制度になっていたり、行政法でも、阿部泰隆名誉教授の「三面的利害調整モデル」（阿部・システム〔上〕、37頁）として指摘されているようにすでに具体的手法や行為形式が問題とされているのに、ドイツ憲法論で論じられはじめたということで国の「基本権の保護義務」論が論じられたりしたのはそのいい例ではないかと思われる（そこで、本書のように具体的な

手法や行為形式を探ろうとする場合はこの種のドイツ法の一部のみをベースにした文献はもはや引用しないこととしたい。その理由は、田村「Civil RICO 訴訟とそのジュリスディクションの分析」法学新報第106巻第3・4号、注（7）参照）。すなわち、実際の法の運用や行政の実態を無視したいわば概念的な研究方法となってきたと評価せざるを得ない面があった。

しかし、大橋教授の研究方法は、むしろ実際の行政の現場に入りインタビュー方式なども利用して現実の行政やその法運用から考えようとするところにそのすぐれた特徴があり、筆者もそれは正しい方法だと考えている。そこで、「行政学との対話」が、そのような意味から強調されたりもするわけである。このような最近の概念論・文献学的手法から離れた研究方法は、阿部名誉教授を中心とする政策法務論と同様な方向となる。ただ、大橋教授と阿部名誉教授の方法論的相違は、外国法の実態分析をベースとしたうえでわが国の問題に入るのか、それよりは現代のわが国の実状や研究者の負担の面からすぐにわが国の問題に入るべきかという相違であるととりあえずは見てよいであろう（この点に関する比較方法論についての著者の見解は、いわば「書評論文」たる、田村「葉陵陵著『中国行政訴訟制度の特質』〔中央大学出版部、1998年〕」法学新報第106巻第3・4号〔2000年〕275頁以下を参照されたい）。

ともあれ、現代の研究手法は、以上のように実体的・動態的に実際の行政の動きを検討したうえで法理論や手法を考えるという方向になり、はじめて行政法を勉強しようとする人々もこのような関心を持って勉強すべきであろう。

少し、横道に長く入りすぎたようだが、本論にもどれば、現在の行政を実体的、動態的に見た研究成果からは、行政指導やこれに近い手法は、どこの国にも見られるので、この手法や行為形式は、決して日本独特のものではないことを、しっかりと把握しておこう。

それでは、その主要な理由はどこに求められるのだろうか。それは、阿部名誉教授の指摘をお借りすれば、行政の守備範囲が広がっているからにほかならない。以下、よりていねいにこの点を沿革も含めて見てみよう。

法定行政指導と法律・条例に規定のない行政指導

行政指導には、空家対策特別措置法（助言→勧告→処分→行政代執行を、「特定空家」に対する仕組みとしている）のように法律・条例が規

定している法定行政指導と、一方で、ゴミ屋敷に対して行っているような法律・条例に規定のない場合に行う行政指導がある。以下、後者を中心に見てみることにしよう。なお、行政指導は、処分とは異なり従うか従わないのかは、相手方の任意の協力による（行政手続法32条、たとえば、最〔2小〕判昭和59年2月24日刑集38巻4号1287頁、百選Ⅰ96事件）。すなわち、行政からの助言や情報提供である。そこで、相手方の任意性が担保されなければ違法となる（最〔1小〕判平成5年2月18日民集47巻2号574頁、百選Ⅰ98事件）。なお、教科書検定における改善意見には違法性はないという最（3小）判平成9年8月29日民集51巻7号2921頁、百選Ⅰ97事件がある。

行政指導の沿革と行政手法・行為形式としての必要性　「近代法」では、すでに本書ガイダンス講義・第1講で説明したように、行政は制限思想により社会にとって必要最低限の秩序維持行政のみを行うものとされ、それ以外の社会に適用される法は（そこで、ドイツ法では「国家」と「社会」として論じられる。この点についての代表的研究として、工藤達郎「憲法学における『国家』と『社会』」法学新報第91巻第8・9・10号〔1985年〕参照）、契約自由・私的自治を基礎とする民事法で考えることになる（なおこの意味では、刑事法も最低限の秩序という点で、そのよって立つ哲学は行政法と同じであった）。

ところで、行政は、社会にとって必要最低限の秩序維持のみ行うが、それは何が最低限のそれかは国民の代表機関である議会が法律という形で書く（行政作用法、行政行為論）し、そこで書かれていること以外には行政は何もしてはならない（「法律による行政の原理」、刑事法ではこれが「罪刑法定主義」となるし、行政法では、裁量を要件で統制しようとの理解になるし、刑法では「構成要件論」となる）。このような純近代法的考えでは、社会にとって最低限のことは、その社会を構成する人々なら誰でも知っているので、その代表者たる議会で全て書き尽くせるということとなろうし、要は最低限の秩序が乱れた後しまつを行政は事後的になせばよいこととなる（「法治主義」の各国での展開とそれぞれその特質については、小早川・上、15頁以下を参照されたい）。

しかし、行政の守備範囲が広がり、将来を見すえるといわば「かゆい所に手のとどく行政」あるいはアメリカ的な「パレンツ・パトリエ（国親思想）」から

すれば、たとえば両親の役割は無定量なので全て箇条書にできないように、行政のなすべきことも同様に全て書けないこととなろう（実は、刑法でも、これは古典的な罪刑法定主義のいわば「ゆらぎ」として生じる。それはたとえば食品衛生法上の「有害な物質」との規定は不明確ではないとする最〔1小〕判平成10年7月10日判タ983号186頁を見ればよいが、この点を取り上げる最近の文献として、前田雅英『刑法総論講義〔第3版〕』78頁以下〔東京大学出版会、1998年〕。判例評釈として渥美東洋・判例評論第461号68頁〔1995年〕；飯田善信・ジュリスト第1150号107頁〔1999年〕を参照）。

　そこで、この行政指導の沿革を見てみよう。よく知られるように、行政指導は、いわゆるオイル・ショックにより多くの人々に意識されるようになったと言ってよいであろう。この出来事では、都市生活に絶対に欠かすことのできないトイレット・ペーパーや粉セッケンのいわば「売りおしみ」が問題とされた。当時、このような事態に対応する法令はなかったわけである。そこで、この種の業者に指導という形で強力に働きかけることとなったというものだった。ここで、留意しなければならないことの一つは、このようにこの手法が消費者保護行政でなされたということであり、それゆえこの手法の必要性が認識され易かったと考えてよさそうである。

　しかし、その後、産業への規制手法の一つとして（ただし、公害規制のエリアで法律が処分を予定しているのに行政指導を前置するのは、行政の対応を遅らせるとの指摘がある。芝池・総論、256頁）利用されたりもしたので（この点、大山耕輔『行政指導の政治経済学―産業政策の形成と実施』〔有斐閣、1996年〕参照）、たとえば、金融機関ではこれに対応するため、いわゆる「MOF担」（この点、新藤宗幸『行政指導』〔岩波新書、1992年〕参照）と言われる役職も生じ、それゆえに、法律に規定されないアンダー・グラウンドなところで勝負するといった点で、反法治主義的手法とも批判されることとなってゆく（このような点から、この手法の濫用の防止は、あたりまえだが考えるべきである）。その中で、法律学の世界でも、アメリカの辞書にも "Gyosei-Shido" として載っているように日本独特のものだとの、今から見ると感情論的批判も生じることとなる。

　ついでに述べておけば、このような感情論には、当然のことながら根拠はうすい。そもそも欧米の言語はラテン語中心に発達した（そこで現在はアメリカ法でも、ラテン語の言葉を多く残している。たとえば、ブラックの『ロー・ディクショナリー第

7版』で、先ほどのパレンツ・パトリエ——Parents Patriae を引くと Latin つまりラテン語であることとし、政府のアターニー・ジェネラルが行政聴聞でも保護者［Protection］として行為することなどが例として引かれている。*See Black' Law Dictionary*, 7th ed. at 1137）。

　そこで、現在でもある程度ラテン語の知識は必要だが、興味のある人は、たとえば、柴田光蔵『増補法学ラテン語綱要』（玄文社、1983年）、同『法律ラテン語辞典』（日本評論社、1995年）を参考にしてみるとよい。さて、全ての道はローマに続くと言われた（なお、「ロマンチック街道」は「ローマへの道」ということである）。この当時、英語はラテン世界から見ると遠い北方の島国で使われている辺境の言語であったが、これは言語学的にも別系統に属するうえにそこは辺境の地ゆえ、ボキャブラリーは十分であったとは言えないようであるし、文法もラフだった（このことが、今では幸いしラフゆえに多くのところで使われるようになったが、逆にラテン語に近いフランス・イタリア・スペイン語は語尾変化や冠詞が複雑で、皆さんが大学に入って勉強する時、困難を感じるようである）。

　そこで、現象はあったとしても適切な単語がないので多くの外国の単語をフレキシブルに入れることとなるとイメージすればよい（たとえば、食堂を表す Coisine は料理を意味するフランス語の Cuisine から——玉村豊男『パリ旅の雑学ノート2冊目』90頁（新潮文庫、1983年）——City はパリのシテ島から、木の机の意味だったイタリア語のバンコは金銭は木の机をはさんで取引したのでバンクにという具合である）。法律学でもジャッジとマジストレートという裁判官を意味する言葉はジュジュ・マジストラーというフランス語から入ったが、昔のイギリスではロー・フレンチといって、判決書はフランス語で書かれていた。

　このように、現象はあってもそれに相当する英語がない場合、どんどん取り入れるというのが英語の一つの特徴であるし、これは現在でも変わりはない（たとえば、アメリカを旅行すると、レストランでは「テンプラ」——ただしケチャップがぬられてくることもあるので注意！——ファースト・フードでは「テリヤキ」、「いじめ」は俗語で「ハンチョウ」〔軍隊の内務班の班長から入ったらしい〕、オレゴン・コーストでよく見かけるが最近は「ボンサイ」〔盆栽〕、子供たちの間では「ニンジャ」や「ポケモン」と日本語もたくさん入っている）。実は Gyosei-Shido も、アメリカにないのではなく、それを表す適切な言葉が、当時はなかったということであろうから、その言葉をもって日本独特の手法という証拠にはならないと思われる（なお、これは著者

の想像だが、日米間でのタイム・ラグはあったであろう。開拓の国アメリカは、その伝統から「人に頼らない」という感覚が強いので、手をさしのべるという考えが最後の最後に出るのに対し、「人に頼る」ことがあたりまえの〔？〕わが国では、比較的早く認知されたとも言えようか。グチを言わせてもらえば、大学でも「やってくれない」「教えてくれなかった」という学生が非常に多いような気がする）。

　ムダ話が長くなったが、行政指導は、今ではどこの国にもあるということとなると、そこにはもっと異なった存在理由があるはずである。それは、現代の社会では、問題が生じればすぐ行政としては対応しなければならない（近代法的民事法でいう個人の「責任主義」を貫徹することはできない）が、それは多面的・複雑社会、三面的利害調整モデルからは当然の要請となる。そこで、国家賠償法をベースに提起されるいわゆる「規制権限不行使訴訟」でも、行政指導をしていたのかどうかが判断のキー・ポイントになる場合が出てきているわけなのである。

　なお、大橋教授は、「中央省庁主導型」と「自治体主導型」に行政指導の類別を指摘している（大橋・Ⅰ、旧版395頁）。このことは、自治法での「役割分担規定（1条の2）」上、身のまわりの政策事項を多く自治体が担う時代、たとえば「護送船団方式」が主に国の行政指導への批判であったことなど考えれば、自治体はむしろ積極的に、行政指導を利用する必要を導き出す点で、きわめて重要な指摘と言えよう（千葉県行政手続条例35条参照）。

最高裁判所の建築確認の留保の判決を見てみよう　以上のように、現代の複雑・多面的法律関係や社会、三面的利害調整モデルの中では、たとえば消費者保護行政のような分野で、行政指導はどうしても必要な行為形式あるいは手法として位置づけられるが、それを認めた判例が、最（3小）判昭和60年7月16日民集39巻5号989頁である。このケースはマンション建築主と付近住民の紛争という事実であった。さて、次頁のような図から理解できるように、行政は確認を留保しつつ行政指導をすることとなるが、確認は、建物の安全性という警察許可（この概念については小早川・上、196頁以下が、他の許可性との相違に留意しつつ説明されている）と一応解し得るので（塩野　宏名誉教授も、民間建築主事につき「公権力行使の委任」〔同『法治主義の諸相』98-99頁〈有斐閣、2001年〉〕とするので「許可」と捉えていると考えてよいであ

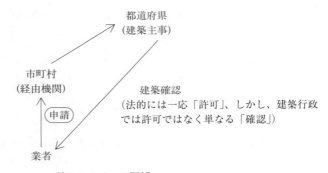

法のシステムの図解
（なお、市、特別区などの建築主事が行政庁となる場合もある）

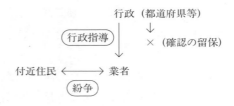

ろう。参考判例、最〔2小〕決平成17年6月24日判時1904号69頁）、本来は、建築基準法等の要件さえ充足していれば必ず出さなければならない（この点、飲食店への営業許可や自動車の運転免許と同じである）が、それを留保したので、争いとなるわけである（逆に、行政としては確認を与えてしまえば、建築に入れるので耳を貸してもらえないという判断となる）。最高裁は、ある程度の行政指導を許容したうえで、相手方が「真摯かつ明確に拒否の意思」を示した場合、それ以上の行政指導は違法になると判示した。

　さて逆に、この判断は、限界を「真摯かつ明確」に求めたうえで留保というある程度のパワーをもって指導をすることを許容したのだとも言えよう。実は、これはいわゆる「時の裁量」（この点、塩野・Ⅰ、145頁以下）とも考えてよさそうである。そしてこのケースは、いわば三面的利害調整モデルとでも呼ぶべき、現在の行政を取りまく法関係をよく表しているとも言えるわけである。たとえば最近のテキストの一つはこのことを「現代社会では利害関係が錯綜してきているために、行政は、画一的なルールである法律を形式的に適用してゆくこと

では問題に適切に対処しきれず、場合に応じて弾力的に多元的な利益の微調整をはかっていかなければならなくなってきている。行政指導であれば、柔軟な対応をとることが可能」（山下＝小幡＝橋本、150-151 頁）と述べている。

なお、最（2 小）判昭和 57 年 4 月 23 日民集 36 巻 4 号 727 頁は、区の認定留保が約 5 ヶ月間に及ぶものだったが、国家賠償法上の違法性が否定されている。このケースでは事業者も話し合いによる解決を希望した点が注目され、三面関係での行政の役割を考えてみるのにいい材料となるように思われる。

このことは、たとえば、薬事法では製品回収命令が可能だが、まずソフトな手法としての行政指導でやってみる場合、科学的に確実とは言えないまでも、住民が不安をおぼえるような場合にも処分はできないが、まず指導なら可能といった例を考えてみれば理解し易い。そして、このような方法は、最近の行政「手法選択論」（第 11 講参照）からも基礎づけることが可能となる。また、これを法理論の側面の基礎づけとして「比例原則」から説明する文献（芝池・総論、256 頁）もある。

行政指導の類型と法的根拠　以上のように、行政指導の必要性は大なり小なり認められると考えるべきだが、それでは、行政指導の定義はどのようになっているのだろうか。

行政手続法 2 条 6 号では「行政機関がその任務又は所掌事務の範囲内において一定の行政目的を実現するため特定の者に一定の作為又は不作為を求める指導、勧告、助言その他の行為であって処分に該当しないものをいう」とし、それゆえに 32 条はこの手法や行為形式においては「あくまでも相手方の任意の協力によって実現される」と規定している。

そこで、内容的には行政指導の指導内容に近い「指示処分」（たとえば、違反事実を指示し、業務の改善を求める処分）とは異なり、法令上の強要（この言葉は法令上義務づけることをいうのに対し「強制」とは物理力をもってのぞむことをいうことに注意）はない。そして、この手法のそのような位置づけないし定義は、ほぼ行政手続法制定前からの学説の理解を引きついだものと考えてよいであろう（たとえば、塩野・Ⅰ、220 頁；芝池・総論、250 頁；原田・要論、198-199 頁；広岡・総論、159 頁）。

そして、その類型は、代表的・一般的分類として塩野名誉教授の分類（塩野・Ⅰ、221-222 頁）を借りれば、規制的行政指導・助成的行政指導・調整的行政指

導に分けられている（なお、石川・論点、165 頁）。

　ところで、最近の学説上の重要な問題の一つに、この行政指導という手法ないし行為形式の位置づけの問題があるようである。芝池義一名誉教授は、これを「非権力的補助的な行政活動」（芝池・総論、はしがき、旧版 253 頁）とされる。しかし、特に調整的指導のような場合、たとえば最近大都市で問題となっているゴミを自宅にためこみ近隣住民とトラブルが発生する例など、自治体の行政での手法の選択としては、必ずしもこの手法が補助的位置づけのみにとどまるとは考えにくい場合もあり得るのではないかと思われてならない。

　さて、次に、行政指導の法的根拠については、学説では錯綜した状況にあると言ってよい。なお、ここでの法的根拠とは主に実体法を指していることを忘れてはならない。先程の、類型の三分類をベースに、仮に整理を試みてみよう（詳しくは、石川・論点、165-166 頁）。

　まず、組織法上の根拠は、組織法がその行政組織の責務の範囲を定めていると考えられるので（行政機関の行為の限界）、これは必要であり（塩野・Ⅰ、228-229 頁）、この点は当然のこととして問題はないであろうが、限界を画するとの意味ではそれをいわば実体法的な意味での根拠とストレートに言えるのかどうか（そこで本書でも「主に実体法上の」と述べたわけである）、多少迷いをおぼえるようにも思われる（そこで、石川敏行元教授の分類での不用説が登場しそうでもあるし〔石川・論点、165 頁〕、そうであるとすれば不用説でも組織法上の限界は、これまた当然に考えられることとなる）。

　次に、助成的・調整的指導については、おおむね例外的な学説（いわゆる全部留保説的学説）をのぞいては不用とする考えが多い。そして最後に、規制的指導については、必要な場合と不要な場合（塩野・Ⅰ、222-226 頁；芝池・総論、256 頁以下）に整理できそうである。

行政指導と行政の実効性確保手法　　さて、行政指導であっても、ただ助言や勧告のしっぱなしというのでは、それが公的目的でなされる限り、多面的・複雑社会や三面的利害調整モデルで行政法を理解した場合では、問題であろう。そして、それを「事実上の強制」（山内一夫『行政法』166 頁〔第一法規、1985 年〕参照）と解するのかどうかはともかくとして、全く行政にその実効性確保手法がないと考えることには無理がある。

ところで、そこで法律上問題となるのが、行政手続法32条2項、すなわち「相手方が行政指導に従わなかったことを理由として、不利益な取扱いをしてはならない」という不利益取扱い禁止条項との関係である。

さて、最高裁判所は、先に見た、建築確認の留保のケース（前掲昭和60年判決）で、留保あるいは、いわゆる時の裁量的意味でのパワーを限定的にしろ認めているわけである。そして、この不利益取扱いの禁止も、少しむずかしいかもしれないが刑事訴訟法での中間的任意概念と同様に、全くのパワーを否定する、国語辞書的意味での不利益ではないこととなろう。

そこで、一般論としては、情報提供といった意味での「公表」などは許容されることとなる。

しかし、現在までの判例に現われたケースから拾うと、宅地開発指導要綱を遵守させるための給水拒否が争われた、いわゆる武蔵野マンション事件（最〔2小〕決平成元年11月8日判時1328号16頁、百選Ⅰ 92事件）、指導要綱での教育施設負担金納付（最〔1小〕判平成5年2月18日民集47巻2号574頁、百選Ⅰ 98事件）で見るようにこれらの担保手法は許されないとされている。

行政指導とその方法　　さて、行政指導については、その濫用を防止する目的で、手続的規律が有効だと考えられる。

そこで、1993年の行政手続法は、その35条で、行政指導の方式について定め、相手方に対し、指導の趣旨および内容ならびに責任者を明確に示してなすこと、もし相手方がこれを文書にしてほしいと申し出た場合には（文書交付請求権）、行政上特別の支障がない限り文書にすべきことを定めている。ただ、実務では、実際、文書交付請求が行われることは、それ程多くはない。その理由は、文書で出させても、指導内容の変更がほぼ考えられないからであろう。逆に行政サイドとしては、行政の明確な意思を相手方に示す場合、たとえば行政指導→指示処分→代執行のようなフローで進む場合は、求められなくとも文書で指導を行うことが多い（代執行に至る段階での証拠を残しておく意味も持っている。なお、このような場合、3回程度は、文書での行政指導を行う場合が多い。つまり代執行に対する訴訟提起がその戒告などに対してなされた場合の備えなのである）。手続法理の根本的理念は notice and hearing なので、行政側の理解を十分に明確にするという点で設けられたと考えればよい。

なお行政手続法34条では、行政指導をなすにあたって、ことさら処分権限を行使し得ることを示してはならないと定めているが、これは、相手方の任意の協力という行政指導の法的性格から導き出される。

また、複数の者を対象とする場合、法36条は「行政指導指針」を定めて行うべきことを定めている。千葉県の手続条例34条のように自治体の条例でも同様の規定を置いている。なお、この指針は、行政立法であり、行続法38条（自治体で同様の規定を置く場合、たとえば、千葉県37条も同じ）でパブリック・コメントの対象となりうるが、要綱行政がその典型とされる（稲葉 馨・人見 剛・村上裕章・前田雅子『行政法〔第4版〕』128-129頁〔有斐閣、2018年〕）。

ところで、ここで問題となるのは、地方自治体の行政手続条例での特別の規定の存在であろう（この点、宇賀克也『自治体行政手続の改革』〔ぎょうせい、1996年〕；出口裕明『行政手続条例運用の実務』〔学陽書房、1996年〕参照）。

まず、いわゆる「継続規定」がある（京都府条例32条2項など）。そこでは、公益上の必要を理由に「継続が可能」であると規定する。このことは、最高裁判所の建築確認留保事件での「真摯かつ明確な拒否」との限定と矛盾しそうでもあるが、最高裁判所の判決が、例外を全く許容しない趣旨ではないと考えて整合性を保つこととなろう。このような規定を自治体の条例が有する理由は、三面的利害調整モデルや多面的・複雑関係の中ではどうしても住民保護の必要上、業者などに対して自治体は、かなり強く働きかける必要があるからだと考えられる。

それは、同じく自治体条例が、いわゆる「解釈規定」（たとえば、千葉県条例35条）、「公益上必要な行政指導を妨げるものと解してはならない」としていることからもうかがえる。

以上のように自治体にあって、行政指導は、より積極的な行政手法・行為形式として位置づけられている（そこで、すでに述べた芝池名誉教授の補助的位置づけ〔芝池・総論、旧版224、250頁〕に疑問が生じるわけである）。そこで、神奈川県条例35条のように、行政指導に対する苦情処理規定を有する自治体もあるわけである。

さらに、東京都消費者保護条例のように勧告にさいして、意見聴取規定を有するような場合もある。

なお自治体の職員は、処分とは異なり、国の法律ではなく全てその所属自治体の手続条例に従って指導を行うこととなる（行政手続法38条）。
　最後に、「勧告」という行政指導を意味する文言であっても、実際の効果から「処分」と解される場合がある（医療法30条の7の「中止勧告」を「処分」だと解した判例として最〔2小〕判平成17年7月15日民集59巻6号1661頁、百選Ⅱ160事件）。
　念のため、行政実務上の留意点について、一言、述べておこう。公務員の方へのヒアリングによると、あえて行政のミスを誘うため、人事異動後の4月に行政指導を求めてくる者がいると言われる。行政手続をきちんと身につけておくと同時に情報の共有等が必要と、現場では言われているという。

風営適正化法と行政指導　風営適正化法では、届出制をとっている。このことは、阿部名誉教授も指摘しているように、許可制をとって、結果としてたとえばソープランドなどの営業を公的に承認することとはしたくない（阿部・システム〔上〕、81頁）という当局の姿勢の現れなのであろう。届出手法は、本書第19講でも分析するように、それは業者を把握するためなので、把握した後に、積極的に行政指導が利用できそうである。
　さらにもう一つ、風営適正化法では、従来から「指示」（風営適正化法25条）が定められ、それは「風俗営業者に対し、善良の風俗若しくは清浄の風俗環境を害する行為又は少年の健全な育成に障害を及ぼす行為を防止するため必要な指示をすることができる」と規定している。ところで、この規定について、浜川 清名誉教授の重要な指摘がある。少し長いがそのまま引用すると、

　「実際には、法定の不利益取扱いが行政指導の後にあるというのは、実はそれは行政指導ではない可能性がある、むしろそう考えておいたほうがいいと思います。たとえば風営適正化法……（略）……の指示がそうだと思うのです。指示だけを見ると、何も別に罰則規定もないわけで、単なる行政指導と見えますが、指示違反に対しては命令が出せますから（25条・26条）。そうすると、そういうサンクションを用意している勧告はもはや行政指導ではないのではないか」（小早川光郎編『ジュリスト増刊行政手続法逐条研究』270頁〔有斐閣、1996年〕での発言）

との指摘である。著者も、この浜川名誉教授の指摘と同様に多くの法律・条例で取られている指示は、まさに実務的に言われているように「指示処分」であ

る（本書第16講参照）と考えている。なお、指示と処分との関係は、生活保護法上の指導・指示への不服従に対し給付の停廃（生活保護法62条3項）が争われた裁判例、秋田地判平成5年4月23日訟月40巻2号332頁（これに行政指導との関係でふれる、石川・論点、166頁参照）も参考に見てみるとよかろう。

　なお、処分かどうかという点は、国家賠償訴訟はともかく（ここでは、「公権力の行使」として「非権力作用」もそれに含まれ争えるとする「広義説」が判例の立場だと解されるので、行政指導もこれにあたることには特に問題はないであろう、第25講参照。なお、風俗営業開設許可に関し、警察官が誤って行った行政指導について国家賠償を許容したケースとして、すぐ後に示す京都地判平成12年2月24日判時1717号112頁が参考となろう）、行政事件訴訟法上、訴訟ルートに乗ることになるのかどうかという問題につながることとなろう。

　なお、本講では図で建築基準法6条での「確認」を「許可」として説明した。しかし、古い裁判例（山口地裁岩国支判昭和36年2月20日下民集12巻2号320頁）は、準法律行為的行政行為としての「確認」としており、実務書によれば建設大臣の裁決（1971年6月24日）も同様に解しているという（建設省住宅局『建築基準法質疑応答集』583-585頁〔加除式なので出版年を掲記できない〕参照）。しかし、時の裁量や、違法建築に対する差止（建築基準法6条5項）、建築確認時に法42条2項道路の指定も確認され（いわゆる「セット・バック」をしなければならない。セット・バックとのコンセプトについては木佐茂男編『自治体法務入門〔第2版〕』241頁〔ぎょうせい、2000年〕参照）、実際に財産権への影響があることなどを考えれば、「許可」と解することが合理的であると考える（「許可」とする代表的な見解は、下山瑛二・判時第590号判例評論、120頁）。また、許可とすることは、処分性を実際の効果に着目して判断する最高裁判所の判例理論とも整合性を有することともなろう。

　なお、関連する争点として、行政指導の実効性を担保する目的での給水拒否への損害賠償請求と負担金の強要を国家賠償で争う場合、前者は契約という民事関係、後者は公権力性ゆえ、現在の判例理論をベースとすると公務員の個人責任につき民法709条との関係で相違が生じる（関哲夫『判例セミナー行政法』14-15頁〔酒井書店、2002年〕）。その相違とそれを導く法理論の相違を考えてみてほしい。

　また、要綱の適用を不当に回避しようとしたパチンコ業者に対し、一定期間

の建築確認留保が違法ではないとされたケースとして、横浜地判平成10年9月30日判例地方自治185号86頁がある（北村喜宣『自治体環境行政法〔第5版〕』54頁〔第一法規、2009年〕参照）。

加えて、風営適正化法と行政指導については、次のような裁判例がある。それは、京都地判平成12年2月24日判時1717号112頁である。

事実は、風営適正化法で許可を得て、まあじゃん店営業を予定していた原告が、法令上許可が得られないケースであったにもかかわらず、所轄警察署から、許可が可能との行政指導を受け、それを信じ、建物の改築に着工し、無駄な支出をさせられたというものだった。

判決は、国家賠償法上の違法を認め、360万円の支払いを命じた。

判旨は、次のように述べている。すなわち「行政上の各種の申請において……（略）……事前相談は、一般に法的根拠があるものでなく、事実上の行政サービスとしてなされているものと考えられるが、行政の申請受理権限を背景としてなされるものであるから、国家賠償法1条にいう『公権力の行使』に当たる……（略）……事前相談において公務員からなされる情報提供ないし教示は、申請受理権限を背景としているため、一般私人によってなされる場合と異なり、相談者は特段の事情のない限り提供された情報を信用し、その教示内容に従って行動するのが一般であるから、事前相談にあたる公務員としては、関係法令等の調査を十分行い、誤った情報を提供したり、誤った教示をしてはならない注意義務を負っているというべきであり、その注意義務に違反して誤った情報提供や教示をしたことによって、これを信用した相談者に損害を与えた場合には、国または公共団体は、その損害を賠償する責任がある」と判示した。

この判決はいわば、「信頼保護の法理」によっていると考えてよいが、「アカウンタビリティー」（第2講）から説明することも可能であろう。そうであるとすれば、行政の違法性の本体を訴訟で攻め切れない可能性がある場合、原告側ロイヤーとしては、説明責任という武器で戦うことも、国賠訴訟での戦い方の一つであろう。つまり、予備的・選択的主張の利用と考えてよい。

なお、最後に、行政指導についても2004年改正の行訴法の下では、当事者訴訟の「公法上の法律関係に関する確認の訴」で争いうる可能性があると考えられる。

また、最（2小）判平成17年7月15日民集59巻6号1661頁、百選Ⅱ 160事件は医療法30条の7に基づく病院中止勧告について、これに従わない場合、健康保険法上、保険医療機関の指定を受けられないことを主要な理由として、勧告に訴訟法上の処分性を認めている。

　加えて、行政不服審査法の改正案検討作業でも、同法改正で行政指導もその対象とする可能性が検討されていることが報じられた（読売新聞2006年4月15日夕刊）。なお、2008年行政不服審査法全部改正法案には、処分以外の対象は加えられなかったが、同時に提出された行政手続法一部改正法案で、行政指導に関して、指導内容への不満、三面関係からのその発動の求めなどがその内容としてもり込まれた。

　この時、このエリアでも自治体が先行した。多治見市では、2009年12月（施行は2010年4月1日）「是正請求手続条例」を制定し、行政指導等もその対象としている。

　従来から、行政指導の発出を求める申出は行われていた（行政手続法改正前の実例として、銀座眼科被害弁護団〔団長 石川順子弁護士〕『銀座眼科レーシック集団感染事件―被害の発生から解決までの4年をふりかえって』44-50頁〔2013年〕）。

　そして、2014年行政不服審査法全部改正にともない行政手続法一部改正が成立した。そこでは、行政指導の相手方が行政指導の中止等の求め（行政手続法36条の2）ができること、および三面関係につき、法令違反等に関し行政指導の発動の求め（行政手続法36条の3）が規定された。後者については、2004年に改正された行政事件訴訟法の義務付訴訟に対応したものとの指摘（塩野・Ⅰ、337-338頁）がある。

　関連判例として、都市計画法58条の2第3項に基づく勧告につき勧告義務確認が求められた横浜地裁平成29年6月28日判例自治437号80頁がある。

　この法律改正に対応し、自治体の手続条例も同内容の改正が行われた。なお、この改正法、改正条例の下では、法定行政指導については、行うか行わないのか、どのような内容の指導を行うかの裁量権が狭いのに対し、法律・条例に規定のない行政指導については、裁量の幅が広いと解すべきである。

〈参考文献〉
　宇賀克也『行政手続三法の解説（第 2 次改訂版)』学陽書房、2016 年。
　関 哲夫『行政指導』ぎょうせい、1991 年。
　千葉勇夫『行政指導の研究』法律文化社、1987 年。
　山内一夫『行政指導の理論と実際』ぎょうせい、1984 年。
　田中孝男「多治見市是正請求手続条例の制定に寄せて」政策法務ファシリテータ第 26 号 1 頁、2010 年。
　福田康仁「多治見市是正請求手続条例」自治体法務研究 2010 年秋号 65 頁以下。
空家対策特別措置法に勧告につき、
　田村「空家対策特別措置法の勧告と行政訴訟──全員相続放棄との関連で」明治学院大学法学研究第 103 号、2017 年。
行政指導と裁量の幅につき、
　田村「民泊サービスの法的課題」法学教室第 435 号、2016 年。

第 *11* 講

行 政 契 約

先生 今日は、非権力的な手法の続きとして「行政契約」について話をしよう。

マコト君 実は、ボクの住んでいる市の広報紙は有料広告を認めているんですが、バイト先は風俗営業だというので掲載を拒否されました。行政がやるんだから平等に載せるべきじゃありませんか？

マリちゃん 掲載拒否は当然だと思うわ。契約自由の原則っていうの民法で習ったじゃない。そこには限界があるっていうのが結論だったでしょ。自由ばかり強調するから今は問題なのよ。それに市の広報紙は小学生くらいの子供たちも読めるように作ってるそうよ。かなり前に、飛行機の中で男性用週刊誌を機内サーヴィスからはずしたことを考えてもあたりまえよ。

マコト君 だけど前に、国が全国の自治体に交付した、かつての「ふるさと創生資金」でカラオケ・スナックを作った町もあるって聞いてるよ。

先生 まあまあ二人ともそのへんで……。とにかく法的な面から検討してみよう。それと、行政手法・行為形式論からは、実は、行政契約と処分は選択関係になっている。むずかしいかもしれないが、行政実務家やロイヤーをめざす学生には、ぜひ現実の法運用、いわば、自らの法目的実現という目的オリエントな目から法の動態を知ってほしいね。それと、こういった問題は、ロイヤーに自治体からアドバイスを求めることも多い。ロー・スクールをめざす人も、そういった視点から見ておく必要もあるね！

講義ノート

問題の位置づけ　　行政契約は、伝統的行政行為論中心の行政法学の中では、あまり積極的に取り上げられることはなく、後に述べる公法契約説などのように行政行為論の補助的な性格を与えられてきた。

しかし最近では、非権力な行政の行為形式論（大橋洋一『現代行政の行為形式論』161 頁以下〔弘文堂、1993 年〕参照）や行政手法を重視する考え方（阿部・システム〔上〕、338 頁以下；山下＝小幡＝橋本、157 頁以下）から契約を重視する方向にあるといってよいだろう。その理由として、すでに述べたように行政のいわば守備範

囲が広がっていることに求めることができる。一方で、契約手法の多様化から行政処分との区別が明確でなくなるなどの現象にどう対応するのかが問題となってきている。マコト君が見てきた有料広告と自治体広報紙の問題もこのような現象の一つと言ってよい。

定　　義　行政契約は、かつては訴訟ルートの相違（当事者訴訟の利用）や私法との相違を理由に公法関係を前提にその種の法を根拠とする「公法契約」（田中・上、249頁以下。ここでは公用負担契約や報償契約が念頭に置かれていた）とされた。しかし、現在では民事訴訟との違いがそれほどないこと、およびソフトな手法としての契約が行政目的達成に便利なことなどから、むしろ、行政の守備範囲の広がりを背景として、およそ行政が締結する契約全てをカバーする「行政契約」として捉える見解が支配的となっている。

また、非権力的手法という点で行政処分とは異なると同時に、行政処分が「行政庁」によりなされるのに対し、行政契約は「国または公共団体」により締結される点に相違がある（芝池・総論、238頁）。

そこで、原則としては、民法の契約自由の原則は適用されない。したがって、地方自治法の入札を原則としている（関連判例として、最〔1小〕判平成18年10月26日判時1953号122頁、百選Ⅰ94事件）。

種　　類　それでは、この行政契約についてはどのような種類があると言われているのだろうか。この行政契約という用語が、およそ行政の結ぶ契約全てを対象とするのでその分類についても様々な提案がなされている。たとえば、①準備行政での契約、②給付行政での契約、③規制行政での契約、④行政主体間の契約に分類する説（塩野・Ⅰ、189頁以下）、①行政のサーヴィス提供、②行政の手段調達、③財産管理、④規制行政目的の各契約に分類する説（芝池・総論、240頁以下；山下＝小幡＝橋本、158頁。なお後者は、これに加えてその他の契約をあげ、さらに行政主体間の契約を別立てで述べている）、①組織法上の契約と②作用法上の契約とし、後者を行政の行為形式の一つとしてさらに㋐給付行政上の契約と㋑取締行政における契約に分類する説（原田・要論、210頁以下）などをここでは掲げておこう。なお、契約の場合、財務会計上、違法かどうかが争われることがある（たとえば、最〔2小〕判平成20年1月18日民集62巻1号1頁、百選Ⅰ95事件）。

ここで理解できることは、行政作用という側面が、まさに行政の守備範囲が広がっているということなので、そのような視点からはサーヴィス（給付）行政に関する契約と実際には規制目的の契約とが中心的な論点として浮かび上がってくるということにあると言ってよいだろう。実はここにこそ、契約手法と行政処分との手法が相対化してくる根本的な原因があると言ってよい。
　なお、外国企業との契約は、1996年WTO協定として効力が発効した「政府調達協定」により、都道府県、政令市もその対象とされ、最近のテキストでは、これを「行政契約の国際化」（宇賀・Ⅰ、384-386頁）として説明を加えている。

具体例　　以下のような具体例を見てみるとおおよそのイメージを浮かべることができるのではないだろうか。さて、行政の準備活動や手段調達目的の契約としては、よく「談合」が問題となる公共工事の請負契約や、行政で利用する物品の購入契約、行政主体間の契約では、道路の管理費用の分担契約（道路法54条）や教育事務の委託契約（学校教育法40条）などを思い浮かべればイメージとして捉えやすい（なお、契約については阿部・システム〔下〕、497頁以下を参照）。
　また、サーヴィスや給付行政での契約としては、政策目的達成のための補助金（たとえば、生ゴミ処理用品に対する市町村の補助金やのら犬・のら猫防止のための不妊・去勢手術に対する補助金、後者についての最高裁判所の判例として最〔3小〕判平成7年11月7日判時1553号88頁）や各種社会保障法制上の給付金、さらに規制行政目的に関するものとしては、企業活動力の規制を通して公害防止目的を有する企業と地方公共団体が結ぶ公害防止協定などを思い浮かべれば同様に理解し易い。
　なお、最近は官民競争入札で公共サービスを民間事業者が落札した場合、この法律関係を「契約」と規定する条例がある（2006年「足立区における公共サービス改革の推進に関する条例」）。このように契約手法の公正性を担保する一つの法制度が入札であることを知ることができる。そして、これを国の法律の面から見れば、2006年の「公共サービス改革法」（この法律については、阿部・解釈学Ⅰ、428頁以下、64頁以下）の制定ということとなる。そこで、この条例と法律との関係を読者自身が自ら調べてみるとよいであろう。

行政契約の性格　ところで、以上のような行政契約は、民事法上の契約と100％同じように考えてよいのだろうか。周知のように民事法上の契約を支える近代法上の原則は、契約自由と私的自治の原則だった。そこで考えられる限界は、基本的には権利濫用の禁止（民法1条3項）や公序良俗違反の禁止（同90条）であり、その後社会の進展とともに社会立法的規制（たとえば、労働法制や利息制限法、借地借家法、割賦販売法）や憲法の私人間効力論、いわゆる間接効力説による平等原則の実現（たとえば女子結婚退職制や女子若年定年制に対する違法判決。判例として前者について東京地判昭和41年12月20日労民集17巻6号1407頁、後者について最〔小〕判昭和56年3月24日民集35巻2号300頁）がさらに加えられてはくるが、それらの限界にふれない限り、自由・自治が最大限保障される。

その理由は、一言で述べれば、個人の自由意思を最大限に尊重しようという点に求められると言ってよい。そして、それが企業活動に対する面から見ると利益追求という目的から、競争という原理で法的な考えが組み立てられることとなる（なお、人権の私人間効力については、とりあえず芦部信喜『憲法学Ⅱ』279頁以下〔有斐閣、1994年〕を参照してみるとよい）。

それでは、行政契約はどうだろうか。たとえばすでに述べた規制的契約という発想が出てくるのも、実は以上のような私法原理のみではかえって住民保護目的が企業活動により損なわれるからにほかならない。このように私法原理に重点を置きすぎると、より大きな住民・消費者の利益を損なうので行政的手法による解決が求められることを、最近の有力説は私法の機能不全（阿部・システム〔上〕、4頁）と呼んでいる。

さらに、一言、つけ加えておけば、「私人対私人」の法律関係とは異なり、「行政」はGovernmentの一つ（英語のGovernmentは、立法・司法・行政全てを含む）なので、まさに憲法はその法律関係に直接適用されるわけである。

そこで、行政契約ではむしろ住民・消費者の利益を考慮したり、さらに公共経済学的視点も行政が税により運営されることから加え入れるなど、私法とは異なった法システムを構成する必要が出てくる。具体例を学説や判例から見てみることとしよう。

まず、企業的論理からは、うまく働かない分野へは補助金という手法で行政

上の対応がなされているが、ここには平等原則が働くとする考えがある（塩野・Ⅰ、219頁以下。裁判例として、ホーム・ヘルパーに関する東京地判平成8年7月31日判時1593号41頁）。

　次に、同様に補助金について前掲最（3小）判平成7年11月7日（本書7頁参照）の取った立場だが、補助事業につき競業者に対し「営業上の利益に対する十分な配慮をした形跡がない点において、その手続き面も含めて、行政上の措置として適切であったとはいい難いうらみがある」、すなわち、手続法理に沿った措置が求められるというものである。このように、行政契約には、法の一般原則や手続的要請が強く働くという意味で、私法上の契約とは異なった法的性格を有していると言ってよい。

形式的行政処分との関係　行政契約には、以上のように多かれ少なかれ、私法の契約とは異なり平等原則や手続的要請が及ぶとすると、民事法上の契約概念が契約自由の原則から、それぞれの契約内容の相違を当然予定するのに対し、むしろこのような要請がストレートに及ぶ「行政処分」として構成するという手法が考えられる。このような理解は「形式的行政処分」論と呼ばれている。このように、この分野では処分と契約がかなり相対化していると考えてよいだろう。ただし、このような理解に立ったとしても本体は契約なので、解釈上、様々な配慮が必要となろう（たとえば、自治法244条の「公の施設」に関する管理条例に基づく不許可処分に関する、最〔2小〕判平成8年3月15日民集50巻3号549頁）。なお、具体的な法律効果を発生させる点では、行政処分も行政契約も同じなので、その区別は、私との合意の有無に求められる（高木、191頁）との見解がある。

「行政処分」「行政契約」手法選択論　行政手法・行政の行為の形式論からは、「行政契約」も重要な法手法と捉えられるとともに、一方で古典的・伝統的行政学上、まさしく中心的位置づけを与えられてきた「行政行為（処分）」は、様々な行政手法・行為形式の中の One of Them となる。すなわち、「行政処分」と「行政契約」は、行政手法ないし行為形式論の立場からは、いわば同じウェートが与えられることとなる。そして、同じウェートであるならば、それは相互代替的でもあろうし、「処分」を選択するのか「契約」を選択するのかは、どちらの方が具体的な行政目的を選択し

易いのかという実際上の理由によることとなる。最近は、これを「行政処分」「行政契約」の「手法選択論」と呼んでいる。

　この手法選択論を強力に主張してこられたのが、阿部泰隆名誉教授（阿部・システム〔下〕、485頁）と大橋洋一教授（大橋・Ⅰ、243頁以下）である。阿部名誉教授は、法適用場面での選択を、大橋教授は立法場面の選択を強調しておられる。このように、処分か契約かの選択関係は、法律や条例を制定する場面でも、法運用や適用の場面でも生じることを知ることができる。法適用場面での例を採れば、阿部名誉教授は、「土地収用」と「任意買収」の例を掲げておられるし、著者も土地区画整理法における「仮換地（処分）」と「借地契約」との選択を分析したことがある（本講参考文献参照）。

　このように考えると、この選択関係は行政手法のそれぞれの様々な場面で生じそうである。一例のみ指摘してみよう。それは、横浜市に代表される「公害防止協定」なのである。この協定は「契約手法」（阿部泰隆・淡路剛久編『環境法〔第2版追補版〕』58頁〔有斐閣、2002年〕参照）と考えるのが最近の多数説となっている（北村善宣『自治体環境行政法〔第2版〕』56頁〔第一法規、2009年〕参照）。なお、この点について最（2小）判平成21年7月10日判時2058号53頁、百選Ⅰ93事件がある。また、環境保全協定は契約であり、法的効力があるとする大阪高判平成29年7月12日判例地方自治429号57頁もある（評釈として、奥宮京子＝高橋哲也・判例地方自治438号4頁〔2018年〕）参照。

　ところで、ここでの協定では「立入検査受忍義務」を考えてみよう。

　さて、話を少し別の所に向けるようだが、最近では、ケータイ電話会社はマンションの屋上に電波の中継施設を設けることが多い。ここでは、通常、「電話会社」と「マンション管理組合」との間で賃貸契約が結ばれることとなる。その場合、多くのこの種の契約書には、次のような条項が入っている。すなわち「設置設備の管理・立入」との項目の下に「会社関係者は、前項の保守、管理のために必要な場合、本物件に立ち入ることができます」との契約条項である。つまり、これにより、電話会社はマンションに立ち入る権利が発生し、マンションではその受忍義務を負っているわけである。

　同様に、公害防止協定が契約であると考えれば、立入検査権との「行政調査手法」によらなくても、契約によって立入検査受忍義務の条項を入れることに

より、行政調査手法とほぼ同様の法的効果を上げうるわけである（ここでは、訴訟の場面で違法か合法かというより、立ち入る場合の法的根拠をどこに求めるかということとなろう。このような訴訟以外の法的問題のアドバイザーも、これからのロイヤーの重要な責務と仕事となることを知っておこう）。

なお、関連する問題として、そもそも「処分」か「契約」かあいまいな場合もある。たとえば、東京高判昭和58年8月30日行集34巻8号1551頁では、高層建築物での居住者に対する郵便留め置きの措置は、一方的な行政の意思発動だが、「契約」の結果であるとしている（『改訂行政事件訴訟の一般的問題に関する実務的研究』19頁〔法曹会、2000年〕。なお、ロー・スクールへの希望者は、がんばってこの本を読んでみてほしい）。

加えて、この行政処分との「手法選択」は別の手法との間でも生じる。たとえば、法律・条例が「処分」を予定していたとしても、まず「行政指導」でやってみる（例、薬事法での製品回収）などである。「選択」であれば、このような行政指導の利用にあまりネガティブな評価を与えるべきではないとも考えられようか（第10講参照）。

さらに、ここでの視点をベースに発展的な勉強をしてみたい人には、次の文献を読んでみることを勧める。阿部名誉教授は「民事契約と行政法システムの異同」（阿部・解釈学Ⅰ、221頁以下）という項目を立てている。そこで、これを読んで、民事的なシステムが有効なのか、行政法的なそれが有効なのかを具体的な問題ごとに考えてみるとよいであろう。

行政手続との関係　自治体では、たとえば「管財課」とは別に「契約課」を置き、契約の公正さを担保するという行政組織法制上の（なお、一般的には「部」の設置は条例事項、「課」の設置は規則事項となっている。ところで、都や政令市では「部」の上に「局」を置くが、この場合の法的根拠は自分でも調べてみてほしい）試みもあり注目されるし（2002年春日部市行政組織規則2条）、さいたま市のように「入札企画室」を設置（埼玉新聞2008年9月27日は官製談合防止目的と報じている）するような場合もあるが、なんといっても手続の制備が注目されなければならないであろう。

さて、行政契約にも、最高裁判所の判決が指摘しているように「手続」との考えは及ぶ。ところで、現在の行政手続法は、行政契約についての規定を置い

ていない。そこでこの点は将来の法改正の課題となろうが、わが国でこのような行政手法について全く立法例がないわけではない。

たとえば、鳥取県の行政手続条例は補助金についての規定を有しているが、この規定は補助金交付を「契約」として位置づけている（出口裕明『行政手続条例の運用と実務』30頁以下〔学陽書房、1996年〕参照）。そこで、この種の規定のない自治体でも、たとえば同様の給付行政の中から一つ拾い上げれば、公立病院への入退院について「〜を許可する」といった規定のように「処分」と読める場合でも、契約として捉えるという考えは十分に成り立つと言ってよかろう。

また、かつてNTTは契約についても告知・聴聞（この場合、現在での、手続法制上の「聴聞」ではない。ヒアリングの意味である。第14講参照）を行っていた（阿部泰隆『行政訴訟要件論』272頁〔弘文堂、2003年〕参照）。

なお、この補助金を行政契約として法的に構成した場合の広い意味での「行政手続」との関係については、前掲最（3小）判平成7年11月7日では、手続が適切ではなかったと判示している点についてはすでに指摘した。

ともあれ、当面は、判例も求めているように、行政手続法に規定がなくとも行政契約には手続的な配慮が求められるという運用が望まれることとなる。

なお、公共事業について「随意契約」ではなく「一般競争入札」や「指名競争入札」を導入するのは、一面では手続的なコントロールを可能にする点にあると言われる（芝池・総論、245頁）。この入札制度と手続について、会計法や地方自治法を自ら調べ、その法律的意味と問題点をさぐってみてほしい（「指名」は契約の準備行為と解される点につき、宮崎地裁都城支判平成10年1月28日判タ988号181頁を引く、宇賀・Ⅰ、380頁参照）。

その意味では、1960年にすでに「法の支配」として、行政訴訟と行政手続を行政法の基本的な考えとして示し、行政契約のような非権力的手法を理論の法的射程に取り入れる可能性を残した、綿貫芳源『行政法概論』35頁（有信堂、1960年）は、現在あまり引用されないが忘れてはならないであろう。また、地方自治法上、指定管理者の指定や一定以上の土地の売払いが、議会の議決事項となっている。これも手続的統制の一つと考えてよいであろう（自治法と契約につき、櫻井＝橋本、145頁）。

なお、関係法令として、「公共工事の入札及び契約の適正化の促進に関する

法律」(平成12年法律第127号) がある。

法律の根拠との関係　行政契約には、法律上の根拠を有するものもある(たとえば、代表的なものは、水道法15条)。しかし、特に自治体の場合、補助金を例にとればその金額が比較的低いこと、条例制定には事実上、時間がかかったり、議会の政治的綱引に使われたりするおそれから、行政の内部規則たる「要綱」によるものが多いことも留意すべきだろう。なるべく、このような場合にも条例によるべく努力は必要となろうが(塩野・Ⅰ、119頁では「給付規則」とする)、今後どのような契約に法律・条例の根拠を要するのかが課題となっている。

争訟との関係　行政契約も、行政上の手法である限り最近の第三者(契約当事者以外の者)の訴訟提起の可能性も含め、訴訟との関係が問題となる。たとえば、地方自治法の住民訴訟(参考判例、最〔3小〕判平成16年6月1日判時1873号118頁、なお国についても同様の訴訟を認めるべきとの提言につき、宇賀・Ⅰ、380頁)。しかしこの点は本書第28講以下を参考として自ら考えてみよう。

加えて、行政不服審査法改正案の検討段階で行政契約もその対象とする可能性が検討されていたと報じられている(読売新聞2006年4月15日夕刊)。

事例の検討

自治体の広報紙での有料広告と風俗営業の掲載規制は実務上よく論じられている(自治実務セミナー第29巻第2号14-15頁〔1990年〕；自治大学校編『地方行政ゼミナール』6012頁以下〔1986年〕)。

たとえば、埼玉県坂戸市の「公共施設等有料広告募集要項」では(なお、これは要「項」となっている)、風営適正化法第2条の適用業種は広告を掲載できないこととされている。

この自治体の広報紙は、その自治体の一般財源を基礎として情報提供を中心にその住民になすことを目的としている。実態は都道府県で19誌程度、市町村で50〜60誌程度と報告されているが、このようなことが許容されるそこでの実質的理由としては、自治体の自主財源の確保、地場産業の育成および振興などだと言われている。

それでは、このような行政活動の法的性格はどのようなものと理解されてい

るのだろうか。広報紙での有料広告自体は、行政実例（1958年8月21日自丁行発140号）で禁止する性質のものではないとされているので問題はないであろう。

　しかし一方で、行政活動には、住民への影響を考え、住民の信頼に基礎を置いた活動をなさなければならない。その点で言えば、行政内部の基準では、自治体広報紙は、10歳程度であれば読めることをそのガイド・ラインとして作成される例もあるので、この点からは風俗営業という成人のみを対象とした、しかも青少年へ悪影響を与える可能性のある広告は、その対象からはずすべきこととなる（同様の発想は、1999年に、15歳以下の子供に配布された地域振興券についても風俗営業での利用を制限する自治体のあったことからも明らかである）し、国有地の売却に関し、宅地については5年間「風俗営業、風俗関連営業」に利用することを禁止する例が報告されており（碓井光明『公共契約の法理論と実際』207頁〔弘文堂、1995年〕）、用途制限がなされることも参考となろう。このように、ここでも多面的・複雑社会や阿部名誉教授の指摘される三面的利害調整モデルという現代の行政の位置づけを見てとることができよう。なお、行政契約についての判例としては、最（1小）決昭和48年12月20日民集7巻11号1594頁、百選Ⅰ4事件が著名である。

〈参考文献〉
　　岸本大樹『行政契約の機能と限界』有斐閣、2018年。
　　石井　昇「行政契約と法律による行政の原理」甲南法学第29巻第304号107頁以下、1989年。
　　河中自治振興財団『地域整備における契約手法に関する研究』1990年。
　　田村「『行政処分』・『行政契約』手法選択論と法システム論からの分析―土地区画整理法の実務と行政法理論への提言―」東京国際大学論叢（経済学部編）第27・28号135頁以下、2002年。
　　原田尚彦「行政契約論の動向と問題点」法律時報1970年2月号89頁以下。
　　三好　充『フランス行政契約論』成文堂、1995年。
平成7年最高裁決定の評釈として、
　　田村・判例時報第1570号201頁、1996年。
足立区条例について、
　　清水和義「足立区における公共サービス改革の取り組み」地方自治職員研修2007年3月号57頁以下。

第12講

ソフトな行政手法
（啓発手法・表彰手法・補助金手法・民間活力の利用・事務管理・損害賠償的補助金）

マリちゃん　法律学っていうと行政法に限らず刑事法も含めて、大学に入る前は、「罰」や「規制」というイメージがすごく強かったように思います。

先生　ボクも学生の時はそうだった。ボクの入った大学では、当時教養ゼミというのが1年生の時にあって、刑法の先生のクラスに入ったんだが、それは法に対するそういうイメージからだったように思います。しかし、特に現在の行政法では、行政手法はきわめて多様化している。そこで、ソフトな行政手法、あるいはその一部をアメ手法と表現する先生もいる。たとえば、啓発手法や補助金、民間活力の活用など多種多様なものがある。最近では、NPOに関する条例なんかもあるんだよ。たとえば、「高知県社会貢献活動推進支援条例（1999年）」は、NPOを支援する目的から公益信託の制度を利用しているんだ。県が3,000万円を出して運用は民間にまかせている。

マリちゃん　誘導手法や対話型といった表現を見ることが多いのもそのせいでしょうか？

先生　そう考えていいね。それらのコンセプトが全て完全に一致しているわけではないが、同じ方向を向いていることは確かだろうね。なお、「対話」の重要性については木佐茂男・田中孝男編著『自治体法務入門〔第4版〕』168頁以下（ぎょうせい、2016年）を読んでみてください。アカウンタビリティー（説明責任）〔第2講〕が強調される時代なので、このコンセプトは行政法では大事だね。

マコト君　だけど、フーゾクについては少し違うんじゃないかな……。バイト先のマスターも規制がうるさくてなんて言ってるよ。

先生　たしかに規制や罰則手法がなじむ分野ではある。しかし、そこでも必ずしもそれだけではなくてソフトな手法も見られるんだ。もちろん、補助金はどうもなさそうだけど……。

講義ノート

行政手法の多様化とソフトな行政手法　規制や罰則手法という以外の行政手法ないし行為形式の先がけとして行政指導（本書第10講）を掲げることは、規制的行政指導についてはともかく調整的あるいは助成的指導はソフトな手法と言ってよいであろうし、まず処分によるのではなく（たとえば、薬事法でいきなり製品回収命令を出すのではなく、まず自主回収を指導する）行政指導によることを考えれば、規制的指導の中にもソフトな側面を見出すことはできよう（最近は、本書と同様、「ソフトな行政手法」というコンセプトを利用する文献も出てきた。たとえば、藤井俊夫・黒川哲志編『はじめての行政法』〔成文堂、2005年〕参照）。

このようなソフトな行政指導が必要な主要な理由は、多面的・複雑な法関係あるいは三面的利害調整モデルに行政が立されているという点に求められるのであり、そこでは「純近代法」とでも呼ぶべき手法が「行政行為」をほぼ唯一のものとして、「命令・強制」という規制や罰則を中心に考えたのに対し、むしろ「誘導手法」（小早川・上、231頁以下。高橋、178頁以下）や「対話型」（大橋洋一『対話型行政手法の創造』〔弘文堂、1999年〕参照）といった視点が必要となったからである。

ソフトな行政手法の具体例と「公共性」の原理　ソフトな行政手法の性格を知るうえで、行政指導以外に、補助金（これが、行政内部の要綱で行われている点と、給付行政一般については、小早川・上、223頁以下を参照）という行政手法あるいは行為形式を例として見てみよう。

たとえば、動物愛護行政を例にとれば、のら犬・のら猫防止のためには、ほぼ罰則手法はきかないと言われており（阿部泰隆「犬・猫条例—監督手法と補助手法の交錯」自治実務セミナー第26巻第11号56頁以下；阿部・システム〔上〕、350-351頁）、そこで自治体は、飼犬や猫に不妊・去勢手術をなした者には、約5,000円程度（オスorメス・犬or猫により多少異なる）の補助金を支出し、義務の履行を促すあるいは行政目的に誘導するわけである（なお、罰則をつけても現在の検察庁の起訴率や実務から考えれば、ほぼ起訴してくれそうにはないから、この点でも実効性はうすいわけである。このことは、そもそも旧動物の保護及び管理に関する法律違反で起訴された例すら

まさに珍しいことからも容易に理解できよう)。ただ、現在の動物愛護法は、むしろ人間から動物を保護するとの考えに変わった。つまり、政策が変更されたこととなる。そこで、その政策変更を受けて、動物虐待も起訴されるようにもなった。このように時代の流れで犯罪と認識されるようになることを「法定犯の自然犯化」という。この点は、阿部泰隆「環境法(学)の(期待される)未来像」大塚 直・北村喜宣編『環境法学の挑戦』371頁以下(日本評論社、2002年)参照。また、法令名の変更は、多くの場合、政策変更を意味することも、ここで知っておこう。この動物行政での法令のシステムについては、吉田眞澄・棚橋祐治・林 良博編『ペット六法』(誠文堂新光社)を見て自分で勉強してみてほしい。

もっとも動植物の分野でも、いわゆる稀少種の保護を目的とした「種の保存法」のような場合には罰則手法が有効である。そこで山梨県条例のように高山植物の指定をこの法律により広げて網をかけた場合(いわゆる「ヨコ出し条例」)、政策法務的には、これから条例を制定しようとする自治体は、罰則手法で担保することが一面では有効であることは知っておこう(のら犬・のら猫対策と稀少種保護でこのような相違が生ずるのは、稀少種の違法採取や輸入はよくマスコミが取り上げている事実から明らかなように社会的批判が強いからであろうか。犬・猫については「こまったもんだ」という程度にとどまるからであろう)。

ともあれ、本題の補助金手法にもどれば、それはほかにも、ゴミや環境行政でも有効であると考えられ、たとえば家庭の「生ゴミ」対策に、その処理用の機械を買う者には手動式で約1万5,000円、電動式で約3万円の補助金を出す例や、よく阿部泰隆名誉教授が指摘される合併処理浄化槽への補助金(阿部・システム〔上〕、348頁)などを考えてみればよい。

なお、2004年行政事件訴訟法改正で、補助金交付については、当事者訴訟の「公法上の法律関係に関する確認の訴」を利用できる可能性が出てきた。

ところで、それでは、この補助金を支える法の原理は、どこに求められるのだろうか(政策法学的側面からの法の原理については、渥美東洋『法の原理Ⅰ・Ⅱ・Ⅲ』〔中央大学生協出版局、1994-1996年〕参照)。それは、やはり「公共性」(たとえば阿部・システム〔上〕、346頁以下)に求められるであろう(なお、「公共性」を比較的早くそのテキストに入れた文献として、遠藤博也『行政法スケッチ』63頁以下〔有斐閣、1986年〕がある)。その意味で、行政法を勉強する場合、公共経済学や公共選択論の講義

もぜひ聞いてみてほしいと思う。

　現に日本公法学会の機関誌『公法研究』において、その「学界展望」でも行政法の項目の中に「公共性分析」が置かれることがあるのは、そのような意味からである。そこで、補助金手法も公共性のない単なる個人の富を増加させるだけのものは認められないこととなる（なお、公共性については、北村喜宣『環境政策法務の実践』3頁以下〔ぎょうせい、1999年〕参照）。

　このように、公共性を法の原理とする公共性分析は、概念法学的なものとは異なり、具体的な経済分析、経済的正義に立脚していることを忘れてはならない。

　なお、補助金への法的統制としては、自治体行政に例を求めれば、監査委員による監査や条例制定により財政的援助団体に対し自治法上の包括外部監査を及ぼすことなどの制度があるほか、住民訴訟の利用も考えられる（参考判例、最〔2小〕判平成16年10月15日民集58巻7号1802頁、東京高判平成12年12月26日判時1753号53頁、最〔1小〕判平成17年11月10日裁判所時報1399号12頁）。

　なお、参考までに、補助金手法とある意味で共通項を有する、第3セクターへの行政の公金からの出資やその職員の派遣、失業保険、公団なども公共性や「公共的利益国家」（渥美・前掲書Ⅲ、34頁）から説明されるわけである。

　もっとも企業も公共的存在であると考え、「市場」原理で説明するばかりではなく、パブリックとして位置づける側面もあると理解すれば、企業への規制や企業の説明責任（アカウンタビリティー）を法的に基礎づけ易いという例からわかるように、公共性は何も補助金や給付行政のみではなく、およそ行政法の全分野を基礎づける法の原理である。特に補助金の支出では、金銭の支出ということで公共性を強く意識せざるを得ないので、便宜上、阿部名誉教授のテキストと同様にここで説明したことを断っておきたい。

　また、啓発手法も、現実の行政にとっては、重要である。たとえば、住民の人々が、街の景観や街なみを守ろうとする場合、「地区計画」や「建築協定」（第8講でも示したように「地区計画」はパチンコ店排除にも利用できる。そこで、これの手法の具体的法令上の根拠・手続は宿題として読者自ら調べてみてほしい）という手法を十分に活用できないでいる例が多い。そこで行政としては、これらの手法の存在や利用のノウ・ハウを情報として提供する努力と積極性が求められよう。なお、

最近は、2000年の「ニセコ町まちづくり基本条例」のように、住民参画を重視し、住民への情報提供（4条）、住民の情報の提供を受ける権利（3条）、それを基礎とした、まちづくりへの参加の権利（10条）として、「法化」した姿を見ることができる例も出てきた。このように現在は、行政と住民の「協働」が重視されている（たとえば、「志木市市民との協働による行政運営推進条例）。

なお、「協定」手法は、一般的には、ソフトな行政手法と言ってよい。ただ、都市計画法に基づく各自治体の開発条例のように、開発事業者に建築基準法69条での建築協定や都市計画法12条の5の地区計画を求めた場合、たとえば、協定に違反したり、協定締結前に着工したような場合、是正勧告や現状回復勧告を条例上出しうるが、なお事業者がこの勧告に従わない場合、勧告に従うべき「命令」にそれは切り変わり、その命令違反については、通常罰則手法で担保されているので、間接的には許可制に類似したシステムにもなりうることも知っておくとよい。フローとしては、「協定手法」⇨「勧告手法」⇨「行政処分（命令）手法」⇨「罰則手法」という流れを知っておこう（参考判例として最〔2小〕判平成17年7月15日民集59巻6号1661頁、百選Ⅱ160事件、文献として阿部・システム〔上〕、367頁以下）。

青少年保護育成条例・風営適正化法とソフトな行政手法

さて、風営適正化法に関連したところでは、補助金手法はあまり合理性のある手法ではない。たとえば、よく言われるように風俗営業は、貸金業、開業医とならび税金の申告漏れワースト・スリーの一つだと考えられている。

スナックやバーで飲んでも、よく店の従業員（たとえば「接待飲食等営業」を考えよ）が、請求金額を小さな紙切れに書いてきて、それを支払ってもレジから打ち出したレシートは来ない場合が多い（「Q&A」によれば、風営適正化法の「接客従業者」とは、談笑、お酌、水割りの調整などのほか、客を客席に案内したり、飲食代金などの徴収を行う者を指す〔「Q&A」44頁〕としている）。ところで、地方税法に基づく特別地方消費税は、1人1回7,500円を超えて飲食をした場合かけられることとなっているが、この徴税の実効性を担保する目的で、実は「報奨金」が徴収義務者、つまり店に支払われている。

しかし、これにはその実効性にきわめて強い疑問が投げかけられており、む

しろ政策法務の立場からは、「レジ（金銭登録機）」を使用することこそ義務づけるべきとの提言がなされている（阿部泰隆「税制の欠陥と改革の動向」税務広報第37巻第7号：阿部・システム〔上〕、351頁）。

　もっとも、この分野でも、補助金手法以外のソフトな行政手法が利用されていることを忘れてはならない。そのいくつかを、次にアット・ランダムに見てみることとしたい。

　第一に、広い意味では啓発手法（「啓発手法」一般については、啓発手法を積極的に法システム論の中に取り入れられている阿部・システム〔上〕、394頁以下を参照されたい。また、行政広報を行政立法、処分、計画、契約と並ぶ事実行為という行政の行為形式の一例としてあげている、関 哲夫『ベーシック行政法』〔学陽書房、1993年〕参照）の一つと言ってもよい、「表彰」制度・手法を条例で定めている例がある。いわゆる青少年保護育成条例は、その規制対象が風営適正化法と同じであることはよく知られた事実だが、その中の「東京都青少年の健全な育成に関する条例」は、規制という面でも、大都会の実状からユニークな規定を有している。たとえば、かつて、いわゆる「援助交際」による青少年への性的被害を防止するという行政目的を達成するためその18条の6は「青少年に対する買春等の禁止」規定を置き対価としての一切の利益の供与を禁止しており、その違反に対しては24条の3で2年以下の懲役または100万円以下の罰金という罰則手法による担保、実効性確保を行っている（なお、1999年に国が児童ポルノ禁止法を制定したので、現在はこの法律の規定によることとなった）。そして事実、条例違反で処罰された者は、社会的な面からもほぼ逮捕されただけで社会的信用や地位を完全に失うおそれが高いので（この点では、いわゆる「めいわく防止条例」によるビデオ・カメラなどを利用した「痴漢」行為処罰の効果も同じと考えてよい）、罰則手法は有効に働くといってよい。

　しかし、この条例は、その全てを罰則手法などによっているわけではない。その第2章「優良図書類等の推奨及び表彰」では、その6条で青少年育成活動を積極的になした者、優良な図書、映画などを作成した者などへの「表彰」の他、規制との関係で注目されるのは、青少年に対し性的感情を刺激するおそれのある図書、ビデオ等の販売やレンタルの自主規制をなした者（6条4号）を「表彰」の対象としていることである。

第二に、啓発手法があげられる。そしてこの手法は、規制手法と車の両輪であると言われている（阿部・システム〔上〕、397頁）。さて、風営適正化法13条1項は、風俗営業者は、午前0時から日の出までの時間は営業できないと規定しているが、特別な事情のある地域（風俗営業が密集しているところなどで、施行令7条の1号7によれば、全国平均密度1km²あたり約300ケ所を上まわる地域）では、例外として午前1時まで延長し得ると規定している。

　ところで施行令7条2号は、風俗営業者団体の自主的活動、たとえば営業時間の遵守などの状況に配慮して、1時までの延長地域を指定することとしているが、具体的には「営業者の自主規制が期待できる地域として、風俗営業者の団体による自主的な活動、営業時間遵守のための広報啓発活動が継続的に行われている地域であることが望ましいことを意味する」（「ハンドブック」45頁）とされ、啓発手法が規制とリンクしていることを知ることができよう。

　なお、啓発手法が行政手法あるいは行為形式として重要なのは外国でも同様であり、わが国の風営適正化法との関連で、前掲「ハンドブック」は、タイ外務省が、日本で売春を強要されるタイ人女性の現状を紹介した「女性への通知」という啓発用ポスターを作成し、日本での就労を望む女性へ注意を促しているという（「ハンドブック」47頁）。このような国際的非難があることを、わが国の人々は真摯に受けとめるべきであり、それこそこのような実状を啓発手法をもって多くの人々に知らせるべきであろう。

　なお、外国人女性の中で短期滞在の資格（ビザ）を利用し不法就労をなす者の弱味につけ込み売春強要をなすことを防止する目的で、1998年改正法4条1項2号は、「出入国管理及び難民認定法」の不法就労助成罪で有罪とされた者を、一定期間、風俗営業許可にあたっての欠格事由としている（詳しくは「ハンドブック」38-92頁；「Q&A」42頁）。

　第三に、民間活力の利用があげられる。大橋洋一教授の「対話型」や小早川光郎名誉教授の「誘導手法」という言葉やコンセプトを借りるとすれば、民間活力の利用は、最近の国や自治体の財政難（現在、「財政再建団体」つまり民間企業でいう破産に近い自治体が多いと言われる。なお、周知のように、このような理由から東京都では2000年に、銀行に対し、外形標準課税を導入すると発表したことがあった）からだけ、民間活力の利用が考えられるのではなく、現在の多面的・複雑社会や三面

(「ハンドブック」385 頁より）

的利害調整モデルの行政で、必然的に必要とされる手法であると考えてよいであろう。

　さて、風営適正化法では第 6 章で民間活力の活用を実定法で規定しているが、それは名誉職としての「少年指導委員」制度を 38 条で、39 条では「都道府県風俗環境浄化協会」、40 条で「全国風俗環境浄化協会」としての制度を予定している。1998 年改正法では、39 条について、有害なピンクチラシなどの撤去を促進する目的から、その撤去をボランティアで行う団体に対し道具、腕章などを貸し出すこと（「ハンドブック」70 頁）を予定し 39 条 2 項に、民間の自主的な組織活動を助けることが追加された。なお、行政法という面から見ると蛇足かもしれないが、本講で青少年保護育成条例を取り上げた関係で、最近の少年の問題に一言言及すれば、少年の犯罪の現状に罰則強化や少年法改正ということはすぐに言われる。しかし、もう少しソフトな手法、教育や啓発といった地道な努力こそ必要なことを、法政策的視点からも忘れてはならないのではないかと思われてならない。その意味では、教育学など隣接の学的領域との対話が必要であり、ここにも政策法学的な関心が長い目で必要となっている。

　なお、最後に自治体の実例の前に雑談を少ししておけば、ソフトな行政手法

はアメリカにも存在する。具体例を掲げてみよう。オレゴン州ポートランドのフリー・ウェー I. 205（インターステートの高速道路は南北が奇数、東西が偶数である。なお、I. 205 は、ウォシントン州からキャリフォーニア州までの I. 5 のバイパスである）は、交通事故防止目的で、あえてカーブを多く取り入れている（政策事実としては、直線のみのフリー・ウェーの方が事故発生率が高い）。それが自然ともうまく調和しているので、全米のフリー・ウェーの中でもうまく作られているということで「表彰」されたわけである。交通事故減少という行政目的達成に、表彰手法を採用したのであった。

自治体条例のソフトな行政手法として、パチンコ店等の建築にあたり、犯罪予防等の目的から事業者に警察との「協議」を求める（罰則はないので、ソフトな行政手法と言えよう）例として、「小田原市建築や開発の手続・基準に関する条例」（なお、これは、開発、中高層建築物の紛争予防、建築の3つの条例を総称している。2003年）がある。これは「協議」を通して政策実現を事業者に求める手法と考えてよいであろう。

事務管理　最近、行政手法の一つとして事務管理が注目されている。「公法上の事務管理」（塩野・Ⅰ、36頁）とも呼ばれる。

この手法が注目されたのは、東日本大震災がきっかけと言えよう。このコンセプトの利用を積極的に考える鈴木庸夫名誉教授は、「市町村の現場において救助法の『一般基準』を超える措置が相当程度行われた」（鈴木庸夫「大規模震災と住民生活」公法研究第76号80頁）とし、これらの措置や避難誘導措置を事務管理の類推適用等で説明されている（鈴木・前掲論文、76-81頁）。このコンセプトの適用にあっては、これを狭く解する学説（北村喜宣「行政による事務管理（1)-(3)」自治研究第91巻3-5号〔2015年〕）と、これに批判的な見解（塩野・Ⅰ、47-48頁）がある。

なお、自治体では要綱を定めている例もある（たとえば、「国分寺市高齢者緊急一時事務管理実施要綱」）。

損害賠償的補助金　最近の自治体実務では、「損害賠償的補助金」とでも呼ぶべき実務がある。

たとえば、自治体の造成した土地で、地盤沈下などが生じた場合、本来は、その土地を現在所有する者へ自治体が損害賠償を行うこととなる。しかし、こ

れが時効や除斥期間にかかり賠償を行い得ない場合が生じる（関連裁判例として、東京高判平成22年11月24日判例地方自治355号47頁。関連文献として、伴 義聖＝山口雅樹「地中にあった見えない瑕疵　除斥期間はいつ？」判例地方自治355号3頁以下）。このような場合、補助金という名目で被害者に金銭的手当を行う場合がある。

　また、大規模災害で、自治体への国家賠償訴訟で、訴訟に参加せず時効が成立している場合、自治体敗訴の場合、このような手法の利用が考えられる。

　最近の例でも、公害等調整委員会での責任裁定に参加しなかった被害者へ、補助金として実質的損害賠償を県が行った茨城県のヒ素被害のケースがある。

　また、大規模災害で、自治体への国家賠償訴訟で、訴訟に参加せず時効が成立しているとき、自治体敗訴の場合、このような手法の利用が考えられる。

　このような時効にかかった債権・債務について、そのほか取りすぎた税金や公共料金の返還策としても補助金との名目で返金がなされるという実務がある（阿部泰隆『政策法務からの提言』日本評論社：1993年、吉田 勉『自治体法務つれづれ草教室』茨城県地方自治研究会、2007年）。

　これらの補助金の法的性格は、まだ明確とはなっておらず、今後、法理論の面から検討してみる必要がある。

規制の必要性　もっとも、ソフトな行政手法の有用性はあるとはいえ、規制が悪であるとすることはできない。確かに、最近でも、民間参入を目的に、優良な種子を都道府県を中心に育てることを目的にしてきた1952年制定のいわゆる種子法が、法律そのものが2018年に廃止されたりもしている（なお、法律自体が廃止されたので、経過措置を条例で定めた県がある）。また、かつては、「規制緩和白書」（大蔵省印刷局）といったものもあった。しかし、阿部泰隆名誉教授の「規制が原則として悪であるような先入観を前提に、経済的利益のみに重点をおく規制緩和論には疑問がある。国民の生命・身体・安全の確保、社会的見地からの相対立する利害の調整、良好な環境や生活の基礎的条件の維持・保全・形成・消費者・社会的弱者の保護などは国家の基本的な責任であり、福祉国家の理念は憲法25条においても定められているところである。このような国および地方公共団体の責任を規制緩和の名のもとに放棄することは許されない」（阿部・システム〔上〕、106-107頁）は忘れられてはならない。2018年6月施行の宿泊事業法（いわゆる民泊新法）には、この指摘からの批判が

あてはまるのではなかろうか（観光庁はインバウンド〔外国人観光客〕という経済効果のみに目を向けているようだが）。現に、この法律に関連する千代田区や京都市の条例は、むしろ規制的性格が強いように思われる。近代経済学の理論的中心は「市場」だが、経済学でも規制に強い関心を示す文献もあり（たとえば、細江守紀編『公共政策の経済学』168頁以下〔有斐閣、1997年〕）、阿部名誉教授が指摘するように「市場の失敗も考慮して……（略）……合理的な規制手法を工夫する必要がある」（阿部・システム〔上〕71-72頁）と言えるであろう。

〈参考文献〉
公務員の人々との対話について、以下の文献がある。
　小野　昇『新しい接遇エチケット─「公務員は、だから…」と言われないために』ぎょうせい、1999年。
NPO条例の制定が目立った1998年の条例について、
　イマジン自治情報センター『地方自治体新条例集1999年版』イマジン出版、1999年。
協働条例については、
　松下啓一『協働社会をつくる条例』ぎょうせい、2004年。
監査および住民訴訟については、
　宇賀克也『地方自治法概説〔第4版〕』有斐閣、2011年。
事務管理について
　廣地　毅「公営住宅の『緊急入室』─孤独死防止と入居者の安全確保のために(1)(2)」自治実務セミナー第605号20頁以下、第606号18頁以下、2012年。
　江原　勲＝榎本洋一「行政代執行で搬出した動産の保管、自治体の義務か事務管理か」判例地方自治第442号3頁以下、2019年。
損害賠償の補助金について、
　田村「環境行政法と損害賠償的補助金の法的性格」明治学院大学法学研究101号、2016年。

第13講

行政調査

先生 ボクは、シャーロック・ホームズを読むのがとても好きなんだ。むかし住んでいたオレゴン州でもライヘンバッハの滝にたとえて、ナイアガラの次に落差のあるといわれるモルト・ノーマー・フォールで、シャーロッキアンの集まりがあると聞いて、感ゲキしたものだよ（「青いガーネットの高貴で最も風変りな階級」The Noble and Most Singular Order of the Blue Carbuncle,〔Portland OR.〕として、日本のシャーロッキアンにより紹介されています。田中喜芳『シャーロック・ホームズは生きている』198頁以下〔NOVA出版、1984年〕による）。それに、最近のアメリカの最高裁判所判決、Martinez v. California Court of Appeal（2000）事件（68U.S.L.W.4040。なお、U.S.L.W.は速報版である。最高裁判例は、U.S.L.W.、次にS.Ct、U.S.と引用方法が変わっていく。ここでアメリカ法の引用法の一つを見ておこう。また、今はインターネットなどでもアメリカ判例がすぐ見られる）では、脚注でシャーロック・ホームズのSilver Blaze が引用されている。いわゆる「The Memories of Sherlock Holmes」の第1番目の事件だ（小林 司・東山あかね訳『シャーロック・ホームズの思い出』13頁以下〔河出書房新社、1999年〕が最近の訳としてある）。日本の最高裁判所もシャーロック・ホームズをぜひ引用するぐらいのセンスがほしいね。「さあワトソン君！ いや諸君！ 講義の時間だ！」

マコト君 やっぱ日本じゃ野村胡堂の銭形平次ですよ！

マリちゃん アンタでも、野村胡堂、知ってんの！ ところで先生、シャーロック・ホームズや銭形平次のは「捜査」ですが、「調査」とどう違うのでしょうか？

マコト君 この間、バイト先に立入検査があったんだけど、けっこうきびしい雰囲気でした。捜査みたいでしたけど……。

先生 法的には、行政調査だね。たとえば、4人が死亡した火災を受けてさいたま市が行った風俗店に対する特別査察で、消防法違反、建築基準法違反が指摘された例（朝日新聞埼玉西部版、2017年12月21日）がある。

マリちゃん 先生、行政が調査するといっても統計調査みたいなものとは違うんですか？

先生 いや、それも行政調査なんだ。実は「行政調査」というコンセプトは非常に広いものなのですね。最近、自治体が不法投棄対策に設置している監視カメラなども、私は行政調査のバリエーションとして考えているのです。

159

マコト君　店への立入って、プライヴァシー侵害みたいな気がする。憲法13条違反じゃないかな。

マリちゃん　13条？　思い出した！　刑事訴訟法の講義では、行政調査も取り上げていたみたいだけど、刑訴の先生は35条が及ぶって言ってたはずよ。

先生　そのあたり争いがあるんだ。でもボクも35条だと思う。ただ憲法学説では13条説が圧倒的に多いようです。ボクの推測を述べることを許してもらえれば、日本の大学では「憲法」の講義担当者は憲法しか見ないからではないかと思うのです。ですからこの争点以外にもきわめて概念的な議論が多いような気がします。アメリカでは、ボクの知っているロー・スクールのプロフェッサーは、秋学期は憲法、春学期は民事訴訟法を担当していました。まさにプロフェッサー・オブ・ローです。日本は、プロフェッサー・オブ・○○ローですね。しかし、憲法は国の最高法規ですから、実は、アメリカ的に全ての法運用や手続を見ておく必要があると思いますが、そのあたりが不十分な場合が多いように思えるね。ボクもこのような傾向に対し、ドイツの学説を紹介した論者を論文できびしく批判したことがあるんだ……。マコト君の言っていた野村胡堂は、音楽批評家としては「あらえびす」っていうペン・ネームを持っていたんだ。アメリカのロー・スクールの先生のようにいろんな角度から物事を見れた人だという気がする。時間があったら、野村胡堂『胡堂百話』（中公文庫、1981年）でも読んでごらん。まあ、無駄話はこのへんにして講義に入ろう。

マリちゃん　宇賀克也ほか『対話で学ぶ行政法』（有斐閣、2003年）という本を見たのですが、行政法も総合的に見るということですね。

先生　そのとおりです。行政調査では憲法や刑事法を「総合的」に捉えることが必要です。わが国では、このへんの理解に欠けるので13条のような一般条項に求めているように思う！　アメリカでは公立学校での持ち物検査や、アスリートへのドーピング検査など第4修正という具体的な条文に則して議論している。だからボクは、さっきも言ったように35条説に立っている。最後に、アメリカでのこの分野を紹介する日本の文献を講義の中でも示しておくから、機会をみつけて読んでみてごらん！

講義ノート

「行政調査」とは何か

わが国の純近代法的行政法理論（制限思想、二面関係的法関係、個人を単位とする考え）の代表的テキストを見ると、たとえば田中二郎博士のそれに「行政調査」という目次立てがないという事実は、わりとよくこの手法の説明に入る時になされる（たとえば、石川・論点、155頁）。その主要な理由は、「近代法」が予定する「行政」とは、社会にと

って必要最低限の秩序維持行政だったので、偶発的に生じる社会にとって必要最低限の秩序が乱れた状態に対しそのつど事後的に行政が対応するということになるが、その社会の構成員であれば自明なこととして誰でも知っている最低限の秩序維持回復なので、何も特別な情報を行政としても得ておく必要はないからだったと言える。

しかしその後、渥美東洋名誉教授の言葉を借りるとすれば（たとえば、渥美東洋『捜査の原理』〔有斐閣、1979年〕、同『全訂刑事訴訟法〔第2版〕』〔有斐閣、2009年〕、同『複雑社会で法をどう活かすか〔立花書房、1999年〕参照）、「都市化社会」「複雑社会」が進み、ハイ・テクノロジーがその社会を支え、行政は事後的対応のみならず、いやむしろ将来を見通した継続的活動が求められるに至り、個人のみならず組織や企業が社会活動の重要な部分を担う社会にあって情報の収集は、当然に不可欠のものとなった。ここに、行政による情報収集や調査の必要性が出てきたわけである。

ところで、この「行政調査」の法的位置づけについては、いわばそれゆえに、紆余曲折があったと捉えても差しつかえないであろう。その一つの流れは、何とか伝統的な行政法体系の中にある概念に結びつけようとする見解であり、その代表例は「即時強制」に結びつけて、あるいはパラレルに説明しうる可能性を示す学説（藤田・総論、313頁）にその典型を見ることができるように思われる。

しかし、この種の見解は、そもそも後に述べるデュー・プロセス、手続法理による規律をしづらくさせるおそれ（虞れ）がある（たとえば、税務調査のように事前に十分に準備をしてから調査に入るような場合を考えてみよ）し、強制を伴わない調査を行政手続として取り込みづらい点など、行政法が予定する法関係や社会的状況が変化し、純近代法的理解を見直し、あらたな法理論や制度設計が求められる時代にあっては無理があるのではないかと思われる。

次に、原田尚彦名誉教授の見解を紹介してみよう。原田説は、この無理を承認するので、即時強制と行政調査は区別されるが、やはり即時強制を取り扱う「行政上の強制措置」に続いて置かれる（原田・要論、251頁）。

しかし、著者は、先にも述べたように、多面的・複雑社会、あるいは三面的利害調整モデル（阿部・システム〔上〕、35頁）の社会にあっては、強制あるいはそれに近いものだけではなく、情報収集のための調査活動はより広く捉えるべ

きだと考える（たとえば、インターネットを利用し情報収集することなどを考えてみよ）ので、むしろ別の行政作用の類型として考えるべきではないかと考えている（なお、芝池義一名誉教授は、行政調査を「情報管理行政の一環」として捉えている。芝池・総論、268頁）。

　もっともこの点は、後の塩野 宏名誉教授のテキストとも同じ発想だと思うが、これらの見解が「行政調査」には、強制、あるいは義務履行確保に深く結びついたものがあり、これが、特に法的問題点となっているという点を取り上げていると見ることは、もとより当然であろう。このことは、たとえば、廃棄物処理法18条のような報告徴収規定（事業者等へ報告を求める）を見ればよく理解できよう（なお、同30条で報告をしなかったり虚偽の報告をした場合、罰則でさらに担保されていることも法令の組立てを理解するために知っておこう）。また、最近の立法例では、空家対策特別措置法がある。具体的には、9条2項による立入調査→特定空家と認定→14条1項での指導→14条2項での勧告→14条3項、4項での命令→代執行とのフローとなっている。そこで、要は、以上の見解は、純近代法的発想を修正した、そもそもそれから離れて考える必要が、部分的にしろ必要な現代の法的要請に至るまでの、時間的というより論理的な意味でだが、いわば過渡期の見解だったとも、言えそうである。そこで、もう少し現在の調査手法の広い利用の実態からすれば、テキストの目次的に考えるとこれとは別の章立てが必要ではないかと捉えている。

　それでは、「行政調査」の法的性格をどのように位置づけ捉えればよいのだろうか。著者には、現在、塩野名誉教授の見解が、最もこれをよく捉えているように思われてならない。すなわち、この説をわかり易く述べれば、行政処分などとは異なった、まさに「行政調査」という独自のカテゴリーとして捉えるというものである（塩野 宏「行政調査」法学教室Ⅱ期第3号132頁以下〔1973年〕）。

　もっとも、すでに指摘したように、塩野名誉教授のテキストでは、第2部「行政上の一般的制度」の中で、義務履行確保、即時執行の次に行政調査が置かれているが、これは行政調査一般ではなく強制や義務履行確保それ自体、あるいはそれに近い場面で利用される場合にしぼって論じるとされているためであり（塩野・Ⅰ、283頁以下）、それはこのような場面が一番法的問題が生じ易いからであろう。さらに、この第2部には、「行政手続」も置かれていること（塩

野・Ⅰ、292頁以下）から明らかなように、他の説とは異なり、即時強制やましてや伝統的な行政行為論とは分断された位置づけと評価してよいわけである。このように考えれば、調査は、相当に広いものとして捉えることが可能となる。そして、このように調査を捉えれば、「行政調査」は、行政手続あるいは行政の行為形式の一つであり、それは、義務履行確保の場面で利用されることもあれば（たとえば、調査に入りそうになると義務者は、それによって信用などが損なわれることをきらい、義務をはたすことがある）、処分の前提として利用されることもあり（たとえば、保険医指定取消処分の前提としてなされる監査に基づき、行政手続法上の不利益処分の手続に入る）、また即時強制に近いと考えられそうなものもあれば（空港などでのメタル・ディテクターの利用や、学校内での持物検査）、一般的なデータ収集としてのものもある（たとえば、国勢調査）というように、様々な場面で利用されることになろう。さらに、廃棄物処理法 18 条のような法律上の報告徴収のような場合、実務では、「任意調査」→「法律上の報告徴収」というコンビネーションを採る場合もある。

　もっとも、この手法ないし行為形式は、芝池名誉教授の指摘されるように（芝池・総論、267 頁以下では、行政計画・行政契約・行政指導とともに「非権力的・補助的行政活動」とされる）、他の手法や行為形式を補助するという場面で利用されることが多いであろう。

監視カメラの利用　　東京のフーゾクの街、歌舞伎町には、監視カメラが街の中に設置されている。

　しかし、この監視カメラの利用は何も、フーゾク街だけではない。たとえば、千葉県市原市では、廃棄物の不法投棄対策に、この監視カメラを利用している（千葉日報、読売新聞 2000 年 8 月 9 日）。

　このシステムは、法的には、市原市の「林道条例」（これは、林道への侵入許可制をとり不法投棄を防止しようとする目的の条例である。田村「自治体の廃棄物不法投棄対策と公物管理条例の利用――市原市林道条例の環境政策法務からの分析――」東京国際大学論叢〔経済学部編〕第 26 号〔2002 年〕参照）の実効性を担保しようとするものである。

　具体的には、携帯電話回線を利用し、センサーに反応した画像が市役所内の基地局パソコンに送信されるほか、監視用車両のノート・パソコンにも送信さ

れる。

　著者は、このシステムは、法的には「行政調査」の一つだと考えている。そこでこの24時間監視システムは、行政法上は、自動車の一斉検問に関する最(3小)決昭和55年9月22日刑集34巻5号272頁、百選Ⅰ 107事件での合法判決により支えられると思う。なお、車のナンバー・プレートなどの撮影も、それはプライヴァシーではないから、最大判昭和44年12月24日刑集23巻12号1625頁の肖像権判例の適用はないものと考える（参考判例として、Nシステムの合憲性につき、東京高判平成17年1月19日判時1898号157頁）。

　それでは、このカメラによる肖像の撮影はどう考えればよいであろうか。類似の制度として道路上の自動速度取締機（オーヴィスⅢなど）の合法性は、実務上はかたまっていると言えるので、それを参考にその法的論理を宿題として考えてみよう（文献として、石村耕治ほか「監視カメラ社会と法」法学セミナー2003年4月号参照）。

　なおアメリカでは、これは合衆国憲法第4修正上の争点となる。空港でのメタル・ディテクターなどのシステムはやはり合法・合憲とされている。現在の日本の法理論はアメリカの判例の強い影響を受けているので合わせて参考としてみるとよいであろう。

風営適正化法と行政調査　　まず風営適正化法が、たびたび改正されてきたことは、本書第5講で見たとおりである。

　その中でも、法律改正にかかわるデータを現在の時点で比較的見易い1984年改正に関するものを見てみるとよい。たとえば、1984年改正後の10年間の法運用を種々の角度から分析した「特集・風営適正化法施行10年を経て」警察学論集第49巻第2号（1996年）の中の、辻 義之「風営適正化法の施行状況と今後の課題」には、風俗営業などの営業所数の推移が具体的数字で示されている（8頁）し、1998年の改正につながるデータとしては、小島隆雄「風俗関連営業その他の性を売り物とする営業の現状と課題について」（50頁以下）に載っているので見てみるとよい。

　このような数字は、まさに調査によって得られるものだが、その調査は即時強制的な性格を当然のこととして有するものではなく、むしろ法運用の実態を捉えて、将来の法改正をにらんで行われるものである。つまりそれは、法律・

条例の立ち上げを具体的に考える最近の行政法上の理解、すなわち政策法務（この点、阿部泰隆『政策法学と自治体条例―やわらか頭で条例を作ろう』〔信山社、1999 年〕参照。なお、筆者の政策法務観は鈴木庸夫教授と同じく――鈴木庸夫・磯崎初仁・山口道昭・内山真義「政策法務の到達点―地方分権時代の政策法務を語る〈座談会〉」地方自治職員研修第 434 号 21 頁〔1999 年〕参照――、立法も含むがより広く法解釈論まで含んで考えている。田村「廃棄物処理法における産業廃棄物処分場設置許可申請と地方自治体の裁量権」東京国際大学論叢〔経済学部編〕第 21 号 27 頁以下〔1999 年〕を参照されたい）という発想、具体的な新しい法制度設計に向けられたものである。

次に、現行の風営適正化法は、第 5 章「監督」の中に、「報告及び立入」（風営適正化法 37 条）の規定を有している。これも、行政の行為形式あるいは手法としては行政調査にあたるが、その法的性格は、むしろ義務履行あるいは行政の実効性確保のためと捉えてよいであろう。

さて、ここでは報告と立入とあるが、これは、「解釈基準」（これについては本書第 5 講参照）によれば、「立入りは、直接営業所内に入るものであるため、営業者にとって負担が大きいので、報告又は資料の提出で行政目的が十分に達せられるものについては、それで済ませることとし、この場合には立入りは行わない」（「Q＆A」111 頁）とされている。つまり、私人への行政介入の程度の差であると考えてよい。それではここでいう、負担とは具体的には何を指すのだろうか。それは、プライヴァシーの権利であると考えてよい。それでは、プライヴァシーの権利の根拠はどこに求められているのだろうか。

わが国の憲法学の学説は、これを憲法 13 条の一般条項に求める傾向がある。しかし、アメリカ法での理解をもとに政府の活動の規律という面からこれを考える刑事訴訟法での最も有力な学説は、具体的な規律を考えるのでそれを憲法 35 条に求めるわけである（渥美東洋『捜査の原理』〔有斐閣、1979 年〕、中野目善則編『法の機能と法解釈』〔八千代出版、1993 年〕参照。なおこの考えは、当然、行政手続も視野に入れていることに留意せよ）。その主要な理由は、13 条は一般条項であるがゆえに何でも入れられそうだが、一方でそれゆえに規範的要請が弱い場合が考えられる（たとえば、何が 13 条の内容かははっきりしないので、嫌煙権や環境権などを十分に基礎づけにくいことを考えよ）とともに、具体的な規律もしにくいからなのである。

さて、これを念頭に風営適正化法 37 条を見てみると、立ち入る場合、警察

```
                                                  第      号

                         立　入　証

            この立入証を携帯する者は、風俗営業等の規制及び業務の適
          正化等に関する法律第37条第2項の規定により立入りを行う警   5.5
          察職員であることを証明する。


                                    公安委員会　　印

                              9.5
```

(警察庁生活安全局生活環境課監修『まあじゃん　ぱちんこ　ゲーム機設置営業のための風営適正化法令解釈基準集』87 頁〔大成出版、1995 年〕より)
(「ハンドブック」537 頁より)

職員「立入証」を関係者に提示することとなっているが、これは、35条の令状主義をよりソフトな手法に応用したものと考えられる（憲法13条には、このような具体的制度を基礎づける文言がないので、13条説ではこれは憲法上の要請ではないとなる可能性も出てくる。このことからもむしろ35条説の方がすぐれていることは容易に理解できるであろう）。そして、その他にも、「解釈基準」は、立入、報告は原則1回のみとすること、犯罪捜査やその他の行政目的（たとえば、経営状態把握のための会計帳簿や保健衛生上の調理物の検査はしてはならない。つまり税務署や保健所の権限を代行してはならない）とする（「Q&A」111頁）など、一般探索的調査を禁止するとの理解を示す、すなわち不合理なプライヴァシーの開披を禁止しようとする憲法35条の要請（合理的プライヴァシーの期待の法理）と制度からするとうまく説明できるわけである（行政調査収集資料の刑事手続の利用の可否につき、山本未来「行政調査で取得収集された情報の目的外利用―税務調査と犯則調査における資料の相互利用の適否」明治学院大学法科大学院ローレビュー第2巻第3号〔2005年〕）。なお、余談とはなるが、「フーゾクの匂いを感じる」というのが、警察の実務現場の感覚としてあるようである。なお、最近のJKビジネスは、風営適正化法の対象外でこの法律での調査はできない。そこで警視庁は条例化を検討している（産経新聞

2016年5月26日）。

行政調査のデュー・プロセス 以上のように、行政調査は憲法35条による規律で考えるべきだが、その根底には、その総則規定たる憲法31条、すなわちデュー・プロセス（手続的デュー・プロセス）の法理があるわけである。

　実は、アメリカ法では、早くから、刑事手続での規定、第4修正は、行政手続にも及ぶと判例上、考えられてきた。具体的には、Camara v. Municipal Court, 387 U. S. 523（1967）事件と、See v. Seattle, 387 U. S. 541（1967）事件で、火災防止や衛生維持上の住宅環境調査について第4修正の要請が及ぶ（令状主義が及ぶ）と判示されたのであった。しかし、一方で、学校での持物検査については、New Jersey v. T. L. O., 469 U. S. 325（1985）事件で、第4修正の要請は及ぶが、検査の性格上、令状までは求められないと判示されている。なお、第4修正のコア（核）は、調査対象の「特定性」にある。ドーピング検査が合法とされるのも、「特定性」が許容されているからである。

　このように、行政手続上の調査は、すでに述べたように広いコンセプトなので、憲法上の要請の及び方にも差があることを知ることができるのである。換言すれば、刑事手続にあっては、いわばフル・カバーで憲法上の要請が及ぶのに対し、行政手続ではその手続の性格により、フル・カバーに近いものもあれば、そうでないものまでバラバラになるということとなる。すなわち、この相違は相手のプライヴァシーの権利との相関関係によるが、たとえば空港でのメタル・ディテクターについて、常識から言っても誰も令状を求めると考える人はいないであろうことからも理解できるわけである（これらのアメリカ法での視点については、本講末掲記の文献のほか、山本未来「行政調査としての公立学校における校内調査」明治学院大学法科大学院ローレビュー第2巻第4号〔2006年〕、坂田仰「アメリカの学校教育における薬物検査」日本女子大学大学院紀要第9号〔2003年〕参照）。

　以上のような法的視点を、デュー・プロセスという基礎理論から見ると、合衆国では一般に、この分野でのデュー・プロセスはフレキシブルなものだと説明している。

　それでは、このような争点についてのわが国の判例の理解は、どのようになっているのだろうか。著名な川崎民商事件では、憲法38条の自己負罪拒否特

権は、刑事手続以外の手続にも、それが実質的には刑事責任の追及を目的とするのであれば及ぶと判示し（最大判昭和47年11月22日刑集26巻9号554頁、百選Ⅰ103事件）、さらに、いわゆる成田新法事件では、一般論として憲法31条と35条は行政手続に及ぶとされる（最大判平成4年7月1日民集46巻5号437頁、百選Ⅰ116事件）ので、本講で説明した理解と同様の立場をとっていると考えてよいであろう。

なお、調査の要件については、最（3小）決昭和48年7月10日刑集27巻7号1205頁、百選Ⅰ104事件を見てほしい。

ともあれ行政調査は、たとえば、生活保護法28条のように、その対象者が、調査の拒否、妨害などをした場合、保護の停止、廃止などが可能であり、このようにいわば、行政が「生殺与奪の全権を握っている」（木佐茂男編『自治体法務入門〔第2版〕』216頁〔ぎょうせい、2000年〕）ものもある。そこで、この種の手続には、デュー・プロセスの要請は強く及ぶこととなろう。

なお、「東京都テレホンクラブ等営業及びデートクラブ営業の規制に関する条例」では、警察職員の立入による帳簿等の検査（17条）を定めている。その他、この条例は、公安委員会の命令に基づき、警察職員は違反広告物の除却ができるが（19条）、宿題として、この「除却」の法的性格を考えてみてほしい。さらに、条例で立入検査を規定したとしても、次のような実務サイドからの指摘もある。それは、「講学上は強制調査の濫用が心配されるが、実務上は反対で、強制調査を行うことによる厄介さやトラブルをおそれたその不行使や不作為のほうが問題である」（松下啓一『自治体政策づくりの道具箱』39頁〔学陽書房、2002年〕から引用）とするものである。このような場合、三面的利害調整モデルや三面関係からは規制権限不行使訴訟の対象ともなろう。それとともに、実務の現実を考慮した理論展開の必要も知ることができる。

なお、条例による立入調査は、不法投棄のような場合、その自治体外の事業所などへも認められるとするのが有力説である（北村喜宣『産業廃棄物法制』155頁〔第一法規、2003年〕）。

私人に対する調査命令等 土壌汚染対策法は、土地所有者等に、汚染状況に調査を命じることができるとしている。また、このような私人に対する調査命令とタイアップしてみておもしろいのは、最近

問題となっている脱法ドラッグについて、店への検査命令という制度がある。この場合、結果が出るまでは営業できないので、検査命令それ自体が営業停止とほぼ同様の効力を有することとなる（NHK 2014 年 9 月 16 日報道）。

これらの制度を、行政調査の 1 つのヴァリエーションとして捉えられるのか、行政処分として捉えるのか、それとも行政処分と行政調査の複合的性格と捉えるのか、今後、法的性格を検討すべきである。なお、最高裁は、平成 24 年 2 月 3 日民集 66 巻 2 号 148 頁で、処分という位置付けを行っている。

そのヒントとして、前者の土壌汚染対策法の場合は、主たる目的は行政として情報を収集しておくことにあるのに対して、後者の脱法ドラッグの例は、営業停止効果を実質的にはねらっていると考えられる点をみなさんにサジェスチョンしておこう。

行政調査と刑事手続　税務調査には、公平課税という行政目的の調査（各税務署が行使）と、逋脱事件の捜査目的で国税犯則法上の調査（この場合は、国税庁査察部から検察庁への通告処分という仕組みをとる）がある。これらは目的が異なるので、逋脱罪と重加算税とは憲法で禁止する二重処罰にはあたらない（最〔2小〕判昭和 45 年 9 月 11 日刑集 24 巻 10 号 1333 頁、最大判昭和 33 年 4 月 30 日民集 12 巻 6 号 938 頁、百選Ⅰ 111 事件）。最高裁は法人税法 156 条、153 条および 155 条による租税実体法上の調査権で得られた証拠を逋脱事件で利用することを、主に刑事手続を目的とはしなかったことを主要な理由として、合法としている（最〔2小〕判平成 16 年 1 月 20 日、百選Ⅰ 105 事件）。一方、逆に、犯則調査により得られた資料を課税に利用することも合法としている（最〔1小〕判昭和 63 年 3 月 31 日判時 1276 号 39 頁）。後者は、行政機関個人情報保護法 8 条 2 項 2 号の「相当な理由があるとき」との規定との関連で考えてみてほしい（阿部・解釈学Ⅰ、496-499 頁）。

〈参考文献〉
神長 勲「行政調査」雄川一郎・塩野 宏・園部逸夫編『現代行政法大系 2 行政過程』有斐閣、1984 年。
曽和俊文『行政調査の法的統制』弘文堂、2019 年。
曽和俊文「行政調査」成田頼明編『ジュリスト増刊：行政法の争点（新版）』有斐閣、1990 年。

曽和俊文「行政調査」法学教室第226号、1999年。
　　成田秀樹「行政調査の規律とプライヴァシーの客観的期待」海上保安大学校研究報告第44巻第2号、1999年。
　　曽和俊文「行政調査手続の整備」ジュリスト第1304号、2006年。
　　山本未来「行政調査としての防犯カメラとプライバシー保護─杉並区防犯カメラの設置及び利用に関する条例制定を契機として─」明治学院大学法科大学院ローレビュー第1巻第2号、2005年。
　　山本未来「土壌汚染対策法に基づく調査報告命令及び通知の行政手続法上の位置づけ」明治学院大学法学研究101号、2016年。
　　三村修司「財産調査権のない債権における調査事例」自治実務セミナー第680号20頁以下、2019年。
アメリカのメタル・ディテクターなどの合憲性について、
　　田村「公立学校での所持品検査と合衆国憲法第4修正の適用─アメリカ教育行政法と行政調査─」東京国際大学論叢（経済学部編）第20号、1999年。
アメリカ法での第4修正における「特定性」について、
　　田村「公立学校での行政調査としての薬物検査と合衆国憲法第4修正」明治学院大学法律科学研究所年報第20号、2004年。
なお上記2文献は、T.L.O.以後の合衆国での現実の法運用に合衆国の実務書、現地でのヒアリングにより分析を加えたものであり、T.L.O.以後の法運用の分析ではないのでそこでは引用はしていないが、T.L.O.判決当時の状況の分析として、
　　荏原明則「生徒の人権と教職員による所持品検査・捜索」神戸学院法学第16巻3・4号、1986年。
二重処罰との関係は、
　　田村「通告処分制度の必要性と救済手続の検討」東京国際大学論叢経済学部編17号（1997年）。
　　田村「非刑事的没収・追徴と合衆国憲法『二重の危険』」法学新報103巻10号（1997年）。
　　田村「行政の実効性確保と非刑事的金銭上の制裁」東京国際大学論叢経済学部編14号（1996年）。

第14講

申請に対する処分

先生 今回から、行政手続法の第2章・第3章に入る。ここでは処分に至る手続を定めているんだ。

マリちゃん 憲法の講義で、31条の適正手続について去年習いました。その応用と考えていいんでしょうか。

先生 そうだね。松井茂記『日本国憲法〔第3版〕』543頁以下（有斐閣、2007年）でも、行政手続は「政府のプロセスに関わる諸権利」で扱われているので、そう考えてもいいだろうね。ところで、少しボクの学生時代の思い出話をさせてもらえば、憲法31条の講義をしてくださったのが橋本公亘先生でした。その時、適正手続の基本は「告知」「聴聞」だというお話をされ、それに付随して行政手続の説明をしてくださっていました。もちろん、当時のことだから、行政手続法それ自体はいつできるのかわからないという内容だったと思います。

マリちゃん そうすると、やはり告知・聴聞が中心となりますね。

先生 ただし、今の行政手続法は従来の個別の法律の用語を統一したので、「聴聞」という言葉はボクが学生だった時とは異なり、第3章での意味で用いられます。そこで私は第2章やその他の手続法もカバーする目的から notice and hearing と英語にもどって説明することにしています。そうそう、そういえば、橋本先生からは学問の自由のところでも、かつて私が学んだ校舎で、この教室が瀧川事件の発端となった講演が行われた教室ですといったことも教えてもらいました。橋本先生は先年お亡くなりになりましたが、学問は先人の努力の上に立っているということを皆さんにも知ってほしいと思います。もう少し詳しく知りたい人はジュリストの外間先生が書かれたものを読むとよいでしょう（外間寛「橋本公亘先生を悼む」ジュリスト第1136号90頁以下〔1998年〕参照）。そう言えば、最後に橋本先生とお会いしたのは公法学会の帰り、バスの中でお会いし、建て替え前の京都駅の2階のレストランで食事をともにさせていただいた時でした。

マコト君 先生の思い出話を聞くと、やっぱ授業って出ておいた方がいいんだな……。

先生 そうさ。それこそ notice and hearing という点を大学の講義に応用すれば、授業をよく聞いたうえで（hearing）、質問や答案で自分の考えを伝える（notice）ということが大事だね。アメリカやイギリスでは手続的正義を notice

and hearing に求めるから、授業に出ないで試験の時に他人のノートのコピーですませようとするのは手続的正義に照らしアン・フェアーと考えるわけだ。
マコト君 まいった！
先生 それでは、橋本先生のあざやかな講義のようには、ボクの力量不足でできないが、この点は許してもらうとして、さっそく講義に入りましょう。

講義ノート

「手続」という考え方と「行政手続法」制定への流れ

少し不正確かもしれないが、イメージ作りのために多少ラフであることを覚悟して述べれば、われわれの法のベースとされた欧米で発展した「近代法」には、大きく分けると2つのタイプがあり、その特徴は次のようなものであると考えてよい。それは、Anglo-American Law（英米法）と Civil Law（大陸法）なのである。そして前者は、手続重視型、後者は結果重視型であると言ってよく、それゆえに後者では古典的「行政行為論」中心の「体系」（これが民法にいくとパンデクテン方式となる）思考となったのに対し、前者は「行政手続」への発展とケースごとの問題別の思考方法をたどっていくこととなる。すなわち、「行政行為」という結果を重視するのか、「それに至る手続」を重視するのかということと考えればよい（なお、イギリス近代法の基礎となった「立憲主義」はベルギーを経て大陸へ伝わった。そこで、ベルギー憲法が注目されることとなる。この国は複数言語の国だが、それゆえ多くの言語に翻訳されたのであろう。ちなみに、「フランダースの犬」で有名なフランドル地方は、フランドル語というオランダ語の方言であり、ブリュッセルの周辺はフランス語である）。

英米法が、手続重視になった主要な理由は、イギリスで発達した Writ（令状）や、多民族国家アメリカの現状から、結果のコンセンサスを得るのは実際上困難なので、そのプロセスで十分に意見を交換しておく必要があったからであろう。すなわち「相手の意見を十分に聞き」「自らの意見を十分に伝える」という考え方である。

以上の考え方は、何も法律学独特のものではなく英米の人々の生活や思想の中に深く根づいていると言ってよいであろう。たとえば、ゴルフが、レディーとジェントルマンのスポーツだと言われるのも、自分の点を自己申告（notice）

し、一緒にプレーした人々はそれをそのまま受け入れる（hearing）というルールがしっかりしているからであると言われる。この考えは、勝ち負けという結果を重視しないわけである。このように、英米の文化の中に根づいた考えが、最も洗練した姿となったものが「法的手続」なので、アメリカではその頂点に立つ合衆国最高裁判所は「文化の象徴」とも言われるほど高い評価を受けている（なお、それゆえに、最高裁のトップ Chief Justice は合衆国の全裁判官のトップなので「首席裁判官」と訳すのであり、官庁としての最高裁のみのトップとしかとれない「長官」という訳は与えないわけである。翻訳はシステムをよく知ってしないと誤訳をまねくということも知っておこう）。そして、手続という考えは何も司法だけではなく、立法過程にもあり、それゆえ州議会の議事堂などを見学した際にはヒアリング・ルームという部屋をいくつも見ることとなる（まさに、英米法の伝統的なパブリック・コメントの精神を見ることができる。そして、パブリック・コメントはまさに「行政手続」から発展した法制度であることを思い出そう——本書第2講）。

さて、以上のように手続こそ「フェアー」すなわち「法的正義」と考えるが、これを適切に言い表しているのがよく引かれる、McNabb v. United States, 318 U. S. 332（1943）事件での「自由の歴史の大部分は、手続的な保障の厳守の歴史であった」というフランクファーター裁判官の表現であろう。手続を遵守することが結果として権利を守ることになるということである。

無駄話を少しさせてもらえれば、欧米の世界にわが国を伝えた書物は、クウェーカー教徒の思想に強く影響された新渡戸稲造の『武士道（Bushido）』であった（そこで、当然、英語で出版されている。原書は『新渡戸稲造全集第12巻』〔教文館、1969年〕に収められている）。新渡戸は、この本で武士道を Ethical System（第1章）として位置づけている。これに関し、われわれ法を学ぶ者が注目するのは、新渡戸の次の説明である。

すなわち、It, perhaps, fills the same position in the history of ethics that the English Constitution does in political history; yet it has had nothing to compare with the Magna Charta or Habeas Corpus Act. つまり、この Ethics の歴史は、ヘービアス・コーパス（人身保護法と訳すが、これはラテン語であり、コーパスは「体」そしてヘービアスは英語での have または take に相当する）やマグナ・カルタはないけれども、それはイギリス憲法の歴史にほぼ相当すると述べ、その

後、戦いにおける Fair Play を例として掲げている。宮部金吾は、この本は「日本精神を世界に向って紹介」（新渡戸・全集第 1 巻、436 頁）したものだと述べているが、そのような理解に立てば、当時の人々の置かれた実状からは英米と同じ思想を日本も持っているので同等の立場にあるということを意識したと考えてもよさそうであり、英米憲法の制度的支柱たる手続的正義 fairness を意識して書かれたことはその一つの具体的法制度であるヘービアス・コーパスを掲げていることからも十分に推測されるように思われる（なお、聖書では、この Corpus は、Pauline Corpus、パウロ書簡集を表す単語として使われている。A・ギルモア〔本多峰子訳〕『英語聖書の歴史を知る事典』148 頁〔教文館、2002 年〕参照）。

なお、想像をたくましくすれば、忠臣蔵では、幕府が浅野の言い分を聞かなかった、ヒアリングをしなかったことが原因であったが、その手続的違法に、武士道の精神の復権をかけ仇討ちという方法で対応したのであった。

ともあれ、英米憲法を継受した日本国憲法は、その 31 条に適正手続条項、すなわちデュー・プロセス条項を有しそれは公正・公平、つまりフェアーであることを求めるが、その制度的原理は notice and hearing なのである。この憲法上の要請を、まず実現したのは、政府の権限の中でも最も強力にそれが行使される刑事手続であった。われわれが、よく知る逮捕状や起訴状、冒頭陳述は政府の notice の機能を担い、拘留理由開示や反対尋問および準抗告などは hearing の機能を担っている（なお、刑事実体法の面でも、fraud つまり正確な情報を相手に伝達しないこと自体が犯罪とされることとなった。fraud をわが国では「サギ」と訳すが、これは不正確である。notice and hearing を支えるためなので「伝達の不正」とすべきであろう。したがって mail fraud と wire fraud は「通信手段の不正利用」とすべきである。これを「郵便サギ」などと訳すのは不正確な訳となろう。虚偽申告 false claim がわが国と異なり重い犯罪とされたり、民事では虚偽広告 false advertising が消費者提起訴訟として認められるのも同様の発想による）。

ところで、このデュー・プロセスの要請すなわち憲法 31 条は、何も刑事手続に限られるのではない。このことは最高裁判所も判例（最大判平成 4 年 7 月 1 日民集 46 巻 5 号 437 頁、百選Ⅰ 116 事件）で認めている。

そこで、行政法でも「公法の基本原理」の一つとして「適正手続」を掲げるテキストもある（櫻井＝橋本、31 頁）が、より広く「法一般の基本原理」として

「適正手続」すなわちノーティス・ヒアリングは理解されるべきであろう。たとえば、法を学んだ人の心がまえとして、マスコミや社会からバッシングを受けている人にも、真理や合理的な言い分があるのではないのかといった視点で、社会的事例を見ることは、とても大切なことであろう（過去に、後になってみればマスコミ報道がまちがっていたといった例は、いくらでもあったことを思い出してみよう）。

しかし、わが国で「行政手続法」が制定されたのは、1993年の11月になってからであった。しかし、この法律の制定に至るまでには多くの人々や判例理論の努力があったことは忘れてはならない。その代表的なものを掲げておけば、行政手続の整備は1962年の第1次臨時行政調査会以来たびたび議論された。実は、この調査会の実質的に草案を書いたのが橋本公亘博士であった（橋本公亘『行政手続法草案』〔有斐閣、1974年〕参照）。この、いわば橋本案は、現在の手続法とは異なる（たとえば、アメリカのTrial型聴聞に近い手法をとる）ことは事実だが、行政手続の理念と具体的な姿を示したことは、その後のわが国の法制定の動きに強い影響を与えた。行政法のテキストでも、成田頼明・荒 秀・南 博方・近藤昭三・外間 寛『現代行政法』（有斐閣、1968年）は、このような動きをいち早く導入している。

判例理論も、著名ないわゆる個人タクシー事件で（最〔小〕判昭和46年10月28日民集25巻7号1037頁、百選Ⅰ117事件。また関連判例として、いわゆる群馬中央バス事件、最〔小〕判昭和50年5月29日民集20巻5号662頁、百選Ⅰ118事件がある。ここでは運輸審議会の手続が争点とされた。この判決論理は、その後、薬害HIVの刑事事件に転用された）、現在でいう審査基準の設定がなされていないのは違法事由になるという判断を示し、行政手続の要請が具体化していくこととなった。

これらの流れを受け、現在の行政手続法の直接の基となったのは、1990年のいわゆる第3次行革審（臨時行政改革推進審議会）での公正・透明な行政手続部会が1991年に出した報告書中の「行政手続法要綱案」であり、それが最終的には政府への答申として提出された（この点については、詳しくは仲 正『行政手続法のすべて』1-2頁、172頁以下〔良書普及会、1995年〕参照）。これが内部的な整理を経て、政府提出法案となっていき、1993年11月に制定され、1994年10月に施行されることとなった。

本講の冒頭で、大陸型・英米型という近代法の類型を示したが、大陸法系の

ドイツではすでに1986年に行政手続法が制定されており、その意味では、わが国のこの法律は、かなり遅い制定であったということができるであろう。なお、行政手続の憲法上の原則規範について、わが国では13条説（小早川・下Ⅰ、52頁）、31条説があるが、著者は、デュー・プロセスとの関心から31条に求めることが合理的であると考えている。また、法1条での「公正」は「ヒアリング」を、「透明性」は「ノーティス」を示すとされる（小早川・下Ⅰ、34-35頁）。

風営適正化法と行政手続法第2章

行政手続法第2章・第3章は、「処分に至る手続」を定めている。そこでまず、ここでは、行政手続法が予定する処分の類型を知ったうえで、第2章「申請に対する処分」へと入っていくこととしたい（なお、旅客自動車運送事業の運賃等の認可に関する道路運送法89条のように個別法で「意見の聴取」という例外の手続があることが報告されている〔小早川・下Ⅰ、60頁〕が、これは、政策判断が入るからであろう）。

行政手続法は、第2章で「申請に対する処分」・第3章で「不利益処分」という2つの処分の類型を前提に手続を定めている。この中での第3章はまさに営業停止や免許の取消しというイメージでわりとわかり易い（なお、次講で詳しく説明する）。それでは、第2章「申請に対する処分」とは、どのような処分なのだろうか。それは、一言で言えば、許認可にかかわる処分なのであり、従来の行政法学では「授益（的）処分（行政行為）」（たとえば、芝池・総論〔初版〕、132頁；詳しくは石川・論点、83頁）と呼ばれたものに相当すると言ってよい。すなわち、許認可は、行政庁の方から許認可を与えると働きかけるのではなく、それを得たいという人が申請をして得ることから、その手続の実態に即して「申請に対する処分」というタイトルとなった。

それでは、風営適正化法では、どのようなものがこれにあたるのであろうか。それは、3条の「風俗営業の許可」や7条の2での「合併の承認」がこれにあたる。なお、性風俗特殊営業に対しては届出手法（本書第19講）によっている（その理由は「許可」という行政処分は、営業を積極的にオーソライズするという意味があるのに対し、「届出」には、そのような意味はないからである。このような視点からも、伝統的行政行為論と政策法務からのアプローチが相当異なることを知ることもできよう。その他の点も含め許可と届出の相違については、阿部・システム〔上〕、83-85頁参照）。

具体的な手続　それでは、次に具体的な手続を見てみることとしよう。風営適正化法3条によれば、風俗営業の許可は、「当該営業所の所在地を管轄する都道府県公安委員会」に対し求めることとなっているし、7条の2の承認も同様である。

さて、これらの許可や承認を得ようとする者は、通常は多くの他の法律による申請も同様の場合が多いが、どうすればよいのか、どういう添付書類をつければいいのかわからないことも多い。そこで、それらについて行政庁の指導を求める場合が多い。そこで行われる行政指導については、行政手続法第4章の33条で規定されている。すなわち、第2章「申請に対する処分」は申請者に「申請権」があることを当然の前提としているので（申請権については、村上裕章「『申請権』概念の展開」法政研究第84巻第1号41頁以下〔2017年〕、同「『申請権』概念の生成と確立」佐藤幸治＝泉　徳治編『行政訴訟の活発化と国民の権利重視の行政へ』336頁以下〔日本評論社、2017年〕）、そこでは「当該行政指導を継続すること等により当該申請者の権利の行使を妨げるようなことをしてはならない」と定めている。

なお、都道府県でなされている中小企業等協同組合法による中小企業等協同組合の設立認可のような場合、後に述べる行政手続法6条の標準処理期間は約2週間である。しかし、通常は申請書類の点検などを行っていると半年から1年はかかるのが実状であり（実務ではこの申請では申請者の申請書類をそのまま受け付けたのでは漢字の間違いも含めまず通らないと言われ、たとえば組合の「定款」での「推選」の字や句読点の位置——これによって定款の意味が変わる場合があるので——まで点検をするわけである）、それゆえいわゆる事前指導の期間が長くなってしまうから、ある県の実務では、行政手続法33条との関係で実状を説明したうえで指導を受けるのかそのまま出すのか申請者の選択にまかせているという実務をとっているし、著者も実務運用としてはこれで十分であろうと思う（また、この説明も同法9条の情報の提供によっているので問題はない）。また実務的なこの種の運用を支える、判例上の根拠を、申請者が自ら事前指導を選択していることから、本書第10講でも言及した最（2小）判昭和57年4月23日民集36巻4号727頁、百選Ⅰ123事件に求めることも可能であろう。

さて、手続法理の基本的な枠組み・原理は notice and hearing だが、この第2章では5条「審査基準」として行政主体はまず notice を行うこととなる。こ

の基準の設定は、すでに指摘した個人タクシー事件で判例上求められていたものだが、この5条はそれをさらに一歩進めて設定した基準の公表まで行政主体に義務づけているわけである（公表義務違反について、東京高判平成13年6月14日判時1757号51頁を見よ）。なお、判例は具体的な審査基準が不合理な場合、処分それ自体の違法を構成するとする（原子炉設置許可処分が争われた最〔1小〕判平成4年10月29日民集46巻7号1174頁、百選Ⅰ77事件）が、これは、この基準がnoticeという手続法理の核心部分にあたるからと解してよい。なお、ある自治体では、毎年この基準を見直している。それは、申請者に従来の基準では、十分に伝わらなかったり、誤解を与えたりした場合、いわば、ヴァージョン・アップして、今後そのようなことが起きないようにするわけである。

　なお、行政手続法制定後、相当な時間が経過しているが、建築基準法53条の2第1項3号および4号の規定による許可基準をやっと最近作った自治体もある。現在でも、基準が制定されていないものもあると言われ、このような状況は改善されるべきである。

　また、政策法務の視点から、この審査基準を利用して街づくりをなし得る場合もある。たとえば、都市計画法34条2号では観光資源の有効な利用上必要な建築物につき、例外的な開発許可を決めている。そこで何が有効・必要な建築物なのかは自治体の審査基準にまかされている。そのためA県では、宿泊施設・土産物販売店、料理飲食店をそれにあたると基準で指定し、フーゾク業などは排除している（消極面）。一方で、B県は、A県の基準に加え、私設美術館等の芸術施設、水族館等の科学施設を有効・必要なものとして基準に加え、芸術・科学施設を含めた観光立県としての街づくりをめざしている（積極面）などを考えてみるとよいであろう。

　風俗営業の実際の基準例を示せば、キャバレー、ナイト・クラブなどにあっては、客室の床面積が1室66㎡以上、客室の内部にカーテンや背の高さが1m以上のいすなど客室内部の見通しを妨げる設備を設けないこと、売春を行っている場所についての広告や善良の風俗などを害する写真などの設置を設けないこと、照度が10ルクス以下にならないための設備をすることなどである（「ハンドブック」83-84頁参照。2015年の改正では、10ルクス以上と以下で特定遊興飲食店営業と低照度飲食店営業に区別され、条例での対応もかなり可能となっている）。なお、その

他の法令との関係では、たとえば公益法人の設立認可申請（都道府県が処分を担当）では、1996年の閣議決定が審査基準となっているが、そこでは「社会的信用を傷つけるものではないこと」が公益法人認可の要件とされるが、まさに「公益法人」という場面では風俗営業などはこの基準により排除されるというのが現在の実務である。

　以上のような基準を満たしていると考える者が申請をなすこととなるが、風営適正化法は法律自体で、そもそも実際上の効果として「申請権」のないのと同等になる者を定めている。それは、許可の取消（講学上は撤回）を受けた者が、名義変更などの方法により再営業をはかるおそれが高いからだとされている（阿部・システム〔上〕、130頁）。そこで風営適正化法は、4条で取消の日から5年を経過しない者は許可を得ることはできないとしているほか、政策法務の立場からは、内縁の夫や妻、暴力団の手下などに許可取消処分を受けた者がいる場合「連座制」を風俗営業でも取り入れるべきという重要な提言が阿部泰隆名誉教授によりなされている（阿部・システム〔上〕、131頁）。なお、阿部名誉教授のアプローチは、監督行政システムの中での対人処分、対物処分、対人対物混合処分とされるが（阿部・システム〔上〕、129頁）その中での対人処分にあたるとされるわけである。なお、このような発想は、アメリカ法でも取られており、たとえば、組織・企業の規制や違法行為への対応で、in rem（対物）、in personam（対人）といった把握で没収や追徴がなされている。

　そのほか、風営適正化法では、以上の名義変更などにも関連するがくり返し違反をさせないよう、4条で風営適正化法違反のほか、刑法、労働者派遣事業適正法、労働基準法違反の場合や、暴力団対策として「集団的に、又は常習的に暴力的不法行為その他の罪に当たる違法な行為で国家公安委員会規則で定めるものを行うおそれがあると認めるに足りる相当な理由のある者」には許可を与えられないこととなっている。審査をする行政主体から見ると「欠格事由」（「Q＆A」41頁）となるが、これらは、申請をしようとする者から見ると、まさしく申請権自体が法律で認められていないというのと等しくなることとなろう（そこで、脱法的な名義貸しなどが生じることとなる）。

　さて、以上のような要件に該当しない者は申請権に基づき申請をすることとなるが、その場合、事後への対応の目安を与えるために行政手続法6条は「標

準処理期間」を設定し公にしておくことを行政主体に義務づけている。たとえば、風営適正化法での「合併の承認」では50日程度となっている（「Q＆A」38頁）。そして、この期間は、まさに「標準」なのでこれを徒過しても直ちに違法となるわけではない（要するに、デッド・ラインではない）。つまり、この段階でも後に指摘する「時の裁量」が働く場面もあろう。しかし、著者は、公務員の方々への研修などでは、徒過した場合、なぜ徒過しているのかとの理由をnotice and hearing という手続法理の精神から、申請者に伝えておくよう法運用上の配慮をすることを従来から提言してきた（なお、改正前の埼玉県個人情報保護条例での監察委員制度では、徒過する見通しとなった場合、理由を付したうえで、だいたいの予定期日を文書で通知するという実務を採用していた）。最近は、介護保険法のように、結果通知まで、30日を経過する場合には、遅れる理由、見込み時期を通知するという制度をとるものも出てきている。

　もっとも、申請書が棚ざらし状態になった場合は違法となる。たとえば、現在の基準で言えば、30日の標準処理期間について約2年も処理をしなかった場合、不作為が受理拒否処分であるとの主張は否定したが、不作為の違法は認めている（仙台地判平成10年1月27日判夕994号132頁）。このケースは、1993年10月申請事例なので、行政手続法制定前のものだが参考となろう。なお、参考までに述べれば、この場合、不作為の違法確認を併合しつつ法定抗告訴訟の一種である義務づけ訴訟（2004年改正で法定抗告訴訟となった行訴法3条6項、37条の3第3項）も可能となろう。従来は、行政事件訴訟法3条5項の不作為の違法確認訴訟や国家賠償訴訟で対応してきた。

　さて話は少し長くなってしまったが、次に行政手続法9条は、「情報の提供」との規定を置く。なお、この条項は、申請者や申請を予定する者への情報の提供（すなわちnotice）であり、その情報が文書などの場合、それ以外の者は、情報公開法や条例により求め、その適用除外にあたらなければ見られることとなる。

　さて、行政手続法9条は、申請者が行政主体から情報を得るための規定だが、10条は逆に、行政主体が申請者以外からの情報や意見を得るための規定である。そこで「努力目標規定」となっているので、行政主体が、事務処理上、すでに十分な情報を得ている場合には公聴会などは開かれない。このことは、都

道府県のパスポート・センターがパスポートの発給をなす際、申請人の家族や職場・学校の教員から意見をいちいち聞かなければならないとすると不合理な結果になることを想像すれば、この規定の意味はよく理解できよう。なお、参考となる判例として、前掲最（1小）判平成4年10月29日がある。また、法律や条例で、いわゆる欠格条項が定められている場合、必要な犯歴調査は、この10条を根拠に行われる。たとえば、廃棄物処理条例のような場合、公安委員会と検察庁に対してその要請を自治体が行う。

　もっとも、行政計画（本書第8講）にも共通となるが、公聴会を開く場合は、単なるセレモニー（これを、兼子 仁『行政手続法』36頁〔岩波書店、1994年〕の命名で「きくもんかい！」と呼ぶ。高木 光『ライブ行政法〔中級編〕補訂版』48頁〔有斐閣、1995年〕）となってはならない。このような意味では、この10条を「第三者保護規定」と理解する見解（高橋、72頁）にも合理性がある。

　さて、以上のような手続過程を経ることとなるが、行政手続法7条で、行政庁の「審査・応答義務」を定めている。これは、従来行われていたような、書類の「返戻」や「窓口規制」をしてはならないというものであり、申請者の申請権を前提とする規定と考えてよい。そこで、この規定は、一般に、従来の「準法律行為的行政行為」としての「受理」概念を完全に否定したものと解されている（塩野・Ⅰ、319-320頁；石川・論点、84頁）。

　そこで、いわゆる三面関係の中で、行政が事業者に付近住民の同意書の添付を求め、これがなければ申請を受けつけないといったような場合は、「不受理」と同様であるから違法となると解される。ただ、同意を求めるよう努力を求めることは、事業者と付近住民との間で、話し合いや理解を求める「ツール（道具）」としての利用の限度であれば必ずしも違法とまでは言えないように思われる。

　そこで、10条の公聴会等（申請者以外から意見を聞く手続）を利用し、川崎市アセス条例等を例に「対審的公聴会」との提言がある（千葉 実「産業廃棄物の処理施設の設置手続における周辺住民の意向の反映について」都市問題第108巻第4号93頁以下〔2017年〕参照）。その意味でも、「対話型行政」との発想（大橋洋一『対話型行政法の開拓線』有斐閣、2019年参照）は必要であろう。また、建築基準法48条但書のように、個別法で公聴会を義務付けている場合がある（実務では、1973年の

国の回答に基づき、半径50m以内の者にポスティングなどを行うことが多い)。

なお、戸籍法の婚姻関係の届を処分と解した場合(櫻井＝橋本、171頁)、例外としての離婚届の不受理申立を考えてみてほしい。

さて、特に「返戻」については、行政手続法制定前の事例で、前記仙台地裁判決も含め、いくつか違法判決が示されているので、行政主体はこの点よく留意して実務を行うべきであろう。そこで、申請書類は「受理」ではなく「受付」「受取」として考えておこう。なお、この応用版が11条である。たとえば、一つの墓地を開発するのに墓地、埋葬などに関する法律と森林法の2つの許可を別々の行政庁から(現在は、前者が市町村、後者が都道府県)取るような場合、結果として、あっちが終わったらやりますからまずそちらの許可を取ってくださいと言って、結局たらい回しになることを防止しようとするものである(参考裁判例として東京高判平成5年3月24日判時1460号62頁)。なおここで、「時の裁量」(塩野・Ⅰ、145頁以下)が全く否定されるわけではない(小早川・下Ⅰ、46頁)。なお、7条についての最近の裁判例として東京高判平成19年5月31日判時1982号48頁がある。

さて、審査した結果、次の3つの応答の中の一つとなることが普通である。それは、認容、一部認容、拒否なのである。ところで、拒否処分にあっては、再申請の可否や訴訟提起などの判断をなすために、行政主体がそのような判断に至った理由が十分に相手方に示されなければならない。これが行政手続法8条の理由の提示である(行政手続法制定前の租税法上の更正処分につき、最〔2小〕判昭和38年5月31日民集17巻4号617頁、百選Ⅰ119事件)。

この行政手続法8条は「理由の提示」を求めるが、どの程度の理由を付すべきかについては何も述べていない。そこで、不十分な理由が問題となる。これについては、かつては理由付記と言われたが、この理由付記の初期の判例は租税法に関するものであった。しかし、1985年最高裁判所では、わが国の行政の中でも最も広い裁量権が与えられているとされる出入国管理行政の一部たる旅券法について、パスポートの発給拒否処分につき「その記載自体から了知し得るもの」(最〔3小〕判昭和60年1月22日民集39巻1号1頁、百選Ⅰ121事件)とし、相手方が十分に具体的に理由を知り得る程度が求められると判示した。この「了知」との基準は、その後、広い意味での行政手続の一部たる情報公開の開

示拒否理由についても確認された（最〔1小〕判平成4年12月10日判時1453号116頁）。そこで、行政手続法8条についても「了知」し得る程度の理由が求められると解されている。現に、1998年の裁判例は、行政手続法8条を直接扱ったはじめてのケースと考えられるが（東京地判平成10年2月27日判時1660号44頁）、不十分な理由は、処分それ自体の取消事由にあたると判示している。これは、まさしく、この理由の提示が手続法理 notice and hearing の中心であることによると解してよい。そこで、これらの判例は、手続違反の効果として、不十分な理由を根拠に処分自体の取消も求める場合がある（最〔3小〕平成23年6月7日民集65巻4号2081頁、百選Ⅰ 120事件）。そこで、訴訟で、不十分な理由が争われた場合、行政庁側としては処分取消しを避けるため、職権取消により訴訟対象を消してしまうとの実務的対応がある。なお、行政の内部統制的実例としては、情報公開限りではあるが、さいたま市行政透明推進課で、非開示等の場合に各課でつけた理由を全てチェックした例がある（現在は、定着したとして行っていない）。

風俗営業と建築確認申請　この点で、注目される最近のケースとして、ラブホテルの建築確認申請受付拒否事件（名古屋地判平成8年1月31日判例地方自治156号78頁）がある（評釈として、黒川哲志・判例地方自治170号62頁〔1998年〕参照）。

このケースでは、建築確認申請の受付・経由機関たる愛知県蟹江町が県への建築確認申請を、当該建築物が同町のいわゆるラブホテル条例（旅館等建築審査条例）の対象となることを理由に拒否したというものであった。判旨は、申請者が、建築確認の意思を明示していることを理由に、申請の効果は、申請書を担当者に提示した段階で発生すると判示している。本件は、1994年7月の拒否事例であり、行政手続法施行のギリギリ前のケースだったが、裁判所は、行政手続法の適用と同様の解釈を示している。

なお、本件では、ラブホテル条例での同意などの手続を踏むようにとの行政指導に従わないことも、社会通念上の正義の観念（？）に反しないと判示され、行政手続法・条例の第4章の運用の参考ともなろう。

情報公開制度との関係　さて、行政手続法10条は、利害関係のある人々が、公聴会などで行政へその考えを述べる機会のあることを予定している。ところで、意見や考えを述べるためには、その前提と

して行政の有する資料などを見たうえで適切な主張をするべきであるが、行政手続法9条の情報の提供は「申請者」にとっての権利であり、利害関係のある人々などはその対象とはならない。そこで、このような場合には、「情報公開制度」を利用するわけである。このような意味から「情報公開制度」も広い意味で行政手続の一つと言えるが、アメリカでの「情報公開（自由）法（FOIA）」は、もともとは「行政手続法（APA）」の改正法としてできあがってきたことを見れば、この関係はよく理解できるわけである。

さて、わが国では、まず、地方自治体の情報公開条例が先行し、国の情報公開法は、1999年にやっと公布された（全面施行は、2001年4月）。この法律の具体的内容については、塩野・Ⅰ、356頁以下を参照してみるとよい。

ところで最近は、憲法21条の内容たる知る権利（ここからは、請求権が出てくる）に加え、国の説明責任（アカウンタビリティー）にこの制度の本質が求められるので（塩野・Ⅰ、352頁以下、情報公開法第1条）、たとえば、東京都の情報公開条例のように都民の請求だけを待つのではなく、むしろ請求がなくとも公開していく（1999年より）というように新たな法運用が始まってきている（第2講参照）。

もっとも、情報公開制度は、民主主義という法の基本的な法原理から、国民・住民が行政に対し意見を述べたり、行政の問題を考えたりするものであることを忘れてはならないであろう。そのような意味からは、それとは全く関係のない営利目的での請求などをどう考えるのか、その限界も考えてみるべきであろう（たとえば、これを考える際の最も適切だと思われる文献として、阿部泰隆『論争・提案情報公開』〔日本評論社、1997年〕；同『政策法学と自治体条例』201頁以下〔信山社、1999年〕参照）。

さらにもう1つの問題として、自治体の行政手続条例、国の行政手続条例9条2項と同様、「申請者の求め」に応じ情報提供することとなっている場合が多い。一方、国の情報公開法4条2項は「補正の参考となる情報を提供する」との規定であり、請求者からの求めはその要件とはなっていない。情報公開条例に同様の規定を有しない自治体の場合、行政手続条例9条が適用されるとする提言がある（蓮實憲太「申請手続における情報提供のあり方—情報公開請求における補正を例に—」地方自治職員研修、2018年8月号44頁以下）。

適用除外　2004年の熊本市の「住民基本台帳に係る個人情報の保護に関する条例」では、ストーカー等の被害者保護の目的から、市長の行う住民基本台帳の閲覧制限処分については、同市の行政手続条例第2章の適用を除外している（7条）。

〈参考文献〉
　第14・15・19講共通の文献を一括して掲記する。
　　磯部 力・小早川光郎編著『自治体行政手続法〔改訂版〕』学陽書房、1995年。
　　宇賀克也『行政手続法の理論』東京大学出版会、1995年。
　　宇賀克也『行政手続法の解説〔第5次改訂版〕』学陽書房、2005年。
　　宇賀克也『行政手続・情報公開』弘文堂、1999年。
　　宇賀克也『行政手続法の解説（第2次改訂版)』学陽書房、2016年。
　　小早川光郎編『ジュリスト増刊行政手続法逐条研究』有斐閣、1996年。
　　佐藤英善編著『自治体行政実務行政手続法』三省堂、1994年。
　　総務庁行政管理局『逐条解説行政手続法』ぎょうせい、1994年。
　　高橋 滋『行政手続法』ぎょうせい、1996年。
　　仲 正『行政手続法のすべて』良書普及会、1995年。
　　室井 力・紙野健二編著『地方自治体と行政手続』新日本法規、1996年。
申請権については、
　　曽和俊文「権利の変容と公法学の課題」公法研究78号39頁以下（2016年）。
実務の実際については、次の文献を見よ。
　　塩野 宏・高木 光『条解行政手続法』弘文堂、2000年。
　　総務庁行政監察局行政相談課監修『行政手続法の現場—行政相談事例に見る運用の実際—』ぎょうせい、1998年。
　　南 博方・高橋 滋編『注釈行政手続法』第一法規、2000年。
　　早川 功・北柳 学『行政書士の実務風俗営業許可申請業務』法学書院、2010年。
なお、IT化としての電子申請については、次の文献を見よ。
　　NTTデータ情報化法制度研究会（河合輝欣監修）『電子行政の法務知識』ぎょうせい、2001年。
改正行政手続法に関して、
　　白岩 俊「行政手続法施行後10年の現場の体験から」ジュリスト第1304号、2006年。
　　松本敬司「行政手続法の施行状況」ジュリスト第1304号、2006年。
　　本多滝夫「裁判例の分析からみた行政手続法の課題」ジュリスト第1304号、2006年。

なお、第15講「不利益処分」の会話部分のレット・イット・ビーについては教会関係者からの御教示によっている。

Café de 自治体 3

【行政ドックの効果と課題】
　全国の市町村で、「行政ドック」が広まりつつある。市町村によっては「行政リーガルドック〔リーガル・ドック〕」「行政リーガルチェック」とするが、ここでは「行政ドック」と総称する。行政ドックとは、自治体の事務を外部有識者の手を借りて法的に検討し、結果を組織内にフィードバックして自治体全体の事務の適法性・妥当性の確保につなげるという取組みである。北村喜宣上智大学法学部教授が、健康状態をチェックして病気を早期発見したり予防する人間ドックからヒントを得て、提唱している。全国で初めて、静岡市が2008年から数年にわたって実施し、それをモデルに千葉県流山市が2016年から実践している。2018年には愛知県豊田市が実施準備を進め、栃木県那須塩原市が試行したとのことである。同年に岩手県滝沢市および軽米町も試行し、筆者もそれにかかわった。
　行政ドックは、具体的には、行政手続法・条例（以下「行政手続法等」という）に照らし、事務の適法性等を確認する。実施する市町村によって多少の違いはあるが、おおむね次のような流れで行われる。①職員に行政手続法等および行政ドックの内容や意義について研修を行う。②対象事務を定め、当該事務を所管する部署（以下「原課等」という）に、行政手続法等に照らしての質問が記載されている「問診票」（チェックシート）を事前に作成してもらう。③それをもとに行政ドック担当課が質疑応答を通じて「検査」し意見交換を行う（一次ドック）。④一次ドックをもとに「精密検査」すべき事務を選定し、外部有識者による質疑応答・意見交換を行う（二次ドック）。⑤二次ドックでの指摘事項等を踏まえ、原課等は今後の対応方針を検討し、実施する。⑥全庁的にそれらを共有し、留意するポイント等を確認するフォローアップ研修を行い、それぞれの事務を見直す。
　自治体職員については、「行政手続法等の理解度が高くない」「マニュアルに頼り、法令を十分読み込んでいない場合がある」「法令を使いこなしておらず、行うべき措置を行っていない場合がある」ことが指摘されている。これに対し、行政ドックを実施した市町村は、行政ドックには次の効果があるとしている。第一に、「職員が行政手続法等の存在や機能を体感できる」ことである。行政ドックは、同法等の運用をめぐる問診や意見交換等が行われるので、必然的に、その存在を意識せざるを得ない。第二に、「職員が事務について同法等に照らした客観的な評価を経験できる」ことである。監査では、行政手続法等に照らすところまではなかなか踏み込めないものと思われる。第三に、「その評価を通じて、市町村全体の事務が違法等にならないための対策を期待できる」ことである。行政ドックには、指摘に対する対応方針の検討や実施までが組み込まれている。

一方で、特に原課の職員の行政手続法等の理解が十分でないと、行政ドックの機能や効果を実感できず、「受診」への積極性を失ったり、負担感だけを募らせかねない。

　筆者は、現在の行政ドックを、法定されている抽象的な許可基準等を具体化する審査基準の具備だけではなく、審査基準自体の適法性や合理性のチェックを中心としたものにすることが有効ではないかと考えている。原課の職員は、許可等の根拠法令の運用についての関心は高い。その点を重視した行政ドックであれば、より積極的に取り組むことが期待できよう。審査基準の内容等のチェックを通じて原課職員等も根拠法令を読むことになり法令解釈のトレーニングにもなる。チェックする外部有識者側も個別の実体法の運用全体を対象とするわけではないので対応可能と思われる。

　〈参考文献〉
　北村喜宣「行政ドックの発想と自治体政策法務における意義」自治実務セミナー2018年10月号60頁以下。
　同「早期発見、早期治療！：『行政ドック』のススメ」同『自治力の爽風』（慈学社、2012年）6頁以下。
　稲葉博隆『訴訟リスク回避のためのリーガルチェック：法務の心得21か条』（第一法規、2018年）。
　平松以津子「予防法務のしくみの構築を目指して：静岡市の行政リーガルドック事業の試行的取組」北村喜宣ほか編『自治体政策法務』（有斐閣、2011年）614頁以下。

第15講

不利益処分の手続

マコト君 レット・イット・ビー」〜、ビートルズの曲っていいな〜。
先生 レット・イット・ビーって、どういう言葉か知ってるかい。
マコト君 ……。
先生 これは、聖書の有名な場面の言葉だ。天使ガブリエルから受胎告知を受けた時の、マリアの言葉なんだよ。「お言葉どおり、この身に成りますように」(『ルカによる福音書』日本聖書協会、新共同訳、1章38節) という言葉だ。
マリちゃん 欧米の人たちは、そういった聖書の場面を前提に、あの有名な曲を聞いているんですね。
先生 法律を学ぶにも、その基となった欧米の発想を知って勉強するのとしないのでは大きなちがいが出る。今、私たちが勉強している行政手続の発想も、実は、聖書にその基がある。それでは、今日は、前回の申請に対する処分に引き続き、行政手続法第3章の「不利益処分」について話をすることにしよう。
マリちゃん 先生……、裁判と同じようなものなのでしょうか?
先生 そうだね、デュー・プロセスという憲法的要請に規律されることや、違反事実を確定し、法令を適用するという点では同じような理解はできるね。しかし、行政の専門・技術性やその個人の責任を第一次的に追究するというより、処分により公益・行政目的を達成するという点で相違のあることも知っておくべきだろう。
マコト君 バイト先の隣で、許可取消（撤回）になったマスターが「聴聞だ」って言って落ち込んでたけど、そんなに厳しい感じなんですか?
先生 そのあたりも、知っている範囲で話すことにするね。

講義ノート

不利益処分と手続的正義　　手続法理のいわば母国たるイギリスやアメリカの行政法のテキストでは、行政手続のベースを聖書の説明からはじめる場合がある。

それは、いわゆる人が蛇の言葉を信じ、禁断の実を食べたがゆえに追放された「エデンの園（失楽園）」の逸話に求められるという。イギリスの代表的なテ

キスト（なお、イギリスではアメリカと異なり教科書スタイルが多いが、アメリカでもケース・ブックのほか、同様の教科書スタイルのものもある）と考えられる、ウェードの「行政法」は、その話を引いた判例上の例を R v. University of Cambridge (1723) 1. Str. 557 (Fortescue J). に求めたうえで、次のように説明する。関係部分を訳してみよう。

「一つのおもしろい判例上の表現に従えば、人類の歴史の中で一番最初のヒアリングは、エデンの園の中に求められている：
『私は、本件と同様の事件が、まさに聡明になろうとした人の話として聞き知っている。それは、神御自らでさえ、アダムの弁解を聞く前には御自身の意思を示されなかったという事実であった。神は人に呼びかけて言われた『あなたはどこにいるのか？』『あなたは、なぜ、わたしが取って食べることを絶対に禁じた木から実をとって食べたのか？』そして、同じ質問をエバにもなされた』

　このケースは……（略）……神と人との間の法で求められるのは、弁解をなしうることを必ずノーティスされるべきことを示しており、天から与えられた不変の法としての自然的正義の伝統的コンセプトを示すまさに適切な例となっている」（H. W. R. Wade, *Administrative Law* 6th ed. Clarendon Press, Oxford, 1988, at 501-502）

以上のように、notice and hearing こそ法的正義（これをイギリス法では natural-justice「自然的正義」というが、これは、アメリカの Due Process と同じ意味である。この2つのコンセプトが同じ意味であることは Wade, *supra* note at 465 参照）、すなわち法的公正、公正な手続の制度的核心であることを示している（なお、聖書引用部分の訳については、月本昭男訳『旧約聖書Ⅰ 創世記』9-10頁〔岩波書店、1997年〕を基本的に利用させていただいた）。

なお、このウェードの原文では、神の言葉として Thou shouldst not eat そしてノーティスについて He should have received notice と should を使っているが、法律の文書や文献で should とは、一般に shall of legislation と呼ばれるもので、最も強い義務や命令を示している。そこで、この訳文も「絶対に」「必ず」という語を入れているが、このことからも、まさに全能の神ですら相手の言い分を聞いているのだから、ましてやわれわれ人間はまさに法的正義と

して絶対に相手方の意見を聞くべきであるということを意味している。そして、この逸話は「追放」事例なので、まさに本講の「不利益処分」にあてはまると考えてよかろう。なお、thou は you の古い表現、雅典語だが、現在では神への祈りで使われる。法律に関係した例で『ランダムハウス英和大辞典』(小学館)での例文を借りれば Thou shalt not kill「汝、殺すなかれ」という聖書の言葉を見ればわかるであろう（なお、アメリカはメイフラワー号でのイギリスからの自由を求めてきた人々の移住にその一つの建国の精神を求め、国教樹立禁止条項も有しているが、それゆえ多くの宗派が存在する中、この thou は、前講で紹介した新渡戸も深いかかわりを持つことになる、Quaker〔クウェーカー〕教徒間では用いられているという。この点は『新英和中辞典』〔研究社〕参照）。

また、司法での手続的正義の象徴として、合衆国最高裁判所では、秋の開廷期前、全裁判官が宗派を問わずワシントンのカトリック教会に集まり「緋ミサ」にあずかることとなっている（ハロラン芙美子『アメリカ精神の源』91 頁〔中央公論社、1998 年〕。それゆえ、信教の自由や政教分離では「目的効果論」のほか、「過度のかかわりあいの基準」も必要となることを容易に知り得よう）。ところで、合衆国憲法修正 1 条は「国教樹立禁止」との考えをとる。これは、ルターの伝統を受け継ぐドイツではプロテスタントも国と結びついたことから（アウグスブルクの宗教和議）、プロテスタントの中で国教に従いたくない人々が移民したことによる（深井智郎『プロテスタンティズム』124、147、149、171-172 頁〔中公新書、2017 年〕）。したがって、国教が存在しないことは求められるが、国と宗教との分離までは求められない。なお、最近の政教分離の動向や理解については、たとえば、今野元『教皇ベネディクトゥス 16 世』1-4 頁（東京大学出版会、2015 年）が参考となろう。なお、この文献では、公法学者ベッケンフェルデにも言及があり（今野・前掲書、98-99 頁）、公法史の勉強にも役立つであろう（ベッケンフェルデを行政法学の視点から分析した文献として、藤田宙靖『行政法の基礎理論（上）』80 頁以下〔有斐閣、2005 年〕があり参考としてほしい）。

さて、この「手続的正義」の歴史的説明が長くなったようだが、わが国の行政手続法 1 条は、この理念を「行政運営における公正の確保と透明性……（略）……の向上」と規定している。このことは、制度的には、憲法 31 条のデュー・プロセスの理念の下、すなわち notice and hearing にあり、それを第 3 章「不

利益処分」では、より具体的な制度として実現しているということなのである。

「聴聞手続」・「弁明手続」と風営適正化法　さて行政手続法第3章は「不利益処分」をなすための事実認定の手続を定めているが（なお、第2章「申請に対する処分」での申請拒否処分は、第2章の手続を経た結果なので、この第3章の対象ではないことは注意しておこう）、ここで一般的な留意事項を知っておこう。

　まず、行政手続法3条・4条のほか、個別の法律でこの点では第2章についてと同様に第3章でも適用除外とされる手続がある点である。たとえば、個別法による行政手続法の代表的適用除外例としてはあまりに大量処分でありいちいち聴聞などの手続ができないので、事後に具体的な主張のある者の不服申立てを受ける方が合理的であるもの、例としては、租税法関係の処分、あるいは、緊急事態に対応するため手続を履践している余裕がない場合である。食品衛生法やいわゆる成田新法（特別法）での処分や、技術上、手続の履践が無理なもので、航空法（航空管制官の命令は、法律上は国土交通大臣の処分である）などがあるので、まず、第3章の適用にあたっても、第3章の適用除外になっていないかどうかを確認しておく必要がある。

　風営適正化法での、行政手続法の適用除外は、41条の2にその例を見ることができる。

　41条の2は「公安委員会がそのあらかじめ指定する医師の診断にもとづき4条第1項第4号に該当すると認めたものについて行う第8条の規定による処分については行政手続法第3章（第12条および第14条を除く）の規定は、適用しない」と規定している。そこで、8条、つまり風俗営業の許可の取消は、行政手続法13条により本来は聴聞手続によるべきこととなるが、4条1項4号での「アルコール、麻薬、あへん又は覚せい剤の中毒者」に該当する場合には、行政手続法14条の理由の提示や12条の処分基準の規定以外は、適用されないこととされている。このような適用除外規定の趣旨は、少なくとも、本人の意見陳述という場面では十分な意思能力を有しないおそれがあると考えられるからであろう。

　さて、これらの例外にあたらない場合、次に、第3章は「聴聞手続」と「弁明手続」（弁明の機会の付与）の2つにその手続を振り分けている。基本的には、

(「ハンドブック」304 頁より)

重い処分に対しては前者の手続を、軽い処分については後者の手続をということになる。そこで、13条を見てみると、許認可などの取消、資格または地位のはく奪、役員などの解任が「聴聞」で、その他は「弁明」と規定されている（なお、道路交通法113条の2や104条のように、事実認定に重きを置かない手続では、個別の法律で「意見の聴取」と呼ばれる特別な手続が置かれている場合もある、〔小早川・下Ⅰ、60頁〕）。

　しかし、ここで注意しなければならないのは13条1項1号のニの規定である。すなわち、この規定は、すでに指摘した場合の他に「行政庁が相当と認めるとき」は「聴聞」と規定している。この例外規定の趣旨は、13条1項1号のイからハまでの許認可などの取消などのほかにも相手方にとっては重大な不利益

となる処分が存在するからにほかならない。

　たとえば、廃棄物処理法での実務担当者は、許可の取消し（撤回）より、指示処分の方が実は重いと感じるという。それは取消し（撤回）されればそれで終わりだが、指示処分は、指示処分→不服従→刑事罰→代執行（数千万円の費用請求）と業者にはこれでもかというほどにサンクションがかかってくるからにほかならない。

　同様に、宅地建物取引業法による指示処分は、いわば違法行為を指摘したうえで業務の改善を求めるものであり内容だけ見ると行政指導とさほど変わらないようにも見える。しかし実際には、処分を受けたこと（ギョーカイ用語で「免許に傷がついた」と呼ばれる）は登録され現在はオンラインで全国どこでも見られるので、事実上、取引が困難となると言われている。そこで、このような処分をなす場合には13条で定めているイからハにあたらなくとも「聴聞」によることとされている。

　ところで、風営適正化法も、このような「聴聞の特例」をその41条で定めており、そこでは「行政手続法……（略）……13条1項の規定による意見陳述のための手続の区分にかかわらず聴聞を行わなければならない」と定めている。具体的には、許認可の取消とは異なり、一般的にはそれより軽いと見なされる「営業停止・禁止・廃止処分」がそれにあたるとされている。たとえば、風営適正化法26条での風俗営業の停止処分、30条での性風俗特殊営業の停止処分、31条の5での無店舗型性風俗特殊営業者への営業禁止処分などである。

　なお「廃止処分」は少しわかりづらいだろうが、これは、30条2項で、公安委員会が「店舗型性風俗特殊営業を営んではならないとされる区域又は地域において店舗型性風俗特殊営業を営む者であるときは、その者に対し、前項による停止の命令に代えて、当該施設を用いて営む店舗型性風俗特殊営業の廃止を命ずることができる」との規定から、停止より軽い処分が予定されていることは、イメージとして持つことができるだろう。

　もっとも、すでに述べたように、以上の処分が「聴聞」とされている理由は、実際には重い処分としての効果があるからなのである。具体的にそのあたりを見てみたい。まず罰則の面から見ると、営業停止または廃止処分違反については、49条1項4号で、2年以下の懲役または200万円以下の罰金でしかも双方

の併科も可能だとされている。次に内容的には、たとえば、無店舗型性風俗特殊営業（アダルト・ビデオの宅配や、女性を客の自宅やホテルなどに派遣して性的なサービスを提供する派遣型ファッション・ヘルスなどを指す。「Q＆A」61頁）に対する禁止命令の内容は、第一に営業の継続禁止、第二に違反行為などに係るものと同一種別の無店舗型性風俗特殊営業の継続禁止、第三に、違反行為などに係るものと同一種別の営業の開始の禁止であり、届出手法によるこの種の営業ができないことを意味している。

なお、条例でも、「東京都テレホンクラブ等営業及びデートクラブ営業の規制に関する条例」15条は、同14条での「営業の停止等」の場合、東京都行政手続条例13条の規定にかかわらず「聴聞」によるとしているが、これも同じ趣旨である。

具体的な聴聞手続　さて、「大は小をかねる」ということもあり、本講では、弁明手続ではなく、「聴聞」手続の概略を見てみることとしよう（なお、弁明手続では、行政手続法29条での弁明の機会の付与、36条でのその通知のほかは、31条で必要な聴聞手続の規定の準用というかたちをとっているので、聴聞手続を見れば、一応、イメージはつかめると考える）。

ところで、ここでも風営適正化法は41条2項から4項までで、行政手法の規定への例外を定めていることに留意しながら見ていくことが必要である。

さて、行政庁が不利益処分などをすると決めるにあたっては実は行政調査などが行われ違反事実を基礎づける資料がそろっていることが多い。たとえば、医師に対する保険医指定取消処分の場合、だいたいはこの種の違反には保険点数のゴマカシが多いので、その医療機関への都道府県の監査がなされるわけである。風営適正化法や青少年保護育成条例でも立入り（風営適正化法37条、東京都青少年の健全な育成に関する条例17条の「立入調査」）すなわち、行政調査がなされるが、この行政調査については（本書第13講）、手続法や手続条例に規定はない。なお著者は、今後、これは十分に検討を要する問題であると考えている。

もっとも、違反事実を事前に把握することが困難な場合もある。たとえば、不動産取引がその例であろう。そこで、実務では、法律が本来予定した条文の利用方法ではないが、次のような法運用で対応する場合がある。宅地建物取引業法72条は国土交通大臣や都道府県知事は業者に対し報告を求めることとし

ている。そこで、この規定を利用し報告のための出頭を業者に求め、その場で調書を作成し、それに署名押印させ（事実を確定させる）、その後に述べる聴聞通知を発送するわけである（この場合、後にゴネられないよう、行政庁がワープロで打ったものに署名押印させるのではなく、自分で手書きで書かせることもある）。こうすれば、聴聞の段階で、事実が不安定となることをさけることが可能となり、行政庁としては確実に処分を行い得るわけである。

　さて、そのような調査などの後に不利益処分を課すわけだが、まずそこでは、行政庁は行政手続法12条の処分基準の要件を充足しているかどうかで判断することとなる。さて、この処分基準は、申請に対する処分での審査基準（5条）と似ているし、基本的な趣旨は、ノーティスという点で同じであると考えてよいが、実は5条とは異なり、設定した基準を公表することは、努力目標とされている。その主要な理由は、比喩的に言えば大学で教員が、たとえば8回休んだら単位を与えないと言った時、学生は7回まで休めると受け取り欠席を助長し教育目的を損なってしまうように、不利益処分の基準を明らかにしてしまうと、そこまでは違反できるとし、違反を助長してしまい行政目的を阻害してしまうからなのである。なお、この不利益処分の処分基準につき、後行処分で先行処分が加重理由となる場合、先行処分の効果が消えた場合でも、狭義の訴えの利益があるとする最（3小）判平成27年3月3日民集69巻2号143頁（百選Ⅱ175事件）が判例として重要である。

　続いて、行政庁は行政手続法15条で「聴聞の通知」を行うこととなるが、この中には予定される不利益処分の内容や根拠となる法令の条項や原因となった事実の記載が求められているが、これはまさにノーティスの機能となっている。ある自治体の実例では、建設業法違反のように行政として違反事実を把握し易い場合、通知書の事実を詳しく記載すると業者はアキラめて出頭して来ないケースが多いと言う（不出頭の場合はそのまま予定された不利益処分を課すこととなる）、つまり、ドーンと強力なノーティスとなっている。野球で言えばゴウ速球にバッターは手も足も出なかったというところであろう。なお、逆にこのノーティスが不十分な場合それは処分の取消事由になるとするいわゆる「ニコニコタクシー事件」の裁判例（道路運送法121条の2による自動車運転事業免許取消事件、大阪地判昭和55年3月19日行集31巻3号481頁）があるが、それはこの内容が

手続正義の核心にあたるからであると解される。さて、実務的には、この通知は「配達証明郵便」で必ず出している。それは、聴聞への出頭は相手方の義務ではないから、相手に届いているとの証拠を行政サイドとしては、持っていることが必要となるからなのである（通知も出さずに処分したと、後で言われれば、それは重大な違法となろう。なぜなら、不出頭の場合は、予定された不利益処分をそのまま課すからなのである）。ところで、行政手続法15条3項は相手方の所在不明の場合、公示によることを許容するが、風営適正化法41条3項はその場合、それを受けて行政手続法15条1項での「相当な期間」として「2週間を下回ってはならない」と規定している。なお、一部の実務で予定される不利益処分の記載について「営業停止」とのみ記載し、「何カ月」かの記載のないものがある。ノーティスの法原理から、問題のある法運用だと考える。

　さて、それでは公示による場合以外、すなわち相手方の所在が明らかな場合のこの「相当な期間」とはどの程度の期間なのだろうか。それについて風営適正化法は41条2項で「その期日の1週間前までに、行政手続法第15条1項の規定による通知をし」と規定している。しかし、著者は、実際の実務の運用では、弁護士が聴聞手続へ代理人（行政手続法16条）として同席することや、そのための相談や打ち合わせの時間を考えれば、他の行政法令による処分の場合にもそうだが、少なくとも2〜3週間の期間は取って行われるべきだと考える。アメリカでは、反論のための準備期間の保障も実はデュー・プロセスの内容だと考えられているからなのである。

　さて、この通知を受けると、処分を予定される相手方は、行政手続法18条で「文書等の閲覧」をなし得ることとなる（たとえば、調査資料など）。そしてこの手続は刑事手続での証拠開示と同様の理念に立っていると言ってよい。ところで、従来の法令用語の「閲覧」とは、たとえば住民基本台帳法などでは、わかり易く述べれば「見るだけ」を意味していた。そこで、コピーなどの可否が問題となるわけである。土浦市行政手続条例のように「閲覧又は謄写」となっていれば問題はないが、自治体の手続条例の多くも法律と同じく「閲覧」とされているだけなので、自治体の実務で例を取れば、代金はそれぞれの情報公開条例と同一金額とし（ルーツをたどれば情報公開も行政手続の一部なので合理的処理であると言ってよかろう）、法的根拠としては、施行規則で規定する場合や内部の申

第15講　不利益処分の手続　　197

し合わせ事項としてやっている場合などがある。なお、この閲覧規定は、弁明には適用がなく、立法過程で議論のあったことが報告されている（小早川・下Ⅰ、57頁）。著者は、やはり弁明にも準用するよう法改正をなすべきと考えている。

この閲覧に対応するため、聴聞通知書において、資料目録を作成し、相手方に教示するとする提言がある（薄井里奈「不利益処分と聴聞手続」判例地方自治第425号9頁〔2017年〕）。相手の反論権を考慮した提言と言えよう。

これらの手続を経ていよいよ聴聞ということになる。さて、この聴聞手続については、行政手続法20条6項で「非公開原則」がとられている。これは、刑事手続とは異なり、被処分者のプライヴァシーの権利などを考慮するからにほかならない。もっとも、6項も公開が相当と認められる場合には公開の道を開くが、これは国民・住民の関心が高いようなケースを予定することとなる。ところで、この規定にかかわらず、風営適正化法41条4項は「公開により行わなければならない」と規定し、それゆえ同条2項で「聴聞の期日及び場所を公示しなければならない」と定めている。このように、風営適正化法が聴聞手続の公開を求める趣旨は、この種の営業は市民生活への響が大きく、住民の広い意味での生活環境にかかわるケースが多いからなのである（なお、前記の東京都テレクラ条例15条3項も同じ）。

ともあれ、当日のイメージは、下記の図のようなものと思えばよい（なお、実務では、処分を受ける者の言い分をよく説明し得る「補佐人」が20条3項で、参加を認

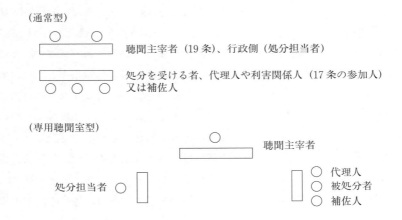

められる場合もある）。

　さて聴聞主宰者は、いわばノーティス・アンド・ヒアリングの交通整理を当日の手続（審理）では行う（たとえば行政手続法20条や、本講末のフロー図での処分庁への求釈明権の行使など）。そこで問題となるのが誰がこの主宰者となるのかということだが、行政手続法19条では「行政が指名する職員その他政令で定める者」とされ（この規定をモデルに作られた改正行政不服審査法の審理員は「職員」のみ）、条例でも同様に「職員とその他規則で定める者」とされる例が多い。もっとも、たとえば、渋谷区条例のように「職員」のみとしている自治体もある。

　さて、わかり易く述べれば、これらの「職員」とは、処分を行う行政主体の職員のことを意味しているわけである。そこで問題となるのが、公平性・客観性ということに当然なってこよう。そこで法律や多くの条例では「その他の者」を予定する文言を入れたわけである。たしかに、たとえば川崎市などで行われている自治体オンブズマン・パースン（市長への勧告権まである）での人選のように、この19条での「その他」規定を利用し元裁判官や大学教授のように行政と距離を置く者を主宰者に立てることが、公平性や客観性という点では一番望まれる聴聞の姿であることは否定できないように思われる。

　しかし、聴聞の実状では多くの場合処分を行う行政庁の職員が、しかも場合によっては処分担当課の課長が処分担当者として出席し、課長補佐が主宰者として出席したりして行われることもある。その主要な理由は、行政の専門・技術性であると言ってよい。不利益処分に対する聴聞の最大の目的は、相手方の法律上・事実に関する反論を聞き、事実を認定させることにあると言ってよい（いわば、事実認定手続なのである）。そこで、実は、素人ではそこで使われる言葉すら理解し得ない可能性もあるということにその理由がある（そこで、聴聞実績のある県レベルで総務部法規担当が一括して主宰者となり手続を行い少しでも客観性を保とうとした自治体もあったが、結局、その案はあまり行われていないようであり、聴聞実績のあまりない自治体で行われているとの報告がある。出口裕明『行政手続条例運用の実務』6-8頁〔学陽書房、1996年〕参照）。

　もっとも、全く別の法規担当職員による聴聞が不可能な場合でも、改善策は公平性・客観性からは考えなければならないと思われる。その一つは、従来から指摘されているように（出口・前掲書、6頁）、分野の隣接した別の課の職員を

立てるという方法であろうし、少なくとも処分庁もこの程度の努力はなすべきであると思われる（たとえば、薬事課での処分の場合、同じく環境保健部系統なので食品衛生課の職員が主宰するなど）。

　さらに、著者が担当したある自治体での実務研修で、参加された公務員の方から、それでは、他の自治体には必ずカウンター・パートの担当課があるので、そこから派遣してもらうのがよいのではないかとの意見があった（たとえば、A県での処分では、B県の相当する課の職員が行う）。著者は、これは十分に考慮に価する意見であると思う。そこで、自治体に限って言えば、自治体相互に契約や協定を結び、「その他」規定を利用し他の自治体のカウンター・パートの職員が行うのも一つの方法として提言しておきたい。

　なお、最近の下級審裁判例では、風俗営業許可取消処分を聴聞主宰者選定の瑕疵を理由とし取消訴訟が提起された例で、処分に密に関与した職員が主宰者となった場合、違法となり処分の取消を認めたもの（金沢地判平成26年9月29日LEX/DB文献番号25504858、関連文献として南川和宣・新・判例解説watch17号53頁以下）と、処分取消事由にはあたらないとするもの（名古屋高裁金沢支部判平成27年6月24日判例地方自治400号104頁）がある。主宰者を裁判官類似と見る見解（高橋、75頁）からは前者の理解となり得ようし、そこまでの独立性は求められないとすれば、後者の見解となり得よう。なお、この争点については主宰者は、改正行政不服審査法での審理員と同程度まで独立性が求められるのかどうかという問題ともなろう。

　加えて、もう一つ実際の聴聞では、手続がスムースにいく場合といかない場合のあることが報告されている。宅地建物取引業法による処分などでは、前提となる事実をまだ争う段階にあるので、怒声を発したりする場面もあると言われるが、出口裕明教授の報告によれば、本書で扱っている風営適正化法での聴聞では刑事罰が確定した後になされるので、従順で思わず涙ぐむような場面もあるという（出口・前掲書、26頁）。そこで、事実を聴聞手続で争う段階にあるという場面は多いので、主宰者については、なるべく上記のような改善策を取るべきであると思われる。

　なお、前提となる事実が聴聞の場で争われる可能性のある場合、行政実務では、職員の出張記録や内部の連絡文書は確実に保存するという実務が行われる。

これは、違反事実を間接的に証明する証拠となるからである。

また、聴聞には利害関係人たる参加人（不利益処分を求めるとの立場の人——被害者など——を想定してみよう）が参加する場合がある。この場合、参加を拒否され、不利益処分が行われないような場合、それは抗告訴訟で争い得るとの見解がある（小早川・下Ⅰ、56頁）。さらに行政法令は専門・技術的なものが多いので、事実上その内容を知っているものを補佐人として認める場合もある（保険医指定取消処分での第三者たる医師の参加などを考える）。

以上のような手続を経た後に、聴聞主宰者は、行政手続法24条で求められる「聴聞調書及び報告書」を作成することとなる。ところで、そのうち調書は、同条2項で「各期日」ごとに作成することとされているが、実は聴聞が4～6時間に及ぶものもあり、調書の作成に数日間かかる場合もあり、この規定は、それゆえ訓示規定として読むべきであろう。

なお、一部の実務で、聴聞主宰者と処分担当者を1人の職員が兼ねる（要は、1人しか出て行かない）適用がなされている。しかし、これは、法20条、24条、求釈明権の規定から明らかなように、違法な運用だと解すべきである。

最後に、処分庁は、報告書を「十分に参酌」して不利益処分の内容を決定することとなるが（行政手続法26条）、処分をなすにあたっては、行政手続法14条で「理由の提示」が求められている。なお、理由の提示の程度については、前講で説明したので、ここでは省くこととする（裁判例として、理由を示さずに運転免許の有効期間を短縮したことを理由に処分取消の判断を示した千葉地判平成17年4月26日TKC文献番号28101210がある）。

なお、2014年行政手続法一部改正に対応し、いわゆる三面関係などの中で、法令違反がある場合、処分等の求めができることとなった（行政手続法36条の3）。ところで、野洲市くらし支えあい条例22条は、市長はこの規定に基づき処分権を有する行政庁に対し処分を行うべきことを求める申出をするものと規定している。この点は、憲法学の国家の基本権保護義務（たとえば、佐藤幸治『日本国憲法論』167-168頁〔成文堂、2011年〕）からは説明がつきやすい。一方で、野洲市と他の行政庁の関係を行政の内部関係と見た場合、行政の内部関係たる行政庁と公務員の関係では行政手続法の適用は、不利益処分などでは、ない。そこで、行政法上の関係として、野洲市条例22条をどう法理論的に説明するのが、ま

た、逆に、申立により他の行政庁から処分を受ける者が、野洲市の申出を2004年行政事件訴訟法で当事者訴訟に加えられた「公法上の法律関係確認の訴」で争うことが可能か、良いトレーニングになるので読者も考えてみてはどうだろうか。野洲市条例（2016年条例20号）については、2018年1月6日に明治学院大学で行われた「滋賀県野洲市のくらし支えあい条例の1年間を検証する」および、茨城県自治研修所での法務マスター研修での議論（『平成30年法務マスター研修報告書』）を参照した。

風営適正化法の判例 　行政手続法12条（処分基準）により、ソープランドに対して営業廃止処分が2002年6月14日付けでなされた。この処分基準は県警のホームページに掲載されている。ところで、本件では新しい処分基準が2002年2月4日に掲載されているので、それ以後の違反については、この基準にてらして処分を行っても行政手続法12条違反にはあたらないとの裁判例がある（名古屋地判平成15年6月25日TKC文献番号28082839）。

フーゾクからの宿題 　まず、行政手続法の不利益処分の規定が公務員に対する懲戒処分に適用されているのかどうか自分で調べてみてほしい。そのうえで、大阪府教育委員会が、府立高校の女性教諭が勤務時間外に性風俗店でアルバイトをしたケースで、停職6ヶ月の懲戒処分を行った事案（岩手日報2013年5月3日）を考えてみてほしい。

府の基準では、アルバイトをした場合、通常は戒告または減給が基準とされている。このケースでは、公務員法上の信用失墜行為を理由に基準より重い処分となっているが、この点をどう考えるべきだろうか。

Café de 自治体 4

【聴聞は「裁判」か「お白洲」か】
　行政手続法の趣旨からすると、聴聞手続きの理想的なスタイルは、処分庁と当事者が対峙し、聴聞主宰者の前で原因となる事実の有無などについて争う方式（対審式）であったと思われます。しかし現実的な運用は、裁判官の役割を担う聴聞主宰者はほとんどの場合、行政庁の職員（もしくは行政庁によって指名された者）であることから、むしろお白洲（裁判官たる奉行が検察官の役割を兼務する）方式に近いと言えるでしょう。
　もっとも、業者（当事者）側もいざ聴聞となると容易に違反事実を認めません。処分庁の職員が事前に業者自身から見聞きし確認した事実であっても、物的証拠がないものについてはなかなか恐れ入ってくれません。「金さんの桜吹雪」的手法は現実には通用しないことの方が多いようです。さらに弁護士などが代理人として乗り出してきて、聴聞会場において聴聞事由の細部にわたっての証明を求めてくるケースもあります。

勝負は事前に決まっている？
　したがって勝負は（聴聞の成否）は、行政庁が事前に違反の事実を認定するための客観的な（書面化された）証拠をどれだけ集められるかにかかっていると言えます。たとえば、宅地建物取引業法は、業者に対して、監督官庁からの照会に対する報告義務を課していますので、行政庁はその権限を最大に利用することになります。

聴聞は「懇切を旨として、和やかに」これを行わなければならない
　事前に十分な証拠が得られた場合、聴聞実施にあたっては、聴聞調書にいかに気持ちよく記名押印してもらうかに心を砕くことになります。聴聞主宰者はもちろん処分庁の職員でさえも努めて業者に同情的態度を装い、相手方を感情的に刺激するような言動は極力避けなければなりません。相手が「逆ギレ」してしまう（「街宣車回されたいか。」「誰の差し金だ。」などの発言が出ることも珍しくはありません）と手続そのものを完結させることが困難となります。
　「懇切を旨として、……」は少年法第22条（少年審判の方式）についての規定ですが、聴聞を実施する際の心がけとしても共通するものがあります。

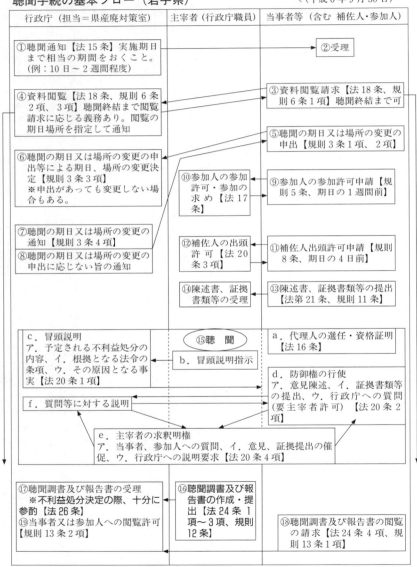

第 *16* 講

行 政 処 分

先生 それでは、前回までは行政手続法第2章の「申請に対する処分」と第3章の「不利益処分」について、つまり「処分に至る手続」について話をしたから、今日からは、処分それ自体について述べてみることとします。

マコト君 講義より「Café de 自治体」の方がいいなぁ〜。フランス語ぽくって……。でも先生が少しはフランス語ができるなんて……。

先生 いや、実は全くできないんです。「Café de」というのはたまたま街の中で見て……。だいたい、大学院の時ボクの先生からフランス行政法の話を聞いたが、今では「セルビス・ピュブリーク」って言葉しか知らない。

マリちゃん それ何なんですか？

先生 わが国では「公役務」と訳している。詳しくは、神谷 昭『フランス行政法研究』121頁以下（有斐閣、1965年）を見てほしい。フランス行政法での一つの中心的概念だね。確か、うろおぼえだけど、ブロンコ判決なんていうのを習ったよ。それと、戦前、フランス行政法をベースにした、織田 萬『日本行政法原理』（有斐閣、1934年）があるなんていう話も……。でも、わが国では、ドイツ行政法の影響が強くて、「行政行為」概念が中心的な役割だとされてきた。

マリちゃん 先生、よく公務員試験の受験参考書などではその「行政行為」という項目がありますが、行政処分とはそれと同じと考えていいんでしょうか。

先生 そうですね……。学問的には、今日、話をするように、よって立つフィロソフィーが違うとも言えるのだが、公務員の採用試験での5肢択一問題での用語法という限りでは、ほぼ同じと言ってもいいかもしれない。もっとも、地方分権の時代でもあり、政策法務的なフレキシブルな発想の公務員が求められている中で、本当にそういう出題があるとすれば、ボクなどは大いに疑問ですね。司法制度改革で、法曹養成のあり方が叫ばれ、事実、法科大学院（ロー・スクール）の時代になったと言えますが、公務員試験も、改革が必要でしょう。ついでに言わせてもらえば、いわゆる「キャリア」などという言葉は、なくすべきです。自治体職員と国家公務員は「対等」なんですから。ともかくも、ボクは大学で講義を担当して以来、ずっと「処分」と言ってきました。その理由は今日、話そう。

マリちゃん 私も賛成……。「キャリア」なんてへん！ 憲法も言っているように「全体の奉仕者」なんですよね。子供のころの旧大蔵省の問題について、マスコ

ミの「官庁の中の官庁」っていう表現を見つけました。子供心にも、とてもいやな表現だと思いました。

マコト君 え〜と、もとにもどして「処分」って言うとバイト先のパチンコ屋さんで、社長さんは「処分を受けないようにしないと」なんて言っていました。道交法でもそうですよね。行政行為なんていう言葉は、一般には使いませんよね。

先生 「行政行為」というのは、学問上・理論上の言葉なんだ。それに対して「処分」というのは、具体的には行政手続法や行政事件訴訟法で使っているから、今の指摘は正しい。ただ、行政の行為型式・手法論からは、処分といおうが、行為といおうが手法のうちの one of them だ。それではともかく、講義に入ろう。

講義ノート

「行政処分」という言葉　本書では、行政過程の実際の流れに即して、法律・条例に基づいて行政庁がパワーを持って、あるいはそのパワーに何らかの関連を有して国民・住民との関係に立つ、一つのスタイルを「処分」というコンセプトで統一的に捉え、法が運用されていると理解することとする（なお、最近の地方自治法改正で、その244条の2で入った「指定管理者」は、このパワーを民間が行使することとなった〔櫻井＝橋本、145頁〕。また同様の発想は、建築基準法での「民間主事」の行う確認行為などにも見られる）。さらに、この行政処分は、民法の法律行為の効力が当事者間のみに及ぶのに対し、「対世効」を有している。不動産登記や戸籍といった民法上の行為を国（法務局）や市区町村が扱うのも、対世効を与え、二重売買や二重婚を防ぐ目的がある。登記後、不動産売買契約が解除されたとしても（当事者間のみの効力）、流通税であることを理由に、不動産取得税を課すことを合法とする判例（最〔2小〕判昭和48年11月2日、最〔2小〕決昭和48年11月16日民集27巻10号1333頁）の基礎にも、このような理解がある。そこで、行政の一方的行為性に着目して、これを行政処分の一般的性格としての「規律力」と呼ぶことがある。（塩野・Ⅰ、155-156頁。なお、これを一般的性格とは見ない理解として、阿部・解釈学Ⅰ、77頁以下）。そこで、この「処分」も、行政指導や計画、調査、契約と並ぶ、行政手法ないし行政の行為形式の一つとして、行政過程論的には位置づけてよい。それを、図示してみると、次頁の図のように「処分」という同一のコンセプトで一連の流れを構成していることがわかる。ただ、事前・事後の広い意味での手続法では「処分」とし、

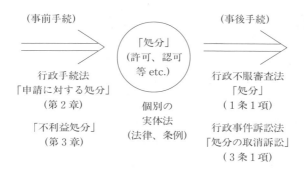

そこでの対象としているが、個別の実体法では、種々の名前で呼ばれている。たとえば、風営適正化法での1998年改正前法3条1項の「許可」はここで言う処分にあたるが、とにかく、それぞれの法律や条例によって実に様々な言葉が使われている。

これに関連して実務的な視点（政策法務への利用など）への参考としては、旧総務庁の調査とグルーピングを見るとよいが、そこでは、3つの類型にこれを分けている（詳しくは石川・論点、114頁、注2）。それは、第一に、一般的禁止の解除や何らかの権利の設定であり、「許可」「認可」「免許」「承認」「指定」「承諾」など、第二が、公的な証明、たとえば「認定」「確認」「証明」「認証」「試験」「検査」「検定」「登録」「審査」など、第三が、行政庁へのインフォメーションつまり「届出」「提出」「報告」「交付」「申告」などである（総務庁行政監察局『許認可等の統一的把握の結果について』1頁）。そして、行政手続法第5章に「届出」があることから理解し易いように、第一、第二の類型が「処分」をイメージし易いと考えてよかろう。

しかし、すぐ気がつくように、このグルーピングで、行政処分全てをすっきりと分類し得るわけではない。たとえば、行政指導で取り上げた「建築確認」は、このグルーピングでは、第二分類となるが、私人は一般的に建築行為を禁止されているのであり、建築基準法の要件を充足していると都道府県の建築主事が認めた時（一応ここを「確認」とネーミングしている）に、はじめて建築が認められる（これに違反すれば、除去命令などの強いパワーが行使される可能性がある）と考えられるので、そうであるとすれば「許可」と同じ側面を有し第一分類に近い、

あるいはほぼ同じとも言えるであろう。

　さらに、参考までにこれを訴訟法の側面からの視点で見てみると、判例は、行政事件訴訟法上の「処分」にあたるものとして、輸入禁制品にあたるとの税関長の「通知」（最〔3小〕判昭和54年12月25日民集33巻7号753頁。なお、本件は効果に着目していると言える。詳しくは、最〔1小〕判平成7年3月23日民集49巻3号1006頁、百選Ⅱ156事件の評釈たる田村・東京国際大学論叢〔経済学部編〕第15号75頁以下〔1996年〕および同「都市計画法32条の公共施設管理者の不同意と処分性—平成25年高松高裁・平成24年徳島地裁判決の分析を中心に」行政法研究第25号39頁以下〔2018年〕〔なおこの論稿中、53頁上から5行目「倫理」を「論理」に訂正する〕参照）を、処分として訴訟提起を認める（つまり通知により輸入できなくなるから）といったように、ここでもこれらの概念は一致しているわけではない。

　そこで、とりあえずは、最大公約数的に個々の実体法上の用語はともかくも、事前・事後の手続の対象とされる、行政手法、行為形式の一つとして法哲学的意味での「法的公正性」を背景とした行政主体のパワーに結びつく「処分」というコンセプトがある（たとえば、授益処分であっても、運転免許を例とすれば「道路交通法に従って運転せよ」「そうしないと免許の取消・停止になる」というパワーとしての構成を考えればよくわかる）と捉えておく（法的公正さというフィロソフィーから同意を要する処分や形式的処分を説明できると筆者は考える）こととしよう（なお、このような意味では、これを手段として「動態的」コンセプトとして捉える考え〔山内一夫『行政法』111頁〈第一法規、1986年〉〕がこの方向性の嚆矢となるものだったと言ってよい）。

「処分」と「行政行為」との関係　以上の点から、最近では、「行政処分」として説明する場合が多くなってきているとも言えるが（たとえば、小早川・上、265頁以下；山下＝小幡＝橋本、123頁以下）、この行政処分は、広い意味でのパワーに着目するので、その最も代表的な小早川光郎教授の定義によれば「行政上の事件の処置を決定表示する行政機関の行動であって、公権力の行使として人民に対しその法律関係を具体的に規律する趣旨を含むもの」（小早川・上、265頁）とされている。著者も、訴訟法での対象としては、効果に着目した視点から、肯定的に判断するものも含め得る点で、ここでは弾力的に捉えておく必要があると考えるので、あるいは「広く」捉えるという意味で（石川・論点、119頁。なお、ここでは以下に紹介する狭義の捉え方まで含

めて整理されているので参照すること)、この説明が、現在、比較的よく処分のコンセプトをカバーしているのではないかと考えている(なお、その意味では、行政処分を「行政上の単独行為」とする戦前の美濃部学説や行政処分を伝統的な「法律行為的行政行為」と捉える最近の説——芝池・総論、131頁；和田英夫『行政法講義上』218頁〔学陽書房、1982年〕——は狭すぎ、そうであるとすれば、この見解では「行政処分」というコンセプトを立てる実益はないように思われる)。

　ところで、わが国では伝統的に、この分野では、「行政行為」という概念が、利用されてきたし、現在でも利用する論者は多い(たとえば、芝池・総論、124頁以下)。あまりにも有名なこの概念の定義では「行政庁が、法に基づき、優越的な意思の発動又は公権力の行使として、人民に対し、具体的事実に関し法的規制をする行為」(田中・上、104頁)とされている。そして、そこでの特徴は「一方的な行政庁の効果意思表示による法律関係(権利＝義務)という効果をともなう」ことと「特定人に対する具体的な行為により規制を行なう」ことにあると言ってよい。わが国での著名なテキストでの分析を借りれば、これを第一に法的効果の発生、第二に行政の一方的判断、第三に特定人の具体的権利・義務の設定(原田・要論、136-137頁)に求めたり、第一に相手との合意によらないこと、第二に個別・具体性、第三に権利・義務への影響、第四にこの影響の概念性(山下＝小幡＝橋本、123頁)としている。そして、そこから、これまた下記の著名な分類表が導き出されてきている。

　さて、この分類表についてきわめて皮肉的な表現をさせてもらうと、ドイツ行政法学の影響をまともに受けた概念的な、あるいは実務や法運用の実際とは離れた形式分類であるとも言えるようにも思えてならない(なお、この「行政行為」とは、ドイツのO. マイヤーが民事の「法律行為」を参考に裁判判決と同じ効力——このあたりが裁判所の判断からも自由、つまり判断を受けない「自由裁量」のルーツではないかと著者は疑っており、このあたりドイツ法の研究者の御教示を得たいが、アメリカ法には、

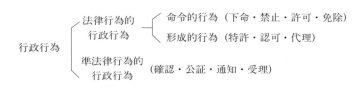

その意味では全て裁判所の審査に服するので「裁量」〔discretion〕と「広い裁量」〔broad discretion〕の区別しかない——を有するものだとか、「講学上」のものだとかといった点が出てくる——なお、ドイツ語でのVerwaltungsaktは「法令用語」である——）。もっとも、**概念的、形式的であるがゆえに、一応の説明概念**（学校の講義的な意味のもとでは）として使い易かったという点は否定できないであろう（たとえば、本講冒頭の分類も、おおむね第一類型が法律行為的行政行為に、第二類型が準法律行為的行政行為に重なりそうであろう〔石川・論点、114頁、注2〕）。

しかし、今までの概念法学的理論構成のわが国の長い学説の積み上げにより、広くこの概念が知られていることや、一応の説明としてそれゆえ利用されたりもするし、すでに述べたようにオーバーラップしそうな部分もあるので、知識としては必要とも考えられよう。けれども政策法学的面も含め少なくともわが国の法運用の実際からは、このような概念的・形式的説明はもはやそれを法学的な法運用に利用するという実践的な意味では維持できないというのは（塩野・Ⅰ、123頁以下）、それこそ広くゆきわたった考えであると言ってよいであろう。

具体例で示そう。まず一つは、行政処分によって形成される法的な関係は、行政主体の一方的な行為によってのみ成り立つのだろうか。実は民事関係にも、よく知られているように契約解除など一方的な形成行為があるし、契約の締結という双方の意思によるものもあるように、行政上の法的関係でも、行政手続法第2章「申請に対する処分」が適用される関係、つまり申請を待ってなされるもの（たとえば、建築基準法での建築確認は、市町村という経由機関が書類の手直しなどを手伝ったうえで都道府県に求めるというのが実務の通例である場合が多く、この一連のいわば共同作業の流れの結果として出てくる〔意思の合致〕）や、いわゆる「同意を要する行政処分」（たとえば、議論はあるが公務員としての任命）などを考えてみれば、理解できるであろう。

次に、第二の例として、あの分類表には手続的な手法（公証、通知、受理など）と処分の実体面の手法（許可など）があると指摘され（遠藤博也『実定行政法』98-99頁〔有斐閣、1989年〕参照）、その意味では、異なった法的手法がまざっている（藤田宙靖「行政行為の分類学」室井 力・塩野 宏編『行政法を学ぶ1』110頁〔有斐閣、1978年〕；石川・論点、123頁）と指摘されている。

第三に、そのような視点、つまり異なった効果などのものがまざりあってい

るとの考えを借りれば、実は「撤回」のように、行政手法として、事情変更により別の効果をねらうことに着目し、行政の実効性確保の一手法として使われる場合のように、いわば異なった場面で利用されることもある。

　そして第四に、行政行為論は、上記の有名な「行政行為の分類図表」が示すように「規制」に重点を置くことは明らかだが、規制手法は、「届出」→「規制的行政指導」（たとえば、自治体の旧ペット条例のいくつかには届出手法を取った例があるが、これは業者を行政が把握したうえで、規制が法律上及んでいるペット業者を指導するという規制的効果をねらっている）という複数の手法の組み合わせによる行政手法を取ることもあれば、実際の規制手法を組み立てる際の（政策立案、政策法務）手続として、現在は、「パブリック・コメント」制度（第2講および「特集・規制に係る意見提出〔パブリック・コメント〕手続」ジュリスト第1159号〔1999年〕参照）のような新しい行政手続もある（なお、この「パブリック・コメント」とは、審議会の廃止に伴い、パソコンを利用しホーム・ページで行政の意見を示し国民・住民の人々の意見を聞くという、行政手続の一つ――この意味では公正で透明な行政との目的は行政手続法1条と同じである――であり、一部の省庁の試験的な運用の後、1999年度より行政改革に関連し制度化され、2005年に行政手続法改正で導入された。当然、このような手法は「行政行為」ではないであろう）。

　一方、伝統的な行政行為論についても、規制を直接の目的としないものもある。たとえば、最近よく言われる誘導手法（小早川・上、231頁以下――本書第12講参照）もその一つであろうし（そのような意味からは「効果」の点でも実はバラエティーに富んでおり、従来の行政行為論の効果による分類もその維持は困難だろう）、いわゆる形式的行政処分（たとえば、補助金交付決定――契約手法も取れるが〔たとえば、鳥取県行政手続条例の立場〕、国の補助金適正化法は「処分」と構成するように、まさに本来、契約でできるものを形式的に「処分」としているもので給付行政にその例は多いと言われる）など、規制とは別の面を有するものは多い。

　最後に第五には、特定人の権利・義務との影響という点についても、現代の多面的法律関係・複雑社会での法律関係においては、一つの行政処分であっても、利害関係の異なる多数の人々に多面的に影響する（具体的にはたとえば、塩野・I、128頁；芝池義一「行政決定と第三者利益の考慮」法学論叢第132巻第1・2・3号〔1992年〕参照）が、これを複効的（二重効果的）行政処分などとも呼ぶ。典型例とし

ては、廃棄物処理法での申請に対する不許可処分は、産業廃棄物処理業者を規制すると同時に、付近住民の環境を保護する（授益的）といったようなものを考えればよい（実は、それゆえ、付近住民の standing、原告適格、訴えの利益が訴訟法上考慮されるべき争点となる）。

　以上のように、一方性・効果・具体的権利・義務の設定全ての面から見ても伝統的な行政行為概念は、もはや利用する必要性はないと考える（もっとも、訴訟で処分概念と切り離し、その権力性を理由に、現在も行政行為概念を維持する見解もある——たとえば、芝池・総論、124頁。しかし、本講冒頭で示したように作用法と他の手続法理〔手続法のみではない〕とはリンクして考えるべきであると著者は考える）。

「行政処分」とのコンセプト　さて、すでに述べたように、行政行為という説明概念は利用する必要はないと著者は考えている。なお、これをほぼ同様に考えて「大過ない」（塩野＝原田・散歩、173頁）との立場に立っても、そうであれば、戦前からの歴史的重みを背負った「行政行為」との概念をあえて利用する必要もない。

　むしろ、法運用の動態性、それに伴う行政手法ないし行為形式論（多くの大橋洋一教授の論稿）の多様性、行政過程論的（たとえば、塩野・Ⅰ-Ⅱ）流れの中での把握が必要であり、そのような意味では法システム全体（このような視点は阿部・システム参照）の中で捉えることが必要である（石川・論点、58頁以下、120頁）。

　そうした視点で見ると、伝統的な「行政行為論」は、その概念のみで全ての行政作用の説明が可能であると考えた点に（たとえば、田中・上を見れば「行政行為」以外の現在でいう手法・行為形式はほとんどないことがその一つの証左である）、現在から見ると（実は、当時に立って見ると、旧憲法下の法理論による圧政の反省から、まず純粋な「近代法」つまり制限思想——行政は社会にとっての最低限の秩序維持のみを行い余計なアクションはしてはならない——を確立するというのが、この学説の時代の要請であったことは認められなければならない〔本書第1講参照〕）誤った、あるいは議論を混乱させる原因があると考えてよいようである。

　それゆえ、このような概念からは、現代では離れるべきだと考えるが、さらにその結論（「行政処分」とのコンセプトを利用し「行政行為」という概念を捨てる）に至る理由を、公法・私法の二分論に立脚した理論の「歴史的重み」（小早川・上、275-281頁）に求める考えもあり、その点では公法の理論（憲法・行政法理論双方）

が「統治」にもっぱら焦点をあててきたドイツ公法（そこでは伝統的な「人権」Menschenrecht は法的権利ではなく、憲法が認めてはじめて「基本権」Grundrechte として法的権利になるとの説明などから明らかであろう）的な法理論の一つの帰結と言ってよい「行政行為」概念は、「人権」（アメリカ・イギリス法〔これは Anglo-American Law〕では生まれながら人が有する権利としての法的権利である。なお、アングロ・アメリカン・ローに対しドイツ・フランス法などの「大陸法」は"Civil Law"――間違っても民法と訳さないこと――と呼ぶが、Civil とはローマのことであり、ローマ法を直接継受した法という意味である。アメリカのロー・スクールでよく使う Uniform System of Citation〔よく、ブルー・ブックと呼ばれる〕では、日本は Civil Law Countries に分類されているが、明治維新の大陸法、特にドイツ法継受との歴史性からであろうか。その意味でローマ法は大学の科目にもあるところもある。そこで、たとえば、柴田光蔵「ローマ法フォーラム (1)〜(7)」〔玄文社、1987〜1994年〕などを見てみるのもよい。ともあれ憲法がアメリカ法継受であることは、いずれにせよ否定はできない）を基礎とするアメリカ法を継受した日本国憲法の下では、その歴史性から利用すべきではないとも考えている。

　以上のように、著者は、行政手法・行政の行為形式の一つとして「行政処分」という法令上のコンセプトで説明すれば足りると考えるのだが、それはすでに述べたように法システム全体の動態的な法運用の把握に有用だと考えるからにほかならない。たとえば、すでに述べたように、行政訴訟で処分として争わせることがよいのかどうかという観点から見ると「処分性」とのコンセプトは、判例理論を見てもフレキシブルであると言ってよい。そこでは、その救済（訴訟）ルートを利用させることが有効かどうかという点で、そのコンセプトの中に取り込まれるのかどうかが決まる（たとえばこのような視点に関連した争点として、一連の手続の流れに着目する点は同じでも、国立歩道橋事件第二審はその利用を否定し、その第一審や大阪国際空港事件、最〔1小〕判昭和56年12月16日民集35巻10号1369頁、百選Ⅱ 241事件ではいわば全体としての「航空行政権」を理由に事実上肯定した例など）。

　そうであるとすれば、行政のパワーを利用したり背景としたほうがよいのかどうかという点から、同様にフレキシブルな「処分」とのコンセプトによることが行政過程や法のシステム的考え方からは法制度の把握や設計には有用であろう。

　判例も、処分の意味について「行政庁の法令に基づく行為のすべてを意味す

るものではなく、公権力の主体たる国または公共団体が行う行為のうち、その行為によって、直接国民の権利義務を形成しまたはその範囲を確定することが法律上認められているもの」（東京都ごみ焼却場設置事件、最〔1小〕判昭和39年10月29日民集18巻8号1809頁、百選Ⅱ 148事件）とはしつつ、その後の判例は、すでに指摘したように事実上の効果に着目するなどフレキシブルな運用に変化してきているので、伝統的な行政行為概念よりは、相当弾力的で広いものとして捉えていると考えてよいであろう（この広い立場を「行政行為＋それに準ずる行政の権力作用と解する立場」として整理する文献は、石川・論点、119頁）。

　さて、それでは、そこで問題となるのは、「行政処分」とする、あるいはこのコンセプトに取り込む根本的なフィロソフィーは何かという点なのである。著者は、ある意味で思いつきかもしれないが、アメリカ法での「公序」（Public Policy——これも法的な意味では広いものであり、政策のみを指すのではないから公序としている。ときどき「公共政策」と訳す人がいるがこれは不正確な訳である）という考えに現在はひかれている。このパブリック・ポリシーとは、法的な正義・公正という要請から多くの人々に関係する問題で法的秩序を考えるというものである。この考えを、ここに転用ないし応用すれば、次のようになる。

　給付行政で、本来「契約」手法で分けるとしても、契約にはそもそも「契約自由の原則」があるので、たとえば民間住宅では、貸す人の自由がある。高齢者やある職業の人はお断りと言われても法的には違法とまでは言えない場合があろうが、公営住宅ではどうだろうか。判例（最〔1小〕判昭和59年12月13日民集38巻12号1411頁）は、その利用関係は原則として民法・借家法の適用によるとするが、条例により特別の定めを置くことを認めているので、低所得の人々や高齢の人々のように住宅を得にくい人を優先するために契約ではなく「処分」（入居許可）とすることも可能となろう（これを「形式的行政処分」と呼ぶ）。これは実質的な社会的平等を達成するという正義・公正からくる考えであるし、民間企業ではその企業の労働契約を結ぶ自由があるので、ファミリー主義（？）を理由にコネ採用をしても、あるいは社風に合わないなど、何だかんだと言って女性の採用を拒否したり、特定の学校に採用が片寄っても違法とまでは批判できないが（なお、アメリカでは Civil Rights Act によりこのようなことはできない。履歴書にも家族構成や性別は書かせないので、Mischel は「マイケル」か「ミッシェル」

かわからないので本人が来るまでは男性か女性かもわからない。現実には、このように法律を通じて憲法の平等要請が実現されているわけである。わが国の私人間効力論や、第三者効力論はドイツ法的説明に終始しているように思われるが、アメリカ法での実質的私人間効力とでも呼び得る法運用をぜひ見てほしいものである）、公務員の採用は、憲法の全体の奉仕者の理念から、公正・正義の要請が及ぶので、そのような差別は許されないから「同意を前提とする行政処分」とするといった構成である。なお、アメリカでは「公序（正義・公正）」が公的場面で出るのは行政主体がかかわらないところでも生じる（そこで Public Policy を「公共政策」とは訳せないわけである）が、たとえばわが国での大学の「認可」にあたる行為は、行政処分によらなくとも十分にその要請を充足し得ると考えられ、accreditation——アクレディテーション、したがって「認定」とでもしておくのがよいであろう——と呼ぶ方法が取られている。これは大学が集まった団体（行政機関以外のものであり、いわば、わが国の大学基準協会に似ている〔？〕といってよいであろうか）が研究・教育水準に達していると認めた時に出されている（これなどは「行政行為」という概念を使わなくても事足りるいい例である。そこで「州政府公認」などというのはその限りでアメリカでは意味をなさない）。一方で、アメリカでは、20歳以下の者に2回アルコールを出した飲食店（たとえば大学の周辺によくあるスポーツ・バーなど）は、すぐに閉鎖命令が、大学のドミトリーなどで2回共用の場所に自転車を置けば（たとえば、階段など）その建物は閉鎖命令を Administrative Order により行政によりなされるのは正義・公正という公序から行政にそのパワーが認められているからなのであり、まさに「行政処分」であろう。また釣りをしたり、車を運転するのに licence が必要であり、違反には罰則手法の担保があるのも、行政の処分により公序（環境保護、交通秩序の維持）を考えるからである。そこで、公序の要請から行政主体にそのパワーに関連したアクションが求められ、そのパワーゆえに行政訴訟などを利用した方が有効なもの（たとえば、効力を完全に消しさるための取消訴訟制度や行政事件訴訟法24条の職権証拠調べを背景に釈明権を利用したり、多数の者に関係するので31条で事情判決を考えたり）を「処分」と考えているわけである（つまり、公序による行政のアクションが行政主体を被告とする訴訟制度などのシステムとリンクしている場合を「処分」とする）。つまり公序を行政処分によらなければその要請を充足し得ないものに処分というパワーでのぞむと現在は理解している。

第16講　行政処分　215

最後に、問題となるのは、そうは言っても「実体法・作用法上」「処分」と考えざるを得ないが、立法政策などで訴訟の対象にならない「処分」が存在することをそれではどう説明するのかという点であろう。たとえば、道路交通法に違反し行政処分を受けた場合、その取消しは行政訴訟では求め得ない（刑事手続、被告人となって主張しなければならない）とか、都市計画法32条では、公共施設管理者（もっぱら市町村長）の同意がなければ、都道府県（許可権者）に開発申請ができないとのシステムを取るが、その不同意は争いの対象とはならない（前掲最〔1小〕判平成7年3月23日）などである。

　しかし、これは、立法政策による例外と考えればよいであろう。具体的には、道路交通法は、わが国でも本来は刑事事件だったが、違反者の増大に伴い、刑事事件としての規範意識が国民の間で低下した（刑罰の感銘力が全く働かなくなった。つまり悪いことをしていると思わなくなった）ので、行政処分としただけなので、もしその処分を争うのであれば、本来の刑事手続で争うべきこととなり、都市計画法では、不同意にもかかわらず許可申請を許容すれば相当なコスト（著者の実務者へのヒアリングでは数百万から場合によっては数千万になると言われる）を使わせるので、無駄な出費をさせないとの政策的配慮に求められると考えられよう。

　なお、最近の最高裁判例は、最（2小）判平成17年7月15日民集59巻6号1661頁、百選Ⅱ160事件、最大判平成20年9月10日民集62巻8号2029頁以来、訴訟法上の処分性が拡大していると言われている。

　さて、最後に、よく行政法のテキストでは、行政処分の効力として「公定力」「不可争力」などが言われるが、これは取消訴訟制度を採用したことによる訴訟法上の効果だから、本書では、訴訟法および第23講で扱うこととする。

　なお、行政処分がいつ成立したのかについては最（1小）判昭和57年7月15日民集36巻6号1146頁、百選Ⅰ57事件、送達については、最（1小）判平成11年7月15日判時1692号140頁、百選Ⅰ58事件を参照してほしい。送達については、正式送達方法の郵便であれば良いが、行政実務上、情報公開条例での決定通知書のように、普通郵便で発出した場合、不服申立期間の決定等でもめる場合がある。

風営適正化法の判例を見てみよう　さて、本講では、大阪地判昭和48年11月14日判時738号65頁を見てみることと

したい。その主要な理由は、風営適正化法で「許可」制を用いている理由が、比較的明確に述べられているからであり、著者の示した「公序」による説明につながるように思われてならないからである。

事実の概要は、原告は、パチンコ店（遊技場）の営業許可申請を大阪府公安委員会になしたがそれを拒否されたというものだった。その理由は、風俗等取締法は、その許可基準を各都道府県の条例に委任していたが、それを受け大阪府条例 11 条は「公安委員会は、許可を受けようとする営業所の位置が、学校、病院等に隣接する地域又は住宅地域等で、善良の風俗保持上著しく支障があると認められるときは、許可をしてはならない」と規定していたが、本件での予定場所が条例が規制を予定している住宅地域にあたるとし申請拒否処分がなされ、行政事件訴訟法に基づき処分の取消訴訟が提起されたというものだった。

判旨は、パチンコが大衆的な娯楽として定着していることを認めたうえで、申請場所にもし設置の許可をすれば「いわゆる景品買いが現実に行われ、定職を持たずにパチンコによって生活を立てている人々が集まり、また不良青少年の集場所になりやすくなり、夜遅くまで客が往来することが予測されたことが認められるし……（略）……本件設置場所の南側町道を通って通学する児童数も相当多く……（略）……児童遊園地の設置が予定されていたことが認められる。これらの事情を考慮すると本件設置場所にパチンコ遊技場を設置することは、歓楽的な遊興施設の全くないこの付近の清浄な住宅環境を破壊し、近隣の学童、青少年等に好ましくない影響を与える結果になるので条例 11 条の不許可要件にあたる」と判示した。このように、児童福祉施設や良好な住環境の保持という公序からの要請があるが、この要請の実現は、業者の自主規制などの手法はほとんど望めないので、行政処分というパワーをもってのぞむわけである。

ところで、本件条例では「許可をしてはならない」との文言を使っている。一方、通常、要件を充足すれば必ず許可を与える場合（伝統的には「警察許可」——社会にとって必要最低限の秩序を維持するため本来の自然の自由を一般的に〔全員に〕禁止し、条件が整えばその禁止を解除する——と呼ぶ）には、「許可をしなければならない」などの文言（食品衛生法、道路法など）が用いられている。実は、この微妙な相違には、意味があるとも考えられる（本書の「ロー・スクール・予備試験・公務員試験へのガイダンス」参照）。

それは、「許可をしてはならない」との文言による場合、行政庁の「裁量」が認められているとの解釈があり得るからなのである（最近では1997年改正前の廃棄物処理法での産業廃棄物最終処分場の設置許可申請でこのことが争点とされた）。このような細かな条文の相違に着目し公序の要請から行政の裁量性を見出そうとするのも、伝統的な警察許可概念から離脱しようとの、いわば大きな視点から言えば、多面的・複雑社会での法解釈、すなわちポスト・モダンの法律学の構築の試みの一コマとも言える（なお、きわめて残念なことに廃棄物処理法では、旧厚生省、札幌高裁は、この条文の文言の相違には着目せず、いずれにせよ古典的な警察許可概念であるとの立場を維持した。現在は環境省所管法律となっている）。

ともあれ、本件でも、そもそも風営適正化法の領域は、政策法学的視点が比較的早くから必要とされたところであるとも言えるので、当時の裁判所自身がこのような根本的法理論を自覚的に展開したとは断定できないが、少なくとも無意識のうちにそのような視点を取り入れていたと考えてもよいであろう。すなわち、本判決は、本条例11条での「住宅地域とは、社会通念上一般的に住宅地域として認められるような環境を形成し、住宅地域としての静浄または静穏を保持する積極的な必要性」が認められるところを指すとするが、この判断は、住民保護の観点から結局は公安委員会（行政主体）の判断、すなわち裁量にまかされる部分があるということを意味しているとも言えよう。

以上のように、ここでの許可は、行政主体は、業者と住民との利害関係をはかってみることとなるが、そうであるとするならば、この大阪地裁のケースとは異なりもし許可があり、付近住民の人々がそれは違法だと考え、住環境や青少年保護目的で訴訟を提起したいと考えた場合はどうなるのだろうか。原告適格について、いわゆる「もんじゅ訴訟」（最〔3小〕判平成4年9月22日民集46巻6号571頁、百選Ⅱ162事件）では争点とされた行政法規がそこでの行政処分を通して保護しようとしている利害の内容、性質などを考慮して判断すべきとするが、風営適正化法でもこの考えは同様と解してよい。

そこで、最近の例を見ると、1998年改正前の風営適正化法3条1項に基づくパチンコ店の営業許可の取消訴訟で、パチンコ店の近隣住民の原告適格は否定されている（東京高判平成8年9月25日判時1601号102頁、東京地判平成7年11月29日判時1558号22頁）が、その主要な理由は、風営適正化法のこの許可の性質が、

地域全体の環境保全により、居住者の具体的利益保護を目的としていないという点に求められている。なお原告適格については詳しくは、本書では後の訴訟の第28〜31講を参考にしたうえで、建築基準法上の処分では付近住民に原告適格が認められるが、なぜこのように法律により相違が生じることとなるのかを考えてみてほしい。ともかく、以上のように、「許可」の具体的法的性格は、その法律のストラクチャーから考えてみるべきである（原告適格については、本書「ロー・スクール・予備試験・公務員試験へのガイダンス」参照）。

〈参考文献〉
　アメリカでのライセンスについては、最近の次の文献を見よ。
　　Savl Levmore, *Licensing: Permission Slip in Corporate and Fourth Amendment Law*, 93 Northwestern L. Rev. 709, 1999.
　行政処分との用語を利用する文献としては、次の文献を参照せよ。
　　南博方『行政手続と行政処分』弘文堂、1980年。
　伝統的な「行政行為」論については、次の文献を参照せよ。
　　菊井康郎『行政行為の存在法』有斐閣、1981年。
　　田中二郎『行政行為論』有斐閣、1954年。
　最近のテキストで行政行為概念を維持する文献として、
　　植村栄治『行政法教室』有斐閣、2000年。

Café de 自治体 5

【パワー・ハラスメント対策とそこにある政策法務のシーズ】

　行政であるか民間企業であるかを問わず、「職場内での良好な人間関係」は、組織で働く者の士気や満足度に繋がる大事な要素であり、使用者には人間関係を含めた職場環境の維持と向上への配慮が求められるところです。しかし、近年、組織的対応の重要性が指摘されている問題の1つに、組織内の人間関係に起因する「ハラスメント（いじめ・嫌がらせ）」があります。

　過去には、個人の問題と捉えられていましたが、組織の社会的責任やコンプライアンスが重視されている今日においては、すべての組織が取り組まなければならない問題であるともいえ、中でも、その行為の違法性が判断しにくいことから組織での対処が難しいといわれる「パワー・ハラスメント」については、防止と解決に向け、労使が一丸となって取り組むことが不可欠であると考えられます。

　厚生労働者が平成24年1月に公表した「職場のいじめ・嫌がらせ問題に関

する円卓会議ワーキング・グループ報告」によると、いわゆる「パワハラ」は「同じ職場で働く者に対して、職務上の地位や人間関係などの職場内の優位性を背景に、業務の適正な範囲を超えて精神性・身体的苦痛を与える又は職場環境を悪化させる行為」と定義され、さらに「優位性」とは「上司から部下に行われるものだけでなく、先輩・後輩間や同僚間、さらには部下から上司に対して様々な優位性を背景に行われるものも含まれる」とされています。

　パワハラは一般的に、管理職や使用者といった組織での地位（職権）を利用した、いじめや嫌がらせを指す言葉として認識されていますが、厚生労働省が示す定義によれば、同僚や部下が行った行為もパワハラに該当することになるため、つまりは、性別・年齢・役職等によらず、誰もが「被害者」にもなり「加害者」にもなる可能性があるということを理解しておく必要があります。

　また、パワハラが問題視されている現状は、人事院に寄せられるパワハラに関する苦情相談件数が毎年一定の割合を占めていることから見ても、公務員の場合も決して例外ではなく、また裁判においては、パワハラにより精神的苦痛を受けたとして使用者等を相手に損害賠償を求める民事訴訟、あるいは、パワハラによって発症した精神疾患に対して国家公務員災害補償法等に基づく保険給付請求が棄却された場合に当該処分の取消しを求める行政事件訴訟等により争われる事例も数々あります。

　なぜパワハラの問題は組織での対処が難しいと考えられているのか、その理由は大別すると次の2点にあると考えます。

　1つは、ハラスメント行為一般に共通することですが、閉鎖的な状況の中での行為であることが多く、加害行為があったのかどうか事実関係の認定が困難であることが挙げられます。パワハラがあった事実を立証するメール、録音テープ等の証拠があることが望ましいですが、実際に揃っているケースは多くなく、同僚等の証言を得る難しさもあります。

　もう1つは、どの職場でも業務上必要不可欠な命令や指導として行われることから、適法な行為との線引きが困難であるということです。パワハラは、何らかの優位性を背景に業務の「適正な範囲」を超えて行われるものですが、その「適正な範囲」は業務の内容や状況によって異なり、たとえ業務上必要な指導であっても、その態様が高圧的あるいは攻撃的であった場合には、パワハラと判断されることがあります。しかし一方では、パワハラ行為の存在が認定されたとしても違法性が認められなかった裁判例もあり、必ずしもすべてのパワハラ行為が違法と評価されるわけではないという曖昧さが、対処への踏み切りを躊躇させているように思われます。

　このようなパワハラの特徴を踏まえつつ、パワハラ行為を行わない・許さない職場環境を実現するには、今後どのような取組が必要でしょうか。

　実際、各組織においては様々な工夫により取組がなされていますが、使用者はもとより、まずは職員個々が、自身に関わる問題として具体的に考え、パワ

ハラを発生させないために自分ができることをできる範囲で実行していくことが、組織としての大きな成果に繋がっていくものと思います。

　たとえば、前述のとおり、パワハラは線引きが難しいものですので、不適切な言動との批判を受けないためには、指導する際の態度や表情、声の調子、言葉、方法や場所等について、自らの言動を客観視し、合理的であるかどうかを確認することが重要であるといえます。さらに、日頃の発言者の振る舞いや考えを、受け手がどのように認識しているかによって発言の受け止められ方が異なることもあるため、普段から性別や序列を問わず、相手の尊厳を尊重し、対等な目線で接することが大切であると思われます。また、パワハラは、加害者のみならず、その状況を傍観する者を含めた集団によるいじめ行為とも言えるため、いじめに加担しないという共通認識のもと、職員が相互の言動に気を配りあうことも必要と考えます。

　また、法務的観点から言えば、同じハラスメントの一類型である「セクシャルハラスメント」が、雇用の分野における男女の均等な機会及び待遇の確保等に関する法律および厚生労働省の定める指針によって組織的対策が義務付けられているのに対し、パワハラについては現在法制化されていません。しかし、パワハラに関連する訴訟も見られる実情において、これらのリスクを回避する体制づくりや取組の実効性を高めていくためには、組織におけるルールを自主的に策定することが重要になると思われます。

　近年、自治体においては、パワハラ対策に関する指針や要綱の策定、パワハラ行為を行った者に対する処分基準の規定等のほか、パワハラ防止条例を定める動きも見受けられ、こうした法務による枠組みの整備と職員の意識改革を両輪とした一体的な取組の浸透が今後期待されるところです。

　このように、政策法務は、私人に対する行政処分や特別な状況下の場面に限らず、職員の日常の中に存在する身近な問題の解決にも求められているということを、私たちは認識しておく必要があるのではないでしょうか。

第 *17* 講

行政処分の附款

先生 きみたちは、「款を通ずる」という言葉を知っているかな？
マリちゃん はい！「真心をもってしたしむ」ということですね。
先生 そのとおりです。ところで、法律の世界で、この「款」という字を使う例をマコト君あげてみてくれる。
マコト君 え〜と……、企業法で習った定款とか……。
先生 そうです、定款とは会社の具体的業務内容を箇条書に文章化したものでしたね。それではマリちゃん、行政法の著名なテキストがここにいくつかありますが、やはり「款」という字をさがしてみてくれる。
マリちゃん あっ、ありました。「附款」（フカン）ですね。
先生 よく見つけたね。ところで風営適正化法3条も見てみよう。そこには条件とあるでしょう。こういったものが附款の例なんだよ。
マコト君 先生！ バイト先で、「営業許可を受ける時の条件はきびしすぎる」って言ってました。とても真心なんて感じしないなあ〜。絶対これは規制ですよ！
先生 でも、附款がどういう意味かについては通じる必要がある。ボクが真心をもって附款について説明してあげる！

講義ノート

行政処分の附款とは何か 「附款」は、「フカン」と読むが、あまり聞きなれない言葉であろう。さて「款」という漢字は「ルールを条文化する」すなわち箇条書にするということを意味するので、「フカン」とは、「附」つまり「条文化したルールを何かに附け加えるということとなる。たとえば、この「款」をわれわれがよく見るものとして、ホテル・旅館での「宿泊約款」がある（だいたいは、テーブルや机の上にビニール製、皮製の厚いファイルの中に入れられている。館内のレストランやバーの割引券や案内、周辺観光地の地図などが一緒に入っていることが多いが、たまには宿泊約款を勉強のために見てみよう）。その中には、たとえば、泥酔者は宿泊を拒否する場合があるというように、宿

泊契約のより細かな中味・ルールが書いてあるわけである。

そこで、行政処分の附款とは、「行政処分」に「款」（細かなルール）を附け加えるということである。行政実務では、通例「条件」と呼ばれている場合が多い。

なお、もう少し学問的に、わが国のオーソリティーの説明を借りれば、「附随する約款」を縮めたもので民法上の用語だったものを行政処分でも利用している（塩野 宏「行政法のルーツ1・附款」〔塩野＝原田・散歩、71頁〕）ということとなる。

そして、この附款を利用する目的は、「行政運営と市民の利益についての柔軟について柔軟に折り合いをつける点」（大橋・Ⅰ、194頁）にあり、実務では重要な役割を担っている。

たとえば、イメージ作りのために実例を一つだけあげると、建築基準法43条1項但書に係る許可について、許可条件として「建築工事着工までに申請敷地に係る道となる部分について、地目を公衆用道路とする分筆登記をすること」（実務では登記事項証明書の提出を求める場合がある）を付すなどが理解しやすい例となろう。

附款の種類　行政処分の附款については、その種類、そのほかについて、様々な学説がとなえられている（詳しくは、石川・論点、138-139頁）。しかし、とりあえずは、細かな議論をのぞいてわかり易く説明してみよう。

一例として、皆さんのうち多くの人々が持っている運転免許証を取り出して見てみるとよい。

さて、運転免許は、一般には、行政処分の類型としては講学上の許可にあたるが、この運転許可には、様々な行政側の要求が附け加えられている。これが、

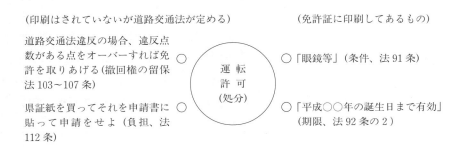

第17講　行政処分の附款

まさに附款だが、これは道路交通法に定めがあるので、「法定附款」と呼ばれている。実は、この法定附款については事実上、法的問題は生じない。なぜなら、ある人にだけ、1年の期限をつけたり、ある人にだけ同じく高い金銭を負担として要求するということはあり得ないからなのである。

　もっとも、期限が「3年と5年だけとはけしからんのでもっと長くせよ」という不満を持つ人がいるのかもしれないが、これは日本国内で運転を行う者は全員が受ける制限（一般的制限）なので、立法政策上は問題とはなっても、訴訟では問題とならない（そこで、最近では、法定附款は法律の定めた処分の内容そのものなので「附款」には含まれないとの考えが有力となっている、山下＝小幡＝橋本、134頁；植村・教室、97頁）。

　それでは、いわゆる行政処分の附款論では何が問題となるのだろうか。それは、条件や期限、負担、撤回権の留保を、裁量で付すことができるということである（芝池・総論、189頁；石川・論点、138頁は、それゆえ裁量論の一コマと述べている）。このような附款が認められる主要な理由は、塩野　宏名誉教授の言葉を借りれば「状況適合性機能」（塩野・Ⅰ、199-200頁）、すなわち、行政処分のめざす効果を十分に達成するためということとなろう。例としては、駅伝競技のため道路の使用許可をなすにあたり、道路交通秩序の維持をはかりながら考える必要があるので参加チーム数を限定したり、使用時間を制限したりするといったようなものを考えてみればよかろう（そこで、箱根駅伝では、参加チーム数が限られ、シード校争いが一つの見せ場となり、「くり上げスタート」での母校のタスキに多くの人々が感じ入ることになる。来年はフカンを探しながら1月2・3日テレビを見てみよう！）。

　さて、以上のように考えれば、具体的な附款が違法なのかどうかというのは、裁量論でのそれと基本的には同じように考えればよい（なお、本書では、行政裁量論は「訴訟への橋わたし」のところで扱っている。本書第23講参照）。現に、最近の阿部泰隆名誉教授のテキストも「行政裁量とその統制」という項目の中で「附款の限界と行政裁量」としてこれを扱っている（阿部・解釈学Ⅰ、406頁以下）。なお、それゆえに、実は裁量論との線引きが問題ともなる。少しむずかしいかもしれないが問題の本質を知るために、少し長いが、塩野名誉教授の言葉をそのまま引用してみよう。

　すなわち行政処分の

「効果裁量（とりわけ、選択裁量、形成裁量）が認められない場合には、行政行為の附款はまさに、法律既定事項外規律とその範囲が等しい。これに対して形成裁量が認められる場合には、その裁量権行使の結果はつまるところは、法律既定事項外規律ということになる。その際、附款と形成裁量の結果である行政行為の内容との線引きは必ずしも明確ではない」（塩野・Ⅰ、199頁）

と述べられている。

　もっともこの場合、それでは「附款」というコンセプトをなぜ立てるのか、という点が問題となろうが、塩野名誉教授は行政処分（行為）本体の問題か附款の問題かで、法的効果の相違が生じる場面もある（塩野・Ⅰ、199頁）とされ、このコンセプトを立てる必要を指摘されている。

　ともあれ、附款は、それを附す行政本体の側から見ると裁量権行使の一コマ（行政庁自らの意思の発動）ということとなるが（芝池・総論、189頁）、そうであるとすれば、裁量には必ず限界があるので、その限界を超えたのかどうかでその瑕疵が問題となるわけである（なお、たまに古い概念たる「自由裁量」という言葉を使う人がいたり、あるいは行政実例や判例があるが、限界があるという意味では自由ではあり得ない。アメリカでは broad discretion〔広い裁量〕と discretion〔裁量〕とのコンセプトに分けている。わが国でもマックリーン事件で最高裁判所はこのようなコンセプトを利用している。そこで自由裁量という言葉はもはや利用しないほうがよいであろう）。その意味では、阿部名誉教授の言葉を借りるなら「附款とは法治行政の一コマ」（阿部・解釈学・Ⅰ、407頁）ということになる。さて、判例上示されている附款の限界は、3つあるといわれるが、それは、第一に附款の許容性、第二にその目的適合性、第三に比例原則・均衡原則（ドイツ法で勉強した研究者は「比例原則」と言い、アメリカ法で勉強すると「均衡原則」と言う）であると言われ、第一の例が、公務員の期限付任用（最〔3小〕判昭和38年4月2日民集17巻3号435頁、百選Ⅰ91事件）、第二の例が、建築許可と無補償撤去条項（最大判昭和33年4月9日民集12巻5号717頁）、第三の例が、デモ行進の許可と条件があるとされる（石川・論点、140頁）。そしてこの限界を超えた場合、瑕疵を帯びることとなるが（たとえば、負担につき比例原則を越えることはできず最小限に止める必要がある。大橋・Ⅰ、196頁）、一般には、争点とされた附款が行政処分の重要な要素とされる場合はその行政処分全体が

無効となると言われている（なお、裁量論との関係での実務上の法運用の理解については、阿部・システム〔下〕、675-677頁。学説の整理と問題点の指摘は、石川・論点、139頁）。

風営適正化法と附款　　風営適正化法3条2項は「公安委員会は、善良の風俗若しくは清浄な風俗環境を害する行為又は少年の健全な育成に障害を及ぼす行為を防止するため必要があると認めるときは、その必要の限度において、前項の許可に条件を付し、及びこれを変更することができる」と規定している。これは、その中味が定まっているわけではないので、すでに述べた裁量により附款を附すこととなるし、まさに規制手法あるいは状況適合性機能として理解できよう。

ところで、ここで、変更という言葉に気がついた人もいるかもしれない。この変更について関連する点は、伝統的な学説では「法律効果の一部除外」（田中・上、127-129頁）という附款の一つをあげていたし、現在でも芝池義一名誉教授のようにこの「一部除外」と「附款により課された義務の事後的な変更」（芝池・総論、189頁）を指摘する有力な学説もある。しかし、多くは、これは行政処分の内容上の制限や変更処分として捉える（塩野・Ⅰ、203頁。その他、一部除外を附款に入れない代表的学説として、広岡・総論、旧版149-150頁；南博方『行政法〔第6版〕』68-69頁〔有斐閣、2006年〕がある。著者の的はずれかもしれないが感想を述べれば、ここでも裁量権の1コマないしオーバー・ラップの問題があるように感じる）考えに立っていると言ってよいようである。

さて、この変更を加えるのか加えないのかは別としても、ともかくも「解釈基準」（これについては本書第7講）によれば（「Q＆A」94-95頁）、これを一括して次のように述べている。すなわち「許可に条件を付し、又はこれを変更することができるのは、法令又は条例を遵守していても、具体的な事情により、善良の風俗若しくは清浄な風俗環境を害する行為又は少年の健全な育成に障害を及ぼす行為が行われるおそれがある場合に限られ、付される条件もこれらの行為を防止するため、必要最小限度のものでなければならない」（解釈基準第9の2）として、具体的には、その目的に適合し（風俗環境を害したり少年の健全な育成に障害を与えるものの防止）、実際に防止し得る効果を有する（合理的な関連性）ことと、比例原則（均衡原則）などを掲げている。そこで、わが国のもっとも有力な学説は、この例を「都市景観の見地から……（略）……キャバレー等のネオンの

色彩を附款により指定することは許されない」(塩野・Ⅰ、204頁)と説明しているが、まさに合理的な説明であろう(同様の説明として、櫻井＝橋本、112頁)。

なお、最近の興味ある例として、環境影響評価法に関連する附款がある。そこでは「環境の保全に関する審査の結果を併せて判断するものとし、当該判断に基づき、当該免許を拒否する処分を行い、又は当該免許等に必要な条件を付することができる」と規定されている。そして、その審査は「環境の保全についての適正な配慮」により行われる。ここでの法33条から37条は、いわゆる「横断条項」として、特殊な立法とされているが(小早川・下Ⅰ、23頁)、これは事業にかかわるそれぞれの行政の審査を広くカバーすることを意味している。そのような場面で「条件(附款)」を積極的に利用しようとするものと考えてよいであろう。

また、環境法の分野では環境保護目的で裁量附款の積極利用を考えるべきであると著者は思っている。加えて、三面的利害調整モデル(阿部・システム〔上〕、37頁)という現代の行政法システムの中では、まさしく「調整」を効果的に行うために附款を有効に利用すべきだと考えている(すなわち、「法や権利の調整機能」として附款を位置づけている〔いわば積極利用説と言ってもよい〕。「裁量権行使＝違法・濫用」との関係からの把握を重視するわが国の傾向に一つの問題提起をしておきたい)。ただし、その場合、実務上の「条件」について「その性質を明示すれば争いはかなり防止できる」(阿部・システム〔下〕、762頁)とされるので、その法的性格をできるだけ具体的に明確にすることが求められることともなる。

なお、行政手続法第2章の審査基準や理由の提示では、その制定にあたり、附款については想定していなかった(高木、146頁)という指摘がなされている。

〈参考文献〉

菊井康郎『行政行為の存在構造』信山社、1995年。
人見 剛「行政行為の附款」兼子 仁編『西ドイツの行政行為論』成文堂、1987年。
塩野 宏「附款に関する一考察」同『行政過程とその統制』有斐閣、1989年。
藤原静雄「行政処分の附款の限界」法学教室第237号、2000年。

第 *18* 講

職権取消と撤回および行政処分の違法性

先生 それでは、今日は行政処分の違法性まで、がんばって講義を進めていきたいと思う。多少、時間は延長することになるかもしれない。そのつもりで。

マリちゃん 先生。実は、友人が先日、スピード違反をしてしまって運転免許を取り消されてしまいました。本人は、そんなに出してない、違法な処分だなんて言っていたので参考にと思って、図書館で行政法のテキストの索引で「取消」を引いてそのページを読んでみても、何となく合わないんです。どうしてでしょうか。

先生 マリちゃん、それは、「撤回」のところを引かなければならないんだ。

マコト君 そうか！ 前回の「処分」のところと同じように、学問上の概念とずれてるんだ。

先生 そうです。実は「取消」とは違法処分の効力を消すことなんだ。マリちゃんの言った運転免許は、交付時は、違法な交付ではないだろうから「取消」にはあたらないのです。

マコト君 先生！ そう言えば、いま勉強している風営適正化法では「営業廃止」という命令もあったとバイト先で聞いたんですけど、それもそうなんですか？

先生 そうですね。それでは、そのあたりから説明してみようか……。それと、私は、異説と言われるかもしれないが、法システム論の立場から、「行政行為」を中心とした取消・撤回論に疑問も持っているんだ。むずかしいかもしれないが、これも少し説明してみることとするね！

マリちゃん 「ユニーク」な説ですね。

先生 そうだよ！ ついでに、英語を落としたマコト君のために言っておけば、uniqueには、英文法でいう比較級はないんだ。なにせ「ユニーク」だから、他と比較はできないからねぇ〜。

マリちゃん でも、最近の英語の口語ではuniquerって使ったりmoreやmostをつけたりするみたいですよ（『リーダーズ英和辞典〔第2版〕』2687頁〔研究社、1999年〕）。

先生 そうか！ じゃ、ボクの学説もmoreやmostになるかもしれないね。

マコト君 あんまり期待しない方がいいですよ……。

講義ノート

「職権取消」と「撤回」を共通に扱う意味　多くのわが国のテキストでは、取消しないし職権取消と撤回とを and でつないで（取消しと撤回）一括して説明することが多い。そこでこの２つのコンセプトには、何か共通の現象があるものと思われる。そのため、この２つの共通項をまず知っておこう。

その共通項とは、あらたになされる行政処分により、前になされた行政処分の効力が消える、つまり、行政庁の処分によって行政処分の効力が消滅することを指すと考えてよい（この意味で、取消しについては、裁判所が判決で取り消す「争訟取消」とは区別されることに注意！　そこでわざわざ行政庁の「職権取消」と呼ぶわけである）。

職権取消と撤回の相違　さて、行政庁のあらたな行政処分によりすでになされていた処分の効力が消えるという意味では同じだが、異なるコンセプトを利用するのだから違いもあるはずである。そしてその違いを一言で述べれば、消え方に相違があるということである。

それを図示すると、下の図のようになる。

行政処分が、日付はいつでもいいのだが、仮に平成５年７月１日に成立し（行政処分は、一般には、行政組織内で内部的に処分をなすとの決意があっただけでは足りず、外部へ表示されて――書面、口頭など――「成立」〔最〈３小〉判昭和29年９月28日民集８

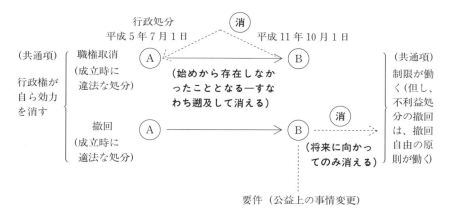

巻9号1779頁〕する)、発効(一般に相手方の権利や自由を制限する処分では成立〔表示〕だけでは足りずその相手方に到達してはじめて相手方を拘束することとなり〔小早川・上、282-284頁〕、ここに「発効」とのコンセプトを立てる実益がある)したとしよう。そして平成11年10月1日に職権取消または撤回をなしたこととしてみよう。

そうすると、A処分が職権で「取消」される(B処分)と、それはA処分が成立に遡って最初からなかったことになるのに対し、A処分を撤回するとのB処分がなされるとは、A処分の効力はB処分がなされることにより将来に向かってのみ(平成11年10月1日から)消えるということである(判例として、最〔1小〕判昭和43年11月7日民集22巻12号2421頁、百選Ⅰ88事件)。

さて次に、取消しが最初からA処分がなかったことにするというのは、逆に説明すれば、あってはならない処分だということなので、それは成立時に違法な処分だということだが(たとえば、替え玉受験の発覚に基づく運転免許の取消し。石川・論点、132頁)、撤回とは、同じ運転免許の例で説明すれば、都道府県の運転免許センターで、本人が所定の点数を取って免許証の交付を受け(適法な授益処分)たが、運転をしはじめたら、スピード違反等の道路交通法に違反ばかりした運転をしているので(すなわち、周囲の人々に危険を与える——公益上の理由——)、道路交通法に従って運転ができる(はず?)という免許(運転許可)時の事情変更を理由に、これからは運転はしてはいけないということなのである(なお、いわゆる行政処分の「変更」——別内容の処分がなされること——は取消し・撤回双方にあり得る。小早川・上、298頁以下)。

職権取消と撤回の根拠　それでは、職権取消や撤回には、法律や条例上での明文の根拠規定がある場合にだけ可能なのだろうか。

取消については、そもそも違法処分なので存在してはならない処分だから、最初からなかったことにするのであり、明文の根拠はいらないとする点でほぼ異論はない(石川・論点、134頁)。

ところで、その結論に至るそこでの理論上の根拠については、かつては「まさに当然のこと」(田中・上、151頁。最近の文献として原田・要論、188-189頁)とのみ説明されたが、それを技術的側面を重視して説明する説は、A処分の根拠規定に、もともと含まれていると説明し(兼子 仁『行政法総論』176頁〔筑摩書房、

1983年〕)、より実質論にそれをリファインしてする説明する説では、法治国原理に求めている（塩野・Ⅰ、189頁：芝池・総論、167頁）と整理しておくことができる。

　もっとも、著者などは、いわば、堅い法治国という説明よりは、弾力的運用の可能な「法的な正義・公正という法のフィロソフィーとして」というコンセプトとして説明した方が、後の取消権の制限との統一性や整合性も保った説明ができるのではないかと考えている。

　撤回についても、明文の根拠はいちいち要求されないとするのが実務の法運用である（最〔2小〕判昭和63年6月17日判時1289号39頁、百選Ⅰ89事件）。しかし、学説では、行政処分の公益適合性を主要な理由として判例とほぼ同様の立場をとる考え（塩野・Ⅰ、192-193頁：小早川・上、298頁以下等多数説）と、それに対し、たとえば、処分のうちA処分が授益処分である場合の撤回（このような場合のB処分は不利益処分となるので、行政手続法13条1項で聴聞が必要なことからも議論の性格は理解し易いだろう）には明文の根拠が求められるとする説（杉村敏正『全訂行政法講義・総論〔上巻〕』251頁〔有斐閣、1969年〕参照）や、後に述べるように撤回は行政の実効性確保の一手法としても機能することから（本書第20講）、制裁として撤回がなされる場合にそれを求める説（今村成和〔畠山武道補訂〕『行政法入門〔第9版補訂版〕』108頁〔有斐閣、2012年〕）が主張されている。

　ところで、授益処分の撤回に明文の根拠を求める説は、伝統的な侵害留保説（国民・住民の権利・自由を制限する場合、必ず、法律・条例の根拠がいる）をその基礎としていると言われるが、これに対しては、侵害留保の考えは、憲法上の人権を行政権が侵害してはならないというものであり、私人の申請により成立した法律関係を消滅させる場合には、撤回が許可制度の一つの構成要素であることを考えればストレートにはあてはまらないとの有力な批判があり（塩野・Ⅰ、192-193頁）、著者もそれは合理的な批判であると思う。

　また、制裁的機能を有する場合に法律・条例上の明文を求める説についても、次のような疑問がある。まず、政策法務論的発想から考えれば、現在、法律・条例を立ち上げる場合、立法者（この場合、現実には、法制担当や規制担当の公務員であることを忘れてはならない。ここに、現代の公務員には古い「法制執務」

的発想ではなく「政策法務」的発想が求められる理由がある)は、必ずしも、撤回規定が明文で必要との発想でのぞむのではなく、撤回権は、それは許可などの権限が行政主体にあるということはわざわざ書かなくともその中に当然、含まれるという発想でのぞむという点であろう。そこで、実際上は、有力な学説が指摘するように、明文がないことからこの点が問題になることが多いが、それは結局、個々の法律・条例の解釈問題に帰着する(小早川・上、284頁)ということとなり、現実の法の動態から見れば合理的な指摘であろうと思う。

　次に、制裁といっても、より広く「行政の実効性確保」との視点から見る必要もあるのではないだろうか。現代の行政をとりまく複雑社会・多面的法律関係の中では、古典的ないわば二面関係的法律関係という単純な把握では捉え切れないことを知るべきであろう。たとえば、地方自治体を例に取れば、むしろ実効性確保の手法の欠如の方が問題となっている(住民を行政が業者等の行為から保護できない。そして結果としては業者の行為から行政は私たちを「守ってくれない」といういわゆる規制権限不行使訴訟などが住民から提起されることもあり得る)というのが現実であろう。そうであるとすれば、やはり、争点となっている法律や条例が、住民保護という趣旨を含んでいるのかどうかという解釈問題として処理することが、むしろ合理的であると言うべきであろう。

職権取消と撤回の制限　これは、A処分が違法処分であればB処分によりいつでも取り消してよいのか、公益上の事情変更があればいつでも撤回してよいのかという争点なのである。

　一般的には、相手方に不利益な処分の撤回は、不利益な状態に置かれることを好む者はいないだろうから、原則として自由であるとされる(撤回自由の原則)。しかし、授益処分あるいは、複効的(二重効果的)行政処分(ある者には不利益となるが、別の者には利益となる処分)の撤回や取消しの場合には、相手方の利益を考慮する必要があるので、利益衡量(公益と信頼保護とを天秤にかける)によるべきこととなり、取消しや撤回が制限される場合が生じる。より具体的な理由を指摘するとすれば、アメリカで発展している「法と経済学(Law and Economics)」で分析されるような理解の中での、コスト・バランスによる衡量などである(わが国でのこのような傾向を示す判例として最〔小〕判昭和43年11月7日民集22巻12号2421頁、百選Ⅰ88事件)。わが国の判例も、撤回によって被る不

利益以上に撤回すべき公益上の必要性の高い場合、撤回が可能であるとし（前掲最〔2小〕判昭和63年6月17日）、一般的にこの衡量によることを認めている。もっとも、取消しについて、利益衡量原則が抽象的には判例法理となっているが具体的な紛争処理に適用する場面では蓄積がとぼしいとの重要な指摘（塩野・Ⅰ、190頁）がなされている。

撤回と損失補償　最後に、一般論として、撤回をした際の損失補償の要否の問題が残る（「損失補償」とは適法行為により経済的な負担を特定の者にかけた場合、金銭、その他［たとえば代替地］でそれを補うことをいう。なお、法の一般理論として一般的［全員が受ける］制約には補償はない）。判例（最〔3小〕判昭和49年2月5日民集28巻1号1頁、百選Ⅰ90事件）では、行政財産の使用許可の撤回について、使用料の低廉なことを主要な理由に、原則としては損失補償は不用だが、例外的に「特別事情」があればその限りではないとの判断を示している（なお、本件でのもう一つの重要な争点は、地方自治法が補償を欠いているのでその処理であった。本件では国有財産法の類推適用によったが、それは似たようなケースを処理する提示がその法律にあったからであり、「国家補償の谷間」の問題を考えれば、憲法29条3項の直接適用を完全に否定したとまでは解されないであろう。刑事事件の傍論でこれを述べた最大判昭和43年11月27日刑集22巻12号1402頁、百選Ⅱ252事件での考えは、そのような限定された範囲では判例上生きていると考えてよいだろう）。

撤回権者——新しい提言　さて、わが国の「撤回法理」は、純近代法的な「行政行為（処分）」を中心に考えてきたと言ってよいであろう。そこでは、著者に言わせれば、自己完結的な「行政行為」が当然のごとくに想定されていた。しかも、その「行政行為」の自己完結性は、縦割的行政とも結びつき易いものであった（あるいは、古典的行政組織論の官庁法理に結びつき易かったというのは言いすぎだろうか）。そこで、「撤回法理」の一致した理解は、「行政行為を行った行政庁のみがその行政行為の『撤回』をなしうる」とのテーゼとなった。そしてこのテーゼは、異論のないものと評価されている（最近の文献として、早坂禧子「撤回法理についての一考察」『塩野 宏先生古稀記念行政法の発展と変革〔上〕』573頁以下〔有斐閣、2001年〕；大橋・Ⅰ、193頁参照）。

しかし、この絶対的とされる、わが国の「撤回法理」に、問題は本当にないのだろうか。著者は、法の実際の適用や運用は、相互・連動的なものだと考え

ている。そこから、「法システム論」や「総合法」が、現代法においては、正しいアプローチだと考えているわけである。

　ところで、法システム論や総合法からのアプローチは、現実の法の動きから、そこでの「実際の効果」に着目することができる。この実際の効果に着目してみた場合、伝統的行政法理論がとってきたように、撤回は行政行為（処分）を行った行政庁のみが行い得るとの断言には強い疑問がわいて来ることとなる。

　具体例を見てみよう。この実例は、岡山市行政代執行研究会編著『行政代執行の実務――岡山市違法建築物除却事例から学ぶ――』（ぎょうせい、2002年）で紹介されているものである。さて、この本が紹介した実例での建物は、当初から建築基準法・都市計画法に違反した建築物であった。1989年頃からこの違法建築物の工事はスタートしていたようである。ところで、この建物内での営業を目的とした飲食店に対し、1995年2月に、保健所は「食品衛生法上の営業許可を行った」（これは、当然、「合法な」許可処分つまり合法な行政行為・処分である）。そして、この建物内で営業が開始されるに至った。食品衛生法は、伝統的行政法学の分類によれば、食品衛生という「社会にとって必要最低限の秩序維持を目的とした法律」（警察行政――行政法で「警察」という概念はこのようなものであり、いわゆる公安委員会・警察署で行っているものだけを指すわけではない）なので、そこでの許可（「警察許可」とされる）は、法律所定の要件（ここでは食品衛生の維持）が充足されれば、当然にその許可は下りることとなる。現に、食品衛生法21条2項では「基準に合うと認めるときは、許可しなければならない」と規定している。

　ところで、この建築物については、その後岡山市が都市計画法違反を理由に、措置命令（行政行為・処分）を出し、これに従わないことを理由として行政代執行法により取り壊したわけである（当然、この代執行は「公益上」の理由で行われた――そこでの具体的理由は、通行人などへの倒壊などによる危険性であった）。

　では、この場合、食品衛生法による合法な許可はどうなるのだろうか。概念的な法律学で考えれば、保健所によるその許可はなお残っている。しかし実際の効果を考えれば、岡山市という別の行政庁による措置命令で、この営業許可は、その時点で失効した、つまり撤回されたのと同様なものとなる（建物が代執行により取り壊されれば営業などできないことは誰でも理解できよう）。このように、

実際のシステムとして動く法を考えれば、別の行政庁が事実上の撤回を行政行為（処分）について行うこととなり得るのである。

加えて、たとえば、条例制定を例にとれば、かつての「テレホンクラブ規制条例」で知事部局所管か県警本部所管か、その制定にさいしてもめた例が報告されている（吉田 勉「自治体法務・つれづれ草教室⑦」茨城自治第274号117頁以下、2005年）。このように所管がア・プリオリに決定されているわけではないことも、私見を支える立法過程からの論拠ともなり得るように思われる。そもそも伝統的な通説には、具体的な政策課題を担当する行政庁はすでにア・プリオリに決定されているという前提があるのではないか。

それでも、どうしても気に入らないのであれば、「撤回」ではなく「事情変更法理」とでも法理論を組み変えるべきであろう。

実は、以下に示す風営適正化法の実例も、別々の行政庁が、岡山市の例と同様にかかわっている。そして、そこでの請求も、別々の行政庁の行為でありながら「損失補償」を求めるという、従来の「撤回」→「損失補償」とほぼ同じ法律構成としての請求となっている。

そこで、異説と言われるのだろうが、法システム論・総合法の立場から「撤回」は「別の行政庁」による行為で、事実上は生じると考えたい。あるいは、実際の法効果に着目し、「事情変更法理」として再構成すべきであろう。

なお、最近の下級審の裁判例は、理論上、別の行政庁による取消・撤回を認めている（たとえば、東京高判平成19年8月29日判例地方自治302号77頁、東京地判平成25年3月22日判例地方自治377号91頁）。これは、建築基準法の変更確認処分がなされれば当初の確認処分は消滅するとする判示となっている。変更確認処分は、当初処分を行ったのとは別の行政庁や機関（処分庁）に申請して確認を得ることができるから、これらの判例は、別の行政庁による取消・撤回がなしうることを明確に認めたこととなる。

風営適正化法の判例を見てみよう　それでは、名古屋地判昭和50年4月14日判タ320号131頁を題材に考えてみよう。

事実の概要は、以下のようなものだった。原告は愛知県知事より許可を受け、1969年より旅館業としてモーテル業（ワンルーム・ワンガレージ型式のもの）をなしていたが、1972年7月5日風俗営業等取締法の一部を改正する法律および

モーテル営業の施設を定める旧総理府令の公布施行により、風俗営業の一種としてこの改正法の下で規制を受けることとなり、県が条例において指定することとなった指定地域内では、法律施行後1年後からは、営業ができないこととなっていた。本件はその期限経過後も、異性を同伴した客に利用させたことを理由にモーテル営業廃止を命ずる処分を受けたというものだった。原告は、第一に、憲法22条1項の職業選択の自由を侵害する処分であること、第二に営業廃止処分は正当な補償がなされていないので、憲法29条3項に違反することを主要な理由に、本件処分の無効確認、予備的に取消しを求めたというものだった。

判旨は、第一の争点について、憲法22条1項には営業の自由が含まれることを認めたうえで、公共の福祉による制約につき「モーテル営業という個人の経済的活動に対する規制は、個人の自由な活動からもたらされる諸種の弊害が社会公共の安全と秩序の維持の見地から看過することができない場合に、消極的に、右弊害を除去または緩和するために必要かつ合理的な規制である限り、その法的規制が許されると解すべきである。これを本件についてみるに、先に認定したとおり、改正法4条の6は清浄な風俗環境が侵害されることを防止するためには、少なくとも、その構造上密室性ないし秘匿性の高いいわゆるワンルーム・ワンガレージ型式の構造設備を有するモーテルだけに限定して、しかも各都道府県の条例が定める禁止区域内において1年の猶予期限後はその営業を規制することができることとし、結果的にも犯罪が防止できるとの今日的な考えから設けられたものであるから、かかる規制は前記各弊害を除去するため、やむをえない相当な規制というべく、必ずしも不合理なものとみることはできない」と判示した（なお判決書は、改正法後、モーテル内での犯罪発生状況が減少していることも合わせて指摘している）。さらに、判旨は、営業の自由は精神的自由と異なること、改正法が一般モーテル営業を全面的に禁止したものではないことを説示し憲法には違反しないとした。

第二の争点については「モーテル営業の継続は一種の財産権行使というに妨げないところ、本件規制により、従来いわゆるワンルーム・ワンガレージ型式構造設備のモーテル営業を営んできた業者がその営業を継続するためには、必然的に右構造設備を改造しなければならず、また改造しないまま営業を継続す

る者に対しては営業廃止の処分がなされるのであるから、右は一般的にその財産権の行使を制限するものであり、既設業者に対し経済的不利益を与えることは疑いがなく、改正法がその損失を補償すべき何らの規定を設けていないことも明らかである。しかし、かかる制限は、先に説示したとおり、諸種の弊害を除去し、公共の福祉を保持する上に社会生活上やむをえないもので、モーテル営業という財産権を有する者が等しく当然受認しなければならない責務であり、いわば、公共の福祉に適合すべくモーテル営業に当然に内在する制約であるといわなければならない。従って、右制限を課するにあたり、損失補償はこれを必要としない」とし、憲法違反にはあたらないと判示した。

　さて、このケースを簡単に分析してみよう。まず、憲法をすでに履修した人には周知のことと思うが、憲法の人権規定に定められている人権には、いわゆるアメリカ法で展開された「二重の基準論」が典型的な論理だが、それぞれの人権には、その重さ・ウェイトに差があると考えられ、今では常識となっている。そこでこの考えからは、一番理解し易い典型例で言うと、本件判決書（なお、ハンケツガキと読む）から明らかなように、表現の自由や学問の自由のような精神的自由権は、もし規制されるとチリング・イフェクト（萎縮効果）が行為者に働くこと、その規制が民主主義自体を否定する方向（つまり表現できなくなる）に働くことから、規制は原則として許されないし最低限の規制で考えることとなる（そこから「漠然性ゆえに無効の理論」や憲法訴訟的には「自己以外の者の権利の複用」──たとえば著名な第三者所有物の没収事件〔最大判昭和37年11月28日刑集16巻11号1593頁〕──や「違憲の推定」などに具体的には展開する）のに対して、経済的自由権は、近代法が直面したたとえば「持てる者」と「持たざる者」の実質的平等達成のためなどから、原則として政策的規制が許されるとされている。なお、わが国の判例も、様々な議論はあるがこの考えをとっていると言われる（たとえば、前掲最大判昭和50年4月30日）。本件でも、モーテル営業から生じる犯罪防止という政策目的からここでの規制を合憲とした。

　なお、最近では、古典的な二重の基準論に修正を加える考え方が主張されている。すなわち、具体的には、最近問題となっている「使い捨てカンバン」や「テレフォン・クラブのコマーシャル」のような表現行為は表現として保護してよいのか、逆に持たざる者の財産権（たとえば、生活保護世帯で貯金をしたり、母

子家庭で子育てのため中古車を買ったなど）はむしろ価値として高いので保護されるべきなので、もう少しこのあたりの（ウェイトの高いものと規制の許されるものの）整理をすべきだとの重要な指摘がなされている（たとえば、松井茂記『二重の基準論』〔有斐閣、1994年〕；大沢秀介『憲法入門〔第3版〕』80-81頁〔成文堂、2003年〕など）。行政法の立場から見れば、この最近の主張は、多面的、複雑社会での法論理として当然のことであり、合理的な考えであると評価できる（ここでも「近代法」的発想の修正があるわけである）。

　さらに本ケースが憲法訴訟論的に注目されるのは、立法事実をその判断のベースとしていることであろう。立法事実とは法律・条例制定の際、その必要性を支える事実を言い、一般に著名な薬事法上の距離制限判決（前掲最大判昭和50年4月30日）で採用した判断手法である。さて、本書第5講からの風営適正化法の改正の跡づけからも明らかなように、この法律の改正は、まさに性的な犯罪との戦いと言っても過言ではない。本件では、このような改正の基礎となった事実について、改正法によりこの種の犯罪が減少したことが指摘されており、いわば、立法事実によったことが間接的に示されている（なお、アメリカの判例では、これに関連し、よく「Legislative Historyによると」として説明がなされるが、これは議会に提出された資料などを示しており、いわば社会的なナマの立法史を示すのではないので、著者は「立法資料」として訳して使っている）。

　次に、本講の本題に入ろう。まず本ケースでの「モーテル営業廃止処分」の法的性格はどのようなものなのだろうか。これを理解するためにはこの判決書の次の説明を見ればよいであろう。すなわち判決書は、具体的数字をあげてこの種のモーテルの急増の事実を指摘した後に、この種のモーテル「特有の密室性ないし秘匿性が高いことから不健全な需要が醸成され、モーテルの著しい増加に伴い、一般の旅館における場合と比較して種々の弊害、特に年少者や、一般の女性が自動車でモーテルへ強制的に連れ込まれることをはじめとし、少年グループが不純異性交遊の場として利用するほかシンナーの乱用または万引の謀議をこらす場とするなどの弊害が全国各地に相次いで発生し、青少年に対し風俗上好ましくない影響を与えるばかりでなく、モーテル周辺の静浄な風俗環境を害すること甚しく、因に一般の旅館、ホテル一軒当たりに対するモーテル一軒当たりの犯罪発生比率についても、昭和46年現在において窃盗罪につい

ては3倍、強盗罪については8倍、強制わいせつ罪については21倍に達したこと」を指摘し、1971、1972年以降、住民の反対運動や規制条例制定が相次いだことがあげられている。

　つまり、このような犯罪などの急増という事情の変化に対し、それを規制する公益上の変情、すなわち、公益上の事情変更があったわけである。加えて、1969年の原告への営業許可は、当時の法律に照らせば違法でもない。そこで、この「廃止処分」は、「公益上の事情変更による撤回」である。

　このように、理論上の「撤回」を、実務では、別の言葉で表現していることは多い。このほか、たとえば、行政財産の目的外使用許可の「撤回」は「使用許可の取消し」と呼ばれたりしているのである。つまり、ここで理論上の言葉との混同をしないように注意しておこう。

　さて、そこで、本ケースでの廃止は「撤回」だが、それでは、損失補償は必要とされるのだろうか。判旨は、公共の福祉を理由に一般的規制（全員が受ける規制）であるため補償する必要はないと判示している。このことは、われわれが、全員「運転免許」を受けないと運転できないという公共の福祉からの（交通安全からの）規制を受けているが、それに対し補償はいらないのと基本的には同じであると考えてよい。

　最後に、本ケースで、弁護人は、主たる請求として廃止処分が無効であることの確認、予備的請求として取消しを主張している。これは行政事件訴訟法に対応していると同時に、伝統的には行政行為の瑕疵論（違法性）として論じられてきた問題である。以下に簡単に整理しておこう。

行政処分の無効と取消し　さて、この行政処分の無効と取消しを伝統的な行政行為の瑕疵論から説明してみると次のようなこととなろう。すなわち、それは、誤解をおそれず、きわめて単純化して整理をしてみると、行政処分（行為）の違法性のランキングだと考えてみるとよいであろう。

　これを、理解を得易くするため、行政法以外での法の分野で見てみると、たとえば、刑事法（なお「刑事法」とはアメリカ語ではCriminal Lawであり実体法と訴訟法を一体化したコンセプトである。ちなみに「刑法」はPenal Codeと呼ぶので注意）でそれを見てみると、同じく「人を殺害した」（この点では違法であることは共通である）

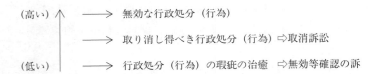

としても、「金」目的（保険金目あて）の場合はきわめて重い判決を受けるのに対し、母子心中（残された小さな子供が行く末かわいそうだ）のような場合は軽い判決（ちなみに、アメリカでは第一級殺人にあたりそうである。ここで比較法的には法文化の違いがあるが、この点、和久峻三氏の『ロス発第一級殺人の女』〔角川文庫〕という推理小説など、夏休みにでも読んでみるとおもしろい）が考えられるし、いわゆる尊属殺違憲判決（最大判昭和48年4月4日刑集27巻3号265頁）での事実のように、そもそも実刑を避けたいというものまで、実に様々なのである。つまり、違法性には高いものから低いものまであるわけである。

これを行政処分（行為）について違法性の点に絞って見ると（「不当」との関係については、石川・論点、127頁を参照すること）、伝統的な行政行為論ではそれが、ア・プリオリに行政行為についている性格として、考えられた。それは上記のように図示される。

まず、わかり易いのは、瑕疵の治癒であろう。これは、違法だが、そのキズ（違法）――「瑕疵」とは「キズ」のこと――がかすり傷程度なので放っておいても（つまり、行政訴訟によらなくとも）治ってしまうようなものと考えればよい。判例で、この治癒を認めた例としては、最（2小）判昭和36年7月14日民集15巻7号1814頁、百選Ⅰ85事件が著名であるが（関連判例として、最〔3小〕判昭和47年12月5日民集26巻10号1795頁、百選Ⅰ86事件）、本件では、かつての訴願（現在で言う行政不服申立て）裁決を経ない手続が争点とされた（なお、このバリエーションとして、いわゆる「違法行為の転換」――最大判昭和29年7月19日民集8巻7号1387頁、百選Ⅰ87事件を機会があれば見てみるとよい）。

これに対し、訴訟などで問題とすべき違法性が「無効」と「取消し」である。すなわち、「無効」な行政処分（行為）とは、そもそも違法性が高すぎる（別の表現をすれば、広い意味での関係者の誰が見ても違法だということがはっきりわかる）ので、そもそもその処分（行為）の効力は発生していないものを言うとされ（判例は、

これを「重大かつ明白な瑕疵」と言う。最大判昭和31年7月18日民集10巻7号890頁、最〔3小〕判昭和34年9月22日民集13巻11号1426頁、百選Ⅰ82事件）ているのに対し、「取り消し得べき」行政処分（行為）とは、その程度にまで至らないので効力は発生している（つまり、一見しただけではあるいは専門家以外の人には違法かどうかわからない――つまりとりあえずは効力は発生してしまった――）から、もし違法だと考える者は（もちろん訴訟法上は訴えの利益のある者）、行政不服審査法や行政事件訴訟法に基づき、その効力を否定するため取消しを求めるという手段をとらなければならない（つまり、行政官や裁判官という専門家がそれらの手続で争点とされた処分を吟味してみてはじめて違法だとわかる）行政処分（行為）を言うとされる（したがって、発生した効力を消す方法は取消訴訟のみということとなり、これを取消訴訟の排他的管轄とも言う）。

ところで、そうだとすれば、取り消されるまでは、効力が存続していたこととなるが、これが有名な（？）「公定力」と呼ばれるものだとされる。さらに取消しの請求は訴訟では処分を知った日から6ヶ月以内に提起すべきであり（行政事件訴訟法14条）、それをすぎると争えない――これをやはり有名な「不可争力」という。ともあれ、以上の説明は、瑕疵とは「行政行為の効力を妨げる事情」（田中・上、135頁）との説明からはじまるものだが、この説明は、まさに行政行為の効力発生に焦点をあてることとなるので、公定力なども含め、行政作用の実体の部分で説明されるというのが、伝統的なテキストの組立てであった。

しかし、訴訟の場での法運用から見ると、まず実体的に「無効」や「取り消し得べき」ものかが決まっていて、そこから請求をそれに合わせて選択するわけではない（少なくとも、そうでない場合が多いと考えてよかろう）。たとえば、取消訴訟を提起しなければならない場合であっても、不可争力が行政事件訴訟法14条で生じているとしよう。弁護士は、「あなたに対する処分は、違法性の点で取り消し得べき行政行為というのであり、もはや訴えられません」というのだろうか。そうではないだろう。何とか自分の依頼者の主張を生かすために、14条がかからない（適用されない）行政事件訴訟法での「無効確認等の訴え」や同じく処分の効力の否定を前提としない国家賠償請求（訴訟法は民事訴訟法。この点は、村重慶一『国家賠償法ノート』〔判例タイムズ社、1996年〕参照）の訴訟でのぞもうと工夫するであろう。つまり、訴訟という面から見ると全く別の風景が見え

てくるわけである（その風景の一つとして、従来、行政行為の特殊な効力とされ、そもそも行政行為に当然のごとくついているかのような説明をされた公定力や不可争力は、そのようなものではなく、単に「取消訴訟」制度を採用したために生じる訴訟法上の——しかも取消訴訟のみでの——ものにすぎなくなる。そうだとすれば、行政作用の処分の部分で論じる必要はなく、行政救済、訴訟での「取消」請求の場で論じれば、それで足りることとなる。この点は、本書第29講での行訴の説明を見よ）。

　さて、同様に、訴訟というレベルでは、そのほかにも、様々な別の角度からの見方ができよう。たとえば、「無効」についても、そうだとすれば、何らかの理由で取消訴訟の例外と捉える（その点では、いわゆる「違法性の承継」——判例としてたとえば、最〔1小〕判平成21年12月17日民集63巻10号2631頁、百選Ⅰ 84事件、最〔2小〕判昭和25年9月15日民集4巻9号404頁——も同様に取消訴訟の例外の一場面ともなろう。たとえば、山下＝小幡＝橋本、130頁）ことも可能となろうし、いわゆる「重大かつ明白な瑕疵」ではないとしても、無効確認との訴えの理由として、同じ程度に違法性が高いと言って請求してみようともするわけである。行政事件訴訟法の出訴期間との関係で、取消訴訟での不可争力からそれが利用できない場合、無効確認訴訟を利用するという発想と言ってよい（関連判例として、最〔1小〕判昭和48年4月26日民集27巻3号629頁、百選Ⅰ 83事件）。たとえば、調査義務を十分に果たさなかった結果違法な処分となった（東京地判昭和36年2月21日行集12巻2号204頁）として請求したり、明白な瑕疵があるが、そのほかの要件は「重大性」以外にもいろいろある（これを一般に「明白性補充要件説」と呼ぶ。たとえば、塩野・Ⅰ、181-183頁；芝池・総論、163頁；南 博方『行政法〔第6版〕』83頁〔有斐閣、2006年〕参照）としたり、そこまで行くなら（？）もっともっと多くのファクターを入れて考えれば「無効請求ができる場合もある」（「多元説」ないし「利益衡量説」——兼子 仁『行政法総論』201頁〔筑摩書房、1982年〕；今村成和〔畠山武道補訂〕『行政法入門〔第8版補訂版〕』98頁〔有斐閣、2007年〕——と一般に呼ぶ。学説については、石川・論点、129-131頁）ということにもなる。ともあれ以上のような次第であるから訴訟法で見ればよいこととなるが、訴訟法については、本書第28講を見てほしい。

　ともかくも、本ケースでは、憲法違反との違憲の主張（違法性が当然高いだろう）を中心に据えたせいであろうか、まずドーンと、とんでもない違法がある

から「無効だ」とぶつけて、少なくとも裁判官が証拠などを根拠によく見てみれば違法だとわかるはずなので「取消」せとの請求になっている（本件では、行政事件訴訟法14条の期間内なのでこのようにできるわけである）。少し比喩的かもしれないが、皆さんも野球のピッチャーのように投球の組立てを考えてみることで、たまには弁護士になったつもりでケースを見てみると面白いであろう。

訴訟法務との関係　職権取消は、訴訟法務との関連でも、その利用方法を見ておく必要がある。

たとえば、処分の取消訴訟が提起された後、行政庁として対象となった処分に行政手続法や手続条例8条での理由の提示に不十分な点があり敗訴が予想される場合などである。このような場合、行政庁としては、職権取消を行い訴訟対象の処分を消滅させ、却下判決を導き出し、充分な理由を付した同一内容の処分をあらためて行うとの実務がある。国家賠償の問題は残るとしても、自治体であれば、委任専決の範囲にとどまることも予想され、現実的には同一内容の処分は維持できることとなる。

宿題　なお、2004年の改正行政事件訴訟法で法定抗告訴訟となった義務付け訴訟のうちいわゆる申請拒否型については、その訴訟提起にあたり、取消訴訟か無効確認訴訟かのいずれかを併合提起することがその要件とされている（行訴37条の3第3項）。そこで、上記の14条クリアーのための明白性補充との論理が適用しうるのかどうか、14条の準用の有無を各自で調べて考えてみることを宿題として出しておこう。

加えて、明白性補充要件説をとりつつ、場合によって「重大」性という要件をゆるめる可能性があるのかどうかも学説・判例を調べて考えてみることも宿題に加えておく。

〈参考文献〉
遠藤博也『行政行為の無効と取消』東京大学出版会、1968年。
建築基準法の変更確認と別の行政庁による取消・撤回を下級審判例が認めている点につき、
　田村「建築基準法の変更確認処分の法的性格と行政争訟」明治学院大学法学研究第98号143頁以下（2015年）。

第19講

届出手続と行政手法としての意義

先生 今日は、行政手続法第5章の届出について話をしてみよう。

マリちゃん 「届出」っていうと、こんなこと言っていいのかどうかわかりませんけど、あんまりたいしたことのない行政手法だというイメージを持っていますが……。

マコト君 六法を見ても、たった1ケ条だけだよ。これおぼえちゃうだけでいいんでしょう。今日は、早めに終わりそうだから友だちと約束してるんで……。

先生 まあまあちょっと待ってください。たしかに、ボクも学生の頃、届出の話を聞いたという記憶はあまりありません。忘れたのかもしれないけど……。でも、実は、法運用の面でも、今はやりの政策法務から言っても、届出は重要な行政手法なんだ。そして現に、届出も場合によっては、きわめて強力な規制手法だという重要な指摘も最近はなされているんだよ。

マコト君 え！ やっぱり早く帰れないのか、まいったなあ……。

マリちゃん マコト君のように授業をさぼろうというのとは違うんですが、あんまり公務員試験にも出たという話も聞きませんし、手元にある判例百選にも「行政上の関係と私人の行為」という項目で扱われています。それでさっきのようなイメージを持っているのだと思います。せいぜい不受理はしてはいけないという程度をおぼえればいいと……。

先生 いいところに気がついたね。そこがこの手法を行政手続法に入れた一つのキー・ポイントなんだ。もっともボクは、規制手法としての利用を政策法務という点からも注目をしている。このへんも含めて見てみよう。

講義ノート

届出手法の意味 「届出」は、行政手続法の側面から見ると、処分（行政手続法第2章、第3章）、行政指導（行政手続法第4章）と並び、行政手続法第5章に規定されている手続である（行政手法の中でも、行政計画、立法、契約、調査等に関しての規定はない）。当初、この第5章のタイトルは「その他の手続」となっていたと言われる（第3次行革審要綱案、詳しくは、宇賀克也『行政

手続法の解説〔第5次改訂版〕』166頁以下〔学陽書房、2005年〕参照）。その主要な理由は、この章が、処分と行政指導のほかの手続全般、すなわち現在の届出のほか、行政計画なども一応は念頭に置いていたという事情による。

　そこで、行政手続法を勉強するうえで、一般論としては、現在のこの法律は、「行政手続」の全てをカバーしているものではないという点は、よく知っておくべきであろう。たとえば、大部分の審議会の廃止を念頭に1999年より本格的に利用され始めたパブリック・コメントも、行政手続法1条とその目的は同じだと言われているように、この法律の規定は、一見、軽くとも「行政手続」の一つであるし、著名な、これも1999年に成立した「情報公開法」（自治体の条例は、かなり以前から多く成立されていた）も、アメリカでは（FOIAという）行政手続法（APA）の改正法として成立してきたという歴史からも明らかなように、広い意味で行政手続の一環であることが容易に理解できるだろう（本書第2講参照）。さて、本題にもどれば、行政手続法の制定過程では、それにもかかわらず、実際には、この第5章では、届出のみが立法化の予定に組み込まれることとなった。そこで、現行法においては、この章は、現実の姿にあわせて「届出」となったわけである。

　この「届出」の法律的な意味は、私人がある事実・事項などを、法令により行政主体に一方的に通知する義務を課されているものである（行政手続法2条7号）。それゆえ、わが国の最も代表的なテキストでの説明を借りれば、それは行政主体にとってみると内容的な面について審査権限のないものを指すので、たとえば、婚姻届に見られるように、一定の内容的な面での審査（これを一般には「要件審査」というが、ここでは年齢要件を充足しているのかどうか、重婚にならないのかどうか）がなされるものは、一般には「届」「届出」とされていても、この法律での「届出」にはあたらないとされる（塩野・Ⅰ、339-340頁参照）。

　ともあれ、行政手続法第5章は、1ケ条のみの章だが、その37条は「記載事項に不備がないこと、届出書に必要な書類が添付されていることその他法令に定められた届出の形式上の要件に適合している場合は……（略）……到達したときに、当該届出をすべき手続上の義務が履行された」と規定している。なお、ちなみに地方自治体の手続条例では、形式上の不備については、補正を求めるとの規定を有するものがある（横浜市行政手続条例38条2項）が、実質的に

は異なった理解を含むものではない。

　そこで、このような「届出」の規定を置いた趣旨が問題となるが、それは一言で言えば、従来、書類の返戻などにより、届出が実際には、許認可と同様の効果になったりしていたので、それを防止することにある（仲 正『行政手続法のすべて』74頁〔良書普及会、1995年〕参照）。そこで、わが国の代表的論者がいみじくも指摘しているように、いわゆる大規模店舗法が届出制をとりながら、実は許可制をとっていたその前身の百貨店法以上に厳しい出店規制がなされたというような事態（宇賀・前掲書、167頁）は、あってはならないものであり、その意味では、かつての準法律行為的行政行為としての「受理」などの概念や法運用は、この37条の下では認められないものであることは十分に留意されなければならないであろう（なお、例外としての離婚届の不受理申立を考えてみてほしい。なお、この届を「申請に対する処分」の対象と見る場合〔櫻井＝橋本、171頁〕は、本書第14講の問題となる）。

　なお、法文上は「届出」となっていても、行政庁側に少しでも審査権限があれば、行政手続法第2章「申請に対する処分」が適用される（宿題として、農業委員会関係の法律を調べてみてほしい）。最近の例で述べれば、いわゆる民泊サービスを認める宿泊事業法での「届出」につき、国は行政手続法上の届出と解しているようであるが、むしろ申請に対する処分が適用されるべきであろう。したがって、この法律でいう届出と内容が一致しているのかどうかを確認する事前調査も合法と解される。

政策法務論と風営適正化法での「届出」　さて、以上のような「届出」を政策法務的な観点から見ると、それが法令上「義務づけられたもの」であるがゆえに、次のような意味、ないし効果をねらったものとなろう。すなわち、それは、行政主体から見れば、業者などを把握するということである。たとえば、ペット業者について、国の動物愛護法では全く規制がなかったので、犬猫の販売やブリーダー、犬のホテルなどは野ばなしの状態となり、犬がすぐ死んだのに業者が対応してくれないなど消費者保護の観点から問題が提起されていた。そこで複数の自治体が、旧ペット条例でとっているように、届出制を規定し、そのうえで業者に対し講習会（啓発手法など）や行政指導などを行ったわけである。このように、届出は、後にな

される別の行政手法とリンクしていることを行政過程からは知らなければならないし、条例の立ち上げなどの場合、このような効果をねらってこの制度を導入するわけである（1999年、動物愛護法も保健所設置自治体──都道府県、政令市中核市、23区──への届出制を導入）。さらに、この届出の実効性あるいは義務履行確保については、虚偽の届出防止目的で罰則手法により担保することは許されると考えられている（たとえば、宇賀・前掲書、167頁）。以上のように、届出手法はそれのみが単独で存在するわけではなく、他の手法や行為形式（立入検査、勧告など）と組み合わされて利用されることに留意することが肝要である。

それでは、風営適正化法についてはどのように利用されてきたのであろうか。1998年改正前法についてだが、阿部泰隆名誉教授は、次のように述べられている。政策法務のオピニオン・リーダーなので、少し長いがそのまま引用して読んでみることとしよう。

「風営法の対象のなかでも、前記の風俗営業については許可制をおくが、風俗関連営業（ソープランド、ラブホテルなど）については許可制をおかず、届出制と営業停止、廃業命令の手法をリンクさせている（風俗 27-30 条）。これは許可基準が作りにくいし、国が正面から認めた業種とされたくないためでもあろう。届出の制度はこの営業を公的に承認するというより、実態の把握のためとみられる」（阿部・システム〔上〕、81 頁）。

この法律の届出制度の趣旨は、現行法でも同様のものと考えてよいし、すでに述べた別の法令での届出制の趣旨とも同じであろう。すなわち、現行法の例は後に述べることとするが、他の手法とのリンクによることと、実態把握という点である。

1998年改正風営適正化法での届出制

現行法での届出制は、旧法での風俗関連営業を整理し直した性風俗特殊営業（店舗型、無店舗型、映像送信型）でとられている。

具体的な手続を、従来からその実態の把握が困難だった、本改正の一つの規制対象の目玉でもある、無店舗型性風俗特殊営業（派遣型ファッション・ヘルスやアダルト・ビデオ等の通信販売営業など）を例に見てみると、営業を開始しようとする日の10日前までに（「Q & A」63頁）、営業の本拠となる事務所（事務所のない者は営業をなす者の住所）の所在地を管轄する公安委員会に、氏名、住所、所在

地、客の依頼を受ける方法などを記載し届け出ることが義務づけられている（風営適正化法31条の2）。そしてこの際の、虚偽記載については、30万円以下の罰金（風営適正化法49条5項6号）という罰則手法により義務履行確保が担保されているのであり、このように業者の存在を把握していることを前提に、指示処分（風営適正化法31条の4）、営業の禁止（風営適正化法31条の5）といった実際上の規制手法が働くわけである。なお、店舗型では、営業の廃止が現行法でも存在する（風営適正化法30条2項）。

なお、2005年風営適正化法改正では、以下のような対応の強化が行われている。2005年改正法の立法事実としては、いわゆるデリバリーヘルス等では、無届業者による広告等が、週刊誌等に掲載されたそれの70％近くにのぼる点に求められている。そして、その対応策として2005年改正法では、他法令（宅地建物取引業法12条2項など）での無免許業者の広告禁止制度と同様に改正風営適正化法27条の2、31条の2の2で、性風俗特殊営業について広告等の禁止を導入したほか、届出業者についても届出事項以外の広告等は禁止されることとなった（鈴木達也「風俗営業等の規制及び業務の適正化等に関する法律の一部を改正する法律」ジュリスト第1306号19頁〔2006年〕）。また同様の傾向を示す条例として2006年2月1日施行の「大阪府風俗案内防止条例」があり、いわゆるミナミ等にある風俗無料案内所に対し届出制と罰則手法のリンク（6月以下の懲役、50及び30万円以下の罰金）で対応している（朝日新聞2006年2月1日）。このように届出手法は政策法務的利用がなされている。

なお、最近、風俗案内所を全面規制する京都府条例につき、立法裁量の範囲を越える憲法22条1項違反にあたり無効とする下級審裁判例がある（京都地判平成26年2月25日裁判所ウェブサイト）。

行政法への一つの視点　　さて、本講では、政策法務という視点を少し入れてみた（これについては本書第6講参照）。そこで、その意味について簡単にここで指摘しておきたいと思う。本講で取り上げた「届出」があまり行政法を勉強するうえで注目されない理由の一つは、行政法の勉強方法（講義を担当する教員の側から見ればシラバスや講義の組立て方法）が、うんと象徴的な言い方をすれば、法学部法律学科に典型的に見られるような講義の位置づけ、学問の意義づけになっているからだという点に求められるように思わ

れてならない。

　さて、その典型を、法曹養成にその目標が設定されているアメリカのロー・スクールを例にとれば、そこでは民事訴訟法・刑事訴訟法は必修科目であり、これに関連し、証拠法や連邦裁判所と州裁判所との関係といった科目が設置されている。しかも著者のよく知っているロー・スクールでは、憲法は100人程度の教室（すなわち1学年全員を1回に集めてやる）であるのに対し、この民事訴訟法・刑事訴訟法は、25人程度のクラスを4ないし5クラス並行講座として設置するほか、模擬法廷まで開いて教育が行われている（著者がこの模擬裁判を見た折には、大学の前をアムトラックが走る駅があるためでもあろうか、鉄道事故のケースを扱っていた。陪審員の中には日本からのアンダー・グラジュエートの留学生もいたが、その理由を聞くとアメリカの多民族社会の中で英語のヒアリングやスピーキングが十分にできない陪審員のことも将来は予想せざるを得ないからだということだった。外国人の犯罪や法廷通訳などわが国にも別の面で通じるものも感じたわけである。なお、高校生の模擬裁判のコンテストもあるが、これはその近くの州のサーキット・コート、オレゴン州の第一審裁判所で行われる──ちなみに第二審はディストリクト・コートと呼ばれる。ただし、ニューヨーク州ではシュープリーム・コートが第二審である。裁判所の名称には注意をしよう──。このように実際の裁判所の法廷を利用し行われている）。すなわち、訴訟、裁判所での手続、事件処理を中心にカリキュラムが組まれるわけである。つまり、ケース・メソッド中心と言ってもよい。なお、アメリカのロー・スクールでは座席も決まっており、プロフェッサーはバシバシあてる（ソクラテス・メソッド。この点、ダグラス・K・フリーマン『リーガル・エリートたちの挑戦』43頁以下〔商事法務、2003年〕）。なおアメリカでの裁判は、まさに「勝つか」、「負けるか」なのであり、その点では「戦略的（strategic）」なのである。つまり、論理だけでは理解できない面も事実ある。概念法学的な伝統の強いわが国で、ロー・スクールがこのような点まで含めて根ざすのかどうか、この点からも注目したい。

　ところで、法の動態というのは、何も裁判所での法の適用に限られるわけではない。このことに鋭い指摘をわが国で行っている一人が大橋洋一教授であろう。大橋教授は、裁判所での法的紛争の処理は、いわば病理であり（このことは、多くの法的紛争のうち裁判所で解決をはからなければならないケースは、まさに例外中の例外のケースであるとの事実認識がある。実はそれゆえに、行政不服審査や苦情処理、自

治体オンブズマンといった別の制度を立てるわけである）、この病理の面にのみ行政法は焦点をあててきており、それゆえに、多くの重要な行政法上の争点に目が向けられていないとの指摘をされている（大橋洋一『行政法学の構造的変革』はしがき〔有斐閣、1996年〕参照）。そして、このような基本的認識から、政策法務や行政過程論、法システム論が出てくるわけであり（この点は、石川・論点、58-65頁）、本講での届出も、行政過程論的意味では「手続」法、「政策法務や法システム論」的には、ほかの行政手法とのリンクという点で、捉えられるわけである。

　現在の多面的・複雑な社会では、このような認識が必要であり、そこには経済学などの知識も必要であろう。それは、何もわが国に限ったことではなく、たとえばアメリカでは、日本との経済的諸交渉にあたるアメリカ側の代表者や補佐する人々の多くが、ロー・スクールとビジネス・スクールの双方を卒業している例があることからも知ることができるであろうし、著者の知っている大学では、ロー・スクールとビジネス・スクールに同時に入学しそのコースを全て同時並行で履修できる（いわば正規のダブル・スクール）制度があり、毎年何名かの学生がこのハードな課程を卒業していくとのことであった。まさに、グラジュエート・スクールのトライアスロン、社会科学の鉄人レースとでも言えようか（なお、ロー・スクールの勉強のハードさはいくつかの小説にもなっている。代表的なものとして「ペーパー・チェイス」、ジョン・J・オズボーンJr.〔工藤政司訳〕『ペーパー・チェイス』〔早川書房、1974年〕が訳としてある。この訳書ではロー・スクールを法学部と訳しているが、ロー・スクールは、グラジュエート・スクールなので法科大学院とすべきであろう。また、「ワン・L」──ロー・スクール1年のこと──、スコット・タロー〔山室まりや訳〕『ハーヴァード・ロー・スクール』〔早川書房、1985年〕などが訳としてある。わが国も、法科大学院の時代となったので、参考までに読んでみても面白いであろう）。このように政策面が、かなり重視されるようになってきており、わが国でも最近は、総合政策学部や政策法学部あるいは社会環境設計学科・消費情報環境法学科といった新しい学部学科が出てきているのも、このような法学的視点の変化と無関係ではないことを知っておこう。

　さて、横道にそれた話が長くなったが、最後に、このような視点から、阿部名誉教授と北村喜宣教授は「単なる届出制でなく命令付きの届出制の場合、違反に対する命令発動の基準が厳しければ、許可制より厳しい制度になることも

ある」（阿部・システム〔上〕、85頁：阿部泰隆・北村喜宣「湖沼水質保全特別措置法〔3・完〕」自治研究第61巻第6号40頁〔1985年〕参照）とされ、このような指摘から、われわれは、この手法も総合的なあるいは政策的な視点から、非常に重要な手法であることを知ることができよう。

風俗業を例とする宿題　その意味で、ここで、読者に宿題を一つ出しておこう。すでに示したように2006年の大阪府条例では、いわゆる無料風俗案内所に対し届出制と罰則手法をリンクして対応した。ところで、この種の無料案内所では、風俗店の女性の顔写真を表に貼り出していたが、新条例では水着や下着姿等の女性の写真は店外から見える場所に貼り出すことを禁止している。しかし、すでに店側では店外での貼り出しを、これは写真ではなくCG（コンピューターグラフィックス）と主張し、堂々と店の外に貼り出していると報じられている（産経新聞2006年2月1日）。これにみなさんが大阪府の自主立法（条例）改正の担当者ならどんなアイデアで臨むのか考えてみよう（定義変更については、北村喜宣『自治力の逆襲』60頁以下〔慈学社、2006年〕が、福岡市ピンクちらし条例につき言及し参考となる）。

第20講

行政の実効性確保手法

先生 アメリカには、意外に日本と似ているところもあります。いよいよ夏休み前ということで探せばメモリアル・デー、いわば「お盆」なんかもあるんですね。でも全く違う点もあるんだよ。裁判所にたのんで行政上の義務の履行をはかる点なんだ。いわゆる「司法的執行（judicial enforcement）」と呼ばれる方法です。しかし、わが国では行政上の強制執行などがある程度広く認められてきていると指摘されています（小早川・上、237-238 頁）。そこで今日は、行政強制から行政の実効性確保へというテーマで講義を進めよう。

マリちゃん 先生！ 民事法では自力執行の禁止という考えがありますが、それとは違って行政庁自らが執行してよいということでしょうか？

マコト君 てなことないと思うよ。1 年の時バイトしたパチンコ屋さんで、別に店を作ろうとしたら、市が仮処分を求める民事裁判を起こして作れなくなってもめたっていう話を聞いたから……。

マリちゃん でも、税金って、税務署が強制徴収してるわよ。私法と違って公法は特殊なのよ。

マコト君 でも、公法と私法の区別はないって民法の先生も言ってたし。

先生 このごろは、やっと少し予習をするようになってきたようだね。アメリカでは、行政は裁判官に頼んで強制執行をしてもらうが、わが国では、マリちゃんの言ったことが原則だと言われてきました。でも最近はマコト君の聞いたような例も試みられているんだ。私の考えでは、実効性確保手法を広く捉えていることも頭においておいてほしい。それでは、説明をはじめよう。

講義ノート

行政法理論全体の中での位置づけの変化

戦後の行政法理論の哲学は、わかり易い言葉で述べれば「制限」思想であったと言ってよい。すなわち、国民・住民の「自由」（民事法領域での私的自治・契約自由）を最大限に認め、行政（政府）の権限行使は、制限的に解する、つまり、典型的な例では「社会にとって必要な最低限の秩序維持行政」（これを

「警察行政」と呼ぶ。そこで保健所で行っている薬事行政や食品衛生行政、建築指導課で行っている建築確認、自治体が設置している消防署などは学問的にはこの「警察行政」の範囲に入る）に限るという、まさに「近代法」の考え方なのである（ドイツでは、これを「国家」と「社会」と呼んでいる。代表的文献として、工藤達郎「憲法学における『国家』と『社会』」法学新報第91巻第8・9・10号〔1985年〕参照）。これは、「近代法」が「政府」対「個人（国民・住民）」との二面関係で法律関係を捉えたことが基礎となっているが、第二次世界大戦後のわが国の人々の立場や考え方は、近代法の標準タイプが生成したアメリカ合衆国の秩序やフランス革命当時の人々と同様のものだったからなのである。

　そこで、戦後のわが国の行政法理論は、その意味で純粋な「近代法モデル」の法体系をもう一度再確認する必要があったのである。このことは、現在から見ると制限的で保守的な行政法体系として映る考え（たとえば、田中二郎博士の『新版行政法〔上〕〔中〕〔下〕』〔弘文堂、1968年〕など）も、その当時としては、行政作用を制限的に捉え、国民・住民の活動領域を広く捉え、「自由」を重視した点でリベラルな性格であったことは忘れてはならない。それと同時に、それらと対照的に進歩的・革新的であると考えられた学説も、たとえば、行政指導で見られる「全部留保説」（法律で全ての行政作用を規律する）のように、また同じく「制限」思想であったことからも理解できるように、結局は同じ方向（「近代法」の再確認）を向いていたことが明らかである。

　しかし、現代の行政は「行政の守備範囲の拡大」（代表的文献として、阿部・システム〔上〕、2頁以下）がその特徴であり、社会のニーズに行政が臨機応変に対応することが求められるようになっている（たとえば、政策策定という積極的な姿に対応するための「政策法務」論の登場──これについては第6講で詳しく述べた──）。そこでは、現代の法的な多くの問題に対して従来の「行政法総論」の機能不全を強く指導される渥美東洋名誉教授の言葉を借りれば、「複雑社会」となったということをベースに新しい法のシステムを構築する必要があるということであろう（渥美東洋『複雑社会で法をどう生かすのか』〔立花書房、1998年〕参照）。

　実は、本講で取り上げるテーマにおいても従来の「行政強制」との概念から「行政の義務履行確保」ないし「実効性確保」とのコンセプトへの移行は、この「制限思想」から「行政の臨機応変性」への変化に対応していることを、わ

れわれは忘れてはならないであろう。

従来の「行政強制」の機能不全　純粋な「近代法」での法体系の確認は、戦前の「旧行政執行法」での行政行為や法令により義務を課した場合に認められる自力執行、すなわち、広汎かつ包括的な行政庁自らの執行制度（行政代執行、直接強制、即時強制、執行罰）の体系の廃止にはじまると言ってよかろう。すなわち、たとえば、即時強制としての行政上の検束の廃止や執行罰制度の廃止（なお、その後もこの執行罰は砂防法36条にのみ存置したが、これは一般に整理ミスとして説明されている。つまりイメージとして述べれば、現代ではデータベースで全法令の検索が可能だが、「昭和20年代」は手作業だったので見落としたわけである）である。

その最も主要な理由は、旧制度での法運用では、人権侵害が多く行われたことに求められることは当然であり、日本国憲法の下ではそのような制度や運用は絶対に認められないからなのである。たとえば、直接強制では、不必要に人の身体に直接物理力・有形力を行使することとなるし、即時強制では、法の規律を受けずに住居への行政官憲の立入りを許したし、執行罰では、結局のところ、金により人間の心をコントロールすることとなるという点を考えてみればこのことはよく理解できる。

ただ、最近では執行罰の活用論が主張されている。たとえば、公害のような継続的違法行為に対し、公害発生源企業に対して執行罰の利用を考えるわけである（たとえば、淡路剛久・磯崎博司・大塚直・北村喜宣編『環境法辞典』160頁〔有斐閣、2002年〕参照）。外国での執行罰の立法例としては、ニューヨーク市の建築条例があり、これも継続的違反行為に対するものである。この点については、後に具体的に示す。

そこで、戦後の行政法理論は、まさにそのことへの反省から、行政の権限行使を制限したのであった。そして、そこでは、以下のような制度として、行政強制が整理されることとなった。しかし、一方で、現代では、これが逆に行政強制の機能不全となっている（大橋・Ⅰ、310頁以下）。

1. 行政代執行

行政代執行とは、代替的作為義務（つまり、義務者以外の者でも、その義務を義務

者に代わって果たすことができるということ）を前提に（したがって「不作為」義務――○○の停止を命じるなど――は入っていないことに注意）、厳格な要件の下で、行政庁自らの執行を許容するものであり、一般法として行政代執行法が現行法として存在している。

さて、この行政代執行法での手続の流れを、フロー・チャートとして示せば、次のようなものとなる（なお、よくあるパターンをもう少し広く見ると、行政指導→措置命令→代執行となることは忘れないでほしい）。

代替的作為義務（行政代執行法2条）→文書による戒告（行政代執行法3条）→代執行令書による通知→執行→費用の納付命令（行政代執行法5条）→強制徴収（行政代執行法6条）

さて、以上の代執行制度についてはいくつかの法的争点があるので、その代表的なものを拾い上げてみよう。

まず、この手続の対象となった者の権利救済として、代執行令書についての抗告訴訟については、ほぼ許容するとするのが判例理論だが、戒告については理論上、争いがある。これを事実行為と解した場合（たとえば、芝池・総論、204頁）、いわゆる国立歩道橋事件控訴審判決（東京高判昭和49年4月30日行集25巻4号336頁）のように否定的な結論に至る可能性もあろう。したがって現在は、抗告訴訟について肯定説が多数である（塩野・Ⅰ、259頁；芝池・総論、204頁；原田・要論、232頁など）し、税関長の通知にそれを肯定する最高裁の立場（前掲最大判昭和59年12月12日、百選Ⅱ159事件）からも合理的に判例理論上の整合性を保ち得るであろう。

一方で、この法律の厳格な制限的立場からは、法運用の限界もまた指摘されている（そこで、建築基準法のように個別法で、代執行法の要件をゆるめている例もある）。その代表的な争点は、執行の際、義務者が抵抗した場合、もはやそれ以上の執行は直接強制が許容されていないのでできないという点であろう（山下＝小幡＝橋本、176頁は「義務者の抵抗排除」と表現している）。実務では警察官職務執行法による即時強制の利用や公務執行妨害罪の適用がなされる場合が報告されているが、これは逆に、直接強制を即時強制という要件の不明確な手続で実際上認めることになったり、有罪判決に至るという点で、義務者にとって法的な記録と

はならない直接強制よりも人権侵害の度合いが高いので、法システム全体の、人権侵害防止という点から強い疑問が残る。そこで、むしろ法律での厳格な要件の下に直接強制を許容すべきとの学説も有力である（たとえば、広岡 隆『行政代執行法』〔有斐閣、1970年〕参照）。

　なお、危険性が現実にある場合、「人」ではなく「物」に対し、緊急性を主要な理由に、行政代執行法上は不適法であっても、市長の実力行使を許容した、いわゆるヨット係留事件（最〔2小〕判平成3年3月8日民集45巻3号164頁、百選Ⅰ 101事件）では、違法性は否定されているが、この判例は、「物」に対する判断と限定して読むべきであろう。

　さて、この行政代執行の厳格な要件が充足していたとしても、かつては第21講で見るように民事訴訟を行政が裁判所に提起してその実現をはかることは認められた（たとえば、国が河川法違反を理由に同法75条での原状回復命令を履行しない者にそれを求める訴えを提起し許容されたケース、岐阜地判昭和44年11月27日判時600号100頁）。しかし、いわゆる宝塚市パチンコ条例事件、最（3小）判平成14年7月9日民集56巻6号1134頁、百選Ⅰ 109事件で、「行政権限の行使」であり「権利」の争いであることを理由に、この道はふさがれた。しかし一方で、行政がその要件を充足しているにもかかわらず何もしない場合、国家賠償法による規制権限不行使の訴えの可能性が提言されている（山下＝小幡＝橋本、175頁）。実は、ここにも近代法が予定した二面的法律関係がもはや妥当しないことをわれわれは知ることができる。

　ともあれ、以上の争点は、この法律の限界（制限思想の限界）から出発していると考えてよいであろう。

　代表的なテキストも、「代執行の機能不全」として①行政の事務量の膨大さ、②相手との摩擦の回避、③財政上の理由、④裁量性を指摘している（大橋・Ⅰ、311頁）。

　たとえば、費用の具体例を示せば、不正軽油製造過程で出る硫酸ピッチドラム缶48本への埼玉県川越市の行った代執行では、市はその費用を約1000万円と見込んだ（埼玉新聞2003年12月4日）。また、香川県豊島、青森・岩手県境の不法投棄のケースのように数百億が見込まれるケースもあるので、産業廃棄物特別措置法が制定された。

さらに、この機能不全の状況に何の手当てもなされない原因として、2001年省庁再編に伴い、この法律の所管省庁が現在もなお定まっていないと行政実務家サイドからの指摘があった（西津政信「行政上の規制違反行為の自主的是正を促すための間接行政強制制度に関する研究—新たな制度の検討のための基礎的情報等—《中間報告書》」国土交通省国土交通政策研究所〔2003年〕参照）。そこで、個別の法律で制度化が可能な簡易代執行の整備をさらに進めるのも一案であろう。

　なお、特殊な代執行として、地方自治法245条の8による国が提起する、法定受託事務に関する地方自治体への代執行訴訟がある（櫻井＝橋本、58頁）。

　最後に、行政代執行に対し実力で妨害した場合には、威力業務妨害罪が成立する（最〔1小〕判平成14年9月30日刑集56巻7号395頁、百選Ⅰ102事件）。

2. 強制徴収

　現行法では、租税債権について、強制徴収が国税徴収法で規定されているが、この制度を租税債権以外の金銭債権に、法律上、準用する場合もある。その中心は、国税徴収法第5章滞納処分手続であり、次のような手順となる。

　　財産の差し押さえ（国税徴収法47～88条）→公売等による換価（国税徴収法89～138条）

　この手続は、金銭債権に限られたものである。なお、租税債権については民事執行は否定されるが、それ以外については争いがある。

3. 直接強制

　この直接強制は、旧性病予防法11条、いわゆる成田新法3条や感染症予防法17条など個別法で例外中の例外としてのみの規定があるとされる。この手続は、法律による例外中の例外であり、即時強制の概念を広げ、事実上同様の効果に至ることは許されないと考えるべきであろう。ただ現実には、これらの規定は出入国管理及び難民認定法52条に基づく退去強制など、即時強制と理解することも可能とされ、どちらともとれるものもある（山下＝小幡＝橋本、176-177頁）と指摘がなされている。ともあれ、「人」に対する強制執行は、具体的な法律上のその法律の目的に従った明文がなければなし得ないので、拡大

して解釈することは許されないというべきである。

なお、雑談を許してもらえるとすれば、アメリカ、オレゴン州セーラムには『カッコーの巣の上で』（ケン・キージー著、岩元 巌訳〔富山房、1996年〕）の映画のロケに利用された精神病院がある。人の拘束や身体への侵害ということを、つくづく考えさせられる映画なので、一つの感慨をおぼえる人も多いであろう。この映画にも、人々の現実を見るというアメリカ哲学の一つの場面が現れている。この点、人と遊離したドイツ観念論の哲学とは異なっているとつくづく思う。「アメリカには哲学がない」という人が時々いるが、それは大いなる誤りである。この機会に、アメリカ哲学の本を読んでみるとよいであろう。

さて、雑談はともかく、以上のように、現実には金銭債権以外については、行政代執行が中心となるが、その場合にも、不作為義務には何ら法的対応がないなど限界があることを知ることができよう。

即時強制の拡大　さて、行政強制の機能不全を補う目的で、最近では即時強制という従来からのコンセプトの拡大がみられる。即時強制とは、緊急的、一時的に、身体や物に、それらを保護するために加える強制をさすが、いわゆる「措置入院」を即時強制として説明する（櫻井＝橋本、127頁）のも、このような拡大の傾向を表しているし、裁判例でも、1995年の「横浜市船舶の放置防止に関する条例」違反者への指導・勧告といった手続規定が存在し、その後の移動を強制的に行ったケースでも、即時強制にあたり認められると判示されている（横浜地判平成12年9月27日判例地方自治217号69頁）のもその例である。

「行政の実効性確保」とのコンセプトを利用したあらたな構成　さて、それでは、以上のような、いわば強制執行モデルでのみ考える立場は、どのような理解を前提とするのだろうか。筆者には、その代表的な理解は、藤田宙靖名誉教授の示された著名な三段階モデルにその典型的な姿を見るように思われてならない。そのモデルは、法律（第一段階）→命令（第二段階）→強制（第三段階）というものであり（藤田・総論、参照）、まさに伝統的・古典的な「行政行為論」がその中心的要素となって命令・強制を説明してきた姿をまざまざと明らかにしているのではないだろうか。

もちろん、現在でも、行政代執行法の予定する典型的ケースのように、このような流れで説明できるものもある。それは、社会にとって必要最低限の秩序維持行政であり、たとえば、危険な建物を建てた者には建築基準法により除却命令・執行といった手法で対応することを見れば明らかであろう。
　しかし、現代の、行政の守備範囲の広がった中では、このモデルのみでは説明し尽くせない行政手法や法運用が多く生じるわけである。たとえば、この三段階モデルで最もよく説明し易い行政作用は、「社会にとって必要最低限の秩序維持」を前提とすると考えられるので、最低限の秩序を守る義務が国民にはあるため、最低限のことだから強制的にでも実現しなければならないということになるわけである。だが、あたりまえのこととして、現代の行政は、最低限の秩序維持のみを対象としているわけではない。
　たとえば、従来の動物愛護法では、動物の飼い主に「〇〇するように努める」との努力目標規定を中心に、動物との「共生」を実現するための一つの方針を示したり、国民年金法のように、「国民年金制度は、日本国憲法25条2項に規定する理念に基づき、老齢、障害又は死亡によって国民生活の安定がそこなわれることを国民の共同連帯によって防止し、もって健全な国民生活の維持及び向上に寄与することを目的とする」(1条)といったように目的規定を置き、政策の実現の方向を示したりしている。このように、最低限の秩序維持（たとえば、火災を発生させない〔消防法〕、食中毒があってはならない〔食品衛生法〕、建物は安全でなければならないなど〔建築基準法〕）ではなく、むしろよりよい社会の実現を目的とするものが多い。典型的には、環境行政や福祉行政が重要となってくると考えてよい。そうであるとすれば、社会にとって必要最低限の秩序維持行政では、偶発的に発生した秩序が乱れた状態（たとえば火災の発生、食中毒の発生）に対し、行政はそのようなことが起きた後に事後的に、消火や営業停止といった措置を取り対応することとなろう。実は、行政強制もこのような法の思想を強く引き継いでいるわけであり、したがって「強制」「執行」を事後的に偶発事態になすとの構成をとっていると言ってよい。
　さらに、この三段階モデルの問題点は、現実を無視する面があるという点であろう（その意味では、著者などには概念法学的に見えることは否めない）。一例をあげれば、行政強制のうち、行政代執行では、現実には数千万円もかかる場合もあ

り、その点で、政策判断が必ず入ることとなる。オート・マティカリーに強制に移れるわけではない（現に、環境法エリアでは、代執行費用が、払底している）。ロー・スクールの時代には、コストを考えた（法と経済学）法運用と理論が望まれるように思われてならない。

　さて、現代の行政は、将来の国民・住民の生活を設定し、いわばよりよいクオリティー・ライフを目的としているわけである。そこではむしろ、その目的に向かっての誘導やそもそもその目的を実現するための政策策定がより重要な行政の役割となっているのである。そうだとすれば、それはむしろ継続的な活動なのであり、たとえば、行政手法として、行政計画（将来を見据え、ローリング・見直しを継続的に行う）のように、必ずしも法律の根拠を前提としない手法も必要になってくることとなる。むしろ政策策定などでは、1999年度より国の行政に審議会方式に代わり導入されたパブリック・コメント制度のように、法律によるコントロールというよりは、手続的コントロールがなじむのもこのような理由と共通している。ともあれ、法律を出発点とする三段階モデルだけでは説明できないことはよく理解できよう。

　そこで、以上のような変化に対応した、行政目的実現の担保手法が必要となるわけなのである。以下、思いつくままに一応の整理を試みてみよう。まず、このような行政の変化から「行政強制」との概念に代えて、新しいコンセプトで説明する場合が多くなっている。その一つが「行政の義務履行確保」であり、もう一つが「行政の実効性確保」であろう（学説の分類についてはそのニュアンスも含め、石川・論点、158頁以下）。

　さて、著者は、すでに述べたように、将来性・継続性という現代行政の特質を考えれば、必ずしも「義務」を前提としない場合もあるので「行政の実効性確保」とのコンセプトで従来から説明しているがそれはそのような理由によっている（詳しくは、田村「『行政の実効性確保』としての『公表』の法理」東京国際大学論叢〔経済学部編〕第13号43頁以下〔1995年〕にその理由・文献等を掲載してある）。そこで試論として構成すればこのコンセプトの下では、さらに2つに大別してよいのではないかと考えている。その第一が「サンクション」（このコンセプトは、畠山武道名誉教授が提案している。畠山武道「サンクションの現代的形態」『岩波講座基本法学8―紛争』365頁以下〔1983年〕。著者も従来よりも広く対象を捉えられるのできわめて有

用なコンセプトだと考える）であり、第二が、最近よく論じられる「誘導手法」（このコンセプトについては、小早川・上、231頁以下；大橋洋一「ドイツ容器包装回収制度の研究—企業責任と誘導型行政手法に関する一考察」法政研究第66巻第1号27頁以下〔1999年〕）であろう。

さて、まず前者、すなわち「サンクション」については、以下のように整理してみよう。

1. 罰則手法

これについては、後に述べるが、わが国では何か法的対応が求められると、罰則強化という主張がなされている。しかし、この手法は、廃棄物処理法のようなエリアでは有効だが（たとえば、北村喜宣「環境刑法の制度と運用」法学セミナー第531号58頁以下〔1999年〕がこのエリアを整理している）、単なる罰則が実際には適用されない場合も行政法令では多く、この場合には、むしろ誘導手法や啓発手法（違反が社会に迷惑をかけることを知ってもらう）とほぼ同様のものとなろう。その意味で本当に「罰する」ことによるのであれば、オールマイティーな手法ではない。ともかく、詳しくは第21講を見てほしい。

2. 撤回権の留保

この手法については、すでに本書第15講で述べた。たとえば、医師に対する保険医指定取消処分のようなものを考えてみよう。ただしこの手法を行政の実効性確保目的で利用する場合、企業などにむやみに適用すれば、多くの者（その家族も含め）が経済的基盤を失う（路頭に迷う）ので、その利用には限界があり、そのような場合にはこれが法制度上存在した場合、やはり誘導や啓発といった手法に実際上近くなることも多い。

そこで、次に、実際に働きそうな「サンクション」を考えてみよう。

3. 名誉・信用に頼る手法

①行政指導に従わない者がいた場合、住民などに情報提供という意味で「公表」したりするような場合などの「公表」手法。このような公表は、行政手続法32条2項の不利益取扱いにはあたらないと考えられる。それは、あくまで、

消費者や広く住民への情報提供と考えるからである（なお、アメリカでは重大な性犯罪を行った者の氏名、住所を公表しているが、それもこのような理由による）。もっぱら制裁的に働く場合は違法と考えられよう。なお、2000年に、小田原市は、固定資産税を未納の者のうち、悪質なケースについては、審査会の判断を経て「公表」するとの条例案を議会に提出し、実際に制定された。地方税法との関連、プライヴァシー保護との関連など、政策法学的視点から考えてみよう。一方、この種の問題につき茨城県では一部事務組合方式をとっている（茨城県租税債権管理機構）。

②立入等行政調査等に入る可能性があれば、義務者は、それを回避したいと考えるから、行政目的実現に従ってくれるという効果があると言われる。このように「行政調査」手法の利用も考えられる。

③指示処分に基づく「登録制度」手法の利用。指示処分という手法は、一般には、違反事実があったことを業者などに文書で指摘し、今後の改善策を求めるものである。ところで、この手法は、行政指導と類似している面もあるが、「処分がなされたという記録」が残るので、指導ではなく、あくまでも処分なのである。そして、たとえば宅地建物取引業法では、この処分が規定されているが、現在、この処分記録は知事が処分した場合オン・ラインで全国どこでも見られるので処分を受けないよう努力する（処分を受けたということになると信用第一の業種ではかなり痛手である）という意味で一般の認識よりは、特に事業を継続的に営もうとする者には法律遵守の効果を上げていると言われる（もちろん、指示処分→違反→罰則手法——たとえば、廃棄物処理法——のような法システムも当然あることは忘れてはならない）。

なお、風営適正化法での指示処分が争点とされたケースとして、名古屋地判平成12年8月9日判例地方自治218号84頁がある（本件では、スロット・マシンで提供される賞品が、法19条施行規則29条2項1号イに反するとして、法25条によりなされた指示処分が適法と判示された）。

4. 経済的な手法
(1) 課　徴　金

現行法では独占禁止法にこの制度が採用されている。企業などの違法行為に

あっては、それによって得た収益を取り上げることが一番効果がある。なお、これは行政上のサンクションなので、刑事罰と併科しても、憲法の二重処罰禁止にあたらないとするのが判例であり、合理的であると考える（詳しくは、田村「行政の実行性確保手法としての課徴金と二重処罰—平成9年東京高等裁判所年金シールカルテル課徴金納付命令審決取消訴訟判決を契機として」東京国際大学論叢〔経済学部編〕第19号83頁以下〔1998年〕)。

ところで、この手法は、すでに述べた同様に金銭に頼る執行罰が、人権侵害のおそれを理由に一括廃止されたこととどう関係するのだろうか。それは、次のように考えればよいだろう。執行罰は、「自然人たる人の心を金でコントロールする」という効果が人権を侵害すると考えられたわけである。しかし、企業や組織はそれ自体では自然人と同様の精神作用はないと考えられるからなのである（よく企業犯罪で刑事責任を追及されることになった「人」が、家庭ではよいお父さんお母さんだったのにと言われるのはこのことをよく表している)。そのような意味で、課徴金を、企業などへ利用することとは何ら矛盾しない。そこで、実は、政策法務を中心に、課徴金制度も、公害防止目的などで利用し得るとの注目すべき提言もなされるようになってきている。

なお、独占禁止法上の課徴金は、憲法39条、29条、31条に違反しない（最〔3小〕判平成10年10月13日判時1662号83頁、百選Ⅰ112事件)。

(2) 反 則 金

この手法は、大量的・反復的行為に対し利用されるもので、現行法では道路交通法で採用されている。このような手法が採用される理由は、次のような点に求められよう。さて、刑事罰が有効に働く主要な理由は、「行為を行った者が悪いことをした」と感じること、つまり「刑罰の感銘力」があることが必須の条件と言ってよい。ところで、皆さんは、自分が、ハイウェー（なお、アメリカでは高速道路は「フリー・ウェー」であり、ハイウェーは一般道である。外書講読の際は間違えないように。念のため！）でスピード違反をした時や街で駐車違反をした時、悪いことをしたと感じるだろうか。みんなもやっている（みんなで渡ればこわくないとの心理）という理由で、悪いことをしたという自覚はないであろうし、トラフィック・チケットを切られた時は「運が悪い」と感じ、つまりこのことから感銘力は働かないわけである。たとえば、かつて、道路交通法違反は刑事罰

で対応していたが、「有罪」に対して以上の理由から違反者が十分に感銘力を受けず、結果として、刑事司法制度それ自体が掘り崩されるとの危機感から、行政処分たる反則金を採用し、払いたくないので守るという効果を考えたわけなのである（なお、これは行政処分ではあっても、本来は刑事だったという由来から判例は行政事件訴訟では争えないとしている——つまり起訴を待って刑事手続で事実を争うことになる——。この点は詳しくは、田村「通告処分制度の必要性と救済手続の検討—行政の実行性確保との関連で」東京国際大学論叢〔経済学部編〕第18号35頁以下〔1997年〕）。

なお、同様のことは、租税法でも生じているが、ここでは罰金相当額の納付（通告処分制度）という非刑事で多くは対応することとなっている。

(3) 税金の利用

アメリカでは、銃規制目的で、殺傷力の高い銃器には高額の税金をかけ購入を抑止しようとしたり、ビッグ・スカイ・カントリー、つまりモンタナ州の例だが（アメリカでは州にはそれぞれニック・ネームがついている。たとえば、そのほかに、オレゴン州はビーバー・ステート、ウォシントン州は、エバー・グリーン・ステートなどである）薬物犯罪を行った者には、非刑事的に高額な税金をかけたりして、その種の行為へ対応したりとバラエティーに富んでいる。わが国では、税金を払っていないと「車検」を受けられない（結果として走れない）との制度がある。なお、アメリカでは車検制度はほとんどの州では存在しない。3,000マイルに1回か3ヶ月に1回を目安に自分で、自己判断で行く人が多い。そこで何でもかんでも規制手法がよいわけではないから、著者は車検それ自体の必要性には疑問を持っている。条例では、2002年の「岐阜県乗鞍環境保全税条例」「岩手県産業廃棄物税条例」などが、税金利用で政策目的を達成しようとする実例として参考となろう。

(4) 没収・追徴

企業や組織の収益を非刑事的に没収する制度であり、アメリカでは、刑事に比較し、デュー・プロセスの要求度が低いので多く採用されている（詳しくは、渥美東洋編『組織・企業犯罪を考える』121頁以下〔中央大学出版部、1998年〕参照）。

なお、この非刑事的没収・追徴の歴史的沿革は、聖書の「デオダンド」（dedand 没収され神に贖罪として捧げられた物）に由来している。

(5) 執　行　罰

　すでに指摘したように、公害や建築のように継続的な違法・違反行為に対し、執行罰活用論が最近は強力に主張されている。ニューヨーク市建築条例 (Building code of the city of N. Y.) では、聴聞手続を経たうえで、違反行為継続中は、日ごとに非刑事的金銭上の制裁が課されている。除却命令や使用禁止命令が十分に機能していないわが国の建築基準法でも、実効性を確保するために法改正を考えるのであれば、参考となりうるであろう。法制度設計との観点から、この点を強く指摘しておきたい。また、この発想は、建ててしまえば、既成事実として勝ちとの建築業者の発想への対抗手段としても十分に考慮に値する（なお 2002 年に、東京地方裁判所は国立市の違法マンションに対し高さ 20 m 以上を撤去せよとの判決を出している。判決の実効性もあわせて考えてみよう）。

　ところで、わが国では、執行罰は基本的に廃止との発想に立っていると言われてきた。それがすでに述べた砂防法でのこの制度の存在は「整理ミス」（この点を「法整理の漏れ」として指摘する、植村・教室、144 頁の表現は、この理解をうまく示している）との発想を長くわが国の行政法学に残してきたわけである。

　そしてこの整理ミスとの理解は、その後、「執行罰制度」そのものの廃止とのイメージにふくらんでいったことは否定できないように思われる。

　しかし著者は、当事の立法資料 (legislative history) に、われわれは、もう一度立ち返ってみるべきだと考えている。それは、行政代執行法を審理した衆議員司法委員会での説明なのである。佐藤達夫政府委員は「現行行政執行法には、行政上の義務履行確保の手段として、右のいわゆる代執行のほかに、執行罰および直接強制の途をも存しているのでありますが、執行罰については、その効用比較的乏しく、罰則による間接の強制によっておおむねその目的を達し得るものと考えられ、また直接強制は、人または物に対して直接実力を加えるものでありますがゆえに、すべての場合に通じて、一般的にその途を設けるのは行き過ぎであろうと考えるのであります。従ってこれらの手段は、特に行政上の目的達成上必要な場合に限り、それぞれ法律において、各別に適切なる規定を設けることとし、本案におきましては、行政上の義務履行確保の手段として、一般的に必要であり、かつ適当と認められる代執行に関して、その手続を定めることとした」（第二回衆議院司法委員会第 10 号、1948 年 4 月 6 日）と述べている。

つまり、行政上の必要性がある場合、執行罰を利用することが予定されている。

ところで、執行罰は、「継続的」行為に対し有効な手法となっている。つまり、時間の矢印としては将来を向いているわけである。ところで純近代法での罰則手法は過去の行為への制裁としての性格が強い。そこで、政策的な発想の薄かった当時では、過去の行為に対する刑事罰さえ考えればこと足りた。そのため、当時の多くの行政法令の性格上、刑事罰さえあれば十分だと考えられた。それゆえ執行罰は採用されなかっただけだと考えてよい。

一方、現代の行政法令の多くは、当時とは逆に「政策型」となっている。政策は、将来に向かう法適用との側面がある意味で強い。そこで、将来に向いた、「継続性」を対象とする執行罰の利用可能性が、政策型法令では必然的に高まることとなる。つまり、従来の「過去の違法行為に対する刑事罰」ではカバーできない継続的違法行為を執行罰は対象とし得るわけである。

その場合、兼子 仁名誉教授は、比較的早い時期から次のような指摘を行っていた。それは、第一に、執行罰の金額は高額とし、第二に、聴聞手続を前置し、第三に、条例による利用可能性のための地方自治法の改正である（兼子 仁『行政法総論』209頁〔筑摩書房、1983年〕）。この提言は、現在でも合理的なものであると考えられる。

(6) 契約関係からの排除

公共事業での指名停止等により、違法行為を抑制しようとする制度がある（宇賀克也「ベーシック行政法第14回」法学教室2005年5月号64頁）。なお、例として国土交通省では、インターネットで指名停止を公表した（2002年1月28日NHK報道）。自治体が知らずに指名することを防止するためとされている。

(7) 補助金のカット

茨城県では、地方税の徴収率の低い市町村への県からの補助金カットを示し、徴収率の向上をめざしている（茨城新聞2007年6月15日）。

5. 行政・政策評価の利用

現代の政策型行政では、将来にわたる活動が多い。そこで、計画その他の未来に向けての活動については、ある一定時点での評価も政策などの担保手法になり得る。行政計画での「ローリング」や、環境法での「環境モニタリング」

はその例となる。

6. 訴訟の利用

　サンクションの最後として、訴訟の利用が考えられる。まず、行政代執行法では、代替的作為義務を対象としているので不作為義務についてはこれを利用し得ない。そこで、このような場合、行政（自治体）が民事訴訟を提起し得るとする裁判例がある（なお、これについては、本講の最後に述べる）。しかし、最高裁はこの種の訴えは、裁判所法3条1項での「法律上の争訟」にあたらないことを主要な理由に不適法な訴えとの立場を示した（最〔3小〕判平成14年7月9日民集56巻6号1134頁、百選Ⅰ109事件）。

　しかし、国等による訴訟は、規制手法としては有効である。特に、組織や企業、インターネットやATMといったネットワークすなわち社会的インフラを利用した違法あるいは不正行為に対しては、規制目的での政府提起訴訟（公的規制訴訟）を制度化すべきである。たとえば、金融や投資それに関連するファンドへの規制のようなエリアでは、このような制度設計が有効であることを知るべきである。

　次に、国家賠償訴訟による、いわゆる規制権限不行使訴訟も広い意味で、私人に訴えを提起させ、いわば行政の規制権限の不行使責任を追及させるという手法だが、間接的には行政の実効性確保に資することがある。なお、アメリカでは、独占禁止法や環境法の分野で、いわゆる私人提起訴訟を認めるが、これはある意味で、直接、規制対象者を被告とするもので、その意味では、法の執行を政府に代わって私人が行うので、これを一般的に「私的法務総裁（プライベート・アターニー・ジェネラル）」（このコンセプトについては、橋本公亘「行政訴訟の原告適格」『田中二郎先生古稀記念　公法の理論　中』1112-1114頁〔有斐閣、1971年〕）と呼んでいる。

7. その他の方法

　次に、サンクションと並ぶ行政の実効性確保手法として誘導型手法が考えられる。このコンセプトの代表的な提案を行っている大橋洋一教授によれば、それは規制手法をたとえとっていたとしても規制それ自体が目的ではなく、国

民・住民を一定の行動に向かわせる誘因として捉える点にこの手法の特質があるという。そこで、プラスの誘因のほか、マイナスの誘因として「租税特別措置、課徴金」などがあげられる（大橋・前掲論文、58 頁）。一方で、業者へのいわゆる「格付け制度」（岩手県循環型地域社会の形成に関する条例〔2002 年〕）などはプラスの誘因を与える手法の具体例と言えよう。もっとも、本講では、そこでいうプラスの誘因を中心にそれを指摘しておくとともに、著者は、届出手法や啓発手法のように、直接的に「誘因」に結びつかなくとも、国民・住民をある方向に向ける手法も取り込んで考える必要があると思うので、むしろここでは「マイナスの誘因として働くサンクション」以外の全ての手法を一応誘導型手法の対象としておきたい（ただし、マイナスの誘因はここでは除いて説明する）。

(1) 経済的インセンティブを与える手法

これにあたる手法としては、補助金手法がわが国ではよくとられている。たとえば、のら犬・のら猫防止目的で、補助金を飼い主に出すことにより不妊・去勢手術をなすとのインセンティブを与えることは、よく地方自治体でなされている。

また、政策法務論からは、ゴミのうち、アキ缶、アキビン対策でデポジット制（アメリカでは、1 缶 5 セント・約 5〜6 円）が提案されている。

なお、このインセンティブを与える手法は、後に述べる公益通報制度と組み合わせるべきとの提言が、「通報褒賞金」として阿部泰隆名誉教授によりなされている（具体的な文献は、公益通報制度の所で掲記することとしたい）。

(2) その他のインセンティブを利用する手法

道路交通法での優良ドライバーへ認める 5 年の免許更新期間（通常は 3 年）のように、期間延長というインセンティブや、消防行政でなされる、ホテル・旅館などへの適マークの利用や、さらに広く言えば、表彰によりインセンティブを与えるなどもここに入れてよいであろうか。

その他、製品の認証制度（たとえば、「甲州市原産地呼称ワイン認証条例」2008 年 12 月 26 日条例 34 号）や、環境行政での企業に対する格付け制度等がある。ワイン認証条例はヨーロッパのワイン法をモデルにしていると思われる（イタリアでは、DOC ないし DOCG、ドイツでは A.P. 数字——産地、ワイナリー番号、タルの番号——、フランスでは、Appellation 地名 Contrôlée が認証ワインの表記となっている）。また、最近

の動きとして塩尻市のボトルに貼るラベル表示のルール化がある（読売新聞2018年7月18日）。

なお、ワイン認証条例は、外国法をモデルにした何か新しいアイデアのようにも思われるが、わが国でも、1968年の本に、すでに日本酒について「山形県推奨」のラベルがみられる（山本祥一朗『みちのく酒の旅』173頁〔秋田書店、1968年〕）。先人の努力を忘れてはならないだろう。

(3) 啓 発 手 法

法運用を支える基本は「人」であるから、現代の行政課題（たとえば、ゴミ問題や環境、都市問題など）を多くの人々に理解してもらうことが長期展望では一番重要であろう。政府広告（マスメディアを利用）や自治体の広報紙、あるいはポスターの作成、教育委員会と連携し意識を高める努力をするなど、実は、この種の地道な活動を忘れてはならないだろう。

(4) 届出などの補助手法

たとえば、業者などへの啓発活動や行政指導をなそうとしてもその対象者を行政が把握していないとそれは不可能となる。たとえば、ペット業者は現在、全く法的規制はなく誰でもできるが、かつていくつかの自治体では「届出」制をとっており、それをもとに、啓発や指導を行った。なお、この制度はその後、国の動物愛護法に引きつがれた。

(5) 民間活力の利用

風営適正化法40条では、啓発活動や苦情処理目的で「全国風俗環境浄化協会」を指定法人として利用している。また39条では、都道府県にほぼ同様の協会を設けることを求めている。これは、「業会の秩序維持目的」（塩野 宏『法治主義の諸想』455-456頁〔有斐閣、2001年〕参照）という行政目的達成の手法であると言ってよい。なお、指定法人の法的性質については、最近、注目を集めている（塩野 宏「指定法人に関する一考察」塩野・前掲書、449頁以下参照）。

また、「私人の参加」を指摘するのは、北村喜宣教授である。それは、「宮城県ピンクちらし根絶活動促進条例」での「何人も……（略）……ピンクちらしを除去及び廃棄することができる」（北村喜宣『自治力の冒険』83-84頁〔信山社、2003年〕）との規定を例として、執行過程への私人参加を指摘している。

また「規制緩和によるインセンティブ」（宇賀・I、139頁）も、この類型の一

つと位置付けてよいであろう。最近の例としては、行政が集めた資金により、行政が民間事業者に公共サービスを委託し、その民間事業者の成果に応じ、資金を提供した者に報酬として支払うという SIB（ソーシャル・インパクト・ボンド）を埼玉県も導入を検討している（埼玉新聞 2018 年 12 月 14 日）。株式投資に近い発想を利用する手法と言ってよかろう。

(6) 情報の利用

組織や企業の違法行為の抑止には、内部告発が重要な手法となる。この方法は、最近の政策法務では強くその導入の提言がなされている（阿部泰隆「不正告発者の保護制度と通報褒賞金を提案する（上）（中）（下）」自治研究第 78 巻第 12 号 3 頁以下、第 79 巻第 1 号 3 頁以下、第 2 号 3 頁以下〔2002 ～ 2003 年〕参照）。なお、実例として、2001 年桐生市不法投棄防止条例は、その施行規則で、通報者へ 1 万円の報償金を定めている（この点については、北村喜宣『自治力の冒険』79-82 頁〔信山社、2003 年〕を見てほしい）。これを法的に制度化しようとするのが「公益通報制度」なのである（白石 賢「公益通報制度の体系的立法化に向けての一考察—内部告発者保護から公益通報制度へ—」ジュリスト第 123 号 96 頁以下〔2002 年〕）。また、情報を与えて違法行為をさせないという意味で、「ノー・アクション・レター」（第 2 講）も、実効性確保手法としての一面を有している。

また、宅地建物取引業法違反のような場合、処分を行った事実をプレス発表やホームページで公表している自治体があるとされている。この場合、「免許にキズがついた」業者とは取引をしないとの商慣行がこのギョーカイにはあるので、この手法による抑止効果があるとされる。なお、この場合「自治体の説明責任」を具体化した、情報公開条例 1 条を根拠として行うこととなろう。

(7) 人材の育成

たとえば、茨城県では、農薬の適正使用を担保するため、2004 年から、「農薬適正アドバイザー認定」制度を設け、人材育成手法を利用している。これは民間活力の利用・情報の利用とも重なることとなろうが、規制法令（群馬県における農薬の適正な販売・使用及び管理に関する条例）のみが、目的達成の手法ではないことを知ることができよう。

以上のように、整理を試みたとはいっても、そこには、行政作用それ自体と

して扱った方が適切なものもあり、いわばブイヤ・ベースかパエリアのような感じがしないわけでもない。しかし、複雑社会、多面的利害対立の社会の行政では、多くの手法を複合的に組み合わせることが必要であり、概念法学的な論理体系のような整理を期待すべきではないと考える。現代行政は、具体的な手法論の時代であると言ってよいであろう。

風営関連の判例を見てみよう（ケースへのあてはめ）　すでに述べたように、最高裁は、裁判所法3条1項での「法律上の訴訟」にあたらないことを理由に、自治体がパチンコ店業者に対して発した建築工事の中止命令の執行を求める訴訟は不適法と判示した（前掲最〔3小〕判平成14年7月9日）。しかし、下級審裁判例の論理は注目に値し、司法的執行制度を理解するための重要なケースなので以下、見てみることとしたい。事実の概要は、「宝塚市パチンコ店等、ゲームセンターおよびラブホテルの建築等の規制に関する条例」では、その対象施設を建築しようとする者は、あらかじめ市長の同意を得なければならず、さらにその位置が都市計画法上の市街化調整区域または商業地域以外の用途地域である場合は同意をしてはならず、同意を得ずに建築しようとする者には建築などの中止、原状回復その他必要な措置を講じるよう命じることができることと規定されていた。

Xはパチンコ店建築を計画し、同意申請をなしたが条例により不同意となった。しかし工事に着手したので、市は建築行為中止命令を出したが、Xは工事を続行したので、市は民事保全法に基づき、行政上（条例上）の義務の履行を求める仮処分（建物の建築続行禁止）を求めたというものだった。

決定要旨（神戸地裁伊丹支決平成6年6月9日判例地方自治128号68頁）は以下のようなものだった。すなわち、本件条例が風営適正化法より重い規制をかけているとしても、風営適正化法は全国最低限の基準を定めたものであり憲法97条、地方自治法14条1項に違反するものではないことを前提に「本件条例には、建築等の中止命令に従わない場合に行政上これを強制的に履行させるための定めがなく、またその性質上行政代執行法上の代執行によって強制的に履行させることもできない。このような場合においては、行政庁は、裁判所にその履行を求める訴を提起することができるものと解すべきである。なぜならば、本件のように行政庁の処分によって私人がこれを遵守すべきことは当然であるにも

かかわらずこれを遵守しない場合において、行政庁が履行確保の手段がないために何らの措置をとりえないとすることは行政上弊害が生じ、公益に反する結果となって不合理である」とし、この訴訟提起の被保全権利は、行政庁の履行請求権であると判示した。

　さて、以上、裁判例を見て、すぐに理解できるように、ここでの主要な争点は、行政の実効性確保手法による担保の欠ける、不作為義務の履行について、民事法上の手続を利用できるのかどうかにある。本件では、パチンコ店に対し風営適正化法より重い規制を加える条例上の義務の履行確保を認めているが、その根本的なフィロソフィーを、この種の争点のリーディング・ケースは、何らの措置も取り得ないとすることは「法治主義の理念」に反するという点に求めている（大阪高決昭和60年11月25日判時1189号39頁）。そして、これを認めても、実際上、不合理ではない主要な理由は、民事手続は対等の当事者により争われるので、この種の「訴えを提起された私人に訴訟法上、不公正な立場を強いることにはならない」という点に求められよう（本件について、馬橋隆紀・大熊克則「行政が個人の思惑に横やり―パチンコ店建築規制は市に軍配」判例地方自治第130号5頁以下〔1995年〕参照）。

　ただ、最高裁判所は、自治体の「権限」の行使は「権利」行使ではないので、裁判所法3条1項での「法律上の争訟」にはあたらないと判示し、司法的執行の道をとざす判断を示した（前掲〔3小〕判平成14年7月9日）。この判断に対しては、強い批判が向けられている（詳しくは、著者の本件評釈・自治研究第80巻第2号参照）。

　ところで、アメリカでは、本講で扱った行政の実効性確保のうち執行については、裁判官（なおアメリカではドイツ法、あるいはわが国での機関や訴訟法上の「裁判所」ではなく、あくまで「裁判官」が基本的コンセプトである）に行政が請求して行うことが原則となっている。裁判官関与手続で行うことで、民事と同様の考えに立っているわけである。その意味では、中立的な裁判官の判断を入れることで、法的公正性を保つという意味で、わが国でもこのような考えを認めることは、法のフィロソフィーと矛盾しないというべきであろう。そこで民事執行の「自力執行禁止」の例外として「行政上の執行」を認めても法制度全体の趣旨に反することともならない。もっとも、アメリカでも誘導手法的なものもある。た

とえば、フリー・ウェーのカー・プール・レーンが掲げられる。車社会アメリカでは、大都市で朝晩の通勤・学時間帯に、2人以上人が乗っている車は、カー・プール・レーンを走ってよいこととしている都市がある。西海岸では、シアトル市のI.5にこのレーンがある。観光客の中で車が路側帯を走っていると誤解する人がいるが、そうではない。時間というインセンティブを与え、車の交通量を減らそうとする試みなのである。

〈参考文献〉
　（財）日本都市センター『行政上の義務履行確保等に関する調査研究報告書』2006年。
　阿部泰隆「行政上の義務の民事履行」自治研究第55巻第6号12頁以下、1978年。
　阿部泰隆『行政訴訟要件論』弘文堂、2003年。
　牛島 仁「行政上の義務履行確保手段を欠いた行政上の義務確保を争う方法に関する予備的考察—行政上の義務の民事執行の可否が争点となる事件に内包された問題について」福岡大学法学論叢第42巻第2・3・4号229頁以下、1989年。
　北村喜宣『行政執行過程と自治体』日本評論社、1997年。
　細川俊彦「行政上の義務履行と強制執行」民商法雑誌第82巻第5号64頁以下、1980年。
　村上 順・判例評論第332号177頁、1986年。
　西津政信『間接行政強制制度の研究』信山社、2006年。
民事訴訟法については、イメージを捉えやすい文献として以下の文献を見よ。
　小林秀之『プロブレムメソッド新民事訴訟法』判例タイムズ社、1997年。
行政強制の代表的文献として、
　広岡 隆『行政上の強制執行の研究』法律文化社、1967年。
　広岡 隆『行政強制と仮の救済』有斐閣、1983年。
ファンドの規制について、
　神作裕之編『ファンド法制—ファンドをめぐる現状と規制上の諸課題—』財経詳報社、2008年。
アメリカについて、
　田村『組織・企業と公的規制訴訟—RICO法研究—』中央大学出版部、2001年。
　田村「行政強制における『対物』との視点からの『ジュリスプリュデンス』—行政代執行の機能不全とアメリカ合衆国の『対物』手続を手がかりに—」国土交通政策研究第44号、国土交通省、2005年。

公的規制訴訟について、
  小島武司編『ブリッジブック裁判法〔第2版〕』43-44頁、信山社、2010年。
最近の空家問題と代執行につき、
  西口 元＝秋山一弘＝帖佐直美＝霜垣慎治『Q＆A自治体のための空家対策ハンドブック』ぎょうせい、2016年。
ワイン認証制度については、蛯原健介教授より御教示を得た。参考文献として、
  蛯原健介「フランス第3共和制におけるワイン法の成立」明治学院大学法学研究第100号87頁以下（2016年）。
  同「世界に広がるAOC法の精神」佐藤秀良他編『旅するように学ぶフランスAOCワインガイド』282頁以下、三省堂、2018年。
  同「百周年を迎えるフランス原産地呼称法」藤野美都子他編『憲法理論の再構築』49頁以下、敬文堂、2019年。

第21講

行政の実効性確保と民事的手法

マコト君 ヤイ！ オテンバ。

マリちゃん 何よ！ アンタこそヤンチャぼうずじゃないの。

先生 へー。2人ともオランダ語かい？

マコト君・マリちゃん ？……。

先生 何だ知らないのか。「やんちゃ」も「おてんば」もオランダ語なんだよ。しかも意味も同じだ。活発な女の子のことをオテンバ、元気な男の子のことをヤンチャって言うんだ！

マリちゃん はじめて知りました。オランダって言えば、チューリップとキンデルダイクの風車、そして、私のすきな絵では、フェルメール、ゴッホ、ルーベンス、「デルフトの眺望」「青いターバンの少女」「ひまわり」「夜警」のイメージでした。デン・ハーグのマウリッツ・ハイス美術館では、フェルメールの「デルフトの眺望」「青いターバンの少女」などとっても感動しました。身の周りの日本語にもあるんですね！ 身近に感じたみたい……。

先生 デン・ハーグの近くのスフェーベーニンゲンのレストランで飲んだジェネバというジン……海岸の風景、思い出すねぇー。ところで、キンデルダイクと言えば、福沢諭吉の乗った「咸臨丸」もそこで造られたんだ。福沢はアメリカの独立宣言も訳しているけど（丸山眞男「福沢諭吉訳『アメリカ独立宣言』解題」『丸山眞男集第15巻』125頁以下〔岩波書店、1996年〕参照）、咸臨丸はオランダとアメリカそして日本を航路の面でも文化の面でも結んでいるんだねぇー。

　ところで、咸臨丸に乗った人々も新しい日本にとって積極的な姿だったように自治体でも積極的な攻めの行政が必要な場合もある。その場合、民事的手法を利用することもあるんだ。咸臨丸がアメリカとヨーロッパ、そして日本のハイブリッドだとしたら、行政手法と民事手法のハイブリッドもあるわけだ。

マコト君 何かコジつけみたいですよ！

マリちゃん アンタは、だまってればいいの！

マコト君 でも、この頃、少しむずかしい話ばかりで……。先生得意の雑談でもしてくださいよ。

マリちゃん ダメよ！ ベネルクス三国って、先生のすきなビール天国（ベルギー・ビールについては、田村功『ベルギービールという芸術』〔光文社新書、2002年〕が面白い）なんだから！ とまらなくなっちゃうわよ！

先生 乗せられると弱いよ。ただ、この地域は法律の世界でも重要だよ！ ベルギー憲法が世界憲法集などに乗っているのも（宮沢俊義編『世界憲法集〔第3版〕』65頁以下〔岩波文庫、1980年〕）、イギリスの不文憲法が、ベルギーで、文章化されて、大陸の人々の目にふれたからだ。

でも、相原恭子『ベルギーグルメ物語』（主婦の友社、1997年）を見てると、ムール貝をつまみにしてランビック・ビールを、ブリュッセルのイロ・サクレ（L'Ilôt Sacre）通りで、イヤまてよワーテル・ゾーイなんかもなかなか……。

マリちゃん チョコやワッフルもおいしそうですよね！

先生 そうそう、復活祭の時のチョコレート屋さんの美しいこと、見せてあげたいねぇー。それもそうだが、アントワープの駅の近くのレストランですすったロブスターのスープは人生の中のまさに最高の一品で、私は家族旅行でアントワープの駅の真ん前のホテルに泊まったけれど、アントワープの駅は、パリのリヨン駅と並んで、まさに文化財ですよ……やめよう。切りがなくなりそうだ。講義に入るよ！ ともかくベルギーは複数の言葉を公用語にしている国だ。ここでも、コジつけと言われても民事と行政という複数の手法の関係を勉強しよう！ でも「フランダースの犬」で有名なアントワープのノートルダム大聖堂のルーベンス「キリストの昇架・降架」は、とてもすばらしかった。ルーベンスは現実をリアルに描いた画家だ。われわれも概念法学ではなく現実から法を見ることとしよう。

講義ノート

従来からの「選択性」との争点

行政の実効性確保という「ワク組み」の中で、強制的な法システムと民事執行との関係について、従来から指摘されてきたのは、以下のような争点であった。

それは、行政上の強制手法が法定されている場合、なおかつ民事執行を選択することが、行政庁にとって許されるのかというものである。芝池義一名誉教授は、これを「行政上の強制執行と民事上の強制執行の選択可能性」（芝池・総論、206-207頁）と表現されており、著者もこれがこの争点を表す適切な表現だと思っている。

そこで、第一に、独占禁止法67条の緊急命令や宗教法人法81条での解散命令、地方自治法151条2での職務執行命令訴訟は、それぞれの法律自体がいわば民事執行を許容しているので、上記の争点はそもそも問題とはならない（阿部・システム〔下〕、441頁）。

第二に、大橋洋一教授の指摘される「市が市民に対して建築行為の中止を命ずることは市の条例に規定されているが、その義務を強制的に履行させることができる規定が欠けている場合」（大橋・Ｉ、旧版 385 頁）である。この場合は、もし民事執行を認めなければ、法目的の実現はできない。そこで、たとえば、前掲大阪高決昭和 60 年 11 月 25 日のように、自治体が、条例に基づく建築禁止命令の不履行に対し、裁判所に対し工事続行禁止仮処分申請が許容されたケースのように、民事手続の利用は可能であった（大橋・Ｉ、旧版 385 頁；塩野・Ｉ、245-246 頁）との考えが学説上は有力である。

そこで、ここでの争点は、あくまでも、法律上、行政上の強制手法が予定されているのに、なおかつ民事手法により得るのか、という点が争点となっている。

判例の立場　この争点についての、リーディング・ケースとされるのが、最大判昭和 41 年 2 月 23 日民集 20 巻 2 号 320 頁、百選Ｉ 108 事件なのである。この判例は、農業災害補償法 87 条の 2 が行政上の強制徴収を農業共済組合に、その有する債権について予定しているにもかかわらず、組合は、民事訴訟による訴えを提起した、民事訴訟を選択したというものだった。

判旨は、公共性という立法趣旨を強調し、民事訴訟によることはできないと判示している。

しかし、よく指摘されるように、下級審裁判例の中には、行政代執行に非常時の手法との位置づけを与えたうえで無許可で土砂採取した業者に対する民事訴訟での原状回復命令を許容した前掲岐阜地判昭和 44 年 11 月 27 日（芝池・総論、207 頁でその論理の位置づけも含め引用されている）などがある。

そこで、植村栄治教授が指摘されているように、「判例・学説の議論が固まっているとは言えません」（植村・教室、148 頁）というのが現状であろう。

ただ、芝池名誉教授も指摘されるように、租税のように徴収の迅速性や国にとっての徴収義務性という具体的な法律上の要請のある場合は、強制徴収に代えて民事上の手法は利用できない（芝池・総論、207 頁）ことには争いがなさそうである。

したがって、昭和 41 年判決は、植村教授の指摘されるように金銭債権についての判断であり、民事的手法の利用一般を否定したものとは捉えられるべき

ではない（植村・教室、148頁）と判例の射程距離を限定しておくべきであろう。

以上、現在の多数説は、民事手法の利用を否定していない（芝池・総論、207頁）と評価されている（たとえば、小早川・上、243頁；原田・要論、233頁など）。

このように、従来からの争点は、まさしく「選択性」であった。

しかし最高裁は、すでに述べたように、最（3小）判平成14年7月9日民集56巻6号1134頁、百選Ⅰ 109事件で行政権の主体としての訴訟提起を否定した。

民事手法との「連続性」と具体例 以上のように、従来の争点は、民事手法との「選択性」であった。

ところで、法システム論・総合法の立場からは、双方の手法の利用や相互補完性といった、行政上の強制手法と民事上の手法との、いわば「連続性」とのアプローチは平成14年判決の下でもあり得ることとなる。

この連続性、あるいは相互補完性について、最近、実例が出てきたので見てみることとしよう。それは、岡山市行政代執行研究会編著『行政代執行の実務——岡山市違法建築物除却事例から学ぶ——』〔ぎょうせい、2002年〕（なお、本講では、これを岡山市・前掲書として引用することとしたい）に紹介されている事例である。それでは、以下、この事例を見てみよう。

この行政代執行の対象となった違法建築物は、カラオケ喫茶、ダンスホールの用に供されていた（岡山市・前掲書、11頁）。

そして、この建築物は、建築基準法と都市計画法双方に違反していた。ただ、建築基準法は1970年改正で、代執行要件を例外として緩和していたが、この建物の一部は建築基準法に完全に違反しているとは考えられなかった。そこで、市街化調整区域内では、カラオケ喫茶、ダンスホールは許容されていないので、都市計画法違反では建物の全ての除却が可能となるので、これによることとなったわけである（岡山市・前掲書、16頁、24頁）。

ところで、行政代執行法では、代執行→費用徴収とのシステムを採用している。しかし、この費用徴収の対象とされるのは、代執行終了宣言までである。そこで、この終了宣言前の費用については強制徴収が可能となるが、その後の建物内にあった動産の管理・保管費用は、その対象とならないわけである。

そこで、この保管費用などについては、民法697条1項での事務管理による

こととなった（岡山市・前掲書、126-128頁）。

さて、このように行政上の強制執行と民法上の事務管理の利用の連動は、最近よく見られる。たとえば、岡山市・前掲書、35頁でも紹介されているように、盛岡地決平成13年2月23日（判例集未登載）がある。このケースは、産業廃棄物不法投棄に関し、適正処理命令（措置命令）と同時に、県が事務管理として一部の処理を行い、その費用について、民事保全法でも仮差押決定を得たというものである。

このように、まさに連続性や相互補完性が見られると言ってよいであろう。

〈参考文献〉
事務管理の利用について、
　北村喜宣「措置命令対象者の財産仮差押」自治実務セミナー2001年12月号。
昭和41年判決の評釈として代表的な文献として、
　畠山武道『行政判例百選Ⅰ〔第4版〕』240頁、1999年。
　阿部泰隆・法学協会雑誌第84巻第1号207頁、1967年。
　成田頼明・ジュリスト第373号245頁、1967年。

Café de 自治体 6

【行政上の義務の履行確保の問題について】

「行政上の義務の履行確保」に関し、行政代執行法や個別法に具体的に規定されていない部分については、どのような方法により履行確保を図ることができるのか、常日頃から疑問に思う点であります。

このことに関して、実務上は、大きく二つの問題点があると思われます。

一つ目は、行政代執行法では規定されていない、「代替的作為義務以外の義務の履行確保」についてです。

たとえば、不作為命令違反に関して個別法に強制執行の規定がない場合においては、民事訴訟法により裁判所に対して禁止の裁判を求めるなどの民事訴訟の手法を採用する方法が考えられますが、行政庁に民事上の申請適格がない場合においては、成果を得るのはきわめて難しいと考えられます。

判例では、行政事件を含む民事事件において裁判所がその固有の権限に基づいて審判することのできる対象は、裁判所法3条1項にいう「法律上の争訟」、すなわち当事者間の具体的な権利義務ないし法律関係の存否に関する紛争であって、かつ、法令の適用により終局的に解決することができるものに限られる

として、「法律に特別の規定がある場合を除き、行政庁が専ら行政権の主体として国民に対して行政上の義務を求める訴訟は不適法である」と判断しています（最〔3小〕判平成14年7月9日民集56巻6号1134頁　平成10年〔行ツ〕239号　建築工事続行禁止請求事件）。このような状況では、たとえば、禁止命令に背いて建築を続行している場合には、別個の命令としての建築物の除去命令（代替的作為義務）の要件の成立を待って、除去命令を発出し、それが履行されない場合には、行政代執行をするなどの「即効性のない」方法を採らざるを得ないのかもしれません。

　二つ目は、行政代執行に関しての費用徴収の問題です。

　行政代執行法上、義務者からの費用徴収の時期は行政代執行後となりますが、行政代執行着手前の財産保全措置については規定されていないことから、命令を受けた会社が行政代執行の前に財産を処分し、破産や解散をしてしまった場合には、費用徴収ができないおそれがあります。また、当初から義務者に命令を履行するだけの資力がないことが明白な場合もあり、これらの場合には行政代執行後に生ずる「義務者への求償」は意味のないものになり、結果として、自治体が費用を負担するようになります。このような事情が、自治体にとって行政代執行がハードルの高いものとなっている要因であるように思われます。

　この点に関して、岩手県では、産業廃棄物の撤去の命令において、命令を受けた会社が撤去を履行しない一方で、会社の財産を処分する動きがあったことから、行政代執行着手前に、民法上の「事務管理費用償還請求権」を根拠として、民事保全法に基づく財産の仮差押を裁判所に申請し、これが認められた例があります。この事例の場合は、本質は公法上の債権であるものを民事上の債権として立論し、成功したものでありますが、すべてがこのように認められるとは言えず、他の自治体においては、裁判所に認められなかった例があると聞いています。

　以上の二つの実務上の問題への対処方法としては、「現行法での対処」と「立法レベルでの対処」の二つが考えられると思います。

　まず、「現行法での対処」については、義務不履行に対し、告発による積極的な罰則の適用を図ることや、罰則の強化を模索する（条例による罰則の制定）ことなどにより、間接強制面における強化を図る方法と、リスクはあるが民事手法についての可能性を探る方法が考えられます。現行法に限界がある以上は、この方向に進まざるを得ないと思われます。

　次に、「立法レベルでの対処」については、行政代執行法や行政規制に関する個別法を改正し、行政上の義務の履行確保についてより強化拡充したものとするよう、国に対して具体的な提案をする方法が考えられます。このことについては、すでにいくつかの提案がなされているようです。

第22講

罰則手法

先生　今日は、罰則手法について考えてみよう。
マコト君　先生、ちょっと用を思い出したので教室出てっていいですか。
マリちゃん　わかった！　先週、刑法の授業に出てたんで休むつもりね！
マコト君　え！
先生　マコト君、それならここでも聞いておいた方がいいと思う。刑法と行政法で用いる制裁手法とは違う面もいろいろあるから。
マコト君　先生……、本当に用事思い出したんです。
先生　そうですか。
マリちゃん　先生！　マコト君のような人には、それこそ故意を推定すべきです。
先生　まあまあ。おだやかじゃないね。それでも過失の推定というのはあるのです。そのあたり取り上げてみようか。

講義ノート

「罰則手法」の意味

　従来、行政法の伝統的なテキストでは、行政強制と並んで「行政罰」という項目を通常立てていた。しかし、この教科書では、あえて「罰則手法」という項目とした。広岡 隆名誉教授は「私は、かねてから、行政刑罰の問題は刑法学における考察に委ねたいという希望をもっている」（広岡・総論、174頁）と述べられ比較的消極的に捉えられているが、本書では、手法論の一つとして重要な位置づけを与えるべきだと考える。

　その主要な理由は、政策法務的なあるいは行政手法論的な観点から、罰則手法が行政目的達成のため、あるいは行政の実効性確保の点から具体的な目的ごとに本当に有効に働くのかどうか、あるいは、有効に働く場合にのみこの手法を導入し、有効に働かない場合には導入しないという観点で考えるべきだからなのである。一般に、何か問題が生じると、すぐに罰則強化という声が上がる

が、行政法を勉強する場合、罰則は全ての分野で有効に働くわけではないということを知ることも肝要であり、その場合は他の手法の利用を探ってみるという柔軟な、フレキシブルな発想がぜひ必要である。ともかくも、まず罰則ありき、罰則の強化で問題は解決するという単純な発想は捨てるべきである。啓発手法のような地道な手法も実はたいへん重要であるし、長期戦には最も有効なことは環境行政を見ればよくわかる。このことは、「役所には罰則好きは意外と多い……（略）……政策→実効性→罰則という論理は、彼らの思考回路と体育会系的な行動形態に、ちょうどフィットするのだろう」（松下啓一『自治体政策づくり道具箱』50頁〔学院書房、2002年〕）として罰則まずありきの考え方に警鐘をならす行政実務家の指摘からも理解できるだろう。

　もう少し具体的な例を見てみよう。まず、動物愛護行政の分野を考えてみよう。のら犬やのら猫の発生を防止するためには、飼犬や飼猫が生んだ子犬・子猫を捨てる者が多いが、この発生源を何とかしなければならない。しかしこの分野では飼主への罰則はまず効かない、つまり有効ではない（阿部泰隆「犬・猫条例―監督手法と補助手法との交錯」自治実務セミナー第26巻第11号56頁以下〔1997年〕；阿部・システム〔上〕、350-351頁参照）。すなわち、罰則では義務を履行させることはできないし、違反者を摘発しても、検察庁がどうも起訴してくれそうにもない（刑事法で、検察の起訴率を学べばこのことはよくわかるはずである。改正法後も「動物愛護法改正1ヶ月　依然低い関係者の意識」〔岩手日報2000年12月28日〕と報じられている）。そこで、ここでは罰則手法よりむしろ補助金手法や啓発手法のほうが事実上有効に働くのである。

　次に、罰することでは当然、行政目的を達成することが可能だが、罰しなくとも同様の効果を得ることができるので罰則を用意しつつも現実には罰則手法を利用しなくともよいものもあるので、このような分野では、同様の効果を期待し得る分野で法律・条例を作る場合、罰則を利用しない手法が考えられる。たとえば、宅地建物取引業法では、指示処分（これは、行政指導ではなく正式処分である。詳しくは本書第20講参照）といって、いわば業務内容の改善命令（つまり命令のみ）を出せるが、実際に処分が行われるとそれは記録として残り、オンラインで全国どこでもその事実を見ることができるから、もはやその者と取引をしようとする者がいなくなる。つまり事実上取引ができなくなるので、業者

は何としてもこの処分を避けようとする（したがって、この程度の処分でも事実上の効果を考え行政手続法上の特例として「聴聞」手続によって科すこととなる）。このように、いわば「信用第一」をモットーとする業種に義務を履行させ行政の実効性を確保するのには、罰則手法を利用するまでもないこととなる。

　最後に、廃棄物処理行政を見てみよう。この行政分野での重要な政策課題として、不法投棄を防止し、良好な環境を維持するという課題がある。ところで、現在正式にはトラック1台で約30万円の処理費用がかかるが、不法投棄をなす業者はそれを約5万円で引き受けていると言われている。さて、いわゆる廃棄物処理法は罰則を有しているので、不法投棄をなした者に刑事罰を科すこととなるが、一部の業者は、もう刑事罰を受けたので「禊（ミソギ）」はすんだとうそぶき、もはや不法投棄をしたゴミをそこから撤去しようとはしない場合があると言われる。実は、ゴミ行政では、不法投棄されたゴミを撤去させなければ行政目的は達成されたこととはならない。いわば刑罰は「ミソギ効果」とでもいうものを生み違法行為を行う者への免罪符となってしまうわけである。これでは、刑罰の目的に照らし逆効果となることはすぐに理解できよう。

　なお、実際の処罰効果がないとしても、誘導手法（罰することが本来の目的ではないということ）や啓発的効果（違反が悪いことなんだということを知ってもらう）をねらって罰則規定が利用されることはある（参考として、小早川・上、231頁以下）。一方で、現実に処罰を求めることを予定する場合には、たとえば、青少年保護育成条例や迷惑防止条例のように「罰金刑」プラス「選択刑として懲役刑」を入れておくこともある。

　また、条例作りの際、罰則をその中に盛り込む場合、実務では、他の法令との均衡を考えなければならないので、自治体所在地の地方検察庁のアドバイスを受ける（協議）のが普通となっている。

　以上のように、政策法務的あるいは行政手法論的な視点からは、罰則手法が全てではないことを十分に知ったうえで、どのような行政課題、政策課題に罰則手法が有効なのかを見定めて利用することが肝要である。

　また一方で、行政的手法が、刑罰制度を補う場合もある。たとえば「大阪府安全なまちづくり条例」（2000年）は、その20条で、「ピッキング用具の有償譲渡の禁止等」の規定を置いている。このように、行政・刑事のそれぞれの手法

は、政策目的からは相互補完的に用いられている（この点、田村「『刑事』『民事』『行政』手法の流動化とそこでの『司法』の役割」公法研究第63巻196頁以下〔2001年〕参照）。

なお、罰則が有効に働くのは、行為者に刑罰の感銘力が働く（「悪いことをしたと感じる」）場合と（そこで、道路交通法では「反則金」、税法では「申告漏れ」として処理することとなる）、行為者がカッコ悪いと思うこと（いわゆる「めいわく防止条例」。なお、法制史の中でも「江戸市中引き廻し」や「心中をなそうとした者を3日間にわたり晒しものにする」などである。ただし、尾張家、徳川宗春は幕府の法——重罪と構成——に反し、「罪を許し、夫婦にしてあげた」と言われている〔河合 敦『徳川御三家』91頁〈光人社、2000年〉参照〕が、この宗春、将軍吉宗のチープ・ガバメント政策に反し、積極型経済政策をとったことでも有名である〔河合・前掲書、88頁以下〕参照。また、大石 学編『規制緩和に挑んだ「名君」—徳川宗春の生涯—』〔小学館、1996年〕参照。坂本忠久『天保改革の法と政策』99頁以下〔創文社、1997年〕で江戸時代の「風俗取締り」について見てみよう）が要件となる。これがない分野ではあまり有効に働かないわけである。あくまでも法律学の視点からの見方をすれば、逮捕され磔刑に処せられたイエス・キリストに刑罰が通用しなかったことも、このような人為的な刑罰の本質によるであろうとも思われる（イエスの裁判については、瀧川幸辰「イエーズスの裁判」同『刑法史の断層面』1頁以下〔一粒社、1963年〕。なお、この本は見返しにペーター・ブリューゲルの「十字架刑への出発」と「山上の説教」の2枚の絵でかざられた論文集となっているので、機会があったら手に取って見てほしい。ブリューゲルの技法については、2002年ベルギーのブリュッセルで開かれたBruegel Enterprisesでのカタログが面白い）。

行政と罰則の一般的な制度　以上のような点に留意しつつ、行政と罰則に関する一般的な制度を知ることとしよう。

さて、従来から、この罰則手法には、大別して2つの類型があるとされてきている。その第一が、行政刑罰と呼ばれる類型であり、刑名が刑法上のものであるので刑法総則がストレートに適用され、その科刑手続も刑事訴訟法による刑罰である。たとえば、風営適正化法の無許可営業行為と児童福祉法での禁止行為（満15歳に満たない者を酒席に侍する行為）が刑法54条1項での「観念的競合」や「牽連犯」にあたるのかどうかが争点とされることを考えてみればよい（なお、東京家裁八王子支部判平成14年12月25日家裁月報55巻6号132頁は、この2つは観

念的競合にも牽連関係にもなく、風営適正化法については管轄権がないとし、児童福祉法違反についてのみ有罪としている)。その第二が秩序罰であり、過料という刑法にはない罰則(制裁)をもってのぞむものであり、その手続も国の法律違反については、一応、その対象者の住所地の地方裁判所により、つまり裁判所により科されるが、刑事事件ではないという扱いとなり(非訟事件手続法26条以下)、地方自治体の条例違反については、その自治体の長が科すこととなっている(なお、もし納付されない場合の義務履行は、地方自治法上の地方税滞納処分と同様の扱いとなる)。

　もっとも、特殊な手続なので、この二分類で類別が異なって論じられているものがある。それは、道路交通法における反則金や国税犯則取締法上の通告処分なのである(なお、この問題については、土本武司『行政と刑事の交錯』〔立花書房、1989年〕を参照せよ)。一つの見解は、これらの手続は行政処分による金銭納付を履行すれば刑事手続に移行しないので、刑事手続の例外と考える(現に、たとえば国税犯則取締法上の通告処分では罰金相当額とされたり、道路交通法では納付しない者に対しては待命式略式手続による)立場から、これを行政刑罰として論じる見解である(たとえば、塩野・Ⅰ、273-274頁；山下＝小幡＝橋本、177頁)。

　もう一つの立場が、行政刑罰以外のものとの位置づけを与える見解である(広岡・総論、174頁)。さて、前者の見解は、この手続の歴史的改革には合っている。すなわち、これらの違反行為は、本来は刑事罰の対象であったが、そもそも違反者が悪いことをしたという意識がない(つまり刑罰の「感銘力」が働かないし、周囲の人々も、それにより処罰されても運が悪かったという程度にしか思わないので「非難」が加えられる場合が少ない)から、結果として大量の違反者を出してしまい、国民の規範意識が著しく低下し、引いては刑事司法の威信を掘り崩してしまった(つまり、いわゆる前科がつくことを何とも思わなくなった)ので、刑罰に代えて、行政処分によることとしたのであった(そこで、この行政処分の違法性については、行政事件訴訟では争えないとするのが判例である。詳しくは、田村「通告処分制度の必要性と救済手続の検討―行政の実行性確保との関連で」東京国際大学論叢〔経済学部編〕第18号35頁以下〔1997年〕参照)。

　もっとも、後者の見解は、独占禁止法上の課徴金なども視野に入れているので、課徴金は、本講の性格から最近の具体的文献の引用は避けるが、阿部泰隆名誉教授の政策法務論でも他での利用の可能性も論じられているから、この点

への一つのアプローチを提示する可能性を含む点は無視し得ないように思われてならない。

行政刑罰の特殊性 風営適正化法では、過料すなわち秩序罰も定めている（風営適正化法57条、主に許可証の返納義務違反である）が、やはりその主要な手法は行政刑罰つまり刑事罰（風営適正化法49～56条）であり、刑は懲役刑と罰金刑である。そして、法政策的にも、この種の営業については、いわゆる営業を営んだことが犯罪構成要件となっている「営業犯」、たとえば「無許可風俗営業罪」（たとえば、風営適正化法2条1号での許可が必要なキャバレー営業につき無許可でキャバレーを営んだり、風営適正化法2条3号でのナイト・クラブ営業許可は受けてはいるが、これは客どうしのダンスは認められる一方でホステスに客の接待としてダンスを業態としてなしていたような場合。これについては、佐藤久哉編『刑事裁判実務大系3　風俗営業・売春防止』61頁以下〔青林書院、1994年〕参照）や「無届営業」（たとえば、無届で、いわゆるアダルト・ショップを営んだ場合。これについては、佐藤・前掲書、61頁以下参照）に有効に働くので、合理的な手法選択と言ってよいであろう。

ところで問題は、行政上、行政刑罰として罰則手法を利用する場合、それは全く刑法上の犯罪と同じに考えればよいのかどうかという点なのである。この点について、かつてより、刑法は犯人の悪性に対するものであるのに対し、行政刑罰は行政目的すなわち行政法規を遵守させることにある（田中・上、186頁以下）とし、純粋な刑法犯とは異なった法理が、たとえば過失などで適用されるとする見解が主張されていた。このことは、「自然犯」「法定犯」の区別にも結びつき易いであろうし、行政法令違反については県警本部等への「告発」がまずなされることが実務上の運用としてみられることの説明としても利用しうる。

もっとも、最近の有力な学説は、この相違は相対的なものなので刑法8条但書、すなわち「この編の規定は、他の法令の罪についても、適用する。ただし、その法令に特別の規定があるときは、この限りでない」との規定を利用し対応すればよいとする見解（塩野・Ⅰ、273-274頁）が有力であると言ってよい。ともあれ、それこそ、これらの見解の相違も相対的であると考えてよく、要は、具体的な法令により程度の差はあれ、純粋な刑法犯とは差違があると考えてよい。

一例を、刑法の根本的な原理であるとされる「罪刑法定主義」に求めてみよ

う。食品衛生法は、食品の衛生という行政目的を維持するための法律であり、それゆえ「有害物質の販売」が禁止されている（4条2号）。そこで、アブラソコムツという魚がこれにあたるのかどうかが、それを販売し、起訴された業者への刑事手続で問題となったケースが、最近のこの議論の性格をよく表している。さて被告人は、この規定は刑罰法規として不明確であるとして争ったが、判例は、通常の判断能力を有する一般人を基準とすれば不明確ではないと判示した（前掲東京高判平成7年10月31日。最高裁もこの判断を確認している。前掲最〔1小〕判平成10年7月10日）。このケースは、刑法の罪刑法定主義からどう説明するのかという刑法学のアプローチがある（たとえば、前田雅英『刑法総論講義〔第4版〕』72頁〔東京大学出版会、2006年〕は「罪刑法定主義の実質化」の中での「明確性の理論」でこのケースを扱っている）。なお、このような場合「漠然性ゆえに無効」あるいは「過度に広汎」との主張をするのは法論理的に誤っている。その理由はこれらのテストは表現の自由に関するものだからなのである（この点、渥美東洋・判例評論第461号68頁以下〔1997年〕参照）。

　そこで、次のように考えてみてはどうだろうか。アメリカ法では、この種の争点は実体的デュー・プロセスの問題として捉えている。ところで、この法理の下では、刑罰法規の「告知」機能でこれを考えるが、これを応用して考えてみると刑法ではまさに人を殺してはならないなど、一般人への告知であるのに対し、この種の行政法規では業者への告知であると言える。つまり、行政は「専門・技術性」をその特質としているからである（裁量論では、よく専門・技術性が言われるが、実は行政刑罰論でもその関心は同じであることを忘れてはならないだろう）。

　そうであるとすれば、この種の魚を扱う業者は、この魚の有害性は誰でも知っているので刑罰法規としての告知として欠けるところはないわけである。それゆえ裁判所のいう一般通常人は、「業者の一般的理解」とでも見ておくべきであろう。このように、実は、刑法とは異なった構成を探ってみることも必要である。すなわち行政刑罰ではそれにたずさわる者・利用する者への告知（明確性）と考えればよい。青少年保護育成条例での「淫行」とのコンセプトや、風営適正化法での「専ら」との解釈にも利用できそうである。

　なお、それでも異論のある場合は、本書第2講で示した「ノー・アクション・

レター」の導入を考えてみればよいであろう。

以上のように行政刑罰の特殊性は相対的なものであり刑法8条但書による処理は当然としても、大なり小なり純粋な刑法犯と異なった面はあるわけである。

過失の問題　以上のように、大なり小なり、純粋な刑法上の犯罪と行政刑罰による手法を利用する場合とは異なって考えてみる場面があることは認めなければならない。その中でも広岡名誉教授が指摘しているように「行政刑罰における最も主要な問題は過失の処罰である」（広岡・総論、175頁）という点に異論はないであろうし、風営適正化法は、まさにこの点について特別な定めを置いている。

すなわち、風営適正化法50条2項は「22条3号若しくは4号（32条3項において準用する場合を含む）、28条12項3号、31条の3第3項1号、31条の13第2項3号に掲げる行為をした者は、当該18歳未満の者の年齢を知らないことを理由として、前項の規定による処罰を免れることができない。ただし、過失のないときは、この限りでない」と提言している。つまり、この規定は過失を推定していると言われている。

そこで、裁判例は、戸籍抄本や住民票などを提出させたというような事情がない限り、刑事責任はまぬがれないとし（大阪高判昭和63年2月24日判時1270号160頁）、女性の受け答えの内容や服装、同棲の事実のみからホステスとして18歳未満の者を採用したような場合、本条により有罪としている。すなわち、この条文は、年齢を知らなかったことを理由に刑事責任をまぬがれさせないことで、より厳重な注意義務を課したうえで青少年保護を実効化したものであり、児童福祉法などでも同様の考えがとられている（佐藤・前掲書、136頁以下）。

さらに風営適正化法は、その56条において、法人処罰、すなわち両罰規定を有している。この規定も、使用者の従業などの関係・監督責任、すなわち過失責任を問うものであり、やはり過失の推定規定と言われる（佐藤・前掲書、61-62頁）。そして、この両罰規定は、行政法規で利用されることが多い（広岡・総論、176-177頁）と言われている。

ここで、推定とは訴訟法上重要な意味を有する。すなわち「推定」とは反証を掲げればそれをくつがえすことができることを意味している（そこで話はずれるが、行政事件訴訟法の取消訴訟で統一的な挙証責任の基準が不明確なことからすぐわかる

ように、行政処分〔行為〕の公定力論では「適法性の推定」とは言えないわけなので、取り消されるまでは「一応有効なものと扱う」と言う。いわゆる公定力について現在でも「適法性を推定する」あるいはこれに類する表現をするものがあるがこれは誤りであることに注意）。

　そこで、これら風営適正化法などでの過失推定規定では、被告が立証責任を負うこととなり、裁判例の立場からは、女性の服装などから18歳未満だとは思わなかったという立証ではこの推定はくつがえらないということなのである。実は、刑事手続の立証の原則は、原則として検察官が立証責任を負い、これを「無罪の推定」と呼ぶがこの推定をくつがえすのは検察官の立証責任ということになる（そこで、英米法でのPresumption of Innocenceは「検察官立証の原則」とでも訳すべきである。「無罪の推定」との訳語が一人歩きし、被疑者に「○○容疑者」という敬称〔?〕などをつけて呼び捨てにしないというのはモラルや人権論としてはともかく、訴訟法上のこのコンセプトとは関係がない）。このように挙証責任が被告に転換される過失の推定が利用される場合が多いことも行政の特殊性、すなわち、専門・技術性から説明できると考えられる。

　なお、行政刑罰と故意について勉強してみたいと考えている人は、この分野の最も代表的な論文と思われる、福田　平名誉教授の「行政犯における事実の認識——有毒飲食物等取締令1条2項違反罪の故意について」；同『目的的行為論と犯罪理論』157頁以下（有斐閣、1964年）を読んでこの問題について考えてみよう。ここにも、刑法上の犯罪との差を見るように思われる。

　なお、風営適正化法や同法28条での条例上の違反について、罰則手法による場合、手続は、当然、刑事手続によることとなる。たとえば、条例での、学校などから半径200m以内での性風俗特殊営業禁止区域内で性的マッサージ提供の疑いを相当理由とする「家宅捜査」の例として、岩手日報2001年8月22日を見てみるとよい。

立法実務の視点　ところで、条例の立法実務から罰則手法を見てみよう。地方自治法14条は、条例違反に刑事罰で対応することを認めている。この場合、罰金刑のみをもり込むのか、選択刑として懲役刑を加えるのか、この選択にあたっては、刑罰による啓発効果のみをねらうのであれば罰金刑のみを、現実に処罰することまでねらうのであれば選択刑として懲役

刑を加えるという実務がある。いわゆる「めいわく防止条例」などが選択刑として懲役刑をもり込んでいることから理解できよう。

最近の立法例では、危険ドラッグ条例について、「茨城県薬物の濫用の防止に関する条例」(2015年)では、選択刑として懲役刑が定められているのに対し、兵庫県条例（2014年）では罰金刑のみが定められている。

最後に、行政上の秩序罰たる過料（まちがっても科料と混同しないように）は、刑事罰ではない。法律違反にあっては、非訟事件、条例違反にあっては地方自治法14条で行政処分として課す（たとえば、千代田区のいわゆる歩行喫煙禁止条例）。この過料は、憲法82条、32条に違反するものではない（最大判昭和41年12月27日民集20巻10号2279頁、百選Ⅰ110事件）。

〈参考文献〉
　　藤木英雄『行政刑法』学陽書房、1979年。
　　田中良弘『行政上の処罰概念と法治国家』弘文堂、2017年。
1999年動物愛護法の罰則強化も、むしろ啓発的意味を有している点については次の文献を見てほしい。
　　総理府編『時の動き』第1022号85頁以下、2000年。
ただし、その後の法運用を見ると、自然犯化しつつあると考える可能性がないわけではない。法定犯の自然犯化については、
　　阿部泰隆「環境法（学）の（期待される）未来像」大塚 直・北村善宣編『環境法学の挑戦』371頁以下、日本評論社、2002年。
改正動物愛護法については、
　　動物愛護管理法令研究会編『改正　動物愛護管理法』青林書院、2006年。

第23講

行政過程・行政作用から行政救済法への橋わたし

先生 今日の講義で行政過程についての講義を終えることになります。ともかく、フローと行為形式あるいは手法という2つのラインを交えて講義をしてみたわけですが、なにせ、一つの法律にまつわる分野だけで講義をしようと思いやってみたので、はじめてのことでもあり、私の経験不足で、公物法などの話ができませんでした。

マコト君 でも、何となく身近な問題もあって、少しはわかったような気がします。

先生 そう言ってもらうとありがたいね。少し安心しました。今日は、家でグレー・ハウンドでリラックスということにします。

マコト君 グレー・ハウンドってなんですか！

先生 グレープ・フルーツ・ジュースでジンを割った飲み物なんです。アメリカに住んでいた時、大学の近くのスポーツ・バーや空港の近くのホテルのバーでよく飲んだんだ！ ハイブリッドという観点で講義をしてきたので、こういったハイブリッドな飲み物で区切りとしよう……ま、少しコジつけになったようだね。

マリちゃん でも先生……ハイブリッドなアルコールならセロリとトマト・ジュースの入ったブラッディー・メアリーの方が、私の伯父は外国の空港ではいつも……。でも、話は変わりますが、私の家の周りで、ラブホテル建設反対運動があり、町の人が市の情報を得たり、オンブズマン（パースン）に相談に行ったりしたようですが、市ではスッキリした話をしてくれないようです。

マコト君 でもバイト先で、逆に許可をもらえないときびしいっていう話もあるよ。

先生 そういえば、苦情処理についても、そうそうマコト君の言うような場合の、どういう手法をいつとるのかといったような行政庁の裁量権についてもあまり話せなかった。どうだろう、体系を重んじる先生にはおこられるかもしれませんが、こういった積み残した問題について、無理は承知のうえで、少しばかり、フォローすることにしては……。

マリちゃん お願いします！

先生 それでは、そのあたりをフォローして、行政救済法と地方自治担当の先生に引き継ぐこととしよう。ところで、県職員をめざしているマリちゃんも、地方自治の仕組みや機能はもちろんのこと、県職員は、場合によって訴訟では知事の指定代理人となるから、この後の訴訟の講義もしっかり聞いてみるといい

よ。また、本年度はドイツ法で研究した先生が、その講義を担当するが、その関連で、ドイツ以外にもわが国とは別の行政裁判所制度をとっている国もある。その意味で、フランスのコンセイユ・デタ（フランスの行政訴訟制度については、阿部泰隆『フランス行政訴訟論』〔有斐閣、1971年〕、伊藤洋一『フランス行政訴訟の研究』〔東京大学出版会、1993年〕を参照してほしい）の知識も、純粋なアメリカ型の訴訟制度ではないわが国の制度にとって、比較法として大事であることも知っておこう。さて、その辺りにあるルーヴル美術館なんか思い出しながら……。あの美術館の近くのエスカルゴ……いやいやモンサンミッシェルあたりのシードルという「りんご酒」とつまみのオムレツや羊の肉のステーキなんか……。ともかく、今日の講義が終わったら五木寛之・塩野七生『おとな二人の午後』409頁（世界文化社、2000年）には、イタリアの行政裁判所の写真が載っているから、その美しい写真でも見ながら、行政救済法での諸君の今後のケントウにカンパイといこうか！

マリちゃん　先生、時間がどんどん経っちゃいますよ！
先生　ごめん、ごめん、講義に入ろう。

講義ノート

行政の様々なアクションと救済法との関係

　通常、大学の法律の授業では、民事法で言えば、民法、商法という実体法と民事訴訟という手続法が、刑事法では、同じく刑法と刑事訴訟法が別立ての科目として立てられている。ところで、行政法では、実体法は数多くあるので、その中味というよりはその運用の方法（行政手続、行政の行為形式）と訴訟を中心とする行政救済法（苦情処理、自治体オンブズマン、行政不服審査などを含んで考えている。なお、民事法でも最近は訴訟外紛争処理の研究が盛んである）が一つの科目の中におさまっている。

　ところで、刑事法や民事法では、実体法と訴訟法が別立て科目となっているので、よく実体法の講義では、訴訟法との関連を意識して勉強するようにと注意されるし、された人も多いだろう。

　このような、いわば実体法と訴訟法（救済法）との分離思想は、行政法ではそれが一つの中にパッケージされているからなかったと言えるのだろうか。実は、一つの「行政法」という科目の中にありながら、その分離思想はむしろ強かったと言ってもよいような場面が存在するのである。

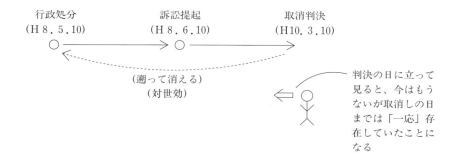

　実例を掲げてみよう。行政法の多くの教科書では、それは訴訟法上の効果であると説明しつつ、「行政行為の効力」として、「公定力」「不可争力」などを扱っている（たとえば、塩野・Ⅰ、154頁以下；原田・要論、138頁以下；高木光『ライブ行政法〔中級編〕補訂版』109頁以下〔有斐閣、1995年〕；公定力は掲げていないが、不可争力をそこで扱う、広岡・総論、139頁以下；「行政処分の効力と取消訴訟制度」との項目を立てるが「行政の行為形式」でそれを述べている、山下＝小幡＝橋本、125頁以下など）。
　ところで、それらのテキストも、当然にとっている理解として、たとえば、公定力とかつてから呼ばれてきたものは、行政処分の効力を、その違法性を理由に否定するのには「取消」という方法を取らなければならない（取消訴訟の排他的管轄）とした制度によるわけである（塩野・Ⅰ、161-162頁）。それを、イメージとして図にしてみれば上図のようになる（当然、図の月日は何でもよい）。
　さて、少し雑かもしれないが、この図を学生に身近な例に引き直して見ると、同じような現象がないわけではない。たとえば、不正入試で入学した学生の入学取消しを考えてみよう。入学取消しにより、その学生は入学しなかったことになるから、一応取った単位も無効となり、学籍からも消えてしまう。しかし、周りの学生にとってみると、一緒にサークル活動もやったし、試験も受けた、講義も聞いたのだから、「そういえば学生生活を一応おくっていたね」ということとなり、記憶には残ることとなる。つまり、入学を「取消」して最初から入学したことにはしなくなったので、その日までは「一応、学生としていた」という説明となるわけである（それを、現象として「違法な入学だったが取り消されるまでは、一応、存在した」ということになろう。ここの部分が一人歩きしたのが「公定力」

と言えようか。公定力に関する先例は、最〔3小〕判昭和 30 年 12 月 26 日民集 9 巻 14 号 2070 頁、百選 I 67 事件)。

　この理解は、公定力についても同じようなものとなろう。しかし、この取消しという方法は、職権取消（行政庁自らが効力を消す）や行政不服審査法でも採用しているから、「およそ行政行為」にくっついているように見えるわけであり、古典的な見解は、それゆえ「行政行為の効力」として説明したわけである。

　しかし、どうであろうか。学生の入学許可の取消しに見られるように、そもそも、「このことはなかったことにしよう」というのは、多くの場面で生じる現象なので、少し強引かもしれないが、刑事手続での起訴猶予も、似たような発想がないわけではない。すなわち公判請求をしたケースとは異なり、犯罪として裁判で有罪との結果を求めず、犯罪者としてのスティグマを押さず社会復帰──つまり犯罪はなかったと同じく扱う──をはたせるわけである。そうであるとすればそれに、ことさら「行政法」だけで「公定力」という名前をつけてみても意味はないのではないかという疑問も生じてくることとなるし（唯一の意味としては、すでに述べたように「対世的」に効力が消える点にその特質はある。戸籍法という民法の付属法を市区町村で扱うのは二重婚等を防ぐ目的から対世効を与えるためであり、民法では対抗要件として説明される不動産登記法も、二重売買を防ぐために行政で扱うことにした）、最大限この言葉を尊重したとしても、「取消し」という制度をとったから、ということとなろう（以上のような現象を、高木 光教授は「にわとりが先かタマゴが先か」に似ていると表現されている。高木 光『ライブ行政法〔中級編〕補訂版』124 頁〔有斐閣、1995 年〕）。

　「不可争力」にも、似たようなことが言える。行政事件訴訟法や行政不服審査法は、出訴期間や不服申立期間を定めている。そこで、刑事手続での公訴時効と同じように、それぞれの法律所定の期間をすぎてしまえば、違法な処分でも、もはや争い得なくなるわけである。

　このような、出訴期間は、アメリカでも、Statute of Limitation といって、各州法で定められているが、これは、いつでも争えるという制度を仮にとったとすると、時間が経ってから争われると法的にとんでもない混乱をもたらす（法的安定性が損なわれる）からである。たとえば、皆さんの卒業したあるいは学んでいる大学の設置認可が今になって取り消されれば、何万・何千という卒業

生が無資格となり（大学卒業を資格の基礎とする医師や教員、あるいはある単位数などで試験科目や一次試験免除で合格した人々を考えてみよ）、およそ事態の後しまつはほとんど不可能になってしまうからである。そこで、ある一定の時間をすぎれば争えないとするのは、訴訟技術上の理由ということであり、行政行為の効力というものではないであろう。

公定力にしろ不可争力にしろ、「違法でも通用している」という現象のみが強調され、行政行為の通用力として見えたのであろう。しかし、このことは、犯罪を行ったとしても、起訴猶予により有罪とならずに通用していたり、公訴時効が成立し、責任を問われなくなったというものと発想は同じであろう（刑事手続では、誰もこれを犯罪行為の効力とは考えないわけである）。

加えて、「不可変更力」も、実体は争訟の判断だから生じているだけである（最〔1小〕判昭和29年1月21日民集8巻1号102頁、百選Ⅰ 69事件）。また、「実質的確定力」も、山本隆司教授が指摘するように、一部の行政処分のみに、その性格から生じる（百選Ⅰ、143頁）にすぎない（判例として、最〔3小〕判昭和42年9月26日民集21巻7号1887頁、百選Ⅰ 70事件）。

なおついでに述べれば、気になるのはこの期間は、行訴では、6ケ月、不服申立てでは3ケ月というきわめて短い期間を基本的なベースとして制度を組み立てているが（取消しを中心に考えず、インジャンクションなどを利用し得るアメリカでは、3年あるいは2年というのが多い）、これも「取消し」ということを前提としているからである。すなわち、はじめからなかったことにするので、そのような強い判決の効果や裁決を行政庁以外の別の機関が行う場合には、すでに述べたようにとんでもない混乱が時間の経過によって生じる可能性があるので、早めに争わせその混乱の可能性を回避しようとするからである。そこで行政事件訴訟法14条などは、処分それ自体を取り消さない無効確認の訴えなどにはかからないわけである。つまりこれも「取消し」という制度をとったから必要な訴訟技術上の問題となろう。

さらに、ついでに述べれば、皆さんがもし弁護士になったとして、依頼人（クライアント）が相談に来た時、もし6ケ月の期間を経過していた場合、「もう争えません、あきらめなさい」と言うのだろうか。そうではないであろう。何とか、訴訟という土俵に乗せて争おうと考えるのが普通である。そこで、処分

そのものの効力は否定し得ないが、無効という確認だけでもとっておこう（行政事件訴訟法3条）と考えたり、損害賠償（国家賠償法）だけでもとっておこうと考えるであろう。そこで、実は、無効確認の訴えなどが取消訴訟の代替的機能を、実際上、営むこととなる。このような点も、取消訴訟＝取り消し得べき行政行為、無効な行政行為＝無効等確認の訴えという、行政行為論が崩れている一場面を、訴訟の場面から見ると見えてくるわけである。

　以上のように、これらの取消しなどにまつわる問題は、訴訟などで扱えば、それですむこととなる。

「行政裁量」論の位置づけと訴訟からの視点

　さて、従来の「行政行為論」以来の伝統（？）から、「行政裁量」と裁量性の全くない「覊束（キソク）」行為は「行政行為」の項目の中で扱われるのが、わが国のテキストの多くの位置づけである（たとえば、塩野・Ⅰ、127頁以下、ただし、塩野 宏名誉教授も「行政行為と裁量」としてその項目を立てられている。原田・要論、146頁以下；広岡・総論、131頁以下、ただし広岡 隆名誉教授も「行政行為における行政庁の裁量」とされる。山下＝小幡＝橋本、136頁は、「行政処分と法的な拘束」の中で「行政活動と裁量」という項目を立てられている）。この「行政裁量」とは、「裁量」は何も行政行為ないし行政処分にだけ生じる問題ではないということを示しているとも思われるが、やはり、それにもかかわらず行政行為ないし行政処分のところでこの問題を取り上げていることに変わりはない（たとえば、宇賀・Ⅰ、317頁；櫻井＝橋本、93頁）。その主要な理由を想像すれば、伝統的な裁量論には、美濃部達吉博士以来の「要件裁量」や「効果裁量」、あるいはそれとの関連での「法規あるいは覊束裁量」と「便宜あるいは目的裁量」という、いわば行政行為発動の場面を主に対象として論じてきたからではないかと思われる（なお、これらの学説の整理については、詳しくは、石川・論点、142頁以下を参照してほしい）。

　ところで、塩野名誉教授も指摘されるように、裁量は「なにも行政行為に限られるものではなく、行政の行為形式のあらゆる場面に生ずる」（塩野・Ⅰ、123頁）ものなのである。たとえば、いわゆる「時の裁量」（このコンセプトについては、塩野・Ⅰ、145頁以下）を考えてみれば、それは、いつ行政がアクションを起こすのかの裁量と言ってよいから、著名な建築確認留保事件（前掲最〔3小〕判昭

和60年7月16日）のように、確認を出すのか出さないのかという場面で生ずるほか、いつ行政調査を入れるのか（このあたりは、映画「マルサの女」など見てみるとイメージがふくらむであろう）、いつ行政指導により働きかけるのか、行政代執行をいつかけるのかといった、要はタイミングを、効果的にアクションを起こすために、見はかるということなので、まさに行政手法や行為形式全てに通じることなのである。

　さらに、最近では、「計画裁量」や「政策裁量」の用語が使われるほか、注目すべき見解として、法定受託事務や自治事務が自治体の事務であることから、条例制定や実施の裁量が知事にあるので「法律実施裁量」（北村善宣『自治力の冒険』19頁〔信山社、2003年〕）との重要な提言がなされている。これらの政策面での裁量は、訴訟で争われるという意味での裁量ではない場面が多いであろう。しかし著者は、これらの政策上の裁量も、「行政法学」の対象になり得る（あるいはなさなければならない）と考えている。その場合は、パブリック・コメントなどの手続的な法的統制手法の利用を考えるわけである。

　そうであるとすれば、筆者は、一応の試論として示しておけば、「裁量」論は、伝統的・ドイツ法的な概念からまず離脱させ、再構成をなすべき時が来ているのではないかと感じはじめている。さて、そこでは、わが国の「裁量論」の歴史は、その伝統的・ドイツ法的概念相互間の、いわば「相対化」の歴史であったと言ってよいのではないかと思われる（石川・論点、145頁）。そうであるとすれば、この「相対化」をうまく包摂し得るコンセプトが求められていると言ってよいであろう。そこで参考までにアメリカ法を見てみると、そこでは「広い裁量（broad discretion）」、「裁量（discretion）」そして「非裁量（not discretionary）」という分け方が参考となるように思われる（最近、このあたりが争点とされたケースとして、稀少種保護のためのアメリカ版「種の保存法〔the Endangered Species Act〕についての行政庁の勧告の意見が争われた、Bennete. v. Spear, —U. S—〔1997〕がある）。

　さて、多面的・複雑あるいは三面的利害調整モデルといった現代の行政の直面する法関係では、伝統的な意味では実際の問題に裁量権が与えられていないものが多い。たとえば、都市計画法での開発許可では、周辺住民の環境上の問題を完全に入れることは困難であると言われる。廃棄物処理法のように、法改正によってこれらの問題を取り込んで行政が判断し得るようになった場合はい

いが（改正法については、阿部泰隆「改正廃棄物処理法の全体的評価」ジュリスト第1120号6頁以下〔1997年〕参照）、そうでなければ、自治体としては何ともしようがないわけである。北海道や茨城県では改正前の廃棄物処理法において、何とかそこに裁量を読み込もうとの努力がなされたわけである（もっとも前者は、札幌高判平成9年10月7日行集48巻10号753頁で違法とされ、後者も厚生省への業者の不服申立てで違法との裁決が出された）。しかし、著者は、このような自治体の法解釈の努力は否定されるべきではないと考える。それは、この種の問題は、都市計画法にも見るように何も廃棄物処理法に限られるわけでもなく、しかも法改正がなされるまでは何もできないというのでは住民保護はまっとうされないからなのである（このことは、オウム真理教信者の転入拒否などにも共通の関心がある）。そこで、著者は、自治体の法令解釈も政策法務の一つだとする鈴木庸夫名誉教授の見解（鈴木庸夫・磯崎初仁・山口道昭・内山真義「政策法務の到達点―地方分権時代の政策を語る〈座談会〉」地方自治職員研修第434号21頁〔1999年〕参照）を適切な見解と考え支持しているわけである。そこには、裁量の読み込みも入れてよいであろう。

そして、このような裁量の読み込みの問題は、伝統的な裁量論からは当然にむずかしくなるであろうが（阿部泰隆『政策法学と自治体条例』184-186頁〔信山社、1999年〕参照）、鈴木名誉教授の見解をベースとすれば、取り込める可能性もあるのではないかと考えている。

そして、このような問題は、風営適正化法や青少年保護育成条例などがその対象とする、性を売り物とする営業などでも同様である。そこには、住民、業者、行政との複雑なあるいは三面関係があるので（住民の原告適格"standing"などが、それゆえ訴訟ではよく問題とされることとなる）、このことはなおさらであり、できれば行政としても業者の申請を拒否する裁量がほしいわけである。

そのような問題を内在させたリーディング・ケースが、いわゆる「ソープランド事件」（最〔2小〕判昭和53年6月16日刑集32巻4号605頁、百選Ⅰ68事件）なのである。もちろん、このケースは、様々な角度から分析することが可能であり、現に『行政判例百選Ⅰ〔第7版〕』では「行政行為の効力」の中で「行政行為と刑事罰（島田聡一郎元教授担当）」として位置づけられている。しかし、塩野名誉教授も指摘されているように、このケースは、具体的な犯罪構成要件の解釈をなしたものであり、取消訴訟の排他的管轄の問題とは関係がない（塩

野・Ⅰ、169-170頁）というのが合理的な位置づけであろう。そしてそもそもこの判例自体、「公定力」には言及していないことも十分に知っておくべきであろうし、それゆえ、以上の理解を支える証左ともなろう。そうであるとすれば、むしろ行政の広い意味でのアクションが、その限界を越えたのかどうかという視点で、むしろ興味をひかれるケースではないかと思われてならない（具体的なイメージも含め、鈴木庸夫・石川敏行・山下 淳編著『目で見る行政法教材』47-48頁〔有斐閣、1993年〕参照）。

　具体的な事実は、被告人（刑事では「被告人」、民事では「被告」と呼ぶ）は、当時の風営法（風俗営業取締法4条1項）での規制地域外の土地を、ソープランド（当時は「トルコ風呂」と呼んだ）営業を目的として購入し、県の公衆浴場経営許可を受けて女性従業員5名による男性客相手の営業を開始した。しかし婦人会などの地元反対運動が激しさを増したため、営業開始のわずか51日前に、急遽、臨時町議会により可決された「児童遊園設置条例」による町からの、当該店舗付近にあった子供の遊び場の児童遊園設置認可申請を県が認めたことにより、風営適正化法規制地域内での営業ということとなった。それにもかかわらず、単なる公衆浴場であればともかく、いわゆる女性従業員が男性客に接触する役務の提供（ソープランド営業）をなしたとして、逮捕、起訴されたというものだった。第一審および第二審は、適法な設置認可処分たることを前提に、被告人を有罪としたが、最高裁判所は、原審判断を破棄し、無罪とした。その主要な理由は、児童遊園の認可は児童の健全な遊びと健康の維持を目的とするという点から判断されるべきであるが、もっぱら規制目的（営業阻止目的）でなされることは、「行政権の濫用」にあたるという点に求められた。なお、本件では、別に国家賠償訴訟も提起された。ソープランド事件は考慮してはならないことを考慮したケースと見ることも可能だが、一方で、考慮すべきことを考慮したい場合も違法となる（最〔3小〕判平成18年2月7日民集60巻2号401頁、百選Ⅰ 73事件）。

　さて、以上のように、行政には、その行政目的を達成するために裁量権（判断の幅）が与えられており、それは、主に行政作用でまずその裁量権行使という場で問題となる。そこでは、行政手法や行為形式という点で見た場合、塩野名誉教授の指摘されるように、第一に事実の認定、第二に法的な要件へのあて

はめ、第三に手続の選択、第四に行為の選択、第五に処分の選択、第六に時の選択（塩野・Ⅰ、136頁以下）であり、そこでの第三以下は、従来から言われてきた「効果の選択」ということになると思われる。

ところで、裁量は、以上のように、行政作用の段階で、全ての行政手法、行為形式に共通に認められるものだが（そこで、本書では、訴訟などの行政救済の直前、手法論・行為形式論の最後にもってきてみたわけである）、もう一つ、ソープランド事件からすぐに知ることができるように、刑事事件や、国家賠償訴訟、そして一般の場合には、処分の取消訴訟など、訴訟の場で問題となるわけである（つまり、行政裁量は、その意味で、行政作用の場面と訴訟の場面の「二局面」〔石川・論点、142頁〕があるわけである）。そして、その中でも、特に処分の取消訴訟との関係が重要となるし、行政事件訴訟法自体が裁量処分の取消しという規定を置いてきた。そこで、処分のところで論じるというのが多くのテキストの構成となったわけである（そのような意味で、いわゆる「裁量権収縮論」も司法審査の場で主に問題となろう。塩野＝原田・散歩、315頁）。

ソープランド事件は、刑事事件であったが、他のケースに裁量権行使の違法性を肯定した例を求めれば、いわゆるエホバの証人の信者が、必修科目たる剣道の授業をその信仰上の理由から拒否し、学則違反を理由に退学処分となったことが争われたケースで、最高裁判所は、このような生徒には代替措置が可能であり、それもとらずになした処分は、合理性を欠くので違法であるとしたケースが著名である（最〔2小〕判平成8年3月8日民集50巻3号469頁、百選Ⅰ81事件）。

ともあれ、このような行政裁量が認められる主要な理由を一つだけ示しておけば、それは行政の専門・技術性ということを考えてみれば理解できよう（たとえば、原子炉の審査についての伊方原発訴訟、前掲最〔1小〕判平成4年10月29日民集46巻7号1174頁、百選Ⅰ77事件、教科書検定についての、最〔3小〕判平成5年3月16日民集47巻5号3483頁、百選Ⅰ79事件）。

一方、行政裁量を国民の権利救済の点から厳しく見る判決もある（水俣病に関する最〔3小〕判平成25年4月16日民集67巻4号1115頁、百選Ⅰ78事件）。なお、この平成25年判決は実体的判断代置主義をとったとの横山 恵講師の指摘（百選Ⅰ、159頁）がある。

それゆえ付言すれば、手続的審査方法がとられることともなる。ただ、わが

国の行政法学では裁量権の濫用のみが強調される傾向にある。前記のソープランド事件でも、本当に行政による濫用があったのかどうかには疑問もあり（たとえば、木佐茂男「有機農業風の研究スタイル？―山形県個室付浴場事件異聞」判例地方自治第145号8頁以下）、三面的利害調整モデルの中では、適正な裁量権行使というむしろ行使するとの視点も今後は重要となろう。

　もっとも、ここで留意しなければならないことは、どんなに広いあるいは広汎な裁量でも、そこには、司法審査が及ぶという点で、必ず限界があるということである（マックリーン事件、最大判昭和53年10月4日民集32巻7号1223頁、百選Ⅰ76事件）。以上のように、訴訟の場から裁量を見ることは大切なことである。

　なお、司法審査との関係で、いわゆる裁量権収縮論がある。たとえば、千代田区の歩行喫煙禁止条例では、条文上は2万円以上の過料となっているが、現実には2,000円を一律に徴収している。この意味では、2,000円以外の選択は区側にはなくなり、裁量はゼロ収縮したこととなり、特定の人物にのみ1万円をかければ違法となる。

裁決の義務付・差止効果　行政不服審査法は、2014年に全部改正がなされたが、改正前、請求棄却裁決ではあるが、市に対し、通説とは異なり行政処分の義務付・差止効果を有する裁決が出ている（横須賀市開発審査会平成25年裁決）。

　おそらく裁決の拘束力で説明すべきであろう（田村「行政不服審査法の取消請求棄却裁決の義務付・差止的効果（資料）」明治学院大学法律学研究所年報第31号187頁以下〔2015年〕）。処分と救済法の発想で考えてみてほしい。

風営適正化法8条による営業許可取消と裁量　さて、最近、以上のような裁量の二面性をよく表しているケースがあるので参考としてみよう。

　それは、東京高判平成11年3月31日判時1689号51頁以下である。

　事実の概要は、同一市内に2軒のパチンコ店を経営する法人に対し、内1軒がロム改造を理由に風営適正化法26条1項に基づき風俗営業の許可取消処分をなした。ところでこの取消処分は風営適正化法4条1項5号での許可基準の欠格要件に該当することとなるから、結果として風営適正化法8条2号により、残ったもう1軒についても営業許可取消処分をなすこととなった。

ところで、この法人は、パチンコ店の設立には1店でも数億円かかり、閉鎖による損失はあまりにも巨額なうえ、従業員の失業などの影響もまねくので、1店の許可取消しという理由のみで風営適正化法8条によりもう1店の許可取消しを行うのは裁量権の濫用だと主張した。
　つまり、ここには行政作用の段階で、風営適正化法8条による取消しが、必要的取消しなのか、経済的事情も考慮し取り消さない裁量がある裁量的取消しなのかが問題となり、もし裁量的取消しであるとすれば、訴訟の場面では行政事件訴訟法30条により、その濫用を理由に営業許可取消処分取消請求が可能となるということとなる。
　裁判所の判断は、以下のようなものとなった。東京高裁は判断の前提として、この許可取消しは、いわゆる法的性格は、講学上の「撤回」（本書第18講）にあたることを認めたうえで次のように判示している。すなわち「法8条2号による許可取消しについて、公安委員会に裁量の余地を認めないことを必ずしも意味するものではない……（略）……たしかに、風俗営業の性格、同一営業主体による複数の営業所での営業の一体性などから、一営業所について法20条1項により営業許可の取消しが行われたという場合には……（略）……人的悪性が示されたものとみて、多くの場合他の営業所についても風俗営業の許可が取り消されることになったとしてもやむを得ないであろうが……（略）……許可後の取消し（撤回）の場合には、当初の許可の是非の判断と異なり、当初の許可を前提として新たな法律秩序が次々と形成されているから、違反行為の性質、態様などに伴う取消し（撤回）の必要性、取消し（撤回）による相手方への影響の程度も比較衡量の上、取消し（撤回）の是非を判断するのが相当であると解される。また法8条の法文は『取り消すことができる。』という規定となっている……（略）……『正当の理由』の文言の有無にかかわらず、現行法においても、右3、4号の要件については、正当な理由の有無などについて公安委員会の適切な裁量を予定しているとみるべきである」と判示し、裁量を許容している。
　このことは、本書第18講で述べたように、撤回権には制限が働くという、撤回の一般論が働いていることを忘れてはならない。
　このケースの判例時報コメントが整理しているように（判時1689号51頁）、従

来、この8条の取消しについては、従来から、公安委員会のとる必要的取消規定説（警察庁保安部防犯企画課・保安課監修『逐条解説風営適正化法』76頁〔東京法令出版、1987年〕；塩川実喜夫「風俗営業の規制等と考え方」警察学論集第38巻6号56頁〔1987年〕参照）と、裁量的取消規定説（飛田清弘・柏原伸行『条解風俗営業等の規制及び業務の適正化等に関する法律』218頁〔立花書房、1986年〕；豊田 健・仲谷暢彦『注解特別刑法7 風俗・軽犯罪編〔第2版〕』63頁〔青林書院、1988年〕参照）が主張されてきたが、とりあえずは裁量規定説をとったのであり、筆者も合理的な解釈であると思われる。

加えて、裁量に対する司法審査という場面で、東京高裁は、行政事件訴訟法30条は「法が行政庁の側に処分の裁量の余地を認めているのに行政庁の側が一定の要件がある場合に一定の行政行為を行うにつき裁量の余地がないものとして法を解釈し、当該処分をしたという場合においても、当該処分が客観的にみて法が予定した裁量の範囲内と認められる限り……（略）……当該裁量権の有無に関する法解釈自体は、直ちに処分の違法をもたらす事由とはならない」として、具体的な裁量濫用の主張はしりぞけている。

自治体オンブズマン（パースン）など、訴訟以外の紛争処理システム

最近の民事訴訟法では、「裁判外紛争処理」制度の研究が盛んであることは、よく知られている。

ところで、行政法でも、「対行政」という点では、行政不服審査法があったわけである。しかし、現代の行政を取りまく法関係は、多面的・複雑であり、また三面的利害調整モデルとして捉えられている。そこで、「対行政」しかも、行政処分を中心とした紛争解決システムのみでは足りず、住民と業者との紛争や日々生じる伝統的な紛争処理システムによる解決にはなじみにくい問題（たとえば、役所が十分説明や対応をしてくれない。不親切だなど）を解決するシステムが求められるわけである。

たとえば、住民対業者の争いといった場面では、一つの例として、1995年に制定された「川崎市中高層建築物の建築に係る紛争の予防及び調整に関する条例」では「あっせん」や「調停」というシステムを採用している（なお、国の「あっせん」システムは、総務省設置法4条21号にあるので合わせて参照してほしい）。この制度については、木佐茂男・田中孝男編著『自治体法務入門〔第4版〕』214頁〔ぎょう

せい、2016年〕参照）。そして、このような「あっせん」「調停」システムを付近住民とトラブルの多い営業についても利用できないか政策法務的視点からも注目されよう。

　さらに多くの問題を受け入れるという意味では、対行政も含め、従来からある苦情処理システム（公報公聴課など）に加え、最近では、川崎市などの一部の自治体で条例で採用されている、いわゆる「自治体（市民）オンブズマン」の制度などがある。この自治体（市民）オンブズマンは、自治体によっては、市長への勧告権などまで認められ、人材も、たとえば元裁判官や大学の教官・員など、行政とは距離を置いた第三者があたることが多く、比較的その利用は多いと言われている（苦情処理、自治体オンブズマンについては、木佐・田中・前掲書、210頁以下参照。そこでも「住民の声は複雑」〔木佐・田中・前掲書、211頁〕であるとされている）。

「要件事実的」な行政法の見方　「要件事実」とは、周知のように、主に民事法の分野での法曹としての実務教育の基本的な考えである。そこで、ここでは、いわゆる「要件事実論」について説明するつもりはない。

　しかし、この民事を中心とする要件事実論が行政法にも、少なからず影響を与えてきていることも、これまた否定できない。それは、たとえば、国家賠償訴訟は、訴訟法は民事訴訟法であるのみならず、最近は、要件事実の文献でも、行政事件訴訟を取りあげるものも出てきていることからも理解できよう（たとえば、大江　忠『ゼミナール要件事実』219頁以下〔第一法規、2003年〕。この文献では、情報公開の非開示決定取消訴訟や開発不許可処分取消訴訟などが例として分析の対象とされている）。そこで、本書では、要件事実論そのものを説明するわけではなく、まさに「要件事実的」な行政法の見方を、訴訟等、行政救済法への橋渡しの最後として示しておくこととしたい。

　さて、先ほど掲記した要件事実論の文献を見てみることとしよう。たとえば、現代行政法の法律関係の特質の一つである、三面関係を代表する「一般廃棄物処理施設設置許可処分取消請求」（付近住民が訴えを提起するケースの典型と考えてよかろう）を見てみると、そこでは、付近住民たる「Xの言い分」「Y（県知事）の言い分」そして、設問として「訴訟物と請求原因は何か。抗弁は何か。」（大江・

前掲書、234頁）として示されている。

　本書では、以下の章で、国家賠償法や行政事件訴訟法のアウト・ラインを従来のわが国のテキストと同様、法制度面から説明をしてゆくこととなる。しかし、一応、その説明を読んだ後、逆に、具体的なケースからどのような請求や抗弁をなすこととなるのかを考えてみることが、特にロー・スクールでの勉強では重要となる。たとえば、先ほど引用した文献では、請求原因として第一に知事が許可処分を行い、第二に付近住民たる立場で争うことが示され、それに対する抗弁として、第一に許可が技術基準に適合しており、第二に法が求める付近の環境等への配慮がなされていることが掲げられている（大江・前掲書、237頁）。

　以上のように、自分が原告側の代理人弁護士であれば、具体的なケースについて、どのような理由や論理、あるいは判例上のうら付けをもって主張するのか、国や自治体の立場に立った場合、これにどう反論するのか、このような発想で見ることを忘れてはならない。現に、「『原告ならどう攻める？』『被告ならどう反撃する？』『裁判官ならどう裁く？』と、三者三様の立場からの立論を学生に求めるならば、それは請求原因・抗弁・再抗弁への準備作業とみることもできる」（藤原淳一郎「事例演習教授法―法科大学院行政法を中心として―」法学研究第82巻第3号25頁〔2009年〕）と述べる文献も本書改訂版（2006年）後に表れてきている。

　判例の勉強にあっても、判旨だけを暗記するような勉強であってはならず、事実をしっかり見たうえで、上で示したような見方で、自分の主張を基礎付けるような勉強方法をとってみるべきであろう。そのような見方をする基礎として、以下の講では、行政救済法のフローをアウト・ラインとして見てゆくこととする。

〈参考文献〉
　公定力については、以下の文献を参照せよ。
　　兼子 仁『行政行為の公定力の理論（第3版）』東京大学出版会、1981年。
　裁量権については、以下の文献を参照せよ。
　　阿部泰隆『行政裁量と行政救済』三省堂、1987年。
　　高橋 滋『現代型訴訟と行政裁量』弘文堂、1900年。

田村悦一『自由裁量とその限界』有斐閣、1977年。
アメリカの種の保存法については、以下を参照せよ。
　ダニエル・J. ロルク（関根孝道訳）『米国種の保存法概説』信山社、1997年。
自治体オンブズマンについては、以下を見よ。
　篠原　一・林屋礼二編『公的オンブズマン―自治体行政への導入と活動―』信山社、1999年。

Café de 自治体 7

【法規担当職員について】
1. 法規担当職員とは
　自治体の事務と言えば、まず、福祉、税金、住民登録などが連想されますが、自治体には、「法規担当」の職員が配置されていて、憲法第94条および地方自治法に基づき、自治体が条例、規則などを制定改廃する際に、立法技術的調整を行ったり、他の課から法令に関する相談を受けたりするなど、地味ですが重要な仕事をしていることは一般にはあまり知られていないようです。
2. 現状と問題点
　自治体の事務は条例などを含めた法令に根拠があるわけで、簡単に言えば法令を解釈し、これを執行するのが自治体職員の仕事です。しかし、実際は、法令の条文を読んだり、解釈したりすることを苦手とする自治体職員が大部分なのです。法的な仕事は法規担当職員に任せて、自分たちは、国や都道府県の作成したマニュアルや要綱に従って仕事してきたわけです。当然、法規担当職員の負担が重くなります。さらに、法規専任の職員が配置されているのは、都道府県や比較的規模の大きな市町村に限られ、小さい市町村では、総務課職員が多く抱えている担当事務のうちの一つとして処理しているのが実態です。
3. これからの課題
　2000年4月の地方自治法の改正に伴い、条例で制定できる事項が拡大しました。さらに、自治体の独自政策を実現するために条例を制定しようとする動きが各地で活発になっています。まさに、自治体の職員全体が法的知識を備え、感性をもたなくてはならない時代が到来したのです。法規担当課としても体制を充実し、職員の能力をさらに向上させることが要求されるでしょう。
　ところで、法規担当職員が仕事をするには、立法技術や用字用語の知識、立法が必要な事実を理解する力、既存の法令についての知識、文書の作成力などが要求されます。問題は、こうした能力を備えた職員をどのようにして育成するのかです。
　法規担当課に配属された者は、資料や文献を読んだり、上司や先輩に指導を受けたりして、法規事務に慣れていきます。この場合、資料をいかに探すのか、

良い指導者をいかに確保するかという別の問題に遭遇します。最近の動きとして、広域連合や都道府県の町村会が法制執務の支援体制を整えつつあり、また、自治体では政策法務研修など職員研修をさらに充実しようという取組みがなされています。もちろん、これらは大切でしょうが、さらに、自治体内部でも、たとえば、法令審査会や職員による勉強会を設置して相互研鑽の場を提供するなど、創意工夫する余地はまだまだあると考えます。

　高い能力を備えた法規担当職員を育成し、優れた内容の条例・規則を住民に提供して、自治体行政の充実をはかっていきたいものです。

第24講

損失補償

マリちゃん 最近、近所のあるお母さんが、「子供がいるのに、近所にモーテルが建つ」って嘆いているのよ。たしかに子供にいい影響は与えないわよね。

マコト君 今、建っているものも含めて取り壊すよう命じる法律ってできないのかなあ。

先生 それは随分と過激だねえ。モーテルの経営者にだって生活があるんだから。今まで営業できていたのに、法律の改正があったことによって、営業できなくなるなんてひどい、という見方も成り立つよ。

マリちゃん そうねえ。モーテルの経営者にも家族はいるだろうし……。

マコト君 でも、よくないものはよくないんだから、法律でそう決めればいいじゃないか。

マリちゃん でも、そしたら経営者の人たちはどうやって次の日から生活していくの？ もし、そうするんだったら、法律で生活ができるように補償してあげる必要があると思うわ。

マコト君 そんなの必要ないよ。モーテル業者に補償だなんて……。

講義ノート

損失補償の定義と損失補償の動向　一般的に損失補償とは、「適法な公権力の行使によって加えられた財産上の特別の犠牲に対し、全体的な公平負担の見地からこれを調整するためにする財産的補償をいう」（田中・上、211頁）と定義される。

　損失補償の制度は、沿革的には財産権の侵害に対して金銭でもって補償する制度として発展してきた。しかし、国家機能の拡大とともに国家の介入が多方面にわたることになった結果、その対象を財産権に限定する補償や金銭によってのみ行われる補償では不十分であることが認識されるようになり、伝統的な損失補償の制度に対して批判がされるようになった。このような批判は、後にも触れるように、損失補償の定義自体をも変容させることとなり、損失補償に

関する法的諸問題を一層複雑にしている。そこで、以下では、伝統的な損失補償制度の問題について言及した後に、このような近年の動向について言及することにする。

損失補償制度の法的根拠と損失補償請求権の法的根拠 損失補償の制度は、①憲法上の規定と②個別法律上の規定（次講以下で言及する「国家賠償法」のような一般法は存在しない）をその法的根拠とする。まず、憲法上の規定としては、憲法29条3項をあげることができる。また、損失補償は公目的のために特定の者に課される負担を社会全体で負うようにすることを要請するものと考えられるから、その基礎を憲法14条に求めることもできる。さらに、後述する生活権保障の観点からは、憲法25条も損失補償の根拠となり得る。そして、おおよそ、以上の憲法規定を基礎にして、損失補償に関する個別具体的な法律規定が設けられてきた、と見ることができる。

ところで、法律に基づいて財産権に対する収用または制限が行われ、かつ、損失補償の請求を可能にする個別具体的な法律規定が欠如している場合、果たして憲法29条3項に基づく損失補償請求は認められるのか。この点に関し、同条項は単なるプログラム規定であって、同条項に基づく損失補償請求は認められない、とする見方がある（プログラム規定説）。ただ、このような見方に立つ場合であっても、補償規定のない法律自体が違憲無効であるとし、無効確認や損害賠償請求の可能性を肯定することで、被収用者などの保護をはかる見方もある（違憲無効説）。しかし、現在の通説・判例は、憲法29条3項に基づいて直接、損失補償の請求ができるとする見方に立っている（請求権発生説、最大判昭和43年11月27日刑集22巻12号1402頁、百選Ⅱ252事件）。

損失補償の要件 損失補償の請求が認められるには、どのような要件が充足されていなければならないか。この点、具体的に法律の規定がある場合にはそれに従う。しかし、当該法律に違憲の疑いがある場合、または法律に補償規定が存在しない場合には、どのような要件の下で損失補償がなされるのか疑義が生じるため、その要件を明らかにしておく必要がある。

この点、従来の学説は、「特別の犠牲」という要件を掲げてきた。つまり、「特別の犠牲」を被った者にはその損失が補償されなければならない、とするので

ある（田中・上、214頁）。そして、そこで言う「特別の犠牲」の有無は、実質的基準と形式的基準によって判断されるものとされてきた。ここで、実質的基準による判断とは、財産権に加えられた制限が、当該財産の本来の効用を妨げるような規制を加えているものであるかどうか、さらに言えば、社会生活において負っている受忍限度を超えるほどの財産上の犠牲を強いているものであるかどうかによってなされる判断である。これに対し、形式的基準による判断とは、財産権に対する規制が一般的になされるのか、それとも特定の者を対象に行われるのかによってなされる判断である。

しかし、この2つの基準を前提にして「特別の犠牲」の有無を判断するとしても、どの程度の受忍限度なら受け入れられなければならないのか、またどの程度の者を対象にすればそれが特定されたと言い得るのかは、明らかでない。そこで、実質的基準を重視したより具体的な基準が提唱されてきた。それによれば、①財産権の剥奪または当該財産権本来の効用の発揮を妨げることになるような侵害については、権利者の側にこれを受忍すべき理由がある場合でない限り、当然に補償を要するものと解し、②以上の程度に至らない財産権行使の規制については、(a) それが、財産権に内在する社会的拘束の現れであれば補償を要しないが、(b) それが、当該財産の本来の社会的効用とは無関係に偶然に課せられる制限である場合には補償を要する（今村成和〔畠山武道補訂〕『行政法入門〔第9版〕』174頁〔有斐閣、2012年〕）。

ただ、損失補償の要否については、具体的状況が各事例によって異なるため、結局のところ、規制の目的・態様・程度、社会通念などを総合的に考慮して決するほかないように思われる（塩野・Ⅱ、386頁）。

損失補償の内容　仮に憲法29条3項に照らして損失補償が必要であると解される場合、どの程度の補償があれば、憲法が要求する「正当な補償」があったと言えるのか。この点を明らかにしておくことは、重要である。なぜなら、仮に損失補償の内容が法律上不明であったとしても、憲法が要請する損失補償の内容が明らかであれば、それに従って損失補償の内容を確定し得るし、また、仮に法律上の規定が存在したとしても、その内容が憲法によって要請される補償内容を下回る場合には、当該法律を違憲無効と解することにつながり得るからである。

そこで、上記の問題に対する学説の対応を整理すると、一応、完全補償説と相当補償説に分けることが可能である。ここで、完全補償説とは、侵害された財産が一般市場において持つ客観的価値と等価値のものが必ず完全に補償されなければならない、とする学説である。他方、相当補償説とは、財産権侵害によって実現されるべき利益と侵害される財産権の性質、侵害の程度、それらの背景をなす社会的事情などを総合的に考慮し、正義公正の観点から相当と思われる補償で足りる、とする学説である。

この点、最高裁は、かつて、農地改革の補償につき、「憲法二九条三項にいうところの財産権を公共の用に供する場合の正当な補償とは、その当時の経済状態において成立することを考えられる価格に基き、合理的に算出された相当な額をいう」と判示したが（最大判昭和28年12月23日民集7巻13号1523頁、百選Ⅱ248事件）、その後、「土地収用法における損失の補償は、特定の公益上必要な事業のために土地が収用される場合、その収用によって当該土地の所有者等が被る特別な犠牲の回復をはかることを目的とするものであるから、完全な補償、すなわち、収用の前後を通じて被収用者の財産的価値を等しくならしめるような補償をなすべきであり」、「被収用者が近傍において被収用地と同等の代替地等を取得することをうるに足りる金額の補償を要する」と判示した（最〔1小〕判昭和48年10月18日民集27巻9号1210頁、百選Ⅱ250事件）。もっとも、近年、最高裁は上記の昭和28年判決を引用し、自身の立場を再確認している（最〔3小〕判平成14年6月11日民集56巻5号958頁）。上記の昭和28年判決は相当補償説の立場に立つ判決であると一般に理解されているから、このことを前提にすると、現在のところ、最高裁は相当補償説の立場に立っていると理解することができる。

近年の損失補償　現代国家の多様な活動は、国民の様々な権利利益の損失を生ぜしめる。そのため、国民が被る損失は財産的損失に限定されない。たとえば、ダム建設によってある村落が水没することになる場合、住人の土地・家屋などの財産権に関する損失が生じるほか、永年にわたって築き上げられてきた村落共同体での生活利益に関しても損失が生じる。金銭には換算しがたいこのような非財産的損失について、全く補償を要しないとするのでは、損失補償の理念に反することになろう。そこで、近年では、このよ

	かつての損失補償	近年の損失補償
補償の対象となる権利・法益の範囲	財産権	財産権 生命・身体・健康に関する利益 精神的利益 など
補償の内容	金銭補償	金銭補償 現物補償 積極的生活補償 など
憲法上の根拠	29条3項 14条	29条3項 14条 25条
損失を生じせしめた国・公共団体の行為	権力的作用	権力的作用 非権力的作用

うな非財産的損失についても損失補償の対象として捉え、金銭補償だけでなく、現物補償や積極的生活補償によって救済しようとする見方が重要視されるようになってきた。

　損失補償に対するこのような認識の変化やこの間に整備された個別具体的な法律制度の内容は、損失補償の定義にも、一定の影響を及ぼしている。たとえば、ある論者は、損失補償を「権力的または非権力的な国・公共団体の活動により相手方である国民がこうむった『特別の犠牲』に対する金銭的塡補」（芝池義一『行政救済法講義〔第3版〕』199頁〔有斐閣、2006年〕）と定義する。このような定義の仕方は、第一に補償の対象となる損失が公権力の行使によってもたらされた損失には限定されていない点、第二に補償の対象となる権利・法益の範囲が従来よりも広くなっている点において、伝統的な損失補償の定義と異なる（比較参照、冒頭に掲げた田中博士の定義）。

　なお、かつての損失補償と近年の損失補償を、補償の対象となる権利・法益の範囲、損失補償の内容、憲法上の根拠、損失を生ぜしめた国・公共団体の行為について比較し、まとめると、上の表のようになる。

損失補償の事前手続　それでは、法律または憲法によって実体法上の損失補償請求権が認められる場合、いかなる手続によって当該請求権は実現されるのか。

この点、まず指摘できるのは、損失補償請求手続につき、統一的な法律規定は存在していない、ということである。ただ、個別の法律で損失補償請求手続が定められている場合があるので、この場合には、当該手続に従って補償請求を行うことになる。なお、この場合、法律が定める手続を経ないで、直接、出訴できるか、という問題があるが、裁判例は消極に解している（たとえば、東京高判昭和60年8月28日行集36巻7・8号1250頁）。これに対し、法律上、補償手続に関する規定が欠けている場合には、そのような問題は生じず、直接、損失補償を求めて出訴することが許される。

損失補償の事後手続　損失補償に関する行政庁の決定に相手方国民が満足しない場合、どのようにしてこれを争うことができるか。その事後的な救済手続が問題となる。

この点、行政訴訟によって争おうとすると、形式的当事者訴訟か（行政事件訴訟法4条前段）、あるいは実質的当事者訴訟（同条後段）によることになる。たとえば損失補償の額の決定に不満がある場合、個別法令によって定めがあれば（文化財保護法42条1項など）、形式的当事者訴訟によることになる。この場合、行政不服審査法に基づく不服申立てを行うことはできない（行政不服審査法7条1項5号）。形式的当事者訴訟で争うべきとした立法の趣旨を損なうことになるからである。これに対し、損失補償に関する法律上の規定がなく、直接、憲法29条3項に基づいて損失補償の請求をする場合には実質的当事者訴訟によることになる。

事例の検討

これまで、風営適正化法は何度も改正されてきた。とりわけ1972年の改正では、従前まで何の問題もなく営業できていた一定の設備を備えたモーテルが、営業形態の変更または営業廃止の二者択一を迫られることになった。その際、当該法律に補償の規定が欠けていたために、補償なくして営業形態の変更もしくは営業廃止がなされてよいのか、ということが問題となった。この点、裁判所は「（改正風営法による）制限は……社会生活上やむをえないもので、モーテル営業という財産権を有する者が等しく当然に受忍しなければならない責務」

であるとして、改正法が何ら補償規定を置いていなくても憲法29条3項に違反し無効であるということはできない、と判示している（名古屋地判昭和50年4月14日判タ320号131頁。なお、本事例については本書第18講も参照すること）。

〈参考文献〉
　今村成和『損失補償制度の研究』有斐閣、1968年。
　小高 剛『損失補償研究』成文堂、2000年。
　西埜 章・田辺愛壹『詳解損失補償の理論と実務』プログレス、2005年。
　西埜 章『損失補償法コンメンタール』勁草書房、2018年。
第25・26講とも共通するが、便宜上、本講で掲記する。
　秋山義昭『国家補償法』ぎょうせい、1985年。
　阿部泰隆『国家補償法』有斐閣、1988年。
　阿部泰隆『国家補償法の研究Ⅰ』信山社、2019年。
　宇賀克也『国家責任法の分析』有斐閣、1988年。
　宇賀克也『国家補償法』有斐閣、1997年。
　遠藤博也『国家補償法上巻』青林書院新社、1981年。
　遠藤博也『国家補償法中巻』青林書院新社、1984年。
　下山瑛二『国家補償法』筑摩書房、1973年。
　西村宏一・幾代 通・園部逸夫編『国家補償法大系1-4』日本評論社、1986年。

第25講

国家賠償法1条

マコト君 マリちゃん、ちょっと聞いてよ。実は、この前、ボクのおじさんがパチンコ店の経営に乗り出そうとしたんだ。そこで、おじさんは色々と調べて、なんとかパチンコ店の経営ができるようにしようとしたんだけれど、調べていくうちに、どこでもパチンコ店を作れるわけではないことがわかったんだ。

マリちゃん それって、距離制限のこと？

マコト君 その通り！ ボクは知らなかったんだけれど、どうも、法令によると、パチンコ店は小学校などの施設から一定の距離を置いて作らなければならないとされているらしいね。

マリちゃん そうよ。それで、マコト君のおじさんがパチンコ店の建設予定地として考えていた場所は、その距離制限の規定にひっかかるような場所だったの？

マコト君 それが微妙な所にあったんだ。そこで、おじさんは警察に行って、その場所にパチンコ店を建設して営業することが可能かどうか尋ねてみた。そうしたら、警察に大丈夫だって言われたんだ。だから、おじさんは、早速、パチンコ店の建設工事に取りかかったんだ。

マリちゃん よかったじゃない。

マコト君 喜ぶのはまだ早い。問題は、この先なんだ。

マリちゃん 何が起こったの？

マコト君 工事に着工して1ケ月くらい経った頃、警察の人が突然やってきて、「お宅のパチンコ店は距離制限の規定にひっかかっているから、今すぐ工事を中止するように」って言われたんだって。どうやら、その後、警察の方でよく調べてみたら、ぎりぎり距離制限の規定にひっかかる、ということがわかったらしい。

マリちゃん 待って。それって、ちょっとひどくないかしら？ だって、おじさんは事前に警察に大丈夫だって言われたんでしょ？ それなのに、後で「やっぱり駄目でした」って言われても、こまるじゃない。

マコト君 そうなんだよ。おじさんは、警察が言ったことを信じて行動しただけで、何も悪いことをしていないんだよ。それなのに、もう工事には着工してしまっているから、工事代金を支払わなければいけない……。何とかならないんですか、先生！

先生 そうだねえ、おじさんを救ってあげる方法として、被った損害を賠償しても

らうということが考えられるね。この場合、問題となるのは国家賠償法1条だから、同条に基づく損害賠償責任について考えてみることにしようか。

講義ノート

1条の法律要件と法律効果　国家賠償法1条1項は、「①国又は公共団体の②公権力の行使に当る③公務員が、④その職務を行うについて、⑤故意又は過失によって⑥違法に⑦他人に損害を加えたときは、⑧国又は公共団体が、これを賠償する責に任ずる」（便宜上、番号をふった）と定めている。このうち①～⑦の部分が法律要件であり、⑧の部分が法律効果である。⑧の法律効果が発生するためには、①～⑦の要件全てが満たされなければならない。そこで以下、順に①～⑦の法律要件について分説する。もっとも、①～③の法律要件は密接に関連しているため、まずはこの点についてまとめて論述することにしよう。

法律要件①～③の関係　法律要件①「国又は公共団体」と③「公務員」が具体的に何を指しているのかという問題は、法律要件②の問題に収斂される。すなわち、ここでいう①「国又は公共団体」とは公権力の行使とみなされる業務を執行する団体を指すのであり、また③「公務員」とは公権力の行使を委託された全ての者である。したがって①「国又は公共団体」は必ずしも日本国および地方自治法上の地方公共団体（地方自治法1条の3）に限られないし（たとえば医師会などが考えられる）、また③「公務員」も必ずしも国家公務員法や地方公務員法が適用される公務員に限られない。要するに、法律要件①と③の意味は、法律要件②の「公権力の行使」をどのように解するかによって定まってくる。そこで、次に法律要件②の「公権力の行使」について述べることにする。

「公権力の行使」とは何か？　国家賠償法1条1項の「公権力の行使」の意味については、従来、次の三説があるとされてきた。

（1）狭　義　説　国・公共団体の優越的な意思の発動として行われる権力的作用を指す、と解する（たとえば、原田・要論、290頁）。

（2）広 義 説　権力的作用のほか非権力的作用をも含めて、私経済作用および2条の公の営造物設置・管理作用を除いた全ての作用を指す、と解する（たとえば、古崎慶長『国家賠償法』101頁以下〔有斐閣、1971年〕）。

（3）最 広 義 説　私経済作用を含めた国・公共団体の一切の作用を指す、と解する（たとえば、乾 昭三『注釈民法第19巻』392頁〔有斐閣、1965年〕参照）。

　判例・学説は、このうち広義説に固まりつつある。

　ここで注意を要するのは、狭義説および広義説において国家賠償法1条1項の「公権力の行使」に該当しないとされた行為であっても、当該行為によって被った損害は賠償請求の対象になり得るという点である。ただ、その場合の根拠法は国家賠償法ではなく、民法である。この点につき、狭義説と広義説の間に差異はない。そうすると、被害者の救済という点では、上記三説の間に差異はないように見える。ただ、条文および通説に従うと、国家賠償法による損害賠償請求と民法による損害賠償請求では次のような違いがあることを指摘し得る。第一に、国家賠償法1条が適用される場合には、被害者が公務員個人に対して責任を直接追及することはできないが、民法が適用される場合には使用者以外に行為者本人に対しても、被害者は直接、責任追及ができる。第二に、民法715条1項但書には免責規定があるので、使用者の責任が免責され得るが、国家賠償法にはそのような規定がないので、同様の理由により国または公共団体が免責されることはない。第三に、国家賠償法1条2項では公務員に対する求償権が制限されているので、公務員は故意または重過失の場合に限って国または公共団体に対して責任を負うが、民法にはそのような制限がなく、軽過失で足りる。第四に、国家賠償法6条では相互保証主義がとられているが、民法ではその種の定めはない。以上の差異をそのまま承認するとすれば、国家賠償法の適用範囲と民法の適用範囲を画する必要性は認められるから、上記三説のいずれが妥当か議論する意義は認められよう。ただし、何が権力的作用にあたり、何が非権力的作用にあたるのか、また何が私経済作用にあたるのか、各論者間で共通の理解を得ておく必要がある。そうでないと、結果として、上記三説のいずれが妥当かという議論は意味のないものになってしまうおそれがあるからである（たとえば、狭義説をとりながら公証行政を権力作用と捉える立場と広義説をとりながら公証行政を非権力作用と捉える立場では、結果的に、いずれの場合も国家賠償法

の適用を認めることになる。参照、稲葉 馨「公権力の行使にかかわる賠償責任」雄川一郎ほか編『行政法大系第6巻』27頁以下〔有斐閣、1983年〕)。

　なお、国家賠償法1条1項の「公権力の行使」には、作為のみならず不作為も含まれる。

　また、同条項の「公権力の行使」には、行政権の行使以外に、立法権および司法権の行使も含まれる。

　「その職務を行うについて」とはどういうことか？　国家賠償法1条1項に言う「その職務を行うについて」とは、(イ) 職務行為自体、(ロ) これと関連して一体不可分の関係にある行為、および(ハ) 客観的・外形的に見て社会通念上職務の範囲に属すると見られる行為を広く指す。たとえば、非番の警察職員が制服を着て職務執行を装い、強盗殺人を行った場合は上記（ハ）に該当する（最〔2小〕判昭和31年11月30日民集10巻11号1502頁、百選Ⅱ 229事件)。

　「故意又は過失」とは何か？　一般的に、故意とは、権利侵害の結果の発生を認識しながら、あえて直接権利侵害に向けられた行為をすることをいい、他方、過失とは、権利侵害回避のために法秩序が命ずる一定の注意義務に違反することをいう。

　この故意・過失については多くの問題があるが、特に問題となるのは、いかにして過失を認定するのか、という点である。この点、故意または過失が主観的要素であることから、当該公務員の内心に着目して、過失の認定を行うとする考え方がある（主観説）。しかし、この考え方によれば、当該公務員がもともと注意力散漫であったために損害を生じさせてしまった場合、その公務員本人には予見可能性と回避可能性がなく、結果として過失がなかったということになり、不当である。したがって、過失の認定は標準人を基準にしてなされるべきだと考えられるようになってきた（過失の客観化）。このような公務員個人の主観的側面を離れて過失を認定しようとする動きは、さらに進み、複数の公務員がかかわってなされる組織的決定についても、公務運営の瑕疵として過失を認定することも可能であるとの考えも提示されるようになってきた。このようにして認定される過失を組織過失と言う。ただし、これに対しては、国家賠償法1条の文理に反するという批判がある。

「違法に」とはどういうことか？ 　国家賠償法1条1項の違法性をどのように捉えるのか、そしてこのことと連動して、何に着目して違法性の有無を判断するのか、争いがある。ある論者は、国家賠償法上の違法とは行為の違法であるとして、損害を生ぜしめた原因たる行為に着目して違法性の有無を判断する（行為不法説）。他方、ある論者は、国家賠償法上の違法とは結果の違法であるとして、損害の結果に着目して違法性の有無を判断する（結果不法説）。前者の立場では、国家賠償法の行政統制機能が重視されていると言えるし、後者の立場では、国家賠償法の被害者救済機能が重視されていると言える。以上の点に関しては、国家賠償法の違法性を行為の違法か結果の違法かの二者択一で割り切るのではなく、相互補完的に考慮する必要があると指摘されている（阿部泰隆『国家補償法』13頁以下〔有斐閣、1988年〕）。

　なお、判例上は、職務行為基準説と呼ばれる見方が提示されている。これによれば、「公務員による公権力の行使に国家賠償法1条1項にいう違法があるというためには、公務員が、当該行為によって損害を被ったと主張する者に対して負う職務上の法的義務に違反したと認めることが必要である」（最〔3小〕判平成20年4月15日民集62巻5号1005頁）。このような見方に対しては、何が職務上の法的義務なのか明らかではなく、解釈次第では不当に違法性の範囲を狭めるおそれがある、といった批判がある。

「他人に損害を加えた」とはどういうことか？ 　国家賠償法1条1項の損害とは、法益侵害のために被る不利益である。この法益は、法的保護に値する利益でなければならない。この法的保護に値する利益と対をなすのが、「反射的利益」である。反射的利益とは、法が公益の保護を直接的な目的としている場合に、間接的に個々人が受ける利益のことをいう。この反射的利益は、裁判による救済の対象にはならない。したがって、この反射的利益が侵害されたことを理由に個人が損害賠償請求を提起しても、国または公共団体の賠償責任は認められない。たとえば道路利用の利益や眺望の利益は、原則として、そのような反射的利益に該当すると解されている。

国家賠償法1条1項の法律効果 　国家賠償法1条1項の要件が満たされれば、その効果として国または公共団体が賠償責任

を負う。ここで重要なのは、被害者に対して賠償責任を負うのが加害公務員ではなく、国または公共団体であるという点である（加害公務員は故意または重過失がある場合に限って国または公共団体から求償される〔国家賠償法1条2項〕）。

　それでは、なぜ、公務員が行った行為につき、国または公共団体が賠償責任を負うのであろうか。現行法の法的仕組みをいかにして説明するのか、問題となる。この点に関する説明の仕方には、異なる2つの立場がある。代位責任説と自己責任説である。代位責任説によれば、公務員が行った行為について賠償責任を負うのは、本来、当該公務員であるが、そのまま公務員個人に責任を負わせることにすると、その責任財産に限りがあることから、被害者救済の点で問題がある。また、公務員個人が被害者に対して直接責任を負うとすると、事なかれ主義に陥り、公務員に萎縮効果がもたらされることになり得るから、効率的な公務遂行という点でも問題が生じる。よって、公務員ではなく、国または公共団体が賠償責任を負うのだ、と説く。これに対し、自己責任説によれば、公務員が行った行為について賠償責任を負うのは、本来的に国または公共団体である。つまり、公権力の行使によって行われる公務には違法な加害行為が行われるという危険性が常に伴っており、そうである以上、一種の危険責任として、国または公共団体が賠償責任を負うのだ、と説く。この両説の対立は、当初、過失の認定方法との関係で実践的意味を有していたと言える。すなわち、代位責任説を理解の根底に据えると、加害公務員の主観的側面が国または公共団体の賠償責任を認めるうえで重要な要素となるが、自己責任説を理解の根底に据えると、必ずしも加害公務員を特定する必要も、また、加害公務員の主観的側面を重視する必要もない。それゆえ、両説のいずれに与するかは、法解釈上、重要であったと言える。しかし、代位責任説の下でも、すでに言及した過失の客観化によって、自己責任説と同じような帰結をもたらし得る。そうすると、両説の違いは、理論的にはともかく、実際上はそれほど大きなものではないとも言えよう。

事例の検討

本事例における警察の助言は、非権力的な作用たる行政指導と位置づけられる。したがって、国家賠償法1条の「公権力の行使」につき、広義説および最広義説をとれば、国家賠償法1条1項に基づく損害賠償請求は認容され得るが、狭義説をとれば、そのような請求は認められない、ということになろう。ちなみに、本事例と同種の事案で、裁判所は次のように判示している。「申請受理手続の前段階でなされる事前相談において公務員からなされる情報提供ないし教示は、申請受理権限を背景としているため、一般私人によってなされる場合と異なり、相談者は特段の事情のない限り提供された情報を信用し、その教示内容に従って行動するのが一般であるから、事前相談に当たる公務員としては、関係法令等の調査を十分行い、誤った情報を提供したり、誤った教示をしてはならない注意義務を負っているというべきであり、その注意義務に違反して誤った情報提供や教示をしたことによって、これを信用した相談者に損害を与えた場合には、国または公共団体は、その損害を賠償する責任があると解するのが相当である」（京都地判平成12年2月24日判時1717号112頁）。

なお、本事例のように、何か事業をはじめようとする際に、あらかじめ国民の側が法令の解釈・適用につき、行政の側に問い合わせたりすることは、少なくない。しかし、現行の制度の下では、そのような場合、適当な部署あるいは担当者が回答をしてくれる保証はなく、また、回答拒否や回答留保といった事態も考え得る。このような状況は、近年重要視されるようになった行政の説明責任・応答責任（アカウンタビリティー）の観点からすると、望ましいことではない。そこで、国レベルでは、アメリカで発達したノー・アクション・レターを参考にして、いわば日本版ノー・アクション・レターが構想され、2001年3月27日の「行政機関による法令適用事前確認手続の導入について」と題する閣議決定によって、同制度の本格的な導入がはかられることになった。この閣議決定は2007年6月22日に一部改正されている。以下、この日本版ノー・アクション・レターを閣議決定の内容に即して若干詳しく述べておくことにしよう。

わが国におけるノー・アクション・レターは、大きく3つの段階からなる。

すなわち、①照会、②回答、③公表である。まず、新規の事業を興そうとする事業者は、自らの事業に関連する法令の解釈・適用について疑問がある場合には、各府省に対して、照会をすることができる。この照会に際しては、(ア)将来自らが行おうとする行為に係る個別具体的な事実を書面（電子的方法を含む）により示すこと、(イ)適用対象となるかどうかを確認したい法令の条項を特定すること、(ウ)照会および回答内容が公表されることに同意していること、以上の3つの条件が満たされなければならない。そして、仮にこれらの条件を満たす照会がなされると、次に、各府省は、原則として30日以内にこれに対する回答をしなければならない。その際に重要なことは、各府省が行う回答書において、「本回答は、照会対象法令（条項）を所管する立場から、照会者から提示された事実のみを前提に、照会対象法令（条項）との関係のみについて、現時点における見解を示すものであり、もとより、捜査機関の判断や罰則の適用を含めた司法判断を拘束しうるものではない」旨明示することになっている点である。最後に、照会および回答内容は、原則として30日以内に、これをそのまま公表するものとされている。

　以上のような日本版ノー・アクション・レターについては、未解明の法的問題が少なくない。たとえば、回答を行った行政機関が、照会者に不利となるような回答内容の変更を行うことができるのか、信義則の観点から問題となる。他方、政策法務の観点からは、自治体レベルにおいて、ノー・アクション・レターを導入するのか否か、導入するとして、どのような形式で（すなわち条例で制度化するのか、あるいは要綱のようなもので制度化するのか）、またどのような内容のノー・アクション・レター制度を導入するのか、検討の余地がある、と指摘し得る。

〈**参考文献**〉
　第25・26講共通の文献を掲記する。
　　阿部泰隆・兼子 仁・村上 順『国家賠償法』三省堂、1988年。
　　宇賀克也・小幡純子編『条解　国家賠償法』弘文堂、2019年。
　　西埜 章『国家賠償責任と違法性』一粒社、1986年。
　　西埜 章『国家賠償法コンメンタール（第2版）』勁草書房、2014年。
　　深見敏正『国家賠償訴訟』青林書院、2015年。

古崎慶長『国家賠償法』有斐閣、1971 年。
古崎慶長『国家賠償法の理論』有斐閣、1980 年。
古崎慶長『国家賠償法の研究』日本評論社、1985 年。
古崎慶長『国家賠償法の諸問題』有斐閣、1991 年。
村重慶一『国家賠償研究ノート』判例タイムズ社、1996 年。

第26講

国家賠償法2条

マコト君 この前のコンパの帰りに見たけんかすごかったね。

マリちゃん どうも風俗関係のお店が密集しているところは治安が悪くてよくないわね。健全な形で営業されれば国民の娯楽に資するって考えたから、「風俗営業等取締法」ではなく、「風俗営業等の規制及び業務の適正化に関する法律」なんでしょう。

マコト君 それにしても、この前のは何だかものものしかったよ。警察犬まで出動してたんだから。重大な刑事事件でも起こったのかなあ？

マリちゃん そうじゃないといいんだけどね。

マコト君 でもマヌケな野次馬がいたよ。警察犬に噛まれてた奴がいたんだ。噛まれた奴は酒が入っていたせいか、やけに怒ってたよ。「訴えてやる！」って叫んでた。

マリちゃん えっ、訴えるって？ 訴えるって何を訴えるっていうの？

マコト君 警察犬に噛まれて怪我してるんだから、損害賠償請求でもするんじゃないかな。

先生 ただ、一口に損害賠償請求と言っても、色々なパターンがあるから、もう少し突っ込んで考えてみる必要があるね。この場合、一体、何法の第何条に基づいて損害賠償請求をするのが適切なのだろうか？ ここでは、国家賠償法2条に基づく損害賠償請求の可能性について、考えてみることにしよう。

講義ノート

国家賠償法2条の法律要件と法律効果

国家賠償法2条1項は、「①道路、河川その他の公の営造物の②設置又は管理に瑕疵があったために他人に損害を生じたときは、③国又は公共団体は、これを賠償する責に任ずる」（便宜上、番号をふった）と定めている。このうち①および②の部分が法律要件であり、③の部分が法律効果である。③の法律効果の発生のためには、①と②の法律要件が満たされなければならない。そこで以下、①と②の法律要件について解説をするが、そこでの主要な論点は、第一に

公の営造物とは何かということであり、第二に公の営造物の設置・管理の瑕疵とは何かということである。

なお、国家賠償法2条は同法1条の規定と異なり、故意・過失を要件としていない。国家賠償法2条は無過失責任主義に立脚しており、この点で被害者保護に手厚い規定となっている。

「公の営造物」とは何か？ 講学上、公の営造物とは、公目的に供される人的手段および物的手段の総合体を指す。たとえば、国公立の学校や刑務所などがこれにあたるとされてきた。しかし、国家賠償法2条1項における公の営造物は、このような意味で理解されていない。すなわち、一般的な理解によれば、同条項における公の営造物とは、国または公共団体によって特定の公目的に供されている有体物および物的施設である。したがって、講学上の公の営造物から人的要素を除いたもの、それが国家賠償法2条1項における公の営造物である（この意味での公の営造物は講学上の公物であるとされてきた）。このようにして、国家賠償法2条の解釈上、人的要素が除外されると、同法1条とのすみわけが一応可能になると言えよう。つまり、損害の原因が人的要素に求められる場合には1条が、他方、損害の原因が物的要素に求められる場合には2条が、それぞれ問題となるのである。

それでは、具体的に一体何が国家賠償法2条1項の公の営造物に該当すると考えられるか。この点については、国家賠償法2条1項が明記している道路および河川のほかに、公園や役所の建物、さらには海浜や池沼などをあげることができる。

なお、国家賠償法2条1項における公の営造物の概念を明らかにすることは、国家賠償法2条1項の適用範囲を明らかにするということでもある。このことは、同時に、工作物責任について定めた民法717条と国家賠償法2条1項の守備範囲を画することにもつながる。国家賠償法2条に基づく賠償責任と民法717条に基づく賠償責任では、占有者の免責が認められ得るか否かという点で異なるから、公の営造物の概念を明らかにしておくことには実践的意味があると言える。

「設置又は管理に瑕疵があった」とはどういうことか？ 国家賠償法2条の賠償責任が成立するため

第26講　国家賠償法2条　325

には、さらに公の営造物に設置・管理の瑕疵がなければならない。それでは、ここでいう設置または管理の瑕疵とは何か。この点、最高裁は、いわゆる高知落石事件において、国家賠償法2条1項の営造物の設置または管理の瑕疵とは「営造物が通常有すべき安全性を欠いていること」を言う、と判示した（最〔1小〕判昭和45年8月20日民集24巻9号1268頁、百選Ⅱ235事件）。この判決は、その後の多くの裁判例に影響を与えたが、不明確な部分もないわけではない。とりわけ、営造物の設置・管理の瑕疵につき、その存否はどのようにして判断されるのか、必ずしも明らかではない。そこで、この点についてさらに言及すると、考え方としては大きく2通りある。一つは、営造物の設置・管理の瑕疵の存否を「物」に着目して判断するという考え方で（客観説）、もう一つは、営造物の設置・管理の瑕疵の存否を、設置・管理を行っている「人」に着目して判断するという考え方である（主観説）。上記最高裁判決は、このうち客観説に立つものとして理解されることが多いが、設置・管理の瑕疵をいかにして判断するのかという点に関するその後の判例および学説の見解は必ずしも一様ではない。それらは、客観説が重視する物的要素と主観説が重視する人的要素をはたしてまたどのようにして瑕疵の存否の判断に反映させるのかという点で異なっている、と指摘できよう。もっとも、その後、最高裁は、瑕疵の存否については「当該営造物の構造、用法、場所的環境及び利用状況等諸般の事情を総合考慮して具体的個別的に判断すべきものである」という定式を定着させた（最〔3小〕判昭和53年7月4日民集32巻5号809頁）。このような判断枠組みの下では、個別事案ごとの事情に応じて、設置管理の瑕疵が判断されることになる。たとえば河川の場合は、道路の管理と異なり、財政的制約、技術的制約、社会的制約があるから、未改修河川の安全性としては、いわば過渡的な安全性をもって足りると解され、これを基準に設置管理の瑕疵の有無が判断された（最〔1小〕判昭和59年1月26日民集38巻2号53頁、百選Ⅱ237事件）。また、改修済み河川の場合は、工事実施基本計画に定める規模の洪水における流水の通常の作用から予測される災害の発生を防止するに足りる安全性が基準にされている（最〔1小〕判平成2年12月13日民集44巻9号1186頁、百選Ⅱ238事件）。このように、判例は、河川であっても、未改修河川か、それとも改修済河川かによって判断基準を使い分けている。

事例の検討

　国家賠償法2条1項に基づく損害賠償請求が認容されるためには、損害が「公の営造物」の設置または管理の瑕疵によって生じたものでなければならない。それゆえ、本事例においては、警察犬が公の営造物と言えるかどうかが、国家賠償法2条1項に基づく損害賠償責任の成否を決する重要な論点となる。

　ところで、一般論として、動産は国家賠償法2条1項にいう公の営造物と言えるだろうか。同条項が道路、河川を例示し、不動産のみを対象にしていると解される余地があるので問題となり得る。この点、裁判例では、公用自動車、国有林における刈払作業に用いる刈払機が公の営造物として認められている（前者につき、札幌高裁函館支判昭和29年9月6日下民集5巻9号1436頁、後者につき、東京地判昭和46年8月27日判時648号81頁）。一般論として言えば、国家賠償法2条1項の公の営造物に動産を含むとの解釈は今日ではほぼ確立していると言ってよい。

　このような観点からすると警察犬であっても、それが公の用に供する物であれば、国家賠償法2条1項の公の営造物に該当すると言えそうである。そうすると、同条項に基づく損害賠償請求が可能になることになる。しかし、このような見解に対しては、動産たる公物にかかわる事故の場合、その管理者である公務員の管理行為責任の問題として処理する方が適当であるとの見解もある。この見解によれば、国家賠償法2条1項ではなく、同法1条1項に基づいて損害賠償請求をすることになる。ただ、同法1条1項に基づく賠償責任を追及する場合、そこでは故意・過失が要件とされているので、国民の側から見れば、一応、同法2条1項に基づく賠償責任を追及する方が有利であると言えよう。

第27講

行政不服審査制度

マコト君 ボクの知り合いのA男さんが、夫婦の間がうまくいかないということで別居しているんですが、何とか連絡して元に戻りたいと別居した時の住所に手紙で連絡したところ、手紙が転居先不明で戻ってきてしまったということでした。そこで、なんとか住所を知ろうと相談を受けて、戸籍の附票には転居先の住所が載っているはずだから、取り寄せてみればとアドバイスしたんだ。ところが、市役所では戸籍の附票の写しは取れなかったということでした。理由は、A男さんがDV（ドメスティック・バイオレンス）をするので、戸籍の附票の写し等は交付しないという「支援措置」がとられているということでした。A男さんは、DVなんかしていないし、心当たりもないというんだ。

マリちゃん それは困ったことですね。今、DVやストーカーなどで困った人もいるようなので、そんな制度があるのね。それで、どうするのかな。

マコト君 裁判することも考えているようだけど、それも大変だということで、困っているようでした。

先生 マコト君は何か教えてあげたのかな？

マコト君 市役所のしたことだから、行政法の教科書に、裁判より手軽だということで「行政不服審査」という制度があるということが、載っていたような気がしたんですが、詳しいことはわからなかったので、何も教えてはあげられませんでした。

先生 行政不服審査制度は、裁判よりも簡単で迅速な手続で行政処分の見直しができるので、身近な救済制度だと言えますが、誰が、どのような場合に利用できて、どんな効果があり、その次にはどんなことができるのかは、なかなかわかりにくいと思います。今日は、これについて勉強しましょう。そして、マコトくんが、A男さんにきちんと教えてあげられるようになってください。

講義ノート

行政不服審査制度　　行政処分について不服がある場合には、訴訟でその効力を争う方法と、行政庁に対してその見直しを求めて不服を申し立てる行政不服審査の方法がある（国家賠償を含めて、行政救済と呼ばれ

る）。前者については、行政事件訴訟として次講以下で取り扱うとして、本講では行政不服審査申立制度について述べる。

概括していうと、行政不服審査とは、行政処分について国民がその見直しを求めて行政庁に不服を申し立てることであり、一義的には行政処分を受けた者の権利の救済を目的とするものである（後掲「不服審査申立適格」参照）。行政不服審査法1条1項には、「国民が」と記してあるが、生活保護法では、永住、定住外国人等も予算措置として、その対象とされていることから、例外として、対象は国民以外にも及ぶ（大分地判平成22年9月30日判時2113号100頁、裁判所ウェブサイト参照）とされており、また、外国人による建築確認申請に対する不適合処分についての審査請求も考えられる。なお、以下では原則として国民の権利救済のための法であるとする立場で述べることとする。

まず、行政庁と行政主体について整理しておきたい（第29講、361頁参照）。行政庁とは、国民に対して自己の名において行政処分たる意思表示を行う権限を与えられている行政機関のことである（行政事務を行う庁舎のことではない）。これと対比されるのは行政主体であるが、行政主体は、行政活動を行う法人のことを指し、権利義務の主体である。国でいえば、各省大臣や税務署長等は行政庁であり、国は行政主体である。地方自治体の関係でいえば、都道府県知事や市区町村長、建築主事等は行政庁、都道府県、市区町村は行政主体ということになる（本講で区とは東京都の特別区をいう。政令指定市の区は法人ではないことに注意）。

行政不服審査申立制度は、訴訟より簡易迅速な制度であり、身近な救済制度といえる。しかし従前の制度については、公平性、迅速性について問題があり、改善の必要が求められていた。そのため、行政不服審査申立制度の一般法である行政不服審査法が全面改正され、2016年4月1日より施行された。

主な改正のポイントは次の3点にまとめられる。

1. 不服審査申立構造の見直し
不服審査の種類を原則として「審査請求」に一元化、異議申立て制度の廃止。

2. 公正性の向上
・審理員制度の導入：原処分に関与していない等の要件を満たす「審理員」

が審理手続を主宰
- 行政不服審査会等への諮問手続：審査庁の判断の妥当性を第三者機関がチェック
- 審査請求人等の手続保障の拡充：口頭意見陳述における処分庁等への質問、提出書類等の謄写など

3. 使いやすさの向上
    - 審査請求の期間を3ヶ月に延長（旧法では60日）
    - 迅速性の確保等：標準審理期間、争点等の整理手続、情報提供・公表の努力義務など

以下では、行政不服審査制度の基本的事項とともに、改正された行政不服審査法（以下「行審法」という）について解説していきたい。

不服審査の対象　行審法に基づく不服審査申立ての対象は、「行政庁の処分その他公権力の行使に当たる行為」（以下「処分」という。行審法1条2項）、および「法令に基づく申請に対して何らの処分をもしない」行政庁の不作為（行審法3条）である。「処分」とは、たとえば許可や認可のように、行政庁が法令（法律や条例などの法規）に基づき、国民より優越的な立場に立ち直接国民の権利義務に個別・具体的な法的効果をもたらすような行為であり、行政事件訴訟の取消訴訟の対象となる「処分」（行政事件訴訟法3条2項、以下「行訴法」という）と同様に解される。処分には、人の収容や物の留置などで、その内容が継続的性質を有する事実上の行為などの権力的事実行為も含まれる（旧行審法2条参照）。また、「不作為」とは、たとえば、法令に基づいて許可を求める申請をしたが、行政庁が許可するかしないかを決定して処分しなければならないにもかかわらず、処分をしないことをいう。

ただし、学校における教育目的達成のための学生・生徒に対する処分（たとえば学校教育法35条1項に基づいて行われる市区町村教育委員会が行う出席停止命令）など、行審法7条により適用除外とされているものや、行政手続法27条のように特別（個別）法で審査請求ができないことが定められている場合などには不服審査を申し立てることができない。また、個別法令で、独自の不服審査申立制度が定められている場合には、特別法の手続によることとなる（行審法8条）。た

とえば、地方議会の議員の除名（地方自治法134条）など、議会の議決によりされる処分や議会の議決を経てされる処分について認められる不服審査などがある（地方自治法255条の4・255条の5）。

不服審査申立適格　不服審査は、誰でもできるわけでなく、不服審査をすることができる資格（不服審査申立適格）については、次のように考えられる。

1. 処分について

「行政庁の処分に不服がある者」（行審法2条）であるが、すべての不服者が適格を有するわけでなく、法律上の利益を有する者に限られている。

その範囲は行政事件訴訟法（以下「行訴法」という）9条に定める取消訴訟の原告適格と同一であるとされている。

判例上、「法律上の利益を有する者」とは、「当該処分により自己の権利若しくは法律上保護された利益を侵害され、又は必然的に侵害されるおそれのあるものをいうのであり、当該処分を定めた行政法規が、不特定多数者の具体的利益を専ら一般の公益の中に吸収解消させるにとどめず、それが帰属する個々人の個別的利益としてもこれを保護すべきものとする趣旨を含むと解される場合には、このような利益もここにいう法律上保護された利益に当たる」（下線筆者）とされている（主婦連ジュース事件判決、最〔3小〕判昭和53年3月14日民集32巻2号211頁、百選Ⅱ132事件、もんじゅ原子炉事件判決、最〔3小〕判平成4年9月22日民集46巻6号571頁、百選Ⅱ162事件、小田急連続立体交差事業事件判決、最大判平成17年12月7日民集59巻10号2645頁、百選Ⅱ165事件、場外車券場設置許可事件判決、最〔1小〕判平成21年10月15日民集63巻8号1711頁、百選Ⅱ167事件など）。

これらの判例では、処分の対象者ではなく、その処分により影響を受ける第三者についての判断であり、どの範囲の者が不服審査を申し立てることができるかという問題になり、結局は行政法規の解釈によるのであり、なかなか難解な問題である。そして、原告適格については、判例は上に示したように、固まっているが、学説には、「法的保護に値する利益説」との対立があることは知っておいてもらいたい（司法研修所編『改訂行政事件訴訟の一般的問題に関する実務的研究』86頁〔法曹会、2000年〕）。

いずれも処分の対象者以外の第三者も原告適格を有する場合があることを示していて、これが行政不服審査法上の不服審査申立適格にそのままあてはめられるものである。

2. 不作為について

処分と異なり、「法令に基づき行政庁に対して処分についての申請をした者」（行審法3条）が、不服審査申立適格を有し、行訴法37条に定めるように「処分又は裁決の申請をした者」に限られている。この場合、不服審査申立適格者が、申請から相当の期間が経過したにもかかわらず、行政庁の不作為が継続している場合に、不服審査をすることができるのである。「相当の期間」がどのくらいかは、事案により異なるし、標準処理期間が定められているような場合はこれに従うことになる。

不服審査の種類　1. 審査請求

審査請求不服審査は、原則として審査請求に一元化され、旧法下での異議申立ての制度はなくなった。しかし、個別法で特に認められている場合にのみ、「再調査の請求」（行審法5条）や、「再審査請求」（行審法6条）ができることとなった。

審査請求は、原則として処分庁・不作為庁（以下「処分庁等」という）の最上級行政庁に対して行い、上級行政庁がない場合には当該処分庁等に対して行う（行審法4条）。この上級行政庁とは当該行政事務に関して処分庁等を直接指揮監督する権限を有する行政庁のことであり、最上級行政庁とはそれ以上の上級行政庁がない行政庁のことである。たとえば、県税事務所長が行った課税処分について不服がある場合には、県税事務所長の最上級行政庁である県知事に対して審査請求を行うが、県公安委員会のした風俗営業の不許可処分についての不服審査は、県公安委員会には上級行政庁がないので、処分庁である県公安委員会に審査請求を行うことになる。

都道府県公安委員会は、警察法38条1項・3項により「都道府県知事の所轄の下に」おかれ、「都道府県警察を管理する。」と規定されている。「都道府県知事の所轄の下」とは、都道府県知事に属するものの、都道府県知事の直接の指揮命令を受けず独立して職権を行使することを言うとされている。同様の

規定は、国家公安委員会についての警察法4条1項「内閣総理大臣の所轄の下に」、人事院に関する国家公務員法3条「内閣の所轄の下に」にも見られる。

　また、個別法で審査請求先についての特別の定めがある場合にはそれに従うことになる。たとえば、建築主事の建築確認に対して不服がある場合には建築基準法94条により、建築審査会に対して審査請求をすることになり（同法96条は削除され、審査請求前置は廃止されたことに注意）、介護保険法に基づく保険給付に関する処分等に不服がある場合には、介護保険法183条に基づき、各都道府県に置かれる介護保険審査会に審査請求することになる（介護保険法184条）。その他、生活保護法に基づく、市区町村長が行った処分に対する審査請求は、都道府県知事に対してすることになっている（生活保護法64条）し、失業等給付に関する処分等については、雇用保険審査官に対して審査請求することになっている（雇用保険法69条1項前段）。

2. 再調査の請求

　再調査の請求ができるのは、処分庁以外の行政庁に対して審査請求できる場合であって、法律の定めがある場合に、処分庁に対してできることになっている（行審法5条1項）。法律の定めは、3つの法律とそれを準用する法律に限られている。3つの法律は、関税法89条、国税通則法75条1項1号イ、公害健康被害の補償等に関する法律106条1項である。

　再調査請求は、不服審査が大量になされる処分で、事実認定の妥当さを争うものなどについて、簡易な手続により、処分に至る事実関係を詳細に把握している処分庁に、迅速に処分を見直すことを求めることで解決することもあることから設けられた制度と理解することができる。

　ただし、再調査請求が認められる場合にあっても、審査請求を申し立てることもでき、いずれを選択するかは、申立人の自由である（自由選択主義、その他は行審法5条2項、再調査請求の手続については行審法54条から61条参照）。

3. 再審査請求

　法に再審査請求できる旨の規定がある場合には、再審査請求をすることができる（行審法6条1項）。たとえば、市区町村長による生活保護申請に対する決

定について知事のした審査請求の裁決に不服がある場合には、厚生労働大臣に再審査請求できるし（生活保護法66条）、建築審査会の裁決に不服がある場合は、国土交通大臣に対して再審査請求することができる（建築基準法95条）。また、雇用保険法69条1項前段に基づく雇用保険審査官の決定に不服がある者は労働保険審査会に再審査請求することができる（雇用保険法69条1項後段）。

ただし、再審査請求ができる場合であっても、それをせず訴訟を提起することもでき、その選択は申立人の自由に任されている。

以下においては、原則的な不服審査である「審査請求」について述べていく。

1. 処分について

審査請求申立期間　審査請求できる期間は、処分があったことを知った日の翌日から3ヶ月以内である（行審法18条1項）。また、処分があった日から1年を経過した場合にはすることができないが、正当な理由があれば、これらの期間を過ぎても審査請求することができる場合がある（行審法18条2項、たとえば、震災や大規模水害などの災害等により、期間内に審査請求することができないやむを得ない事情がある場合などである）。なお、この期間計算については、到達主義ではなく発信主義がとられており、期間内に発信すれば足りることになっている（行審法18条3項）。

2. 不作為について

不作為についての審査請求は、処分を求める申請時から相当期間経過後であって、処分がなされないという不作為が継続していれば、いつでもすることができる。

教示制度　以上述べたように、どのような行政庁の行為が行政不服審査の対象となり、いつまでに、どの行政庁に対して審査請求ができるのかについては、法令を調査したり、行政の仕組みを理解しないとなかなかわかりづらい。そのため、行政不服審査法では、これらのことについて処分庁が「教示」することを義務付けている（行審法82条）。具体的には、審査請求ができる処分を書面でする場合には、①審査請求ができること、②審査請求をすべき行政庁、③審査請求をすることができる期間を書面で教示しなければならないことを規定している。

これを受けて、処分庁が教示をしなかった場合には、当該処分について不服がある者は、当該処分庁に審査請求書を提出することができ、処分庁に審査請求書が提出された場合には、当初から適法な審査請求または当該法令に基づく審査請求がされたものとみなされる（行審法83条）。

　また、誤った教示がされた場合には、初めから正しい審査請求先に審査請求がなされたものとして取り扱うことなどにより、審査請求人の救済を図ることとしている（行審法22条）。

（教示の例）

> （教示）
> この処分に不服があるときは、この処分の通知を受けた日の翌日から起算して3か月以内に、○○市長に審査請求をすることができます。
> この処分の取消しの訴えは、この処分の通知を受けた日の翌日から起算して6か月以内に○○市を被告として提起しなければなりません（訴訟において○○市を代表する者は○○市長となります。）。ただし、この処分の通知を受けた日の翌日から起算して3か月以内にこの処分に対する審査請求をした場合には、この処分の取消しの訴えは、当該審査請求に対する裁決の送達を受けた日の翌日から起算して6か月以内に提起しなければならないこととされています。

審理員による審理　　審理員による審査は、2016年の全面改正に従って設けられた制度である。審査請求の審理は、審査庁（審査請求がされた行政庁）に所属する職員のうち審査庁から審理員として指名された者が審理手続を主宰することにより行われる（行審法9条1項）。それは、審理員はあくまでも審査庁の補助機関として審理を行うものであるからである。審理員は、処分に関与していない者や利害関係を有しない者でなければならず（除斥事由、行審法9条2項）、審査庁は審理員となるべき者の名簿を作成するよう努めるとともに、名簿を作成した時にはこれを公にしておかなければならない（行審法17条。たとえば東京都では役職名のみを挙げている）。審理員にはたとえば法務事務を所管する組織の者、そのOB、外部の弁護士などを非常勤職員等として任用して指名することが多い。いずれにしても、審査庁の職員である（次頁図参照）。

【図】 審査請求の手続の流れ

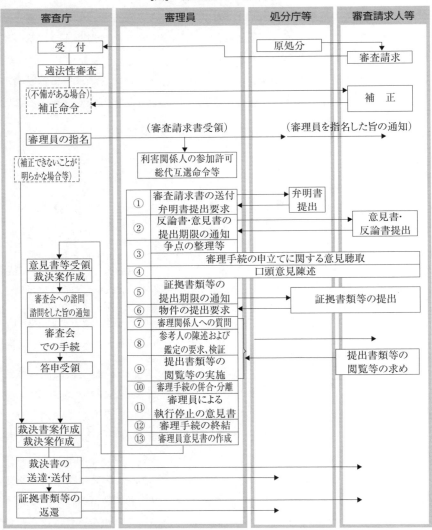

なお、行政委員会や審議会や審査会等が審査庁となる場合には、公正性が確保されるとの考えから、審理員による審理手続は行われない（行審法9条1項ただし書）。公正性が確保されるという理由に基づいて、情報公開法等に基づく処分についても審理員による審査手続の規定は適用除外とされている（行政機関の保有する情報の公開に関する法律18条、行政機関の保有する個人情報の保護に関する法律42条）。
　また、地方自治体の条例に基づく処分についても条例に特別の定めを置くことにより審理員による審理手続を行わないことができる（たとえば東京都情報公開条例20条など、行審法9条1項ただし書）。

審理手続の迅速化　　行政不服審査制度が、いかに裁判よりも簡易で迅速な制度であるといっても、審理手続に不必要に時間を要していては、その趣旨が失われてしまう。そのため、行審法では、①標準審理期間の設定、②審理手続の計画的進行、③審理手続の計画的遂行の制度が定められている。

　①標準審理期間の設定　　審査庁となるべき行政庁は、審査請求があった時から裁決に至るまでの標準的な期間を定めるよう努めるとともに、定めたときは適当な方法によって公にしておかなければならないとされている（行審法16条）。しかしこれはあくまでも努力規定で、行政庁を拘束するものではない。

　②審理手続の計画的進行　　審査請求における審理は、後に述べるように、処分庁と審査請求人が、弁明書や反論書および証拠を提出し、これを基に審理員が審理員意見書を作成するという構造になっている。このように互いに主張し合うため、事案によっては相当程度時間がかかることもある。そこで行審法は、審理員を含め相互協力を求めている（行審法28条）。

　③審理手続の計画的遂行　　事件が複雑な場合には、弁明書や反論書が提出されただけでは、審理員が争点を把握できずに手続を円滑に進められないことがある。そのため行審法は、31条から37条までで、口頭意見陳述、審理関係人への質問、意見聴取等の制度を定めるなど、計画的遂行を求めている。

審査請求手続の開始　　1. 審査請求書の提出
　審査請求は、原則として「審査請求書」を提出して行わなければならない（行審法19条1項）。請求書の記載内容は、以下のとおり

である。

- 処分についての審査請求については行審法19条2項に従い、①審査請求人の氏名又は名称および住所又は居所、②審査請求に係る処分の内容、③審査請求に係る処分（再調査の請求についての決定を経たときは当該決定）があったことを知った年月日、④審査請求の趣旨および理由、⑤処分庁の教示の有無およびその内容、⑥審査請求の年月日、⑦押印（行審法施行令4条2項）。
- 不作為についての審査請求については行審法19条3項に従い、①審査請求人の氏名又は名称および住所又は居所、②当該不作為にかかる処分についての申請の内容および年月日、③審査請求の年月日、④押印（行審法施行令4条2項）。

2. 口頭による審査請求ができる旨の個別の法律（条例に基づく処分については条例）の定めがあれば、口頭ですることもできる（行審法19条1項）。その場合、審査請求人は上記の事項を陳述し、陳述を受けた行政庁はその陳述の内容を録取し、読み聞かせたうえで誤りのないことを確認し、陳述人に押印させなければならない（行審法20条）。この例としては、国民健康保険の保険給付に関する処分等についての国民健康保険審査会に対する審査請求（国民健康保険法99条）、介護保険給付に関する処分等についての介護保険審査会に対する審査請求（介護保険法192条）など、社会保障関係の法律に多い。

3. 補　　正

審査請求書の記載事項に不備がある場合には、審査庁は、相当の期間を定めて補正を命じなければならないが（行審法23条）、審査請求人が期間内に補正しない場合、または審査請求自体が不適法であって補正することができないことが明らかな場合は、審理手続を経ないで裁決で審査請求を却下できる（行審法24条）。

参加人　審査請求人以外の者であっても、審査請求に係る処分又は不作為に係る処分の根拠となる法令に照らし、当該処分につき利害関係を有する者と認められる者は、利害関係人として審理員の許可を得て当

該審査請求に参加することができ（行審法13条1項）、また、審理員は必要と認める場合には、利害関係人に対し当該審査請求に参加することを求めることができる（行審法13条2項）。たとえば、情報公開請求に係る審査請求において、対象情報の中に第三者の情報が入っている場合などの第三者が、利害関係人として審査請求に参加する場合などが考えられる。

参加人は、審理手続において、口頭意見陳述など審査請求人と同様の権利を行使することができる（行審法30条2項等参照）。

審理手続　審査請求に関する手続は、書面審理が原則であり、審理関係人の主張等も基本的には以下のような弁明書、反論書、意見書等の提出によってなされることになる（336頁の図参照）。審査庁から指名された審理員は、処分庁等に審査請求書を送付し相当の期間（おおむね4週間程度が適当とする解説書がある。伊東健次編著『Q&A 行政不服審査制度の解説』107頁〔ぎょうせい、2016年〕）を定めて弁明書の提出を求める（行審法29条1項・2項）。弁明書には、審査請求が処分に関するものである場合は、処分の内容および理由、不作為に関するものである場合は、処分をしていない理由並びに予定される処分の時期、内容および理由を記載しなければならない（行審法29条3項）。そして、処分庁等から弁明書の提出があった場合は、審理員はこれを審査請求人および参加人に送付しなければならない（行審法29条5項）。

弁明書に対しては、審査請求人は反論書を提出することができ、参加人も意見書を提出することができる（行審法30条1項・2項）。そして、これらの書面も審理員は他の審理関係者に送付しなければならない（行審法30条3項）。

口頭意見陳述　審査請求の審理は書面審査が原則であるが、審査請求人または参加人の申立てがあった場合には、審理員は申立人に口頭で審査請求に係る事件に関する意見を述べる機会を与えなければならない（行審法31条1項）。口頭意見陳述は、期日および場所を指定してすべての審理関係人を招集して行われるが（行審法31条2項）、その際申立人は、審理員の許可を得て処分庁等に対して当該事件に関して質問することができる（行審法31条5項）。

証拠書類の提出　審理関係人が、主張を裏付ける資料を提出したい場合には、証拠書類等を提出することができる（行審法32条1項・

2項)。

　また、審査請求人又は参加人は、審理手続が終結するまでの間、審理員に対して提出書類等の閲覧又は写し等の交付を求めることができる（行審法38条1項）。閲覧等の対象は、処分庁から提出された書類に限らないが、審理員は第三者の利益を害するおそれがある場合など正当な理由がある場合でなければ、その閲覧又は交付を拒むことができない（行審法38条1項）。

職権審理　審理員は、審査請求人若しくは参加人の申立てにより又は職権で、①書類その他の物件の所持人に対し、その物件の提出を求めること（行審法33条）、②第三者に参考人としてその知っている事実の陳述を求めること（行審法34条）、③第三者に鑑定を求めること（行審法34条）、④必要な場所を検証すること（行審法35条）、⑤審理関係人に質問すること（行審法36条）ができる。これらの手続は、審理員が判断の参考とするために行われるものであり、実施するかどうかは審理員が職権で判断する。この手続を、民事訴訟や行政訴訟の手続と比較して考えてもらいたい。

審理手続の終結・意見書の作成　審理員は、審理手続において、審理関係人の主張が尽くされ、必要な審理を終えたと判断したときは、審理手続を終結する（行審法41条1項）。また、弁明書や反論書等の書類が期間内に提出されなかった場合や口頭意見陳述に出頭しなかった場合にも審理手続を終結することができる（行審法41条2項）。

　審理員は、審理を終結した時には、速やかに審理関係人に対し手続を終結した旨と、審理員意見書および事件記録を審査庁に提出する予定時期を通知しなければならず（行審法41条3項）、遅滞なく、審査庁がすべき裁決に関する「審理員意見書」を作成し、速やかに、事件記録とともに審査庁に提出しなければならない（行審法42条）。

行政不服審査会等への諮問　審査庁は、審理員意見書の提出を受けたときは、原則として、国にあっては、総務省に置かれる行政不服審査会に、地方公共団体にあっては、当該地方公共団体の執行機関の附属機関（以下「行政不服審査会等」という）に諮問し（行審法43条1項）、その答申を受けたうえで裁決を行わなければならない（行審法44条）。

　「審理員による審理制度」の導入により、一定の公正さは確保されると考え

られるが、審理員は、常勤、非常勤を問わず、あくまでも審査庁の職員であるので、公平性や中立性の観点から必ずしも十分とは言いがたい。そこで、第三者の視点で審査庁の判断をチェックし、公正性、中立性を図るため、このような手続が導入されたのである。

　例外として、このような諮問が不要とされるのは、①原処分又は裁決の際に他の法令の規定に基づき第三者機関の議を経る場合、②審査請求人が諮問を希望しない場合、③行政不服審査会が諮問を不要と認める場合、④審査請求が不適法であり却下する場合、⑤審査請求のすべてを認容する場合（行審法43条1項各号、ただし例外があることに注意）である。その理由としては、行政不服審査会等への諮問により公正性、中立性は向上するものの、実質的な意義に乏しい場合であって、このような場合にまで諮問を義務付ける必要はないためである。また迅速な裁決につながり、公正・中立性と簡易・迅速性の両方の趣旨を生かそうとするためである。

1. 国の場合

　各省大臣などの国に属する審査庁が諮問するのは、総務省に置かれる行政不服審査会である。委員は、公正な判断をすることができ、法律や行政に関して優れた識見を有する者のうち両議院の同意を得て総務大臣が任命する（行審法69条1項〜6項。総務省のホームページに掲載されている）。

2. 地方公共団体の場合

　地方公共団体の場合、首長等が諮問する執行機関の附属機関として、新たに常設の審査会を設置することのほか、既存の情報公開審査会等と統合して設置することも可能である。また、他の団体との共同設置や他団体への委託といった方法も可能である。申立て件数が少ないことが予想されるのであれば、事件ごとに設置することもできる（行審法81条2項）。ただ、いずれの場合にあっても、地方公共団体の第三者機関の組織および運営に関してはそれを条例（共同設置の場合は規約）で定め、体制を整備する必要がある（行審法81条4項）。

3. 行政不服審査会等での審査

　審査庁は、審理員意見書と事件記録の写しを添えて、行政不服審査会等へ諮問するとともに、審理関係人に対して諮問した旨を通知し審理員意見書の写しを送付しなければならない（行審法43条2項・3項）。

　行政不服審査会は、基本的には審査庁から提出された資料を基に審議を行うが、同審査会には、審査請求人、参加人又は審査会に諮問した審査庁に主張を記載した書面や資料の提出を求めるなど必要な調査を行う権限がある（行審法74条）。また、同審査会は、審査関係人の申立てがあった場合には、必要がないと認める場合でない限り、口頭で意見を述べる機会を与えなければならず（行審法75条）、審査関係人は同審査会に対し、主張書面や資料を提出することができる（行審法76条）。さらに審査関係人は、同審査会に提出された資料の閲覧や写しの交付を求めることができ、同審査会は第三者の利益を害するおそれがある場合など正当な理由がある場合でなければそれらを拒むことができない（行審法78条）。

　このように、行政不服審査会においても、審査関係人が主張・立証を行い、十分な調査審議を行える仕組みが整えられているのである。これらの調査審議を終了して、諮問を受けた審査庁に答申を送付した時は、行政不服審査会は、答申の写しを審査請求人および参加人に送付するとともに、答申の内容を公表するものとされている（行審法79条）。

裁　　決

1. 種　　類

　審査庁は、行政不服審査会等から諮問に対する答申を受けた時や、諮問が不要である場合で、審理員意見書が提出されたときなどには、遅滞なく裁決しなければならない（行審法44条）。

　裁決の種類としては、「却下」「棄却」「認容」がある。

　不服審査申立期間を徒過している場合など、審査請求が不服審査申立要件を欠き、不適法である場合には却下裁決がされる（行審法45条1項）。また、本案審理の結果、審査請求に理由がなく、原処分や不作為が違法・不当でないとされる場合には、棄却裁決がなされる（行審法45条2項）。

　他方、審査請求に理由があり、原処分や不作為が違法・不当であるとされる場合には認容裁決がなされる（行審法46条1項）。

2. 認容裁決の内容

認容裁決の内容は審査請求の対象によって異なる。

①処分についての審査請求に理由がある場合には、原処分の全部若しくは一部を取り消し、あるいはこれを変更する裁決をする（行審法46条1項）。また、申請拒否処分を取り消す場合で、その申請に対して一定の処分をすべきものと認めるときで、審査庁が処分庁の上級行政庁である場合は、処分庁に対してその処分をすべき旨を命じることになり（行審法46条2項1号）、処分庁が審査庁そのものである場合はその処分をする（行審法46条2項2号）。なお、変更とは原処分はそのまま存続させ、法律効果だけを変更させることをいい、量的変更（たとえば、営業停止1月を15日にするなど）および質的変更（公務員の処分で、停職3月を減給3月にするなど）があり、新たな処分は必要ない（行審法52条2項参照）。

②他方、公権力の行使に当たる事実上の行為（たとえば、人身を拘束するとか、物を留置するとかである。旧法2条1項参照）について、審査請求に理由がある場合には、審査庁は裁決で当該事実上の行為が違法又は不当である旨を宣言するとともに、処分庁以外が審査庁である場合は、処分庁に対して、当該事実上の行為の撤廃・変更を命じ、処分庁が審査庁である場合には、当該事実上の行為の撤廃・変更をする（行審法47条）。ただし、処分や事実上の行為の変更については、審査請求人にとって不利益に変更することは禁止されている（行審法48条）。

なお、審査庁が処分庁でも上級行政庁でもない審議会や審査会等の場合（たとえば、国民健康保険審査会や、介護保険審査会など）、原処分等について処分庁に対する監督権限を有しないのが一般的であるため、原処分を変更する裁決や、事実上の行為の変更を命ずる措置をとることはできない（行審法46条1項ただし書・47条ただし書）。

③不作為についての審査請求に理由がある場合には、審査庁は、裁決で当該不作為が違法又は不当である旨を宣言する（行審法49条3項）。また、当該申請に対して一定の処分をすべきものと認める場合は、不作為庁の上級行政庁が審査庁である場合には、不作為庁に対してその処分をすべき旨を命じ、不作為庁が審査庁である場合には、その処分をする（行審法49条3項）。

3. 事情裁決

棄却裁決の一類型として、「事情裁決」というのがある。原処分が違法・不当ではあるが、これを取り消すことにより公の利益に著しい障害を生ずる場合は、審査請求人の受ける損害等の一切の事情を考慮したうえで、処分を取り消すことが公共の福祉に適合しないと認めるときは、審査庁は裁決で審査請求を棄却することができる（行審法45条3項）。この場合には、裁決の主文で、当該処分が違法又は不当であることを宣言しなければならない（行審法45条3項）。

これと類似の制度に、行政事件訴訟に「事情判決」という制度がある（行訴法31条）。詳しくは、本書第31講「取消訴訟の終了」を参考にしてほしい。

裁決書の記載事項　裁決書には、①主文、②事案の概要、③審理関係人の主張の要旨、④理由が記載され、審査庁が記名押印して行う（行審法50条1項）。また、主文が審理員意見書や行政不服審査会等の答申書と異なる場合には、異なることとなった理由を④に含めなければならない（行審法50条1項）。この条項を根拠にして、「答申を尊重して裁決しなければならない」ということが導かれるのである。もし、異なることになった合理的理由が付されていなければ、裁決固有の瑕疵として裁決の取消し事由になる（宇賀克也「行政不服審査法全部改正と自治体の対応」国際文化研修89巻24頁、行訴法10条2項参照）。

また、審査庁は、再審査請求することができる裁決をすべき場合には、裁決書に、再審査請求ができる旨並びに再審査請求すべき行政庁および再審査請求期間を記載して、これらを教示すべきことになる（行審法50条3項）。

裁決の効力　裁決の効力は、原則として審査請求人に、裁決書の謄本が送達されたときに発生する（到達主義、行審法51条）。

また、裁決は審査請求人や参加人の当事者だけでなく、処分庁をはじめとした関係行政庁を拘束する（行審法52条1項）。この裁決の拘束力により、裁決により処分が取り消された場合は、原処分の申請だけが残ることになり、処分庁はあらためて申請に対する処分をしなければならないことになる（行審法52条2項）。

執行停止　審査請求は、処分の効力、処分の執行又は手続の続行を妨げない（執行不停止の原則、行審法25条1項。なお、行訴法25条1項参照）。

その理由は、審査請求がされることにより、直ちに処分の執行等が停止されると、行政運営に著しい支障が生ずるためである（租税に関する審査請求が多数提起されて、執行停止の効力を生じると、収税がストップすることになり、行政運営に支障を生じる）。

1. 裁量的執行停止

　しかし、審査庁による裁量的執行停止は可能であり、審査庁が処分庁の上級行政庁又は処分庁である時は、必要と認める場合には、審査請求人の申立てにより又は職権で、処分の効力、処分の執行又は手続の続行の全部又は一部の停止その他の措置をとることができる（行審法25条2項。生活保護法の処分について、執行停止しないと命にかかわるような場合を想起してほしい）。

　他方、審査庁が処分庁の上級行政庁又は処分庁のいずれでもないときは、審査請求人の申立てにより、処分庁の意見を聴取したうえで執行停止することができるが、処分の効力、処分の執行又は手続の続行の全部又は一部の停止以外の措置をとることができない（行審法25条3項）。

2. 義務的執行停止

　①審査請求人の申し出、②処分、処分の執行又は手続の続行により重大な損害を避けるために緊急の必要がある場合には、審査庁は執行停止しなければならないとされている（行審法25条4項）。これが義務的執行停止である。

　しかし、①公共の福祉に重大な影響を及ぼすおそれがあるとき、②本案について理由がないとみえるときには執行停止する必要はない（行審法25条4項。執行停止の「消極的要件」ということができる）。

3. 補充性の原則

　執行停止は、本案について認容裁決により処分の取消しや変更をしても、もはや原状回復が困難となるなど、審査請求の目的を達し得ないことにならないようにするための暫定的な措置であるから、その内容は、審査請求人の権利利益の保護のための最小限度に限られるべきであって、執行停止という強度の措置は他に方法がない場合に限られるべきである（行審法25条6項）。

4. 執行停止の取消し

執行停止した後に、執行停止が公共の福祉に重大な影響を及ぼすことが明らかになったときや、その他事情が変更したため執行停止を継続することが適切でなくなったときは審査庁は執行停止を取り消すことができる（行審法26条）。この判断は、審査庁の職権で判断されることになる。

審査請求前置の見直し　行政処分に不服がある場合に、不服審査をするか、直ちに提訴するかは、原則として行政処分に不服がある者が自由に選択できることになっている（自由選択主義、行訴法8条1項本文）。しかし、例外として、個別の法律で不服審査に対する裁決等を経た後でなければ提訴できないと定められている場合がある（審査請求前置主義、行訴法8条1項ただし書）。このような、審査請求前置については、国民の裁判を受ける権利（憲法32条）を不当に制限しているとの批判もあったことから、2014年の行政不服審査制度改革の一環として見直しがされた。そして次の4つの審査請求前置を存置すべき特別の理由が認められる場合以外は、審査請求前置を廃止することとした。

① 大量の不服審査があり、直ちに出訴されると裁判所の負担が大きいもの（例：国税通則法、地方税法、健康保険法等）

② 不服審査申立手続に一審代替性（高等裁判所に取消訴訟を提起することになっている）があるもの（例：特許法、電波法等）

③ 第三者的機関が審査庁になり、高度に専門技術的判断を行う等により、裁判所の負担が軽減されるもの（例：国民健康保険法、国家公務員法、地方公務員法等）

④ 特別の事情により、審査請求前置が存置された場合（例：地方自治法127条3項に基づく議員の失職、同法229条5項の分担金に関する処分、同法231条の3第10項の督促、滞納処分に関する処分など）

その結果、児童扶養手当法や建築基準法などで審査請求前置が廃止されたのである。

事例の検討

まず、「支援措置」について、整理しておこう。

「支援措置」とは、DV防止法（配偶者からの暴力の防止及び被害者の保護等に関する法律）の被害者に該当するものは、相手方配偶者による、住民基本台帳の閲覧や住民票の写しの交付、戸籍の附票写しなどの交付の禁止を求めることができるもので、相談機関等（たとえば警察署長）の意見を付した支援措置申出書を関係市区町村長に提出することによって受けられる措置である。A男さんが戸籍の附票の写しを交付するように求めたところ、それを断られたのは支援措置によるもので、法律的には住民基本台帳法（以下「住基法」という）20条5項（12条6項を準用）に基づき、市長が行った処分である。

A男さんはこの支援措置の対象者であり、この措置によって戸籍の附票を交付されなかったという「処分」によって、住基法20条1項の規定する戸籍の附票の写しの交付を受ける権利を侵害されたことになり、不服審査申立適格を有することになる。

なお、支援措置そのものは処分ではなく、支援措置に基づいてなされた行為が処分となる。

不服審査申立期間は、窓口で拒否された日の翌日から3ヶ月以内である。

不服審査すべき行政庁は、戸籍の附票の交付に関する事務は市区町村長の事務であるので、上級行政庁はないため、交付を拒否した市の市長である。ただし、政令指定都市の区長が行っている場合もあり、その場合上級行政庁は市長になるので注意が必要である。もし、A男さんがわからないようであれば、窓口で不交付処分の書面をもらえば、その書面には、市長や区長には教示義務があるので、不服審査をすべき行政庁や不服審査すべき期間が示されているはずなので、それに従って審査請求することができる。なお、戸籍の附票の写しの不交付処分については、不服審査申立前置が定められていないので、直ちに取り消しを求める行政訴訟を提起することもできる。

また、実務上は、配偶者に対して離婚訴訟などの訴訟行為をするときでも、原告やその代理人には戸籍の附票の写しを交付しないが、裁判所から依頼があれば、裁判所には戸籍の附票が交付され、訴状が送達されるとの取扱いになっている。

〈参考文献〉

伊東健次編著『Q&A 行政不服審査制度の解説』ぎょうせい、2016 年。

一般財団法人行政管理研究センター編『逐条解説行政不服審査法　新政省令対応編』ぎょうせい、2016 年。

岡口基一『要件事実マニュアル第 5 版　第 4 巻』ぎょうせい、2017 年。

司法研修所編『改訂行政事件訴訟の一般的問題に関する実務的研究』法曹会、2000 年。

総務省行政管理局「逐条解説行政不服審査法」2015 年 4 月。

総務省行政管理局「行政不服審査法　審査請求事務取扱マニュアル（審査庁・審理員編）」2016 年 1 月。

総務省行政管理局「行政不服審査法　審査請求事務取扱マニュアル（様式編）」2016 年 1 月。

第28講

行政事件訴訟の類型

先生 ところで、マコト君、行政事件訴訟法という名前の法律を知ってるかい？

マコト君 もちろんです！

先生 それではさらに質問。行政事件訴訟法は様々な訴訟類型を用意しているけれど、世界的に見ても珍しいタイプの訴訟がその中にあるんだ。何だと思う？

マコト君 ……。

先生 「不作為の違法確認の訴え」がそれにあたる。

マコト君 「不作為の違法確認の訴え」って……？

先生 例をあげればすぐわかるよ。ある人が脱サラしてパチンコ店の経営に乗り出すとしよう。その営業のためには風営適正化法上の許可が必要だね。そこで、その人が営業許可の申請をしたとする。通常は許可要件が満たされていれば、営業許可が下りることになるんだけど、往々にしてこういう業種は地域住民の反対にあう。そこで、許可を出す行政庁の側も住民に配慮して、何とか策を練ろうとして時間が刻々とすぎていくことがあるんだ。

マコト君 何だかわかったようでわからないなあ。今の事例と「不作為の違法確認の訴え」って何が関係あるんですか？

先生 いいかい、不作為っていうのは何もしないことだろ。要するに「不作為の違法確認の訴え」とは、行政庁が何もしないということが違法であるということを確認するための訴訟なんだ。先の事例の場合、営業許可の申請がされているのに、行政庁は何の返答もしないわけだろう。この沈黙している態度が悪いということを裁判所に法的に確認してもらうことは、問題解決の一つの手法である、と言えるね。

マリちゃん つまり、「不作為の違法確認の訴え」というのは申請の握り潰しに対処するための訴訟というわけね。でも、仮に裁判所でこの訴えが認容されたとしても、その後、必ず営業許可が下りるというわけでもないのよね。

先生 たしかに。行政庁は裁判所によって不作為の違法が確認されたら、とにかく申請に対して何らかの応答をしなければならない。ただ、その結果、不許可になることだってある。

マリちゃん その処分に不満がある場合には、今度は「取消訴訟」を提起することになるんですよね。

マコト君 「取消訴訟」って何さ？　また訴訟やるの？　何だかまわりくどいなあ

……。
先生 「義務付け訴訟」だと手っ取り早いんだけどね……。
マコト君 「義務付け訴訟」って何？　もう、いろんなタイプの訴訟が出てきて何がどうなってるのかさっぱりわからないよ……。

講義ノート

総説　　一口に行政事件訴訟といっても色々なタイプの訴訟がある。行政事件訴訟法によれば、行政事件訴訟の種類は4つある。すなわち、抗告訴訟、当事者訴訟、民衆訴訟、機関訴訟である。

このうち抗告訴訟と当事者訴訟は主観訴訟として、また、民衆訴訟と機関訴訟は客観訴訟として捉えられる。ここで主観訴訟とは、個人の具体的な権利の保護を主な目的とする訴訟であり、他方、客観訴訟とは、適法な公務遂行を確保し、それによって（個人の具体的権利ではなく）一般公共の利益を保護することを目的とする訴訟である。

ところで、この後者の客観訴訟は、基本的に裁判所の裁判権限が及ぶ「法律上の争訟」（裁判所法3条1項）には該当しない。なぜなら、一般に、法律上の争訟とは、当事者間に具体的な権利義務に関する紛争があり、具体的な法令を適

行政事件訴訟の類型

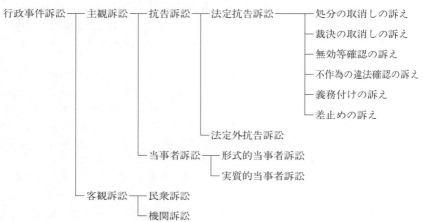

用することによって終局的な解決が可能な事件とされるが、客観訴訟は、このうち「具体的な権利義務に関する紛争」という要素が欠如しているからである。そうすると、客観訴訟を容認する行政事件訴訟法と客観訴訟を容認しない裁判所法が矛盾・抵触することになりそうである。しかし、裁判所法は、全く例外を許していないわけではない。裁判所法は、そのような例外的な場合を「法律において特に定める」場合として容認している（裁判所法3条1項）。このことを前提にすれば、客観訴訟は法律において特に定められたものとして、裁判所の裁判権限が及ぶものと解される。なお、行政事件訴訟法上、客観訴訟である「民衆訴訟及び機関訴訟は、法律に定める場合において、法律に定める者に限り、提起することができる」とされている（行政事件訴訟法42条）。

　以下では、上述した行政事件訴訟法上の4つの訴訟類型について、抗告訴訟、当事者訴訟、民衆訴訟、機関訴訟の順でその概要を指摘していくことにするが、行政事件訴訟法に定められていない訴訟である法定外抗告訴訟についても言及することにする。

抗告訴訟　　行政事件訴訟法上、抗告訴訟とは、行政庁の公権力の行使に関する不服の訴訟である（行政事件訴訟法3条1項）。このような抗告訴訟は、さらに、いかなる判決を求めるのかということを基準にして、処分の取消しの訴え（行政事件訴訟法3条2項）、裁決の取消しの訴え（行政事件訴訟法3条3項）、無効等確認の訴え（行政事件訴訟法3条4項）、不作為の違法確認の訴え（行政事件訴訟法3条5項）、義務付けの訴え（行政事件訴訟法3条6項）、差止めの訴え（行政事件訴訟法3条7項）に区別される。

　このうち「処分の取消しの訴え」とは、行政庁の処分その他公権力の行使にあたる行為の取消しを求める訴訟であり、また、「裁決の取消しの訴え」とは、審査請求その他の不服の申立てに対する行政庁の裁決、決定その他の行為の取消しを求める訴訟をいう。ともに取消判決を求めるものであるから、両者をあわせて取消訴訟と呼ぶ（行政事件訴訟法9条1項）。行政事件訴訟法は取消訴訟中心主義を採用しており、その規定の多くが取消訴訟に関するものである（そのため、次講以下では、この取消訴訟を中心に論じる）。

　次に、「無効等確認の訴え」は無効等を確認する訴訟であるから、無効等確認訴訟には、処分または裁決の無効確認訴訟のほかに、処分または裁決の有効

確認訴訟、失効確認訴訟（以上3つの訴訟は効力要件の有無を確認する訴訟）、存在確認訴訟、不存在確認訴訟（以上2つの訴訟は成立要件の存否を確認する訴訟）がある。それでは、なぜ、行政事件訴訟法は上記の取消訴訟以外にこういった訴訟類型を設けたのか。この点、後にも言及するように、行政処分の取消しを求めて訴訟を提起する場合には、出訴期間の制限（行政事件訴訟法14条1項）に服さなければならない（本書第29講を参照）。仮にこの出訴期間を徒過して取消訴訟を提起した場合には、不適法な訴えとして却下される。しかし、出訴期間を徒過してしまったという理由だけで、行政処分を争うことができないとしたら、私人の権利救済の観点からして問題が生じうる。そのような場合には、出訴期間の制限を受けずして、当該行政処分を争えるようにすることが必要となろう。それゆえ、行政事件訴訟法は、取消訴訟の出訴期間に関する定めを準用しない無効等確認訴訟を、取消訴訟とは別に、用意したと考えられる（行政事件訴訟法38条を見よ）。無効等確認訴訟が「時機に後れた取消訴訟」と呼ばれる所以である。

「不作為の違法確認の訴え」とは、行政庁が法令に基づく申請に対し、相当の期間内に何らかの処分または裁決をすべきにもかかわらず、これをしない場合に、当該不作為が違法であることの確認を求める訴訟である。ここで注意を要するのは、たとえ不作為の違法確認訴訟を通じて不作為状態の違法が裁判所の判決によって確認されたとしても、そのことは不作為状態が違法であるということを法的に確定するに止まり、それ以上にいかなる処分が行われるべきかということについてまで確定するわけではない、という点である。それゆえ、不作為の違法判決を受けて行政庁の側が何らかの処分を行ったとしても、当該処分が原告の望む処分ではないという事態も想定し得る。処分の相手方である国民は、不作為の違法確認訴訟に勝訴したとしても、終局的に、必ずしも自己の望む処分を受けられるとは限らないのである。

次に、「義務付けの訴え」であるが、これには2つのタイプがある。第一のタイプは、行政庁が一定の処分をすべきであるにかかわらずこれがされないときに、行政庁がその処分又は裁決をすべき旨を命ずることを求める訴訟である（行政事件訴訟法3条6項1号）。たとえば、この第一のタイプの訴訟は、原告が原告以外の第三者に対する行政庁の規制権限の発動を求める場合に用いられる。この第一のタイプの訴訟は直接型義務付け訴訟または非申請型義務付け訴訟と

呼ばれており、義務付けの対象となる処分が申請を前提としない処分であることを特徴とする。これに対し、第二のタイプは、行政庁に対し一定の処分又は裁決を求める旨の法令に基づく申請又は審査請求がされた場合において、当該行政庁がその処分又は裁決をすべきであるにかかわらずこれがされないときに、行政庁がその処分又は裁決をすべき旨を命ずることを求める訴訟である（行政事件訴訟法3条6項2号）。たとえば、この第二のタイプの訴訟は、許可の申請に対して拒否処分が行われたとき、裁判所が行政庁に対し許可するよう命じることを求める場合に用いられる。この第二のタイプの訴訟は申請満足型義務付け訴訟または申請型義務付け訴訟と呼ばれており、義務付けの対象となる処分が申請を前提とする処分であることを特徴とする。申請満足型義務付け訴訟の場合、一定の抗告訴訟（不作為の違法確認訴訟、取消訴訟、無効等確認訴訟のいずれか）を必ず併合提起しなければならない（同37条の3第3項）。

　最後に、「差止めの訴え」とは、行政庁が一定の処分又は裁決をすべきでないにかかわらずこれがされようとしている場合において、行政庁がその処分又は裁決をしてはならない旨を命ずることを求める訴訟である（行政事件訴訟法3条7項）。この訴訟は、たとえば、自己に対する不利益処分が行われないようにするため、あるいは、第三者に対する行政庁の許認可（電力会社に対する原発の設置許可など）が出されないようにするために用いられることが想定されている。差止め訴訟は、取消訴訟と異なり、処分がされる前の段階で提起される点に特徴があり、「前倒しされた取消訴訟」と呼ばれることもある。

法定外抗告訴訟　以上に述べてきた抗告訴訟の類型は、行政事件訴訟法3条において法定された訴訟類型である。そこで示されている訴訟類型は抗告訴訟の単なる例示である、と解釈することができるとすると、それ以外の、すなわち法定されていない抗告訴訟も考えることができるようになる。従来、そのような訴訟類型は、法定外抗告訴訟または無名抗告訴訟と呼ばれてきた。たとえば、規制権限の行使が義務であることの確認を求める義務確認訴訟や、包括的な権力的作用の排除を求める権力的妨害排除訴訟がこれに該当する。

当事者訴訟　行政事件訴訟法上、当事者訴訟とは、「①当事者間の法律関係を確認し又は形成する処分又は裁決に関する訴訟で法令の規

定によりその法律関係の当事者の一方を被告とするもの及び②公法上の法律関係に関する確認の訴えその他の公法上の法律関係に関する訴訟をいう」(行政事件訴訟法4条、便宜上、番号を付した)。

このうち①の訴訟によって争われる訴訟は、本来であれば、抗告訴訟によるべきものである。なぜなら、それは公権力の行使たる「処分又は裁決」に関するものだからである。しかし、行政事件訴訟法は、公権力の行使たる「処分又は裁決」に関する訴訟であっても、それが、法形式上、対等当事者間の訴訟として構成されている場合には、これを当事者訴訟によって争わせることにした(たとえば土地収用法133条を見よ)。このように、①の訴訟は、実質的には公権力の行使に関する訴訟であるという点で本来的には当事者訴訟ではないが、形式的には対等当事者間の訴訟である。したがって、これを形式的当事者訴訟と言う。

これに対し、②の訴訟は、形式的に見ると対等当事者間の訴訟であり、かつ、実質的に見ても公権力の行使に関する訴訟ではない。したがって、これを実質的当事者訴訟と言う。たとえば、公務員の地位確認請求や損失補償請求などがこれにあたるとされている。この②の実質的当事者訴訟は、2004年の行政事件訴訟法改正後、注目を集めるようになり、裁判例も従来と比較して数多く見られるようになった(参照、最大判平成17年9月14日民集59巻7号2087頁、百選Ⅱ208事件)。

民衆訴訟 　行政事件訴訟法上、民衆訴訟とは、「国又は公共団体の機関の法規に適合しない行為の是正を求める訴訟で、選挙人たる資格その他自己の法律上の利益にかかわらない資格で提起する訴訟をいう」(行政事件訴訟法5条)。具体的には、住民訴訟(地方自治法242条の2)や選挙訴訟(公職選挙法203条・204条・207条)などがこれにあたる。

機関訴訟 　行政事件訴訟法上、機関訴訟とは、「国又は公共団体の機関相互間における権限の存否又はその行使に関する紛争についての訴訟をいう」(行政事件訴訟法6条)。具体的には、地方公共団体の議会と長の間の訴訟(地方自治法176条7項)などがこれにあたる。また、1999年の地方自治法の大改正によって導入された新しいタイプの訴訟、すなわち国の関与に対し地方公共団体の機関がその取消しを求める訴訟(地方自治法251条の2・252条)

も、この機関訴訟に含めることができると一般に考えられている。

事例の検討

　本文で述べたように、不作為の違法確認訴訟、取消訴訟、義務付け訴訟は、いずれも公権力の行使に関する不服の訴訟たる法定抗告訴訟である。

　本事例は、営業許可の申請に対して行政庁から何の応答もない事例、すなわち行政庁の不作為が問題となっている事例である。したがって、まず考えられるのは、不作為の違法確認訴訟である。この訴訟を通じて不作為の違法確認が認められるためには、行政庁が「相当の期間内に何らかの処分又は裁決をすべきであるにかかわらず、これをしないこと」（行政事件訴訟法3条5項）が必要である。ここで言う「相当の期間」は一律に決することができず、諸般の事情を総合的に判断して決するほかない、と解されている。この点、行政手続法6条に標準処理期間の定めがあり、申請に対する処分に必要な処理期間を公にしておかなければならないことが定められているが、行政庁が努力目標として定めた標準処理期間と裁判所が第三者的立場で判断する「相当の期間」は一応別のものとして把握される（宇賀克也『行政手続法の解説〔第六次改訂版〕』92頁以下〔学陽書房、2013年〕）。

　仮に不作為の違法確認訴訟を通じて行政庁の不作為の違法性が確認されたとしても、本文で指摘したように、必ずしも原告の望む処分が行われるわけではない。そこで、不作為の違法確認訴訟が終了した後、行政庁によって下された処分に不服のある者は、あらためて取消訴訟を提起しなければならない。ここに不作為の違法確認訴訟の迂遠さがある。

　そこで、原告の要求する処分を直接勝ち取る手段として、義務付け訴訟が考えられる。この義務付け訴訟によれば、原告が望む特定の処分を行うよう、行政庁に義務付けることができる。本事例のように、申請に対し相当の期間内に何らの処分がなされていない状況の中で申請に対する処分を求める場合には、第二号義務付け訴訟を提起することになるが、不作為の違法確認訴訟も併合して提起しなければならない（行政事件訴訟法37条の3第3項1号）。また、仮に法令に基づく申請を却下し又は棄却する旨の処分がされた場合において、当該処分が取り消されるべきものであり、又は無効若しくは不存在であるときは、第

二号義務付け訴訟に取消訴訟又は無効等確認訴訟を併合して提起しなければならない（行政事件訴訟法37条の3第3項1号）。いずれの場合も、①義務付け訴訟に併合して提起された不作為の違法確認訴訟・取消訴訟・無効等確認訴訟において請求に理由があると認められ、かつ、②行政庁がその処分をすべきであることがその処分の根拠となる法令の規定から明らかであると認められるか、又は、行政庁がその処分若しくは裁決をしないことがその裁量権の範囲を超え若しくはその濫用となると認められるときに、義務付け判決が下されることになる（行政事件訴訟法37条の3第5項）。

〈参考文献〉

第28～31講共通の文献を掲記する。
　阿部泰隆『行政救済の実効性』弘文堂、1985年。
　阿部泰隆『行政訴訟改革論』有斐閣、1993年。
　阿部泰隆『行政訴訟要件論』弘文堂、2003年。
　小早川光郎『行政訴訟の構造分析』東京大学出版会、1983年。
　司法研修所『〔新版〕行政事件訴訟の一般的問題に関する実務的研究』法曹会、2000年。
　杉本良吉『行政事件訴訟法の解説』法曹会、1963年。
　園部逸夫編『注解　行政事件訴訟法』有斐閣、1989年。
　髙木　光『行政訴訟論』有斐閣、2005年。
　南　博方編『注釈　行政事件訴訟法』有斐閣、1972年。
　南　博方原編著『条解　行政事件訴訟法〔第4版〕』弘文堂、2014年。
　室井　力・芝池義一・浜川　清編『行政事件訴訟法・国家賠償法〔第2版〕』日本評論社、2006年。
　山村恒年・阿部泰隆編『行政事件訴訟法』三省堂、1984年。
　山村恒年『行政過程と行政訴訟』信山社、1995年。
　渡部吉隆・園部逸夫編『行政事件訴訟法体系』西神田編集室、1985年。
2004年の行政事件訴訟法の改正および改正後の行政事件訴訟法を扱うものとして以下の文献がある。
　宇賀克也『改正行政事件訴訟法（補訂版）』青林書院、2006年。
　小早川光郎・高橋　滋編『詳解改正行政事件訴訟法』第一法規、2004年。
　小林久起『行政事件訴訟法』商事法務、2004年。
　最高裁判所事務総局行政局監修『改正行政事件訴訟法執務資料』法曹界、2005年。
　『ジュリスト増刊　改正行政事件訴訟法研究』有斐閣、2005年。
　日本弁護士連合会行政訴訟センター編『実務解説行政事件訴訟法』青林書院、2005

年。
橋本博之『解説改正行政事件訴訟法』弘文堂、2004年。
福井秀夫・村田斉志・越智敏裕『新行政事件訴訟法』新日本法規、2004年。
松永邦男・小林久起編著『Q＆A改正行政事件訴訟法』ぎょうせい、2005年。

第29講

取消訴訟の訴訟要件

マリちゃん 私のおじいちゃんがね、足が悪くて、週に2、3回は病院に通ってるのよ。
マコト君 足が悪いんじゃ、病院に通うのも大変だろう。
マリちゃん それがね、歩いて10分もしないところにあって、とっても助かってるのよ。
マコト君 それはよかった。
マリちゃん でもね、その途中に今度パチンコ屋さんができるのよ。おじいちゃん、それで怒っちゃって。人通りが多くなるし、うるさくなるでしょ。それに恐い人が出入りしそうじゃない。それで、おじいちゃん、何とかならないかって、私に言うのよ。
先生 法律を勉強している君にそんなふうに言うっていうことは、おじいちゃん、裁判でも起こそうって言っているのですか？ そうだとすれば、この場合には営業許可の取消しを求める訴訟が一つの手段として考えられますが、それはちょっとむずかしそうです……。

講義ノート

序　説　　行政事件訴訟が提起されると、裁判所は審理を開始する。ただ、この審理には二段階の審理があることに注意しなければならない。すなわち、要件審理と本案審理である。このうち要件審理の段階では、訴えの提起が適法なものであるかどうかが審理される。このような審理が行われる理由は、法律が行政事件訴訟の提起それ自体に一定の要件（これらを訴訟要件という）を課しているためである。他方、本案審理の段階では、原告の請求に理由があるか否かが審理される。仮に要件審理の段階において訴訟要件が充足されていないと判断されると、その訴えは却下されるが、裁判所によって訴えが却下された場合であっても、抗告訴訟の場合、問題とされた行政庁の行為が適法に確定するわけではない。したがって、再度、訴訟要件を具備した訴訟が提起

されれば、裁判所は本案審理を行い、行政庁の行為につき、違法かどうかの判断を下すことになる。

本講では、要件審理をクリアーするための条件、すなわち訴訟要件について取り上げることにする。なお、行政事件訴訟法が取消訴訟中心主義を採用してきた関係で、ここでは特に取消訴訟の訴訟要件について取り上げることにする。

取消訴訟の対象 行政事件訴訟法3条2項は「行政庁の処分その他公権力の行使にあたる行為」の取消しを求める訴訟を「処分の取消しの訴え」としているから、取消訴訟の対象は「行政庁の処分その他公権力の行使にあたる行為」でなければならない（そのような行為は「処分性を有する」と言われたりする）。しかし、その具体的な内容について行政事件訴訟法は明らかにしていないから、いかなる行為が取消訴訟の対象となるのか、解釈上、問題となる。

この点に関し、最高裁は、行政庁の処分とは「公権力の主体たる国または公共団体が行う行為のうち、その行為によって、直接国民の権利義務を形成しまたはその範囲を確定することが法律上認められているものをいう」と判示してきた（最〔1小〕判昭和39年10月29日民集18巻8号1809頁、百選Ⅱ148事件）。このような行為として異論がないのは、講学上の行政行為（本書第16講を参照）である。また、法律によって不服申立て対象となることが明示されている行為や、継続的事実行為（精神保健及び精神障害者福祉に関する法律29条に基づく精神障害者に対する入院措置などで、こういった行為は2014年改正前の行政不服審査法2条2項で「処分」に含まれることとされていた）もまた取消訴訟の対象となることに異論がない。したがって、講学上の行政行為ではない行為、たとえば契約、行政指導、通達などは、法律上、不服申立ての対象にされていなければ、あるいは、継続的事実行為でなければ、原則として、取消訴訟の対象にならない（国有財産の売買契約について最〔3小〕判昭和35年7月12日民集14巻9号1744頁、百選Ⅱ146事件、行政指導について最〔3小〕判昭和38年6月4日民集17巻5号670頁、通達について最〔3小〕判昭和43年12月24日民集22巻13号3147頁、百選Ⅰ55事件）。また、行政計画についても、紛争の成熟性がない（つまり行政計画は権利義務関係を終局的に確定する前段階のいわば中間的行為である）という理由で、取消訴訟の対象にはならない、と一般に解されてきた（行政計画の処分性について先例としての役割を果たしたのは、最大

判昭和41年2月23日民集20巻2号271頁である）。

　もっとも、処分性の有無の判定は必ずしも容易ではない。たとえば行政計画の場合、上述したところによると処分性は認められないが、最高裁は、土地区画整理事業計画につき、近年、判例変更を行い、その処分性を承認している（最大判平成20年9月10日民集62巻8号2029頁、百選Ⅱ152事件）。また、条例の場合、一般に処分性は認められないが、最高裁は、その施行によって直接、住民の法的地位を奪うことになる保育所廃止条例につき、その処分性を承認している（最〔1小〕判平成21年11月26日民集63巻9号2124頁、百選Ⅱ204事件）。さらに、行政指導は事実行為であるから一般に処分性は認められないが、最高裁は、医療法30条の7の規定に基づく病院開設中止の勧告が行政指導であることを認めつつ、保険医療機関の指定に及ぼす効果及び病院経営における保険医療機関の指定の持つ意義を根拠に処分性を承認している（最〔2小〕判平成17年7月15日民集59巻6号1661頁、百選Ⅱ160事件）。いずれにせよ、いかなる行為を取消訴訟の対象とするかは、権利救済の必要性のほかに、取消訴訟の手続でもって争わせることの適否や、民事訴訟による救済の可能性などを考慮に入れて、総合的見地から判断すべきであろう。

　原告適格　取消訴訟を提起する者は、原告となるための資格を有していなければならない。その意味で誰でも適法に取消訴訟を提起できるわけではない。この点、行政事件訴訟法は、「当該処分又は裁決の取消しを求めるにつき法律上の利益を有する者」に取消訴訟の原告適格を認めている（行政事件訴訟法9条1項）。しかし、そこでいう「法律上の利益」の概念が、法文上、明らかではない。それゆえ、その意味内容が解釈上、問題となる。この問題は、特に処分の名宛人以外の第三者が取消訴訟を提起する場面で重要な意義を有する。

　この取消訴訟の原告適格をめぐる学説の考え方は、従来、2つに大別されてきた。第一番目の考え方は「法律上保護された利益説」（または「法の保護する利益説」）と呼ばれる考え方である。これによれば、「法律上の利益」とは法律が保護している利益を指すので、ある者が取消訴訟の原告適格を有するか否かは、基本的に、法律がその者の利益を保護しているか否かという観点から判断されることになる。これに対し、第二番目の考え方は、「法的保護に値する利益説」

(または「保護に値する利益説」)と呼ばれる考え方である。これによれば、「法律上の利益」とは裁判上救済される必要性のある利益のことをさすので、ある者が取消訴訟の原告適格を有するか否かの判断は、基本的に前説と異なり、法律に着目して行われるのではなく、救済の必要性があるか否かという観点から行われる。以上の２つの考え方のうち、多くの支持を得たのは前者、すなわち「法律上保護された利益説」である。その理由は、「法律上保護された利益説」のほうが文理に即していることや、客観的な指標である法律に着目して原告適格の範囲を画していくので恣意的な原告適格の範囲の設定を回避できるということ等にある。

　従来の判例もまた基本的に「法律上保護された利益説」に依拠してきた。たとえば、最高裁は、いわゆる主婦連ジュース不当表示事件（最〔３小〕判昭和53年３月14日民集32巻２号211頁、百選Ⅱ132事件）において、法律上の利益を有する者とは「当該処分により自己の権利若しくは法律上保護された利益を侵害され又は必然的に侵害されるおそれのあるものをいう」と述べている。このような立場から原告適格が否定された事例として、学術研究者が文化財の保存・活用のため遺跡指定の解除を争った事例（最〔３小〕判平成元年６月20日判時1334号201頁、百選Ⅱ169事件）、一般通勤客が私鉄特急料金の認可を争った事例（最〔１小〕判平成元年４月13日判時1313号121頁、百選Ⅱ168事件）、墓地の周辺住民が墓地の経営許可を争った事例（最〔２小〕判平成12年３月17日判時1708号62頁）などがある。これらの事例において原告が享受する利益は、法律が公益一般を保護した結果、反射的に個人に認められる利益、すなわち反射的利益として捉えられ、法律上の利益とは区別されてきた。

　このように、これまでの判例および学説では「法律上保護された利益説」が支配的立場であったということがいえるが、他方で、この「法律上保護された利益説」にはいくつかの問題点も指摘されていた。たとえば、法律が個人の利益保護を意図しているということを明示していなければ、私人に原告適格は認められないのか、それとも、必ずしも明文で定められていなくても法律規定の解釈を通じて個人の利益保護の意図が読み取れればよいのか、また、その際の法律規定とは処分の根拠法条文のみを指すのか、それとも処分の根拠となった条文を含む法律の規定すべてを指すのか、あるいは処分の根拠となった条文を

含む法律以外の関連法規まで含めて考えるのかといった問題である。これらの点をどのように考えるか、その判断枠組みいかんによって、取消訴訟の原告適格の範囲が広くなったり、狭くなったりする可能性がある。その意味では、「法律上保護された利益説」はかなりの幅をもつ見解であった、ということが言える。

　それでは、最高裁は、これらの問題について、どのような対応をしてきただろうか。この点に関する従来の判例をみてみると、最高裁は「法律上保護された利益説」に依拠しながら、取消訴訟の原告適格の範囲を広げる方向でその判断枠組みを形成してきたということが言える。このような方向づけの契機となったのは、新潟空港訴訟における最高裁判決である。そこでは、「当該行政法規が、不特定多数者の具体的利益をそれが帰属する個々人の個別的利益としても保護すべきものとする趣旨を含むか否かは、当該行政法規及びそれと目的を共通する関連法規の関係規定によって形成される法体系の中において、当該処分の根拠規定が、当該処分を通して右のような個々人の個別的利益をも保護すべきものとして位置付けられているとみることができるかどうかによって決すべきである」と述べられ、空港周辺に居住する住民に原告適格が認められた（最〔2小〕判平成元年2月17日民集43巻2号56頁、百選Ⅱ192事件）。また、高速増殖炉もんじゅ事件における最高裁判決では、「当該行政法規の趣旨・目的、当該行政法規が当該処分を通して保護しようとしている利益の内容・性質等を考慮して判断すべきである」と述べられ、原子炉から58kmの範囲内に居住している住民の原告適格が認められた（最〔3小〕判平成4年9月22日民集46巻6号571頁、百選Ⅱ162事件）。

　このような判例の流れを受けて、2004年の行政事件訴訟法の改正により、原告適格に関する条文が新しく付け加えられた。同法9条2項によれば、法律上の利益の有無を判断するに当たり、裁判所は、「処分又は裁決の根拠となる法令の規定の文言のみによることなく、当該法令の趣旨及び目的並びに当該処分において考慮されるべき利益の内容及び性質」を考慮し、「この場合において、当該法令の趣旨及び目的を考慮するに当たっては、当該法令と目的を共通にする関係法令があるときはその趣旨及び目的をも参酌するものとし、当該利益の内容及び性質を考慮するに当たっては、当該処分又は裁決がその根拠となる法

令に違反してされた場合に害されることとなる利益の内容及び性質並びにこれが害される態様及び程度をも勘案するものとする」とされた。すなわち、同条項によって原告適格の有無を判断する際の要考慮事項が定められたのである。

その後、最高裁判所は、いわゆる小田急線高架化訴訟において、本条項を参照しつつ、都市計画法が保護する利益について確定したうえで、「騒音・振動等による健康又は生活環境に係る著しい被害を直接的に受けるおそれのある者」に原告適格を認めた（最大判平成17年12月7日民集59巻10号2645頁、百選Ⅱ165事件）。この最高裁判所の判断は実質的に取消訴訟の原告適格の範囲を拡大するものとして捉えることができる。その意味では、本判決は基本的に行政事件訴訟法改正の趣旨に適合する判断として評価できよう。もっとも、最高裁判所は、いわゆるサテライト大阪事件では、法令の厳格な解釈により場外車券発売施設設置許可の取消しを求める周辺住民の原告適格を否定しており（最〔1小〕判平成21年10月15日民集63巻8号1711頁、百選Ⅱ167事件）、これに対しては、小田急線高架化訴訟の大法廷判決の趣旨が活かされていないとの批判がある。

（狭義の）訴えの利益　　原告が取消訴訟を通じて取消判決を得ることができるとしても、それによって原告の現実の救済が不可能である場合には、当該訴訟はほとんど意味がない。たとえば、ある年の5月1日に公園で集会を開催するため、使用許可を申請したものの、それが不許可となった場合を考えてみよう。この場合、申請に対する不許可処分を取消訴訟によって争ったとしても、その年の5月1日が経過していれば、もはや回復されるべき法律上の利益はないと言える（最大判昭和28年12月23日民集7巻13号1561頁、百選Ⅰ65事件）。このように一定の期間が経過したことなどによって、処分を取り消すことが原告の法律上の利益を回復しないような場合、（狭義の）訴えの利益は消滅したとして、訴えは却下される（この狭義の訴えの利益に、前述の原告となるために必要とされる利益を含めて、広義の訴えの利益と呼ぶことがある）。

さらに、処分または裁決の効力が失われたような場合も、同様に考えられそうである。なぜなら、そのような場合、原告が取消訴訟を提起して除去すべき処分および裁決の法的効果がもはや存在しないからである。しかし、行政事件訴訟法は、処分または裁決の失効後であっても、当該処分の取消しを求めなければ回復できないような法律上の利益が存する場合には、訴えの利益は消滅し

ないとした（行政事件訴訟法9条1項カッコ書き）。したがって、処分または裁決の失効後であっても、取消訴訟の提起が適法とされることはある。たとえば、除名された議員が当該処分の取消しを求めて争っているうちに任期を経過したとしても、歳費を請求するためには除名処分の取消しが必要であるから、訴えの利益は消滅しない（参照、最大判昭和40年4月28日民集19巻3号721頁）。また、営業停止処分の取消訴訟において、過去の処分歴を加重事由とする処分基準がある場合には、営業停止期間後であっても、営業停止処分を取り消しておかないと、次の処分に際して当該処分歴を加重されることになるので、訴えの利益は消滅しない（最〔3小〕判平成27年3月3日民集69巻2号143頁、百選Ⅱ175事件）。

なお、不利益処分によって毀損された名誉や感情などが行政事件訴訟法9条にいう「回復すべき法律上の利益」に該当するかどうか、問題となることがある。この点、最高裁は、不利益処分による名誉や感情の毀損が法的な効果ではなく、事実上の効果であることを理由にして、回復すべき法律上の利益にはあたらない、としている（最〔3小〕判昭和55年11月25日民集34巻6号781頁、百選Ⅱ176事件）。このような最高裁の見解に対しては、国民の実質的な救済という観点から、批判が少なからずある。

被告適格　取消訴訟を提起する場合には、被告となるのに相応しい資格（これを被告適格という）を有する者を被告としなければならない。この点、行政事件訴訟法は、原則として、行政庁（＝国民に対し自己の名において行政処分を行う権限を与えられている行政機関）ではなく、行政主体（＝行政活動を行う法人）を取消訴訟の被告としている。すなわち、処分をした行政庁が国又は公共団体に所属する場合には、当該処分をした行政庁の所属する国又は公共団体を被告として、処分の取消訴訟を提起しなければならない（行政事件訴訟法11条1項）。もっとも、処分をした行政庁が国又は公共団体に所属しない場合には、取消訴訟は、当該行政庁を被告として提起しなければならない（行政事件訴訟法11条2項）。たとえば弁護士会が弁護士法56条に基づき当該弁護士会に所属する弁護士に懲戒処分を行う場合、この懲戒処分は行政処分として取消訴訟の対象になるものの、弁護士会そのものは国又は公共団体に所属しないので、被処分者である弁護士は行政庁である弁護士会を被告として取消訴訟を提起しなければならない。

管轄裁判所　取消訴訟は、特定の裁判所に提起しなければならない。この点、取消訴訟の第一審裁判所は、原則として、被告の普通裁判籍の所在地を管轄する地方裁判所又は処分若しくは裁決をした行政庁の所在地を管轄する地方裁判所である（行政事件訴訟法12条1項）。

　もっとも、このような原則に対しては、いくつかの例外的取り扱いが認められている。第一に、特別法の定めによって、高等裁判所が第一審裁判所となることがある（独占禁止法85条1号）。第二に、土地の収用、鉱業権の設定その他不動産又は特定の場所に係る処分又は裁決についての取消訴訟は、その不動産又は場所の所在地の裁判所にも、提起することができる（行政事件訴訟法12条2項）。第三に、取消訴訟は、当該処分又は裁決に関し事案の処理に当たった下級行政機関の所在地の裁判所にも、提起することができる（行政事件訴訟法12条3項）。第四に、国などを被告とする取消訴訟は、原告の普通裁判籍の所在地を管轄する高等裁判所の所在地を管轄する地方裁判所（これを特定管轄裁判所という）に提起することができる（行政事件訴訟法12条4項）。たとえば、原告が岐阜県に住所を有する場合、その普通裁判籍の所在地を管轄するのは名古屋高等裁判所であり、その名古屋高等裁判所は名古屋市にあるから、この名古屋市を管轄する名古屋地方裁判所に原告は取消訴訟を提起することができる。

出訴期間　行政事件訴訟法は、行政処分の法関係を早期に安定させるため、出訴期間の制限を設けた。すなわち、取消訴訟は、原則として、処分又は裁決があったことを知った日から6ケ月を経過したときは、提起することができない（行政事件訴訟法14条1項）。この出訴期間は、民法の初日不算入の原則に従い、処分又は裁決があったことを知った日の翌日から起算する（行政事件訴訟法7条、民事訴訟法95条、民法140条）。さらに、仮に処分又は裁決があったことを知らなくても、処分又は裁決のあった日から一年を経過したときは、正当な理由がないかぎり、取消訴訟を提起することはできない（行政事件訴訟法14条2項）。

不服申立前置　一般に、違法な行政処分の効力を否認しようとして争う場合、行政不服申立てによる方法と行政訴訟による方法が考えられる。この2つの方法のうちいずれを選択するかは、原則として、争訟を提起しようとする者の自由である（行政事件訴訟法8条1項）。これを自由選択主義

という。

　ただし、例外的に、法律が行政不服申立ての決定又は裁決を経た後でなければ取消訴訟を提起することができない旨を定めている場合、処分の取消訴訟を直ちに提起することは許されない（行政事件訴訟法8条1項但書き）。これを不服申立前置主義という。このような不服申立前置主義が採用されている例として、生活保護法69条や国税通則法115条1項などがある。なお、一定の場合には、不服申立前置主義が採用されている場合であっても、不服申立てに対する回答を経ることなく、処分の取消訴訟を提起することができる（行政事件訴訟法8条2項）。

教示制度　以上に述べてきた訴訟要件のうち、被告適格、出訴期間、不服申立前置については、行政庁が取消訴訟を提起することができる処分をする場合に、原則として、処分の相手方に対し書面で教示しなければならない（行政事件訴訟法46条1項）。この制度は、2004年の行政事件訴訟法の改正によって新たに導入された。

事例の検討

　本事例において問題となるのは、処分の相手方以外の者の原告適格の有無である。その判断にあたっては、法令や条例の規定が重要な役割をはたすから（行政事件訴訟法9条2項）、関連する条文を確認しながら、近隣住民が風営適正化法上の営業許可の取消しを求める原告適格を有するかどうか、検討することにしよう。

　まず、原告適格を認める際に法律の目的規定が重要な役割をはたすことがある。そこで、風営適正化法1条を見てみると、同条は、「この法律は、善良の風俗と清浄な風俗環境を保持し、及び少年の健全な育成に障害を及ぼす行為を防止するため、風俗営業及び性風俗関連特殊営業等について、営業時間、営業区域等を制限し、及び年少者をこれらの営業所に立ち入らせること等を規制するとともに、風俗営業の健全化に資するため、その業務の適正化を促進する等の措置を講ずることを目的とする」としている。しかし、最高裁は、この「目的規定から、法の風俗営業の許可に関する規定が一般的公益の保護に加えて個々人の個別的利益をも保護すべきものとする趣旨を含むことを読み取ること

は、困難である」としている（最〔1小〕判平成10年12月17日民集52巻9号1821頁、百選Ⅱ166事件）。したがって、この最高裁判決によれば、風営適正化法1条を根拠にして近隣住民の原告適格を肯定することはできないということになろう。

　次に、風営適正化法は距離制限に関する規定を設けている。そこで、これらの規定から近隣住民の原告適格を肯定できないか、検討することにしよう。この点に関する関連条文を確認しておくと、まず、風営適正化法4条2項2号は、風俗営業を営もうとする者の営業所が「良好な風俗環境を保全するため特にその設置を制限する必要があるものとして政令で定める基準に従い都道府県の条例で定める地域内にあるとき」、許可を与えないとしている。そして、同法施行令6条は、その制限地域の基準として「住居が多数集合しており、住居以外の用途に供される土地が少ない地域」（1号イ）および「その他の地域のうち、学校その他の施設で学生等のその利用者の構成その他のその特性にかんがみ特にその周辺における良好な風俗環境を保全する必要がある施設として都道府県の条例で定めるものの周辺の地域」（1号ロ）をあげている。このうち後者に関しては、たとえば東京都の場合、施行条例3条1項2号で「学校、図書館、児童福祉施設、病院及び診療所の敷地（これらの用に供するものと決定した土地を含む）の周囲百メートル以内の地域」を制限地域として定めている。したがって、これらの制限地域では、原則として風俗営業を営むことができない。それでは、以上の諸規定を根拠にして、制限地域内に居住する住民に風営適正化法上の営業許可の取消しを求める原告適格が認められるであろうか。この点、上掲の最高裁判決は、まず、風営適正化法4条2項2号につき、「同号自体が当該営業制限地域の居住者個々人の個別的利益をも保護することを目的としているものとは解し難い」とする。さらに、施行令6条1号イについては、「一定の広がりのある地域の良好な風俗環境を一般的に保護しようとしていることが明らかであって、同号ロのように特定の個別的利益の保護を図ることをうかがわせる文言は見当たらない。このことに、前記のとおり法1条にも法4条2項2号自体にも個々人の個別的利益の保護をうかがわせる文言がないこと、同号にいう『良好な風俗環境』の中で生活する利益は専ら公益の面から保護することとしてもその性質にそぐわないとは言えないことを併せ考えれば、施行令6条1号イの規定は、専ら公益保護の観点から基準を定めていると解するのが相当であ

る」としている。他方、施行令6条1号ロについては、病院など「特定の施設の設置者の有する個別的利益を特に保護しようとするものと解される」とする。要するに、この最高裁判決に従えば、病院などの特定施設を設置する者には風営適正化法上の営業許可の取消しを求める原告適格が認められるものの、近隣住民にはそれが認められない、ということになろう（なお、診療所等の施設設置者の原告適格を肯定した判例として、最〔3小〕判平成6年9月27日判時1518号10頁）。したがって、このような最高裁判例を前提にする限り、本事例のように近隣住民が営業許可の取消しを求めて出訴したとしても、原告適格がないということで、その訴えは却下されることになろう（参照、阿部泰隆「風営法パチンコ出店妨害事件の解決策」自治実務セミナー第41巻第7号4頁〔2002年〕）。

第30講

取消訴訟の審理

マコト君 時間が問題を解決してくれるということはよく聞くけど、時間が問題を複雑にすることだってあるんだよね。

マリちゃん どうしたの、急に？

マコト君 これはボクの友達の話なんだけど、彼、お金儲けすることに突然目覚めて、色々と考えた挙げ句、パチンコ屋の営業をはじめたんd。ところが、その営業場所が学校から200 m 離れていないという理由で、すぐに営業許可が取り消されてしまったんだ。

マリちゃん 法律上、距離制限の規定があるなら仕方ないんじゃない？

マコト君 ところがね、彼に言わせると、その場所は学校から200 m 離れていたって言うんだ。そこで、弁護士と相談して取消訴訟を提起したんだって。

マリちゃん じゃあ、後は事実認定の問題ね。

マコト君 ところが、訴訟をやっているうちに、その学校が廃校になってしまったんだ。何と言っても子供の数が年々減っているからね。

先生 マリちゃん、今の話を法的に整理してみるとどうなる？

マリちゃん えーっと、仮に営業許可の取消しが行われた時点でその不利益処分が適法であったとしても、少なくとも現時点では営業許可の取消しをする理由がないわけだから、違法な不利益処分ということになるように思うのですが。

マコト君 でも、処分があった時点を基準にして判断すると、適法な不利益処分ということになる可能性があるよ。

先生 ということは、いつの時点を基準にして判断するかによって、結論が変わってくるということかな？

マリちゃん そういうことなのでしょうか……。こういう場合、裁判所はいつの時点を基準に判断するのかしら。先生、私、よくわからなくなってきました。

マコト君 だから言ったろ、時間が問題を複雑にするって……。

講義ノート

仮の権利保護　　取消訴訟の提起は、裁判所をして要件審理および本案審理を行わせしめ、終局判決を下すよう拘束する。取消訴訟の提起は、このような積極的効果のほかに、「処分の効力、処分の執行又は手続の続行を妨げない」という消極的効果ももたらす（行政事件訴訟法25条1項）。これを執行不停止の原則という。このような制度は、行政法関係の早期の安定および円滑な行政運営の確保ということを目的にして設けられた。

もっとも、行政訴訟に多くの時間がかかるわが国において、執行不停止の原則が例外なく妥当するとなると、取消訴訟の提起から終局判決が下されるまでの間に、原告たる国民あるいは住民の権利利益の救済が不可能となるおそれがある。そこで、行政事件訴訟法は、個人の権利利益の保全という見地から、一定の場合に処分の執行停止を認めた。そのような例外的な措置がとられるためには、行政事件訴訟法が定める積極的要件および消極的要件を満たす必要がある。このうち積極的要件は、第一に取消訴訟が適法に係属していること、第二に処分、処分の執行または手続の続行により生ずる重大な損害を避けるため緊急の必要があること、である（行政事件訴訟法25条2項）。他方、消極的要件は、第一に執行停止をしても公共の福祉に重大な影響を及ぼすおそれがないこと、第二に本案について理由がないと見えないこと、である（行政事件訴訟法25条4項）。ただし、これらの要件が満たされていても、処分の効力の停止は、処分の執行又は手続の続行の停止によって目的を達成することができる場合には、することができない（行政事件訴訟法25条2項但書き）。

以上の要件が満たされていれば、基本的に、処分の執行は停止される。しかし、要件が満たされているからといって、必ず執行が停止されるわけでもない。なぜなら、行政事件訴訟法は、内閣総理大臣の異議という制度を用意しているからである。つまり、内閣総理大臣の異議があると、「裁判所は、執行停止をすることができず、また、すでに執行停止の決定をしているときは、これを取り消さなければならない」（行政事件訴訟法27条4項）。この内閣総理大臣の異議は、内閣総理大臣が理由を附し、その理由の中で「処分の効力を存続し、処分を執行し、又は手続を続行しなければ、公共の福祉に重大な影響を及ぼすおそれの

ある事情を示す」ことによって認められる（行政事件訴訟法27条3項）。ただし、その異議はやむをえない場合に限って許され、異議を述べたときは国会にこれを報告しなければならない（行政事件訴訟法27条6項）。また、内閣総理大臣の異議は、申立人による執行停止の申立てがなされた後であれば、裁判所による執行停止決定があった後であっても、行うことができる（行政事件訴訟法27条1項）。

以上を要するに、取消訴訟の提起がなされた後の行政事件訴訟法による仮の権利保護の仕組みは、①原則として取消訴訟の提起による処分の執行停止は認められないが、②例外的に一定の要件の下で執行停止が認められ、③さらにそのまた例外として内閣総理大臣の異議により執行不停止となる、というものである。

なお、仮の権利保護の制度としては、仮処分も考えられるところである。しかし、行政事件訴訟法は、明文でもって、「行政庁の処分その他公権力の行使に当たる行為については、民事保全法に規定する仮処分をすることができない」としている（行政事件訴訟法44条）。

訴えの変更　訴えの変更とは、原告が当初からの訴訟手続を維持しつつ、請求または請求原因に変更を加えることをいう。このような制度が認められていれば、原告がある請求につき訴えを提起したものの、審理が進んでいく過程で当初の請求では十分な救済が得られないということが判明した場合に、手続を維持しつつ、紛争の実質的解決をはかることができ、このことは訴訟経済の観点からしても意義があると言える。そこで、行政事件訴訟法は、一定の要件の下で、取消訴訟の目的たる請求を損害賠償その他の請求に変更することを認めた（行政事件訴訟法21条）。もっとも、訴えの変更は民事訴訟法においても認められている（民事訴訟法143条1項）。しかし、民事訴訟法における訴えの変更は当事者が同一であるのに対し、行政事件訴訟法における訴えの変更は必ずしも当事者が同一である必要はない。この点に両者の差異がある。

訴えの併合　訴えの併合とは、同一の手続において数個の請求が成立する状態を指す。この訴えの併合という制度は、訴訟における当事者の負担を軽減したり、審理の重複または裁判の抵触を回避するといった点にその意義が認められる。しかし、他方で、これを無制限に認めると、裁判所が同一の手続の中で多くの異なる請求を審理しなければならなくなるといった事

態も想定され、これが現実のものとなると、訴訟の遅延という不都合な事態が生じ得る。そこで、行政事件訴訟法は、取消請求以外の請求のうち一定の請求のみを関連請求として捉え、取消訴訟への併合をこの関連請求に係る訴えに限定した。ここで関連請求とは、①「当該処分又は裁決に関連する原状回復又は損害賠償の請求」、②「当該処分とともに一個の手続を構成する他の処分の取消しの請求」、③「当該処分に係る裁決の取消しの請求」、④「当該裁決に係る処分の取消しの請求」、⑤「当該処分又は裁決の取消しを求める他の請求」、⑥「その他当該処分又は裁決の取消しの請求と関連する請求」である（行政事件訴訟法13条1～6号）。

なお、訴えの併合にも諸々の形態があるが、行政事件訴訟法の中で認められているのは、①同一の原告が同一の被告に対し同一の手続において数個の請求をする客観的併合（行政事件訴訟法16条）、②原告・被告の一方ないし双方に複数の人が共同訴訟人として参加する請求の主観的併合（行政事件訴訟法17条）、③訴訟提起後の第三者による請求の追加的併合（行政事件訴訟法18条）、④訴訟提起後の原告による請求の追加的併合（行政事件訴訟法19条）である。

訴訟参加　訴訟参加とは、訴外の第三者が何らかの利害関係を有するために係属中の訴訟に参加することをいう。この点に関して、行政事件訴訟法は、第三者の訴訟参加（行政事件訴訟法22条）と行政庁の訴訟参加（行政事件訴訟法23条）を認めている。

このうち、第三者の訴訟参加は、「訴訟の結果により権利を害される第三者」があるとき、裁判所の決定によって許される。このような制度は、第三者の権利利益の保護および第三者の訴訟参加による適正な審理の確保を目的として設けられたと見ることができる。

他方、行政庁の訴訟参加は、裁判所がこれを必要と認めるとき、許される。たとえば、法律上、不服申立前置が採用され、かつ裁決のみを争うことができるとされている場合、裁決の取消訴訟では原処分庁が訴訟当事者となることはなく、その結果、原処分庁が有する訴訟資料は訴訟の場に提供されにくくなる。このような場合には、原処分庁に訴訟参加を認める実益および必要性があると言えるであろう。

違法主張の制限　取消訴訟の提起後、審理の過程において、当事者双方は行政処分の違法性一般について主張・立証し、これを争う。もっとも、その際に、どのような主張をしてもよいというわけではない。原告および被告には、行政処分の違法性の主張につき、一定の制限が課されている。

原告の側には、第一に原処分主義による制限が課されている。ここで原処分主義とは、行政庁の処分（原処分）に不服のある者が不服申立てをして、棄却裁決を受けた後、さらに行政訴訟を提起しようとする場合、原処分の違法性は原処分の取消訴訟においてのみ争うことができるとする考え方である。これは、裁決の取消訴訟において原処分が違法であることの主張を認める裁決中心主義とは異なる。現行行政事件訴訟法は、この裁決中心主義を否定し、原処分主義を採用した（行政事件訴訟法10条2項）。したがって、裁決の取消訴訟の中で原処分の違法性を主張することは許されない。裁決の取消訴訟の中で主張することが許されるのは、裁決固有の瑕疵である。

第二に、原告は取消訴訟の中で「自己の法律上の利益に関係のない違法」を主張することができない（行政事件訴訟法10条1項）。これによれば、たとえば、租税法上の差押処分がなされ、滞納者が当該差押処分の取消しを求めて出訴した場合、原告である滞納者はその取消訴訟の中で差押物件が他人の所有であるということを主張できない。なお、取消訴訟の原告適格について定めた行政事件訴訟法9条の規定は、これと類似しているが、両者は法理論的に異なった次元で機能する。したがって、行政事件訴訟法9条に基づいて原告に「法律上の利益」が認められる場合であっても、原告の取消請求が行政事件訴訟法10条1項の「自己の法律上の利益に関係のない違法」を理由としている場合には、その訴えは棄却されることになる（そのような例として新潟空港訴訟、最〔2小〕判平成元年2月17日民集43巻2号56頁、百選Ⅱ192事件）。

次に、被告行政庁の側にも主張制限が課されると考えられる場合がある。それは、理由付記が要求されている処分につき、被告行政庁が訴訟段階で処分理由以外の理由を追加したり、差し替えたりすることによって、行政処分の違法がないことを主張する場合である。ただ、この点については、行政事件訴訟法上、明文の規定があるわけではないので、解釈上、問題となる。この点、一方で、訴訟段階での処分理由の追加および差し替えは信義則の観点から許されな

いとし、被告行政庁が処分理由の追加や差し替えを行い、行政処分に違法がないことを主張することはできない、とする見解がある。これに対し、訴訟段階での処分理由の追加および差し替えは紛争を一挙に解決するという観点から許されるとし、上記の結論と全く逆の結論を導く見解もある。この問題について、最高裁は比較的広く処分理由の追加および差し替えを認めていると言えよう（最〔2小〕判平成11年11月19日民集53巻8号1862頁、百選Ⅱ189事件）。

実質的証拠法則　取消訴訟が提起されると、裁判所は行政処分の違法性の有無を法解釈と事実認定の両面から審査する。しかし、事実認定につき、きわめて高度な特殊専門知識が必要とされる場合、そのような知識を持たない裁判官に判断を委ねるのは合理的でない。そこで、いくつかの法律は、専門知識を有する者から構成される行政委員会（行政庁）が準司法的な手続を経て事実認定を行った場合、その事実認定に関しては、これを立証する実質的な証拠さえあれば、裁判所が当該行政庁の判断に拘束されることとした（たとえば独占禁止法80条）。このような法理を実質的証拠法則という。したがって、この実質的証拠法則によれば、裁判所は、基本的に行政庁による事実認定と異なる事実認定に基づいて審決などの処分を取り消すことができない。

もっとも、たとえ事実認定のみであったとしても、行政機関による判断に裁判所が何の制約もなく拘束されるとすれば、裁判を受ける権利について定めた憲法32条の規定および行政機関が終審として裁判を行うことを禁じた憲法76条2項の規定に抵触することになり得る。そこで、一般的には、行政庁の事実認定が合理的な証拠によって支えられている場合にのみ、裁判所は拘束されることになる、と解されている。このことは、同時に、行政庁の事実認定が合理的な証拠によって支えられているか否かについて裁判所の審理が及ぶ、ということを意味する。

釈明処分の特則　釈明処分は、訴訟関係を明瞭にするために裁判所が行う処分であり、証拠資料の収集を目的とする証拠調べとは異なる。この釈明処分について民事訴訟法は規律しているが、行政事件訴訟法は、民事訴訟法の規律に対する特則を置いている。すなわち、民事訴訟法によれば、裁判所が訴訟関係を明瞭にするために提出させることができるのは、訴訟書類又は訴訟において引用した文書その他の物件で当事者の所持するものに限られ

ているが（民事訴訟法151条1項3号）、行政事件訴訟法によれば、そのような制限はない（行政事件訴訟法23条の2）。このような行政事件訴訟法上の規律は、取消訴訟の審理の充実及び促進に資するとともに、原告と被告の間の武器対等の要請や行政の説明責任の要請に応えるものとして理解することもできる。

職権証拠調べ　裁判所が権利義務関係の存否について判断する際に、事実の主張および証拠の申出を当事者の責任に委ねる原則を弁論主義という。現行民事訴訟法は、この弁論主義を採用している。これは、私的自治の原則が訴訟法の領域において現れたものと言ってよい。これに対し、行政事件訴訟法は、この弁論主義の例外として裁判所の職権による証拠調べを認めている（行政事件訴訟法24条）。これによれば、裁判所は、当事者の主張する事実について証拠が不十分で満足のいく心証が得られない場合に職権で証拠調べをすることができる。このような制度が導入されたのは、私益を争う民事訴訟に比べて、取消訴訟がより公益的色彩を帯びているためにいっそう公正妥当な判断をすることが求められる、と考えられたからである。ただ、この職権証拠調べは現実にはほとんど行われていない、と言われている。原告と被告の訴訟追行能力の実質的平等を確保するためにも、その活性化が期待されているところである。

なお、職権証拠調べは、当事者の主張しない事実をも職権によって調査・探知する職権探知とは異なるので注意する必要がある。

違法性判断の基準時　取消訴訟では、行政処分の違法性の有無について判断が下される。その際に生じる一つの問題として、違法性判断の基準時の問題がある。すなわち、当初は違法な行政処分であったのに、その後の事実状態または法状態の変化によって、判決を下す時点（より正確には口頭弁論終結時）では適法な行政処分になってしまっている場合（あるいはその逆の場合）、はたして裁判所は当該行政処分の違法性につき、いつの時点を基準にして判断を下すべきか、問題となる。この問題は、行政処分の違法性が処分時を基準にして判定されるべきか、あるいは、判決時を基準にして判定されるべきか、という問題であると言ってよいであろう。

この点、通説・判例は、行政処分の違法性は処分時を基準にして判定されるべきであるとする処分時説に立脚しており、行政処分の違法性判断の基準時を

判決時に求める判決時説を斥けている（最〔2小〕判昭和27年1月25日民集6巻1号22頁、百選Ⅱ 193事件）。この両説の対立は、つまるところ、取消訴訟の役割をどのように理解するかという点で異なった見方をすることから生じるものと言えよう。すなわち、処分時説は取消訴訟の役割を行政処分の適法性に対する裁判所の事後審査に求めるのに対して、判決時説は取消訴訟の役割を行政処分によってもたらされた違法状態の排除に求める。このことを別言すれば、上記2説は、行政庁の行為であるところの行政処分そのものに着目し、行為の違法を重視するのか、それともその処分から生じた、いわば結果であるところの違法状態に着目し、結果の違法を重視するのかという点で異なっており、ここから両者の見解の対立が生まれているとも言えよう。

　なお、基本的に処分時説を支持する論者であっても、判決時説が妥当する余地を全く認めないというわけではない。たとえば、ある論者は、処分時を基準にすると適法と解されるものの、判決時を基準にすると違法と解される不利益処分について、その取消しを求める訴訟が提起された場合には、これを判決時説に従って違法と判断し、取消判決を下してみても、それが原告に不利に働くことはなく、むしろ有利に働くので、判決時説を許容する余地があるとする。

瑕疵の治癒・違法行為の転換　　行政処分が違法である場合、裁判所は原則として当該行政処分を取り消さなければならない。しかし、取消判決によって当該行政処分の効力を消滅させる行政経済上の実益がない場合には、たとえ違法な行政処分であったとしても、適法なもの（さらには有効なもの）として扱うのが妥当であると考える余地がある。このような見方を基礎にして形成されてきた法技術が瑕疵の治癒と違法行為の転換である。

　まず、瑕疵の治癒とは、当初は瑕疵ある行政処分であったが、後発的事情により瑕疵が治癒された場合、当該処分を適法なものとして扱う法技術である。たとえば、聴聞期日変更の通知を書面によらないで、電話で通知したとしても、被処分者が異議なく聴聞を受けた場合、手続法上の瑕疵は治癒されたものとして扱われる。

　次に、違法行為の転換とは、当初は瑕疵ある行政処分であったものが、別個の行為として見ると、瑕疵なき行政処分として見ることができる場合に、これを別個の行政処分と見立てて、有効なものとして扱う法技術である。たとえば、

死者を名宛人とした対物処分は瑕疵ある行政処分と言えるが、違法行為の転換という法技術を用いると、これをはじめから相続人に対してなされたものと見ることによって、有効なものとして扱うことが可能になる。

立証責任　　取消訴訟において、当事者は自己に有利な判決を引き出そうと攻撃防御の方法を尽くすが、それにもかかわらず、裁判所が事実の真偽・存否を確定できないことがある。このような場合に、不利な法的判断を甘受することとされている当事者の一方の負担または不利益を、立証責任または挙証責任という。この立証責任に関しては、法律上の規定がないことから、どのような場合に当事者のどちらがこれを負担するのか、解釈上問題となる。

この問題をめぐっては、学説上、これまで多くの議論がなされてきたが、未だ通説と呼ぶことのできるものはない。ただ、次の3つの見解が有力であると言うことはできよう。まず第一の見解は、民事訴訟法学説におけるいわゆる法律要件分類説を参考にして形成されたもので、これによると、行政法上の規定が権限行使規定と権限不行使規定に分けられ、行政庁の権限行使規定については権限行使を主張する者が立証責任を負い、行政庁の権限不行使規定については処分権限の不行使を主張する者が立証責任を負うとする。これに対し、第二の見解は、国民の自由を制限し、義務を課す行政処分の前提となる事実の真偽・存否については行政庁が立証責任を負い、逆に国民に何らかの利益をもたらす行政処分の前提となる事実の真偽・存否については国民の側が立証責任を負うとする。第三の見解は、立証の難易度や証拠との距離、あるいは当事者の公平など諸般の事情を総合的に考慮して個別具体的に立証責任の分配を判断すべきであるとする。

以上の立証責任の分配に関しては、最高裁が、いわゆる伊方原発訴訟において、「当該原子炉施設の安全審査に関する資料をすべて被告行政庁の側が保持していることなどの点を考慮すると、被告行政庁の側において、まず、その依拠した前記の具体的審査基準並びに調査審議及び判断の過程等、被告行政庁の判断に不合理な点のないことを相当の根拠、資料に基づき主張、立証する必要があり、被告行政庁が右主張、立証を尽くさない場合には、被告行政庁がした右判断に不合理な点があることが事実上推認されるものというべきである」と

述べて、証拠資料の所在に着目した立証責任の分配論を展開している点が注目される（前掲最〔1小〕判平成4年10月29日）。

事例の検討

　本文で指摘したように、一般的に、違法性の判断の基準時は処分時であると捉えられている。しかし、事実状態の変化によって、再度、行政庁が不利益処分をする可能性が全くないような場合にまで、処分時を基準にして判断を下すのは、行政経済の観点からして妥当ではない、とする見解もあり得よう。

　なお、本事例のように、不利益処分後に事実状態の変動があったため、処分当時はともかく現時点では当該不利益処分が違法であるような場合について、その問題の核心は「処分によって不利益を課されている者が後発的事由に基づく処分の撤回を訴訟で要求しうるか」という点にあるとし、「それを、違法判断の基準時についての判決時説をもって答えようとするのは、処分の瑕疵にもとづく取消しと、瑕疵を前提にしない撤回との区別を無視するものであって、妥当ではない」と指摘する立場がある（小早川光郎「判決時説か処分時説か」法学教室第160号122頁〔1994年〕）。

第31講

取消訴訟の終了

マリちゃん パチンコ屋を新しく開業しようとしているおじさんが営業許可の申請をしたのね。ところが、営業所の構造が適切でないっていう理由で不許可になっちゃったのよ。それで、おじさん、怒っちゃって。裁判やったのよ。不許可処分の取消訴訟をね。そうしたら、行政事件にしては珍しく勝っちゃったのよね。

マコト君 それはすごいなあ。

マリちゃん それでね、裁判が終わった今、もう一度、行政の側で審査をやり直してもらっているのだけれど、今度は小学校から適当な距離を置いていないっていう理由で、不許可になりそうなのよ。

マコト君 ちょっと待って。訴訟をやって、勝ったんだろう？ それなのに、なぜ、営業許可がもらえないの？

先生 あのねえ、この場合の訴訟は取消訴訟でしょう。だから、勝訴した場合の本来的な効果はもともとの処分が取り消される、つまり処分時に遡って処分の効力がなくなるという点にあるのであって、取消判決によって営業許可が付与されるということにまではならないのです。

マリちゃん 結局、行政庁はもう一度審査をやり直すことになるのですね、先生！

マコト君 何だかまわりくどいなあ。取消判決が出たのに、また審査のやり直しがあるなんて……。それで、その結果また不許可になったら、どうするの？ 当然、その処分に不服があれば、また訴訟を提起するよね？こんなことをしていたら、いつまで経っても行政と裁判所の間を行ったり来たりするだけじゃないか……。

講義ノート

終局判決によらない訴訟の終了

取消訴訟は、終局判決によって終了する。もっとも、終局判決によらなくても訴訟が終了することもある。すなわち、訴えの取下げが行われる場合、請求の放棄・認諾が行われる場合、訴訟上の和解が行われる場合である。これらについては、行政事件訴訟法に定めがなく、民事訴訟法の解釈・適用が問題となる（参照、

行政事件訴訟法7条)。

　まず、訴えの取下げとは、原告が裁判所に対して訴えによる審判の申立てを撤回する旨の意思表示をすることである。原告は、原則として、判決確定時まで自由に訴えを取り下げることができる（民事訴訟法261条1項）。訴えの取下げがあると、訴訟係属は遡及的に消滅する（民事訴訟法262条1項）。それゆえ、原則として、訴えが取り下げられた後に同一請求につき別訴を提起することは許される。

　次に、請求の放棄とは、請求に理由がないことを原告自らが認める、裁判所に対する原告の意思表示であり、請求の認諾とは、逆に、請求に理由があることを被告自らが認める、裁判所に対する被告の意思表示である。請求の放棄・認諾は、調書に記載されることによって確定判決と同一の効力を持つ（民事訴訟法267条）。

　最後に、訴訟上の和解とは、訴訟係属中に両当事者が訴訟物をめぐる主張につき、相互に譲歩することによって訴訟を終了させる旨の裁判所における合意を指す。この訴訟上の和解も、調書に記載されることによって確定判決と同一の効力を持つ（民事訴訟法267条）。

　ところで、以上のうち、被告行政庁の意思が関係してくる請求の認諾および訴訟上の和解については、それらが取消訴訟で許されるのかどうか、問題となる。なぜなら、取消訴訟の対象となる行政処分は、基本的に、当事者の意思によって定まるものではなく、法律によって定まるものだからである。つまり、請求の認諾および訴訟上の和解はもともと私的自治の原則から導出される民事訴訟法上の制度であって、そのような制度が法律による行政の原理によって支配されている行政処分の取消訴訟において許されるのかどうか、問題となるのである。この点、たとえ行政処分が法律による行政の原理に服するとしても、裁量の余地が認められていれば、その限りにおいて行政庁の意思が行政処分に反映する余地はあるのだから、法が自由裁量を行政庁に認めている範囲内においては、請求の認諾、訴訟上の和解は許されるとの見解がある。ただし、このような見解に対しては、「裁量権も互譲の精神ではなく、行政庁自らの公益判断により行使すべきものと考えるならば、認められないことになろう」との指摘がある（塩野・Ⅱ、180頁）。

判決の種類　取消訴訟の判決には、却下判決、請求認容判決、請求棄却判決、事情判決の4種類がある。このうち前三者は民事訴訟においても認められるが、最後の事情判決は行政訴訟に特有の判決である。

まず、却下判決についてであるが、これは、要件審理の結果、訴えが不適法であると判断された場合に下される判決である。

次に、請求認容判決は、要件審理の段階がクリアーされ、本案審理に入った結果、原告の請求に理由があると判断される場合に下される判決である。

これに対し、本案審理において原告の請求に理由がないと判断される場合には、請求棄却判決が下される。

このように、取消訴訟においては、本案審理の結果、原告の請求に理由があれば請求認容判決（すなわち取消判決）が下され、原告の請求に理由がなければ請求棄却判決が下される。これが原則である。しかし、原告の請求に理由がある場合に、この原則に従って実際に取消判決が下されると、社会経済的に見て現状回復が困難なことでもそれを余儀なくされることになる。そこで、行政事件訴訟法は、このような事態を回避するため、「取消訴訟については、処分又は裁決が違法ではあるが、これを取り消すことにより公の利益に著しい障害を生ずる場合において、原告の受ける損害の程度、その損害の賠償又は防止の程度及び方法その他一切の事情を考慮したうえ、処分又は裁決を取り消すことが公共の福祉に適合しないと認めるときは、裁判所は、請求を棄却することができる」とした（行政事件訴訟法31条1項）。この条項に基づいて下される判決を事情判決と言う。この事情判決によって、裁判所は原告の請求を棄却することができるが、その際には、主文において処分または裁決が違法であるということを宣言しなければならない（行政事件訴訟法31条2項）。なお、この事情判決について規定した行政事件訴訟法31条の規定は、行政事件訴訟法上、取消訴訟以外の抗告訴訟には準用されないこととされている（行政事件訴訟法38条を見よ）。この点に関連して、最高裁は、明文で行政事件訴訟法31条が適用されないこととされている選挙無効訴訟において（公職選挙法219条1項）、事情判決の法理を適用し、議員定数配分の規定を違憲と宣言すると同時に、選挙無効の請求を棄却している（最大判昭和51年4月14日民集30巻3号223頁、百選Ⅱ212事件）。

判決の効力　一般に、取消訴訟の判決の効力として、形成力、既判力、拘束力があげられる。これらのうち、行政事件訴訟法が正面から明示的に認めている効力は拘束力のみである。しかし、他の２つの効力も取消訴訟の判決の効力として認められることについては、ほぼ異論がない。そこで、以下、これら３つの効力について、順に説明することにしよう。

　なお、民事訴訟の判決に認められるとされている執行力は、その性質上、そもそも取消訴訟になじまない。したがって、執行力が取消訴訟の判決の効力としてあげられることはない。

形 成 力　取消訴訟において請求認容判決（取消判決）が下された場合、行政処分の効力は、処分時に遡及して失われる。これを取消判決の形成力と言う（この形成力は、取消訴訟の請求棄却判決には認められない）。たとえば、原告が第三者に対する河川の使用許可の取消しを求めて出訴し、当該訴訟につき取消判決が下されれば、河川の使用許可の効力は処分時に遡及して失われる。もっとも、この場合、仮に許可を受けた第三者に形成力が及ばないとすると、その第三者が自己の立場でなお取り消された処分の有効性を主張して争い得ることになる。これを認めては、行政処分の効力が訴訟当事者と第三者との間で別々になる可能性を容認することになる。そこで、行政事件訴訟法は、法秩序の安定性の確保という観点から、取消判決の効力が当事者以外の第三者に対しても及ぶ、とした（行政事件訴訟法32条１項）。これを取消判決の第三者効あるいは対世効という。

　この取消判決の第三者効との関連で問題となるのは、いわゆる一般処分（＝特定の具体的事実に関する不特定多数人に向けられた処分）を取り消す判決が第三者との関係でいかなる意味を有するのか、という点である。たとえば、法律の規定と一体となって国民を拘束するような告示（例として国民生活安定緊急措置法4条4項など）が訴訟を通じて取り消された場合、そのことは第三者との関係でも取り消されたことを意味するのかどうか、そして、第三者はもはやその告示の有効性を主張して争うことができないのかどうか、問題となる。この点、考え方は大きく２つに分かれる。第一の考え方は、一般処分を取り消す判決が下された場合、その取消判決により一般処分の効力は絶対的に消滅すると考える立場である（絶対的効力説）。これに対し、第二の考え方は、一般処分を取り消す判

決が下されたとしても、それはすべての人との間で取り消されたことまで意味するものではないと考える立場である（相対的効力説）。この２つの考え方のうち、学説上、比較的支持を集めているのは前者であるが、折衷的な考え方も提示されており、未だ定説を見ないのが現状である。また、裁判例では、相対的効力説を支持するものもあるが（東京地決昭和40年4月22日行集16巻4号708頁）、この点に関する最高裁判例は未だ存在しない。

なお、訴外の第三者にも取消判決の効力が及ぶとなると、この第三者にも自己の権利利益を防御する機会が与えられてしかるべきである。このような観点から、行政事件訴訟法は、第三者の訴訟参加（行政事件訴訟法22条）と第三者再審の訴え（行政事件訴訟法34条）を認めている。

既判力　　既判力とは、確定判決の判断内容の通用力を意味し、これによって、当事者および裁判所は後訴において確定判決の内容と矛盾・抵触する主張や判断をすることが許されない（既判力は、請求棄却判決であろうと、請求認容判決であろうと、取消訴訟の判決であれば、認められ、この点で、請求認容判決にしか認められない前述の形成力および後述の拘束力とは異なる）。行政事件訴訟法は、この既判力が取消訴訟の終局判決に認められるか否かについて明示していない。しかし、同法は「行政事件訴訟に関し、この法律に定めがない事項については民事訴訟の例による」としており（行政事件訴訟法7条）、民事訴訟法ではこれが認められているから（民事訴訟法114条1項）、取消訴訟の終局判決についても既判力が認められる。

拘束力　　拘束力については、行政事件訴訟法上、明文の規定がある。それによれば、「処分又は裁決を取り消す判決は、その事件について、処分又は裁決をした行政庁その他の関係行政庁を拘束する」（行政事件訴訟法33条1項）。すでにこの文言から明らかなように、拘束力は取消訴訟における請求認容判決、すなわち取消判決に認められる。取消判決にこのような効力が認められる理由は、取消判決の実効性を確保するという点に求められる。

上記条文の中で法解釈上、特に問題となるのは「拘束する」ことの意味である。この点、行政事件訴訟法は、一応、その具体的な意味内容を定めている。それによれば、「申請を却下し若しくは棄却した処分又は審査請求を却下し若しくは棄却した裁決が判決により取り消されたときは、その処分又は裁決をした

行政庁は、判決の趣旨に従い、改めて申請に対する処分又は審査請求に対する裁決をしなければならない」のであり（行政事件訴訟法33条2項）、この規定は「申請に基づいてした処分又は審査請求を認容した裁決が判決により手続に違法があることを理由として取り消された場合に準用する」こととされている（行政事件訴訟法33条3項）。これらの規定による拘束以外にいかなる拘束が行政庁にかけられるのか、必ずしも明らかではない。ただ、一般的な理解によれば、取消判決によって、行政庁が同一事情の下で同一理由に基づく同一内容の処分をすることは禁止される。このような取消判決の効力を一般に反復禁止効と言う。

事例の検討

　上述したように、一般に取消訴訟の判決の効力として、形成力、既判力、拘束力があげられる。このうち本事例で問題となるのは、拘束力である。この拘束力の具体的内容は色々考えられるが、そのうちの一つとして反復禁止効がある。これは、行政庁が同一事情の下で同一理由に基づく同一内容の処分をできないという効力のことを指す。ただ、このことを裏側から言えば、たとえ取消判決が下されたとしても、異なる理由に基づいてさえいれば、同一内容の処分を行うことはできる、ということになる。しかし、これを無制限に認めると、行政庁が取消訴訟において攻撃防御の方法を十分に尽くさなかったことを容認することになってしまう。このことは、結果として、原告の立場を著しく不安定にすることにつながるであろう。そこで、このような不都合を回避するため、口頭弁論終結時までに行政庁が主張し得るのに主張しなかった理由に基づいて行政庁が同一内容の処分をすることはできない、と解する見解がある。本事例において問題となっている距離制限違反という理由は、通常、口頭弁論終結時までに被告行政庁側が主張し得る理由であろう。そうすると、上述の見解を前提にした場合、行政庁の側は、取消判決の反復禁止効により、距離制限違反を理由にあらたに不許可処分をすることはできない、ということになろう。

　なお、取消判決後の再処分時に法令の変更によって処分要件が変化したり、事実状態が変化した場合、行政庁があらたな処分拒否事由を見出すことは考え得る。このような場合には、再度の不許可処分もやむを得ないものと解される。

第32講

人口減少社会と行政法

先生 現在、日本は人口減少社会と言われていることは知ってる？

マコト君 社会が少子・高齢化して、急激に人口も減少しているということですよね。

マリちゃん たしか、出生者数が死亡者数を下回る「自然減」と、転出者が転入者を上回る「社会減」が原因とされていたと思います。

先生 そうですね。では、行政法は人口減少社会にどのように対応しているのかな？

マコト君 現在の行政法で「多く子供を産みなさい」「長生きしなさい」と命じることはできないだろうし、命じたところで実効性はないだろうなあ。「よそに転出してはダメ」「うちに転入しなさい」というのも同じですよね。うーん。行政法で何ができるんだろう……。

マリちゃん 人口減少を防ぎきれないなら、ある程度の減少は仕方ないとして、それに対応した社会にしていくしかないんじゃないかな……。

先生 難しいですね。いくつかの具体的な行政法を見ながら一緒に考えてみましょう。

講義ノート

人口減少社会と行政法

　行政法は、行政活動に関するルールであるが、公共的な課題への対応や政策を実現するための法という側面もある。行政は公共的な課題が生じれば敏感に対応しなければならず、ツールである行政法も同様であろう。

　現在、日本が直面している課題の一つは、少子・高齢化を伴う人口の急激な減少である。日本の人口は、2008年の1億2,808万人をピークとして減少に転じたが、今後さらにそれは加速度的に進むと見込まれている。国立社会保障・人口問題研究所によると、約40年後の2060年には約8,700万人に、その40年後の2100年には5,000万人を切ると推計されている。ただし、人口減少が

日本にとって本当に危機なのか意見は必ずしも一致していない。また、人口減少の原因は、出生者数が死亡者数を下回る「自然減」と、転出者数が転入者数を上回る「社会減」とされているが、日本は、自然減はともかく、高度経済成長時代でも首都圏や都市部への人口流出により過疎化が進んだ地域もあり、社会減は経験している。しかし、自然減も社会減も一定の地域に限定されるものではなくなり、全国的に広がって進んでいる。人口減少により働き手が大幅に減少すれば、経済規模が縮小し、国民所得も低下するとされている。そうなると、社会生活サービスの水準も低下しかねず、地方ではその影響はさらに深刻化することも指摘されている。そこで、これらは大きな公共的な課題として、各方面で対策が講じられている。

　人口減少社会への対策は大きくは2つに分類できよう。一つは「人口減少を食い止める」ことであり、自然減と社会減を防ぐ対策である。自然減は出産等に、社会減は就職や進学等に伴う移住・定住に直結あるいは深く関係するものであり、これまで個人の自由や決定に委ねられてきた結果により生じたことから、「放置」せずに手立てを講じるものである。もう一つは「人口減少に対応できる社会システムにしていく」ことである。これまでの社会システムは人口増加を前提に構築されたものが多く、人口減少社会では、うまく機能せず、不都合を起こしかねない。その不都合に対処したり、それを前提にしながらも社会生活サービスの水準を落とさない「調整」や「見直し」である。それらについて、行政法も対応している。

人口減少を食い止めるための行政法　自然減については、2003年に「少子化社会対策基本法」が制定され、社会減については、1970年に「過疎地域対策緊急措置法」にはじまる一連の過疎地域諸法が制定されるなど、これまでも人口減少対策は講じられてきた。しかし、2008年に総人口が減少に転じたことなどから対策が急務となり、2014年に「まち・ひと・しごと創生法」（以下「創生法」という）が制定・施行された。

　創生法は、「我が国における急速な少子高齢化の進展に的確に対応し、人口の減少に歯止めをかけるとともに、東京圏への人口の過度の集中を是正」するため（1条）、基本理念を定め、政府および各自治体は講ずべき施策の計画（総合戦略）を作成し、総合的かつ計画的に実施すると定めている。同法は、「国民

一人一人が夢や希望を持ち、潤いのある豊かな生活を安心して営むことができる地域社会の形成」(＝まち)、「地域社会を担う個性豊かで多様な人材の確保」(＝ひと)、「地域における魅力ある多様な就業の機会の創出」(＝しごと)を「一体的に推進する」(＝まち・ひと・しごと創生)としているが(1条)、実際には原因である自然減と社会減への対策である。具体的な取組みは関連する個別法が定めているが、創生法は個別法をぶら下げるわけではないので基本法ではなく、基本法「的」と言われている。

そこで、自然減対策と社会減対策に分けて、関連する法律のいくつかを観察する。

自然減対策のための行政法　自然減の直接の対策は、出生者数を増加させることが考えられる。しかし、その前提である出産等は、生命や自己決定という憲法で保障される最も基本的な人権にかかわるものであり、義務づけや規制を講ずることはできない。価値観や生活様式の多様化に伴い、その推奨も「押しつけ」になりかねず、それも難しい。

日本における自然減は2005年に始まったとされ、その直前の2003年に制定された少子化社会対策基本法は、「(その)施策は、父母その他の保護者が子育てについての第一義的責任を有するとの認識の下に、国民の意識の変化、生活様式の多様化等に十分留意しつつ、……家庭や子育てに夢を持ち、かつ、次代の社会を担う子どもを安心して生み、育てることができる環境を整備することを旨として講ぜられなければならない」としている(2条1項)。その約10年後であり、総人口の減少が進み始めた2014年に制定された創生法も、「結婚や出産は個人の決定に基づくものであることを基本としつつ、結婚、出産又は育児についての希望を持つことができる社会が形成されるよう環境の整備を図る」としている(2条3号)。法制度的には、このような「環境整備」が限度ということになろう。

個別法としては、たとえば2012年に制定された「子ども・子育て支援法」がある。同法は、子育て支援拠点づくりや病児保育の実施など地域の実情に応じた地域子ども・子育て支援事業を定め(59条)、2016年改正で、雇用者のために事業所内保育の施設を設置・運営したり、運営委託を行う事業主に助成等を行う仕事・子育て両立支援事業を創設した(59条の2)。これらは、「子ども

が健やかに成長することができる社会の実現に寄与することを目的」にしているが（1条）、同時に、少子化社会対策基本法及び創生法が定める、出産等に夢や希望を持ち、安心して生み育てることができる「環境整備」を目指すものでもある。

したがって、子育ての不安や支障を減らし、無くすことで出産の増を期待するという婉曲的あるいは間接的な対策にならざるを得ない。出生者数の増に必ずしも直接つながるとは言えず、効果があってもどれほど期待できるかはわからない。しかし、これまでは、出産等は個人の決定に委ねられ、自治体を含む国家は「口出し」できなかった、あるいはしてこなかったことに比べると、間接的な対策であるにせよ、かなり踏み込み、国家が強力にサポートする姿勢を示したものとも評価できよう。また、出産等だけでなく、その前提となり、その後も続く就労や子育てを含め、「それぞれ」「バラバラ」ではなく全てを両立でき、しかも少子化対策だけでなく、人口減少に伴う労働力不足対策にもつながる「総合的対応」とも言えよう。

社会減対策のための行政法　社会減の直接の対策は、居住している自治体からの——とりわけ東京への——転出を抑制し、居住している自治体への転入を進めることが考えられる。しかし、居住や移転、職業選択や学問の自由、自己実現など、やはり憲法で保障される基本的な人権にかかわるものであり、義務づけや規制を講ずることはできない。その推奨が難しいことも自然減対策と同様である。すると、居住する地域から流出しないで済む「地域づくり」「まちづくり」を行うことが中心となろう。

高度経済成長時代からあった社会減に対し、1970年に制定された過疎地域対策緊急措置法は、「人口の急激な減少により地域社会の基盤が変動し、生活水準及び生産機能の維持が困難となつている地域について、緊急に、生活環境、産業基盤等の整備に関する総合的かつ計画的な対策を実施するために必要な特別措置を講ずることにより、人口の過度の減少を防止する」としている（1条）。その後40年以上経過して制定された創生法も、地域社会を「個性豊かで魅力ある」ものとし、そこで「潤いのある豊かな生活を営むこと」や「仕事と生活の調和を図ることができるよう環境の整備を図」り、「魅力ある就業の機会の創出を図る」としている（2条1号・4号および5号）。法制度的には、社会減が起

きている地域の「まちづくり」が中心となる。ただし、過疎地域対策緊急措置法が制定された時点では、社会減が進む地域は限定的であり、総合的な対策といっても、生活環境や産業基盤等の整備による解決を目指していたのに対し、創生法は、地域を限定しておらず全国的な課題であり、より総合的な対策を目指していることが読み取れる。

　個別法として、たとえば2018年に制定された「地域における大学の振興及び若者の雇用機会の創出による若者の修学及び就業の促進に関する法律」（以下「地方大学振興法」という）がある。同法は、「地域における大学……の振興……のための措置を講ずることにより、地域における若者の修学……を促進し、もって地域の活力の向上及び持続的発展を図ることを目的と」し（1条）、「地域における大学の振興……は、……魅力ある修学の環境の整備……を図ることを旨として、行われなければならない」としている（2条1項）。その意味では、自然減対策と同様に、婉曲的あるいは間接的な対策が中心にならざるを得ないと思われる。しかし、10年間の時限だが、東京23区の大学等の学部定員等を増加させてはならないことも定めている（13条）。地方大学の振興も東京23区の大学等の学部定員等の増加抑制も、地域における若者の修学の促進の「環境整備」とも言えるが、後者はより直接的な東京圏への転入の誘因あるいは誘引の規制とも言えよう。かつては、地域の活性化が進めば「転出」防止につながると考えられていたが、現在では、それでは間に合わず、「転入」防止も必要と認識されたものと思われる。

　地方大学振興法の検討および制定の段階では、学問の自由や営業の自由、教育を受ける権利を保障する憲法との整合性が議論された。また、同法による東京一極集中是正の効果は限定的との指摘もあるが、集中の度合いが「過度」であったことから大学の定員抑制という「規制手段」もやむなしとしたとも評価できよう。

人口減少に対応できる社会システムにしていく行政法

　「人口減少に対応できる社会システムにしていく」こと等は、「人口減少による不都合に対処する」こと、「人口減少を前提にしながらも社会生活サービスの水準を落とさないようにする」ことであり、そのための調整であり、見直しである。これらに関連する法律のいくつかを観察

する。

人口減少による不都合に対処する行政法　人口減少による不都合としては、たとえば「空家等」や「所有者不明土地」の問題がある。

1. 空家等問題への対処

　空家等とは、居住その他の使用がなされていないことが常態である建築物やこれに附属する工作物およびその敷地である。かねてより、空家等は存在した。所有者や管理者（以下「所有者等」という）の空家等への関心は、時間の経過とともに、さらに低下していくため、権利や管理も放置または放棄され、老朽化が進み倒壊等のおそれが生じ、周辺住民の安全や地域の生活環境に影響を及ぼしかねない。そもそも所有者等の探索も困難である。人口減少や経済規模の縮小だけが原因とは限らないが、それと軌を一にして空家等が増大し、いろいろな問題が顕在化してきたことは事実である。そこで、全国の多くの市町村は、いわゆる「空家等対策条例」を制定し運用してきた。しかし、条例ゆえの限界もあり、国法による立法措置が求められていたところ、2014年に「空家等対策の推進に関する特別措置法」が制定された。

　同法は、倒壊等著しく保安上危険となるおそれがある等と認められる「特定空家等」に関し、市町村長が、その所有者等に対し、解体すなわち除却等の必要な措置を行うよう助言又は指導できることとした。それでも改善されない場合は勧告を、それでも改善されず特に必要と認められる場合には命令を、最終的には行政代執行（代執行）を行うことができるようになった（2条・14条）。しかも、通常の代執行より要件を緩和しているうえ、過失なく所有者等を確知できず命令できない場合にも公告することで略式代執行もできることとした。また、市町村長は、同法施行のために必要な限度において固定資産税課税情報等を内部利用できるようになった（10条）。

　私有財産である建築物であれば、従来は、民間同士の問題として当事者間の解決に委ねられていたが、事態が進展しないうえ、案件が増加し今後も増加が見込まれることから、行政が介入できるようにしたとも言えよう。国土交通省および総務省の調査によると、2015年に同法が施行されてから、2018年10月

までに、代執行が29件、略式代執行が89件行われている。従来、なかなか用いられなかった「例外的な」手法である代執行が積極的に利用されており、さらにその例外的な手法である「略式代執行」がさらに積極的に用いられているのは、非常に興味深い。

2. 所有者不明土地問題への対処

登記簿等で調査しても所有者が判明しない「所有者不明土地」も、かねてより存在した。都市開発等を行う際に当該土地があると、その取得や利用のため、事業主体が所有者の探索に多大な時間、費用や労力を費やさざるを得ず、事業の進捗に支障を来たしかねない。人口減少の進展に伴う土地利用ニーズの低下とともに、都市等への人口移動の一方で地方に残してきた土地の所有者意識や地縁・血縁関係の希薄化から、所有者不明土地が増大している。そこで、2018年に「所有者不明土地の利用の円滑化等に関する特別措置法」が制定された。

同法は、当該土地の円滑な利用のため、現に建築物がなく、業務の用等に供されていない「特定所有者不明土地」について、道路の整備など地域住民その他の者の共同の福祉又は利便の増進を図る「地域福利増進事業」を実施する者の申請に対し、知事は、10年間の使用権を設定できることとした（3章1節）。また、特定所有者不明土地を公共事業のため収用する場合には、異議のある権利者がおらず、当該土地に限定した補償金の算定は容易であることから、収用委員会の審理を経る裁決ではなく、知事の裁定とし、手続きを合理化する土地収用法の特例を設けた（3章2節）。さらに、国の行政機関の長、知事や市町村長は、所有者不明土地の財産管理人の選任を家庭裁判所に請求できるようになった（38条）。所有者の効果的な探索のため、知事および市町村長は、土地所有者等関連情報を内部利用できることとした（39条）。

同法は、所有者不在土地の公共的利用の円滑化を図るものではあるが、問題を根本的に解決するものではない。そもそも所有地不在土地を発生させないよう、土地所有権の放棄も議論されている。

人口減少社会における今後の行政法の方向性　このように、人口減少社会に関するいくつかの法律を見ただけでも、行政法は敏感に対応していることがわかる。その内容は、これまであ

まり見られないものを含んでおり、興味深い。

　従来の行政法は、住民ひいては国民の福祉の「増進」を図ることを前提に（地方自治法2条14項等）、公共の必要性がある場合、人口増や経済規模の拡大に伴う国民等の「現実の利害対立を調整」したり、国民の生活等の「現実の支障」が発生し、放置や看過できない場合に、それを「除去」する等が中心であったと解される。しかし、人口減少社会では、最低限、現在のレベルの福祉の「維持」を前提に、「まだ具体的には発生していない部分を含めた支障」に対応するものである。しかも、行政法をはじめ法の前提となる国家の要素である住民ひいては国民であり、その数である「人口」そのものを対象としているとも言える。

　また、人口減少を食い止める対策においては、出産等や移住・定住という個人の自由や決定を直接規制まではしないが、成果を挙げるため、かなり踏み込んでいる。人口減少に対応する社会システムへの移行においては、危険の解消であったり公共事業の実施に支障を及ぼさないためではあるが、私有財産である不動産を、結果的に行政が処分することになる。行政の広域化等は、増大し多様化し複雑化する行政需要に対応するためというより、「今より状況を悪くしない」というものである。実際に用いられるよう、いろいろなバリエーションを揃えている。

　本講では、人口減少社会への対応という視点から観察したが、このように、行政法は常に新しい課題に対応している。そこには、新たな手法の開発を通じ、新しい法原則や法原理が発見され、法体系が構築されていく可能性が含まれているように思われる。

〈参考文献〉
　礒崎初仁『自治体政策法務講義　改訂版』第一法規、2018年。
　大橋洋一『社会とつながる行政法入門』有斐閣、2017年。
　金井利之編著、阿部昌樹ほか著『縮減社会の合意形成―人口減少時代の空間制御と自治―』第一法規、2019年。
　北村喜宣『空き家問題解決のための政策法務―法施行後の現状と対策―』第一法規、2018年。
　劔持麻衣「特定空家等に対する行政代執行と費用回収」都市とガバナンス30

号164頁以下、2018年。
佐藤孝弘「地方大学・地域産業の振興と大学の定員抑制　東京一極集中是正のための地域における若者の修学及び就業の促進（「地方大学・産業創生法」の制定）」時の法令2063号4頁以下、2018年。
田邉直輝「所有者不明土地法の制定」時の法令2067号4頁以下、2019年。
松本英昭『新版逐条地方自治法〈第9次改訂版〉』学陽書房、2017年。
溝口洋「『まち・ひと・しごと創生』の概要と留意点（上・中・下）」地方自治808号16頁以下、2015年・809号54頁以下、2015年・810号19頁以下、2015年。
村上耕司「仕事・子育て両立支援事業の創設　子ども・子育て支援法の一部を改正する法律」時の法令2012号17頁以下、2016年。
「特集2　人口減少社会と法」（所収の論文）土地総合研究2018年冬号。

第33講

新地方自治制度

マリちゃん 「地方分権」に代わって使われた「地域主権」が、また「地方分権」に戻ったようですが、何が違うんですか？

先生 よく知っているね。1999年に制定された地方分権一括法（地方分権の推進を図るための関係法律の整備等に関する法律）では、475本もの多くの法律を一括して改正したんだ。しかし、それでも、地方分権に関する課題は残っていたんだね。

マコト君 残りの課題を片付けるのが、地域主権改革だったんですか？

先生 まあまあ。そう、事は、簡単じゃないんだがね。その後も、政府は、財政問題などさまざまな課題に取り組んだんだ。そして、2007年に、地方分権改革推進法に基づいて始まったのが第2期の地方分権改革なんだよ。

マリちゃん では、これが地域主権改革なんですね？ 最近の地方分権改革との関連は？

先生 大きな流れとしては、そのとおりだ。この間、2009年に、民主党中心の政権ができて、言葉の使い方も変わったんだ。しかし、2012年には、政権は再び自民党中心になって、呼び名も「地方分権」が復活。ただし、改革内容は、ずっと連続していたと言っていいだろうね。その後、2018年までに、第1次～第8次の一括法が制定されたよ。

マコト君 風営適正化法も、変わったんですか？

先生 風営適正化法の変化は、地方分権一括法ではほとんどなかったんだ。この理由についても検討が必要だね。もっとも、その後には、別の理由で改正されている。改正内容を地方自治の観点から再評価してみよう。

講義ノート

地方分権推進のための方策と経緯 地方分権推進のための方策には、いくつかのものがある。自治体が多くの仕事を自由に行うことができるようにするために、国・自治体間の事務権限、自治体に対する国の関与、税財源の配分・移転、自治体機関・職員などの義務づけ（こ

れを必置規制という）などを見直すことである。このような課題に取り組むため、国会は、1995年に5年間の時限立法として地方分権推進法（以下、「旧分権法」という）を制定した（後に1年間延長され、6年間存続）。この間に実施された改革を、第1期地方分権改革と呼ぼう。

　この旧分権法に基づき設置された委員会が「地方分権推進委員会」（以下、「旧分権委」という）である。旧分権委は、精力的な活動を続け、6年の間に、5つの勧告、2つの意見、そして、2つの報告を提出した。

　このうち、具体的な成果として最も注目されたのは、第一次〜第四次の勧告である。勧告等は、旧分権法によって内閣総理大臣に尊重義務を課していた（旧分権法11条1項）。政府は、勧告等を尊重し、地方分権推進計画を作成しなければならないとされ（旧分権法8条1項）、第一次〜第四次の勧告を受けて作成されたのが「地方分権推進計画」（第一次：1998年5月）である。この地方分権推進計画（以下、「分権計画」という）は、冒頭にあげた地方分権推進のための方策について網羅したものであったが、このうち地方分権推進にとっての最大の功績は、機関委任事務制度を廃止し、従前の事務を、自治事務と法定受託事務に具体的に振り分けたことである。

　ここで、自治事務とは、「地方公共団体が処理する事務のうち、法定受託事務以外のもの」である（自治法2条8項）。また、法定受託事務とは、「①法律又はこれに基づく政令により都道府県、市町村又は特別区が処理することとされる事務のうち、国が本来果たすべき役割に係るものであつて、国においてその適正な処理を特に確保する必要があるものとして法律又はこれに基づく政令に特に定めるもの（第1号法定受託事務）、②法律又はこれに基づく政令により市町村又は特別区が処理することとされる事務のうち、都道府県が本来果たすべき役割に係るものであつて、都道府県においてその適正な処理を特に確保する必要があるものとして法律又はこれに基づく政令に特に定めるもの（第2号法定受託事務）」（自治法2条9項）である。これらの事務の性質を簡単にまとめると、自治事務は、自治体の行う事務のうち自由度の高い事務、これに対して、法定受託事務は、本来的な役割分担という観点から、その執行に関して国（都道府県）は強い関心を抱いているため、自治体（市町村）における執行裁量が強く制約される事務の類型だと言える。

従来、機関委任事務は、自治体で行う事務でありながら、国に包括的な指揮監督権を認めるなど、自治体の自由を著しく制約する事務の典型だった。日本の自治体は、これまでにも量的には多くの事務を担いながら、その執行に際しての自由が強く制約されてきたのである。そこで、国と自治体との関係を対等・協力的なものにすることをめざし、旧分権委勧告に基づいて、政府は、機関委任事務制度自体を廃止することにした。このような経緯からして、従前の機関委任事務は、原則として自治事務に振り分けられるものであった。一方、特別な事情を有する事務については、例外として法定受託事務にすることになった。結果的には、自治事務約55％、法定受託事務約45％といった割合になった。ただし、法定受託事務には、国が直接執行する事務の前提となる手続の一部のみを自治体が処理することとされている事務で、当該事務のみでは行政目的を達成し得ない、いわゆる経由事務が数多く含まれている。

地方分権一括法の成立・施行　政府は、分権計画に基づいて、1999年3月、法案を作成し国会に提出した。これが、地方分権一括法案（地方分権の推進を図るための関係法律の整備等に関する法律案）である。そして、法案は、同年7月、附則の一部を除いて原案どおり可決され、ほとんどの規定は、翌2000年4月に施行された。

　対象法律の数は、475本を数え、非常に膨大な改正であった。この理由は、たとえば機関委任事務制度の廃止について見れば、機関委任事務の根拠規定である地方自治法（旧148条）の削除にとどまらず、国家行政組織法（旧15・16条）をはじめ関係法律全般の削除・改正を要したためである。

　機関委任事務の廃止に伴う改正では、351の法律が関係した。また、改正地方自治法は、機関委任事務に関して認められた包括的指揮監督権に代わって、今後も引き続き自治体に対する国の関与が必要な場合は、法律又はこれに基づく政令によらなければならない、とした（自治法245条の2）。これを「関与の法定主義」と言う。このことの影響で改正された法律数は、191本である。したがって、機関委任事務の廃止と、これに連動する関与関連規定の整理とで、合計542本の法律が改正されたことになる。事項別改正法律の総数は848本だったから、実に63.9％が機関委任事務制度の廃止に関連した改正だったと言える。

　これらの措置は、自治体の側から見れば、事務権限の量を増やすものではな

く、事務執行の質を高めるとともに自由を増すものと見ることができる。

これまでの法令事務の事務執行のパターンは、国（省庁）が企画した事務を市町村が行うが、その執行の仕方について省庁の意図を忠実に生かすために、都道府県が市町村に指導監督を行う、というものが大部分であった。たとえ市町村の事務が団体事務として、国の法令のしばりが緩やかなものだったとしても、省庁の発する通達を受け、都道府県は機関委任事務として市町村に強い関与をしてきたのである。したがって、従前の機関委任事務は、市町村よりも都道府県に多く存在していた。そこで、これらが廃止されたことの直接的な影響は、都道府県に大きかった。もっとも、市町村もまた間接的ではあるが、大きな影響を受けた。

なお、地方自治法に基づく関与には、国庫支出金にかかわるものや不服申立てに対する裁決などいくつかの例外があることに注意しなければならない（自治法245条各号列記以外の部分かっこ書、3号かっこ書）。

第1期地方分権改革の自治体への影響

このような法制度の改革は、自治体にどのような影響を与えたのだろうか。こうした検討の前提として、事務権限の移譲と関与の廃止・縮減という、事務分野に関する地方分権のための2つの手法について、その違いを述べる。

第一の「事務権限の移譲」とは、これまで国（ないしは都道府県）が行ってきた事務を自治体（ないしは市町村）に移管することである（以下、便宜上、国と自治体との関係として述べるが、都道府県と市町村との関係も同様である）。この場合、受け取った自治体にはあらたな事務事業の実施が義務づけられるので、自治体側に必ず変化がもたらされる。

これに対し、関与は、自治体の事務執行が国の考えと異なるときになされるものだから、自治体側が従来どおり国の意向を確認しながら事務事業を実施している限り、国の関与はなされない。すなわち、第二の「関与の廃止・縮減」とは、自治体が何かイニシアティブをとって行動を起こすとき、はじめて効果を現すものである。したがって、第1期地方分権改革の成果である、機関委任事務制度の廃止を中心とした関与の改革を生かすためには、まずもって自治体の側の主体的な取組みがなければならない。

このようなことがらを念頭に置いたうえで、以下、各論として、自治立法権

の変化、法令解釈権の変化、係争処理制度の整備と順次検討していこう。

自治立法権の変化　自治体における自治立法には、条例と執行機関の定める規則がある。従来、機関委任事務には、法令によって明示の委任がない限り条例を制定できないとされてきた（自治法14条1項・旧2条2項）。しかし、第1期地方分権改革は、機関委任事務制度を廃止したことから、自治体で処理するすべての事務について、原則として条例が制定できることになった。

もちろん、条例の制定に関しては、信義誠実の原則、権限濫用の禁止原則、比例原則、平等原則といった「法の一般原則」による制約がある。ただし、これらは、国が法律を制定する際にも共通するものである。これに対し、自治体が条例を制定する場合に特徴的な制約として、法令との関係がある。

第一に、憲法は、「地方公共団体は、その財産を管理し、事務を処理し、及び行政を執行する権能を有し、法律の範囲内で条例を制定することができる。」（94条）としている。また、地方自治法は、「普通地方公共団体は、法令に違反しない限りにおいて第2条第2項の事務に関し、条例を制定することができる。」（14条1項）としている。ここで、憲法が「法律の範囲内」としているのに対し、地方自治法が「法令に違反しない限りにおいて」としていることから、条例制定の際の制約について、「法律」から「法令」へと範囲を拡大したのではないか、という疑問が生じる。しかし、ここでいうところの「法令」は、地方自治の観点から見て憲法に違反しないものであることを求められるのであるから、こういった意味からも適法な法律と政省令などでなければならない。すなわち、形式的には法律に違反しない政省令などであっても、「地方自治の本旨」（憲法92条）を損なうような政省令は違憲であって、条例はこれらの制約に服しない。したがって、条例制定に関する憲法上の制約を地方自治法が拡大したという説は、正当ではないと考えられる。

第二に、徳島市公安条例事件判決は、具体的な条例の規定が法律に違反するかどうかは、「両者の対象事項と規定文言を対比するのみでなく、それぞれの趣旨、目的、内容及び効果を比較し、両者の間に矛盾抵触があるかどうかによってこれを決しなければならない」（最大判昭和50年9月10日刑集29巻8号489頁）ものとした。自治体の事務について、法律との関係において条例制定が制約さ

れるかどうかは、個別の法律の明示の規定によるほか、法律の趣旨、目的などにより判断されるものである。

　第三に、地方分権一括法によって改正された地方自治法は、先にあげた14条1項で引用する2条2項を改正した。2条2項は自治体の権能を規定する条項であり、現行条文は、「普通地方公共団体は、地域における事務及びその他の事務で法律又はこれに基づく政令により処理することとされるものを処理する。」というものである。従来は、2条3項で同条2項の事務を例示しており、そのうち18・19・21号が「法律の定めるところにより……すること」といった文言を有していたことから、こういった事務領域では、法律で明示的に定められていない限り条例を制定することはできない、という解釈の強い根拠として作用していた。

　ところが、改正地方自治法は、2条2項のとおり、自治体の事務権能を包括的に幅広く定め、また、1条の2において、国の役割との関係について住民に身近な行政はできる限り地方公共団体にゆだねることを基本とすることを明確にしたことから、旧2条3項のような事務の例示を削除したのである（地方自治制度研究会編『Q＆A改正地方自治法のポイント』17-18頁〔ぎょうせい、1999年〕参照）。したがって、旧2条3項18・19・21号が定めていた都市計画、土地収用、地方税などの賦課徴収に関しても、各個別法の規定やこれまで述べてきたことがらに留意しながらも、独自に条例を制定しやすくなったと言える。

法令解釈権の変化　ここまでに述べてきたように、自治体の条例制定範囲は、質・量ともに拡大した。とはいっても、逆から見れば、自治体が条例制定権を生かすためには、条例制定範囲を法令との関係で画する作業が、前もって行われなければならないと言える。これが自治体の法令解釈である。法令解釈の結果、自治体は条例を制定する場合もあるし、そうではなく、要綱などによって事務処理の統一をはかり、また、個別案件について検討しながら結論を出そうとする場合もある。

　従前、機関委任事務の処理に関する通達など、国は、「施行通知」や「解釈通知」といった形で膨大な量の情報を提供してきた。自治体では、自ら法令を解釈しなくても、それなりの事務処理を行うことが可能であった。

　これらの通知が、地方分権改革を経てなくなったのかというと、そのような

ことはない。相変わらず「技術的な助言」(自治法245条の4第1項)として、国は、多くの情報を自治体に提供し続けている。ただし、技術的な助言には、自治体を法的に拘束する効力はないので、自治体が法令を独自に解釈し、技術的な助言と異なった事務処理をすることも可能である。むしろ、自治体は、住民の声に耳を傾け、地域の実状に合わせて、地域における行政を自主的かつ総合的に実施すべきであると言える。そして、このような要請は、特に法令に定められた事務が自治事務の場合には、さらに高い。これらの措置は、自治体の権利であるというにとどまらず、むしろ義務であるとさえ言える。

そこで、自治体の法令解釈権について、条例制定権と絡めてやや具体的に検討してみよう。

法律が自治体の条例制定権について明文で触れていれば、ことは簡単なように見える。たとえば、水質汚濁防止法は、「都道府県は、……政令で定める基準に従い、条例で、同項(第1項のこと。筆者注)の排水基準にかえて適用すべき同項の排水基準で定める許容限度よりきびしい許容限度を定める排水基準を定めることができる。」(3条3項)とし、自治体の条例制定権について規定している。この限りでは、自治体の条例制定範囲は、明確なようである(この点に関しては、北村喜宣『分権改革と条例』5-6頁〔弘文堂、2004年〕参照)。また、地方分権一括法施行後の2000年に改正された都市計画法は、「地方公共団体は、……政令で定める基準に従い、条例で、当該技術的細目において定められた制限を強化し、又は緩和することができる。」(33条3項)としている。水質汚濁防止法同様、自治体の条例制定範囲について明らかにすることを目的にした改正であると考えられる。

しかしながら、自治体によっては、国の「政令で定める基準」に従う排出基準や技術的細目では不十分であると考えるかもしれない。このような場合には、まだ、法令の趣旨・目的などを勘案し、政令で定める基準の妥当性を検討する余地があると言える。法令解釈の余地がゼロになるわけではないのである。このことは、2011年以降の「第N次一括法」(後述)により、政省令が基準政省令となって、自治体がこれらを参酌するなどして条例を制定する場合も同様である。

係争処理制度の整備　　自治体が独自に法令解釈を行えば、国の法令解釈と異なる事態も予想される。このようなとき、どのように解釈の違いを調整するのだろうか。両者の法解釈が異なったままというのは、住民にとって、行政行為の予測可能性を阻害するので、決して好ましい状態でない。

これらの調整をはかる仕組みとして、裁判に訴えるというのも一つの方法である。改正地方自治法では訴訟への道を開いたが、前審として、自治体に対する国の関与などについては「国地方係争処理委員会」、市町村に対する都道府県の関与などについては「自治紛争処理委員」の審査を経なければならないことになった（自治法251条の5第1項・252条第1項）。

国地方係争処理委員会とは、自治体に対する国の関与などについて審査を行う機関であって、あらたに設置されたものである。また、自治紛争処理委員とは、市町村に対する都道府県の関与などについて審査を行う機関であって、従前の自治紛争調停委員の権限を拡大したものである。組織的には、国地方係争処理委員会は総務省に置かれ、5人の委員からなる（自治法250条の7第1項・250条の8第1項）。また、自治紛争処理委員は3人の委員からなり、総務大臣によって任命される（自治法251条2項。ただし、市町村相互の間の紛争を調停する場合は、都道府県知事によって任命される）。

このように、国と自治体の法令解釈の違いを解決する仕組みが整備された。したがって、自治体（市町村）は、国等と異なる法令解釈をすることをおそれず、むしろ積極的に国地方係争処理委員会や自治紛争処理委員を活用する気持ちで、住民意思の反映に努めた行政を行わなければならない。自治体側の積極的な取組みがあってはじめて活用されるのが、係争処理制度なのである。

第2期地方分権改革と地域主権改革　　2000年の地方分権一括法施行以降、市町村合併、三位一体の改革などを経て、2007年4月に3年間の時限立法として地方分権改革推進法（以下、「新分権法」という）が施行された。これが、第2期地方分権改革である。この法律に基づいて設置されたのが、地方分権改革推進委員会（以下、「新分権委」という）であって、かつての旧分権法の枠組みが踏襲された。

新分権委は、精力的な活動を続け、3年の間に、4つの勧告、2つの意見を

提出した。2009年9月に成立した政府（民主党中心の政権）は、これらの勧告等を参考にし、12月、地方分権改革推進計画を閣議決定した。

これに基づき、2010年3月、政府は、法律による自治体に対する義務付け・枠付けの見直しの一括改正と地域主権戦略会議の法制化を内容とする地域主権改革一括法案（地域主権改革の推進を図るための関係法律の整備に関する法律案）および「国と地方の協議の場に関する法律案」などを国会に提出した。これが、名称のとおり、地域主権改革である。ただし、地域主権改革一括法案は、2011年4月、「地域の自主性及び自立性を高めるための改革の推進を図るための関係法律の整備に関する法律」と題名を修正し、地域主権戦略会議の法制化に関する部分を削除したうえで可決された。これを「第1次一括法」という。

このように、自民党中心の政権において推進された第2期地方分権改革、2009年9月に成立した民主党中心の政権の地域主権改革、さらに、2012年12月に復帰した自民党中心の政権の地方分権改革は、内容において連続したものになった。

第2期地方分権改革の内容　第2期地方分権改革の成果は、前述の第1次一括法（2011年）に始まり、2018年現在、第8次一括法までに結実している。これらの内容は、国から自治体、都道府県から市町村への権限移譲等多岐にわたるが、法制的な面での中心的な課題は、法令による「義務付け・枠付け」の見直しだった。

「義務付け・枠付け」の見直しとは、従来、政省令で定めていた基準について条例で定めるものとすることである。ただし、自治体が施設・公物設置管理の基準にかかる条例を制定するにあたっては、国は、条例制定基準を設定し、自治体では、これらの「基準」に基づくよう求められることになった。「基準」には、①参酌すべき基準（国の基準を十分参照すれば、自治体が異なる内容を定めることを許容する基準）、②標準（合理的理由のある範囲で、自治体が異なる内容を定めることを許容する基準）、③従うべき基準（自治体が異なる内容を定めることを許さない基準）の3種類が設けられた。

このような改革の評価として、「国が政省令で一律に定めていた事項について条例で定めることを可能にした」という積極的な評価と、「条例で定めるといってもほとんどの事項について国の『基準』が存在し、これでは形式的な条

例制定の義務付けにすぎない」という消極的な評価が拮抗している。

いずれにしても、自治体では、これらの内容に沿った措置を講じなければ、事務を執行することができない。こうして、条例を制定すべきとされた自治体では、政省令の基準に沿った条例を制定していくことになった。

風営適正化法との関連 これらの地方自治制度改革の動向は、風営適正化法にどのような影響を与えたのだろうか。

このことについて結論を先に述べれば、地方分権一括法（1999年）による手数料の定め方の改正を除き全く影響がなかった、というものである。この理由は、風営適正化法には都道府県公安委員会に対する機関委任事務がなかったことから、第1期地方分権改革による改正の対象にならなかったことにある。

都道府県警察（警視庁および道府県警察本部）を指揮監督するのは警察庁長官とされている（警察法16条2項）。併せて、都道府県警察の警視正以上の階級にある警察官は、全て国家公務員としての地方警務官である。したがって、そもそも国にとっては、これらの機関が行う事務を機関委任事務にする必要がなかったと言える。

しかし、これで問題がないのかと言えばそのようなことはない。2000年前後に発覚した警察不祥事に端的に示されたように、警察活動のチェックを第三者がなし得ないことが問題である。一般に、日本の行政委員会の運用は、委員のイニシアティブが弱く事務局主導であると言われている（このこと自体も問題であるが、ここでは深く検討しない）。このことに加え、警察の場合、国家公務員である地方警務官についてはもちろんのこと、都道府県公安委員会は、地方公務員である地方警察職員の任命権者でもない。任命権者は、国家公務員である警視総監および道府県警察本部長とされているのである（地方公務員法6条1項）。

また、警察関係の法律では、住民への権利義務規制を都道府県公安委員会規則に委任しているものがある。これは、権利義務規制は条例で行うことを原則とする地方自治法14条2項の考え方にそぐわない。旧分権委最終報告（2001年6月14日。第2章Ⅰ-3-(2)）も指摘したように改正が求められよう。

風営適正化法2001年改正 第1期地方分権改革以降の条例に関する法律のあり方は、悩ましい問題を抱えている。

自治体は、地方自治法14条1項に基づき、個別法律による事務についても

条例を制定できるのであるから、個別法律では条例制定権に触れる必要はない、というのが一つの考え方である。なぜなら、個別法律が「条例を制定することができる」と規定することは、そのように規定されていない事項に関しては条例が制定できない、との誤解を生みがちであるからである。否、これは単なる誤解ではなく、法律案を起案した中央省庁の意思はそのようであったと言えるかもしれない。しかしながら、中央省庁が、たとえそのように考えたとしても、それは一つの考え方にすぎず、自治体として、そのような規定内容が必要かつ十分でないと判断するならば、上乗せなり横出しなりの規制などができるというのが自治体の法令解釈権の考え方である。

　一方、理論的には上のように言えても、実際に条例を制定すべきかどうか逡巡している自治体にとっては、法律自体が、「条例を制定することができる」と規定してくれた方が、条例制定の合法性に関する形式的論議を不必要にし、便宜的であるとも言える。少なくとも、条例制定を誘導的に導く効果があろう。

　ところで、2001年改正風営適正化法（2001年法律第52号）は、「地方公共団体の条例の規定であって、店舗型電話異性紹介営業……を処罰する旨を定めているものの当該行為に係る部分については、この法律の施行と同時に、その効力を失うものとする。」（附則3条）といった規定を置いた。いわゆるテレフォンクラブ、出会い系サイトの規制を目的にした改正である。従前、自治体が条例で行っていた規制を法律が取り込んだことから、条例の効力を否定したものである（なお、このような手法は、2005年改正風営適正化法〔2005年法律第119号〕でも、人の住居へのビラ等の頒布、広告制限区域等における広告物の表示等について罰則を整備することに関して採用された）。これらのような事例は、法律改正を先導した条例の成果であったとも言えるかもしれない。しかし、また、従前の条例による罰則よりも法律が軽い罰則を定め、日本全国に一律に適用するのであれば、効力を否定される条例を持つ自治体にとっては政策的後退というほかはなかった。

　第1期地方分権改革以降では、法律と条例の関係について、どのような視点から法律や条例を捉えるかによって、その評価が分かれる事案がいっそう多くなってきたと言える。そして、第2期地方分権改革の成果である「義務付け・枠付け」の見直しは、さらに、このような事案を増加させたのである。

〈参考文献〉
　礒崎初仁『自治体政策法務講義〔改訂版〕』第一法規、2018年。
　礒崎初仁編著『政策法務の新展開——ローカル・ルールが見えてきた』（自治体改革④）ぎょうせい、2004年。
　今村都南雄編著『自治・分権システムの可能性』敬文堂、2000年。
　北村喜宣編著『第2次分権改革の検証——義務付け・枠付けの見直しを中心に』敬文堂、2016年。
　北村喜宣『分権改革と条例』弘文堂、2004年。
　北村喜宣『分権政策法務の実践』有斐閣、2018年。
　北村喜宣編著『分権条例を創ろう！』ぎょうせい、2004年。
　北村喜宣編著『ポスト分権改革の条例法務——自治体現場は変わったか』ぎょうせい、2003年。
　北村喜宣・山口道昭・出石　稔・礒崎初仁・田中孝男編『自治政策法務の理論と課題別実践——鈴木庸夫先生古稀記念』第一法規、2017年。
　小泉祐一郎『国と自治体の分担・相互関係——分権改革の検証と今後の方策』敬文堂、2016年。
　小早川光郎編著『地方分権と自治体法務——その知恵と力』（分権型社会を創る④）ぎょうせい、2000年。
　佐藤英善編著『新地方自治の思想——分権改革の法としくみ』敬文堂、2002年。
　島田恵司『分権改革の地平』敬文堂、2007年。
　鈴木庸夫編著『自治体法務改革の理論』勁草書房、2007年。
　松本英昭『新版逐条地方自治法〔第9次改訂版〕』学陽書房、2017年。
　山口道昭『政策法務入門——分権時代の自治体法務』信山社、2002年。
　山口道昭『政策法務の最前線』第一法規、2015年。
　山口道昭『自治体実務からみた地方分権と政策法務』ぎょうせい、2000年。
　山口道昭『図説／新地方自治制度——分権改革の新展開』東京法令出版、2001年。

第34講

地方自治の意思決定——その制度と運用

マコト君 僕の市で、大きな運動公園ができるそうなんだけど、それがすごい規模になったということで、住民が反対しているんだよね。

マリちゃん マコト君が高校の同級生と一緒にやってるサッカーチームで使えるからいいじゃない。

マコト君 いや、サッカー場はすでにあって、みんなは、今、市にない公式の陸上競技場だけが欲しいんだよね。でも、市が民間から買った土地がすごく広くて、陸上競技場だけじゃなくて、体育館やプール、そして、サッカー場までつけて、無理矢理大きくしちゃったという噂なんだよね。

マリちゃん へぇーお金かかりそうね。でも計画は決まっちゃったんだからできちゃうんでしょ？

マコト君 今朝、駅前で市民団体が計画をもっと小規模、必要最小限に見直すべきだという主張をしてたね。

先生 なるほど。で、マコト君はどう思うんだね？

マコト君 うーん、そうですね。いろいろな人がかかわって決めたんでしょうから、しょうがないかなと。

先生 そうか。では、今回は、自治体の施策はどう決まっていくのか、ということをテーマに、マコト君の話も踏まえていろいろ考えてみようか。

講義ノート

　この講では、地方分権改革の進展により、わが国行政の主役たる地位を占めつつある自治体における政策の意思決定は、どのような制度により形成されているのか、それはどう運用されているのか、さらには、それらの課題は何か、という問題を扱う。意思決定の制度は、民主制度そのものともいえる。適正な結論に結びつくような制度そもそものあり方やそれを充実した方向で運用することが求められているのである。

自治体の意思決定の制度的な仕組み　憲法93条では、地方公共団体に議事機関、すなわち議論して自治体の運営・政策を決める機関として議会を設置するとし、その構成員である議員、そして行政を執行する統括者である長などをそれぞれ住民が直接選挙するという地方自治の大原則を規定している。

社会が複雑化し、問題解決にも専門的知見・技術が必要となっている現代社会においては、住民自ら又は地域だけでは解決できない仕事の実施を自治体に「信託」することになる。この信託の手続は、議員・長の直接選挙であり、この人選を通じてどんな仕事をしてもらいたいかを表明するいわゆる「間接民主制」によることが定められている。

憲法を受けて自治体の組織と運営を規定する地方自治法（以下「自治法」）において措置されている間接民主制下の自治体の意思決定の仕組みを中心に整理すると図1のように表現できる。

【図1】自治体の意思決定の仕組み

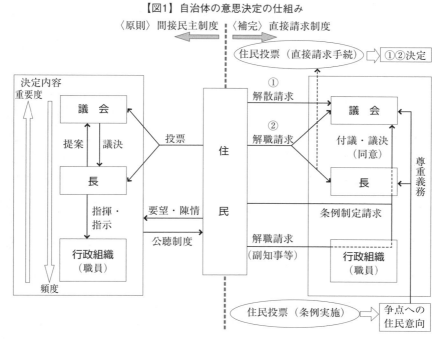

知事や市町村長は自治体の代表者、そしてその行政組織の長として職員を指揮・指示して政策・事業を立案し実施する。政策案のうち特に重要な事項や事務全般に係る経費である予算等については、長が議会に提案し、自治体としての最終的な意思決定である議決を経ることとされる。日常的な事項については、長あるいは幹部職員が通常の業務の中で判断・決定して実施することになる。つまり決定の重要度の大きさと頻度の多さは反比例する関係といえる。

　議会の議決事件は、自治法96条1項において条例や予算の決定その他14号までの各事件が列挙されている。最後の15号で、これら列挙事項以外にも、その他法律又はこれに基づく政令（これらに基づく条例を含む）により議会の権限に属する事項として議決事件になることを規定している。たとえば、自治法では、副知事・副市町村長の選任の同意（162条）、長の期日前の退職の同意（145条）など、他の法律では、都道府県の行う建設事業の市町村の負担を定める議決（地方財政法27条2項）、道路の認定の議決（道路法7条2項・8条2項）などがある。

　また、自治法96条2項で条例で議決事件を追加することができるとされる。追加している事項としては、長期総合計画をはじめとした各種重要計画の決定が多く、その他には、都道府県では、外郭団体等への一定額以上の出資等、行財政改革推進方策の策定等など、市町村では、名誉市町村民の選定、友好・姉妹都市提携などが多く見受けられる。

　そして、これらのルートに加え、住民により長や執行部あるいは議員に対して要望や陳情などが行われ、それを契機・参考として事業が組み立てられ実施に移されることもある。議員は議決事項だけでなく、それ以外の事案についても議会の質問や非公式的な接触により執行部にその具体化を働きかけたりする。

間接民主制を補完する直接請求制度

　通常はこのような仕組みで、自治体の事務が決定され、実施に移されていくが、それだけでは対応できないような事態になったときに、住民の声をダイレクトに反映させようとする手法を自治法は用意している。直接請求制度として、図1の右側にあたる部分であるが、大まかには「条例の制定・改廃請求」「事務の監査請求」「議員や長の解職請求」「議会の解散請求」の4種類がある。

　これらは、間接民主制を補完するもので、また、中央政府にはない制度であ

る。このうち、解職請求と解散請求は、住民の一定の署名提出の後、住民（選挙人）の投票によりその賛否が問われ、それにより決定がなされる。同様に住民の投票による意思決定が法的効果を持つものとして憲法に位置付けられた地方自治特別法の制度（憲法95条）がある。これらは、議会の議決権限から離れて、最終的な意思決定が住民の意思表示に帰属することになる制度である。

また、法的な位置付けはなく、その投票結果の効果の点でも異なるが、自治体が独自に行う「住民投票」も注目される。住民投票は一般的には自治体の条例により実施される。住民投票の結果は、前述の制度と異なり、法的拘束力を持たない。これは、議会の議決を最終決定とする自治法の規定の例外規定を条例で規定することができないことによる。投票結果は議会や長を拘束することはできないが、一般に「尊重する」と規定されることが多い。しかしながら、尊重義務であっても、住民の直接の意思表示であり、その結果に反する行動を議会や長が採ることはきわめて難しい現状もある。

二元代表制による意思決定制度の全体像と考察の枠組み　自治体、もっといえば地方自治の意思決定は、住民により選出された首長と議会の二元代表制を基本に構成される。

憲法に基づき議事機関として置かれた「議会」、そして、行政組織を統轄し、行政を執行する「長」との間で繰り広げられる議案審議や非公式的であるが日常的に行われる各種調整が、まず何をおいても基本となる。前者においては、やや異例に属すると思われるが、議案修正や議案の議員提案活動も重要な側面である。そして、二元間の対立的な局面で制度として機能する「再議」や「専決処分」、議会による長への「不信任議決」、それに対抗する「長による議会の解散」が措置されている。

すなわち、自治制度は、間接民主制としての意思決定・業務執行を基本とする一方で、状況が隘路となった際には、それを補完するための直接請求制度が前述のように用意されている。そして、これらとは別に自治体が任意に特定の政策テーマに関する「住民」の意思を確認ないし表示する、いわゆる住民投票が、条例に基づく制度として一定の認知度を得る状況になっているわけである。

このような中、制度的には、「議会の議決」が自治体の最終的な意思決定を構成するが、この「議決」をめぐっても様々な論点がある。本講では、❶どの

第34講　地方自治の意思決定──その制度と運用　409

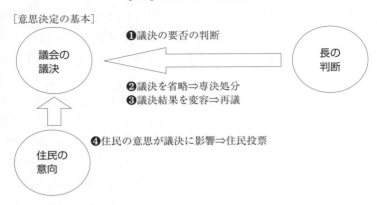

【図2】 本講の考察の枠組み

ような場面で議決の要否が判断されるのか、❷そもそもそれを不要としている制度、あるいは❸議決を変容して結論を異ならせている制度はどのように運用されているのか、そして、❹議決に影響を与える法定外の仕組みと議決の関係はどのように考えるべきかなどの側面について考察し、意思決定制度の本質を述べていきたい。❶としては、議決事件のうち、「訴えの提起」を題材に考察する。❷としては、専決処分の運用、❸としては、再議の運用、❹としては、住民投票と議決との関係という形で論じる（図2参照）。

すなわち、議会の議決を中心にして、執行をする立場の長がその議決に代わるもの、ないし、それに抗う制度について、住民との関係では議会に信託はしたものの、それを一定程度、住民サイドに取り戻す制度としての住民投票との関係について、それぞれ描写することになる。

「訴えの提起」の議決事件──議決の要否を考えるケーススタディ

1. 一般的な理解

議決のうち、自治法96条1項12号の「訴えの提起」を題材に議決事件の要否を考える。訴えの提起が議決事件とされている趣旨は、「（自治体が）当事者となってする争訟は、原告たる場合と被告たる場合とを問わず、当該自治体の権利義務に重大な影響を及ぼすおそれがあるから、すべて議会の議決を得て当該自治体の意見と方針とを決定すべきものとされた」といった見解（金丸三郎『逐条精義　地方自治法』260頁〔政経書院、1954年〕）による。

また、応訴には議会の議決は必要ないが、敗訴した場合に判決に不服があるとして上訴する場合には議会の議決を得なければならないとされる。ただし、控訴審で敗訴して上告する場合には、控訴議決で上告の際にはあらためて議決すべき旨が明示されているなどの特段の事情がない限り、議決は不要とする運用が一般的とされる。

　さて、損害賠償事案に係る議決事件としては、「訴えの提起」以外に、「和解」（自治法96条1項12号）や「損害賠償の額の決定」（同13号）がある。和解し、賠償金を支払うことになった場合はそれが裁判上の和解かどうかにかかわらず、これら2つの議決が必要となるわけである（一般的には一つの議案でなされることが多い）。

　損害賠償の額の決定が議決事件とされている趣旨は、「その賠償額の決定が自治体にとって異例の支出義務を負うものであるとともに、その責任の所在を明らかにして賠償額の適正を図るための趣旨によるものであって、損害賠償の額の決定について執行機関の事務を監視して、その適正な事務処理を担保すること」をねらいとするものとされている（松本英昭『逐条地方自治法〔新版・第9次改訂版〕』380頁〔学陽書房、2017年〕。以下「松本逐条」）。訴訟との関係では「判決に基づく損害賠償義務が発生し、金額が明らかな場合は議会の議決を要しない」と解され（松本逐条、同頁）、「判決により確定した損害賠償の額については、議会の議決は不要である」（行政実例昭和36年11月27日）にもみられる。

　裁判所が関与していれば（裁判所が事案に係る責任を明確にし、額の設定を行っていれば）、議会の執行部の監視の必要性の度合いが低くなり、損害賠償額の決定に関して議決は不要という考えに結びついているように思われる。

　ただ、これら行政実例等でいう「判決」であるが、最高裁での確定判決に限定するのであればわざわざ行政実例を発出する意義はないので、下級審での判決も含まれると考えることが素直な解釈であろう。このことも含めて、一般的に訴訟遂行上の議会議決の要否は、図3のように表現（議決必要→○、不要→×）できよう。

2. 課題と考え方

　図3で示す点で考えるべきポイントとしては、2つある。

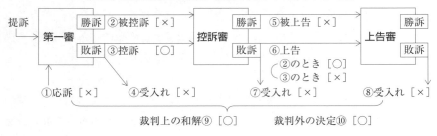

【図3】 訴訟遂行上の議会の議決の要否（一般的な考え方）

　一つは、一度、訴えの提起の議決を得た後、敗訴してさらに上訴する場合には議決が不要と解されているのは前述した。しかしながら、少なからぬ自治体は、あらためて議決を取り直すことが講じられている実態がある。つまり、図3でいうと、第一審で敗訴して控訴の際に議決を求めた後（③）に、控訴審で再び敗訴して、上告する際（⑥）にも議決を求めている例である。これは、第一審と控訴審とで敗訴の理由が異なる等の場合に執られているようである。このような手続は、自治体としてより一層議会の判断を仰ぐということで特段に問題とすることではないであろう。

　二つめは、こちらがより課題なのであるが、敗訴を不服として控訴する場合には議決を必要とする一方で、敗訴を受け入れ、損害賠償の額を是認する場合には訴訟遂行上、議会が関与しないということについてである。たとえば、訴えの提起、不服申立てなど自治法96条1項12号所定の行為は、自治体がその権利義務に関して他の機関の判断を求めるようなものや当該機関の判断に抗い再度の判断を仰ごうとするようなものであり、それらの行動には議会の関与を要するとする一方、その機関から出された結果に従う場合（敗訴の受入れ等）には、議会が関与せず、執行機関の判断で処理してもよい、そして、損害賠償については、「額」の決定に重きが置かれ、それを監視するために議会が関与するが、公正な機関としての裁判所が判断をしている以上、それに従う場合には、議会は関与しなくていいという考え方があるのであろう。

　ただ、訴訟遂行上、敗訴を受け入れるという判断は、上訴するという判断よりも、実は自治体の意思決定として、住民も議会も大きな関心事となり得ることが多いのではないだろうか（損害賠償等では最終的に住民がそれを負担することにな

ることから）。

　その事案に関する団体の意見なり方針なりを決定すべきことが「訴えの提起」の議決事件としての意義ということになるが、同様のことが敗訴受入れの場面にもより強く当てはまるのではないかと思われる。したがって、損害賠償の額の決定の運用解釈としては、下級審の時点で敗訴を受け入れ、損害賠償を確定させる判断は、議会の議決事件となると考えるべき（あるいは自治体の独自の判断として自治法96条2項により議決事件として追加する）などの工夫を検討する必要もあるかもしれない。ただ、一方、敗訴受入れを議会に否決された場合には、上訴しなければならなくなるわけであるが、この点についての長の権限をどう考えるかということも整理しなければならないであろう。これは、後述する特別再議の問題ともなる。

専決処分のあり方──議決を不要とする制度

1. 専決処分の種類

　議会と長との対立時など異例な事態での調整制度としては、先に述べたように、不信任議決、専決処分、再議の3つがあるが、そのうち最も活用される頻度が高いのが専決処分である。

　長は、議会の議決を踏まえて行政を執行するが、その議決すべき事件について長が議会に代わって処置すること、すなわち議決を経ずに長が行政執行することを認める制度が専決処分である。

　何らかの事情により議会の議決がなされない場合に長がその代わりに行うもの（自治法179条。以下「緊急専決処分」）と、軽易な事案として議会の委任に基づいて長が常時代わりに行うもの（自治法180条。以下「委任専決処分」）との2つの類型がある。委任専決処分は、たとえば、「50万円以下の損害賠償額の決定」といった形で議会があらかじめ議決により指定しておくことで長において議会の議決なしに最終判断することができるようにするものである。

2. 緊急専決処分の要件

　委任専決処分は常時できるものであり、問題が生じることは想定されにくいが、緊急時専決処分は、法的に争いになる場面が少なからずある。緊急専決処分を行うことのできるケースとしては、表1のように4つが規定されている。

　長は専決処分を行った場合は次の会議（定例会又は臨時会）において議会に報

【表1】緊急専決処分の要件

要件	具体例
①議会が成立しないとき	議会が解散している場合、在任議員の総数が議員定数の半数に満たない場合等
②自治法113条ただし書の場合においてなお会議を開くことができないとき	会議開催の定足数の例外措置（除斥等の場合は定数の半数に達しなくとも開催可）を適用させても、会議を開けない場合（議長ほか2人の議員出席がないとき）※
③長において特に緊急を要するため議会を招集する時間的余裕がないことが明らかであると認めるとき	長の事務執行が議会を招集し議決を経てから行うこととなると時機を失し、実質的な意義がなくなってしまう場合等
④議会が議決・決定すべき事件を議決・決定しないとき	議会が議決権を行使しない（できない）一切のケース。原因が議会にあるかどうかは無関係

※：議会の会議録作成には議長と議会で定めた2人以上の議員の署名が必要である（自治法123条2項）が、これも満たない状態では会議を開けないと解されており、この場合に専決処分の対象となる。

告し、承認を求めなければならないが、承認が否決されても、専決処分の法的な効力には影響を与えず、したがって、特段の措置は不要とされていた。それが、2012年自治法改正で、条例の制定改廃や予算に関する処置について承認が否決されたときは、長は、速やかに当該処置に関して必要と認める措置を講じるとともに、その旨を議会に報告しなければならないとされた（179条4項）。講ずべき措置の内容には、たとえば、否決の趣旨に沿った改正条例案や補正予算案の提出、否決された予算の執行停止などが考えられるが、国会審議においては、「(これらも含め) 長の裁量に委ねられており、長が適切に判断すべき」とされ、議会や住民に対する十分な説明責任を果たすことも含まれると解されている。

3. 専決処分の違法性をめぐる訴訟

これまで専決処分をめぐる訴訟では基本的には長の広範な裁量が認められて違法性が判示されることはほとんどなかったが、近時、違法判断をなされる事案が増えてきている。ほぼ同時期に訴訟が係属した3つの事例を紹介する。

O村では、①当初予算案、②副村長選任同意、③図書館建設工事契約、④道路工事契約の議案について、提出された議会がいずれも開会されず、流会となったため、長は要件④の「議会が議決しないとき」に該当するとし、10ヶ月

の間にわたって順次、専決処分を実行した。これに対して、前村議を含む住民が、専決処分の違法・無効を主張して、住民訴訟を提訴している。

　O村事例に関し、甲府地判平成24年9月18日判例地方自治363号11頁では、「長が専決処分権を与えられた趣旨（議会制民主主義の補充的な制度・抑制的な制度）を殊更潜脱する目的での行使は違法」としたうえで、①は流会は議長の意思であり適法としつつも、②は長の支持・反対が同数で長支持の議長が反対派議員の海外旅行の機を捉えて議会開会を意図的に操作し、長もこれを認識と推認でき議会議決の趣旨潜脱で違法、③④も議会開会しないことを利用しての専決処分行使がうかがえ違法と判示した。第一審判決後の平成24年12月3日に議会が専決処分の同意・追認している。

　S市では、長が、9月定例会の最終日夕刻に鉄道会社に対する補助金支出の補正予算を提出したが、議長が討論を希望し、仮議長選出をめぐり、議事が混乱、審議未了のまま会期満了、閉会したが、長は、定例会終了の2週間後、要件④の「議会が議決しないとき」に該当するとして、補助金支出補正予算を専決処分し、鉄道会社との間で贈与契約を締結し、補助金を交付した。議会は、11月に専決処分の不承認の決議をし、住民が、専決処分の違法、贈与契約の無効を主張して、長に対する損害賠償請求を求めて、住民訴訟を提訴した。

　S市事例に関し、千葉地判平成25年3月22日判時2196号3頁では、「専決処分は、要件を欠き違法であり、補助金交付も違法であるが、鉄道会社は適法の贈与契約が締結されたと信じるにつき正当な理由あったという事情のもと契約は無効とまではいえない」とし、長に対する損害賠償（約2360万円）のみ認容している。

　T町では、滞納処分で差し押さえた預金が差押禁止財産であり、生存権を侵害されたとの滞納者からの訴えに対し町が第一審で勝訴したが、控訴された後の年度末の3月30日に滞納者の要請に基づき、町が62万円の解決金の支払いと引き換えに、滞納税額32万円を納付する和解を行うこととした。長は、翌31日に要件③の「緊急を要するため議会招集の時間的余裕がないとき」に該当するとして専決処分により和解し、解決金を支出した。議会は、新年度に入ってから6月に前年度補正予算および専決処分を承認した。これに対し、住民が、専決処分の違法性、和解金支出命令の違法性、前年度予算に計上されてい

ないことの違法性を求めて、住民訴訟を提訴した。

T町事例に関し、前橋地判平成25年1月25日判例地方自治371号47頁は、開会3日前までに行うべき町村での臨時会招集は緊急を要する場合は例外措置が認められる（自治法101条7項）が、「滞納者が和解提案をしてから専決処分による和解の31日までに5日間の期間があり、例外措置で対応できない程度の緊急性があったとはいえないが、専決処分が議会により承認されている以上、専決処分の要件の不備は治癒されており、和解内容も不合理とまではいえない。ただし、新年度になっての前年度補正予算の承認は、会計年度独立原則に違反し、専決処分が議決により治癒されたとしても、予算に基づかない違法な支出である」として、支出の違法性を判示した。

このように3つの事例ですべて第一審で専決処分が違法ないし不適切と判示され、それぞれ自治体側が控訴しているが、控訴審では、S市事例を除き、専決処分の違法性が否定された。

O村事例では、「長において開会・流会の権限はなく、長が議会の議決ができない状態をつくりだしたとはいえない」、また、「専決処分を追認する同意ないし議決がされたことで専決処分の瑕疵が治癒されたというべき」として、②～④の専決処分は適法であり、第一審判決が取り消され、専決処分は全体として適法と結論づけられた（東京高判平成25年5月30日判例地方自治385号11頁→上告不受理決定〔最高裁平成26年6月13日〕で確定）。

T町事例では、第一審同様に、議会の承認により専決処分の要件不備は治癒されたと認めたうえで、翌年度に議会の承認の承認がなされても、会計年度独立との関係では不合理でないこととして、専決処分は全体として適法と結論づけられた（東京高判平成25年6月12日平成25年〔行コ〕105号→上告不受理決定〔最高裁平成25年11月26日〕で確定）。

残るS市事例では、議会が議決しない場合の専決処分の意義は、「外的又は内的な何らかの事情により長にとって議決を得ることが社会通念上不可能ないしこれに準ずる程度に困難と認められる場合（例：天変地異等）、議会が議決しない意思を有し、実際にも議事が進行せず議決まで至らない場合などでなければならない」と述べたうえで、「予算案についての結論の対立が深く、収束するための時間的余裕を欠いて閉会に至ったもので、議会が故意に議決を回避し

たものではないこと、過去2度否決されるなど本件専決処分は議会の意思に反する可能性が相当高かったこと、一部の議員から臨時会招集も求められており、専決処分までに臨時会招集の可能性もあったことなどから、議決に至らなかったという一事で専決処分を選択したことは著しく相当性を欠く」とし、さらに、「前市長は、専決処分の前に弁護士や総務省等に問い合わせをした事実を指摘し、違法でないことを信じる相当な理由があったと主張するが、市長自ら判断すべき事柄であり、その発言からすると専決処分ができる状況にはなっていなかったことを十分に知っていたとみるべきで、第三者の意見を聴いたことをもってその過失を否定することはできない」と判示し、専決処分は要件を欠き、違法と結論づけられ、最高裁でも上告が不受理とされた。この結果、前市長に対する住民訴訟としての返還請求が確定した（東京高判平成25年8月29日判例地方自治384号10頁→上告不受理決定〔最〔1小〕決平成27年1月15日判例地方自治392号127頁〕で確定）。

専決処分の違法性をめぐる最近の判決をまとめると、専決処分の要件を満たさなくても、その後の承認があれば、その要件不備は治癒され、適法判断がなされる傾向にあるといえる。承認のO村事例、T町事例が適法とされ、議会不承認のS市事例が違法と結論づけられていることが顕著である。

また、長が会期終了間際に議案を提出し十分な審議時間がなかったこと、会期終了後に臨時会を招集する可能性があったような事情が認められれば、S市事例の控訴審判決のように違法判断がなされる傾向にあると思われる。T町事例では緊急性が認められなかったが、議会の承認により治癒されていると判示されているわけである。

一般に、要件3により専決処分をした事例で、その後、議会から議員に説明すべきと強い要請があり、議長の権限で全員協議会等が開催され、多くの議員が出席したうえで長が説明する等の事例も少なからず見受けられるが、これは結果的に、「議会を招集する時間的余裕がない」とした判断が否定されるケースとなっていることに留意すべきである。

ややもすると常態化する専決処分であるが、意思決定の例外であることを十分に認識してその運用は厳密に行われるべきである。議会の議決が瑕疵を治癒することも議会の議決権限が絶対的であることの証左であるともいえる。

再議の運用──議会の決定を変容する制度

1. 再議とは

長と議会との間の意思決定の調整制度のうち、議会の議決に対して、長が異議を示してあらためての議決を求める再議は、議会の議決結果を変容する大きな影響力を持つ制度でありながら、その運用実態が十分に明らかにされておらず、また、自治体現場でも誤った運用がなされるなど、実務上、問題が少なからずある制度といえる。自治体の意思決定、そして自治体法務を考えるうえでその意義や課題を述べたい。

再議には、図4に示すように長が議会の議決に異議があるときに行使する「一般再議（任意的再議）」と、表2に示すように議会が違法な議決をした場合等の際に長に再議が義務付けられる「特別再議（義務的再議）」とがある。

特別再議は、違法な議決として長が認識した場合に再議に付さなければならないもの（❶）と、義務的経費の減額・削除がなされた場合に再議に付さなければならないもの（❷・❸）とがある。

これらの再議の再可決要件は、一般再議の3分の2以上と異なり、過半数の同意になるが、再可決されても違法であると長が考えた場合は確定せず、長としては知事（長が知事の場合は総務大臣）への審査申立てや原案執行等の措置を講じることができるとされている点で、一般再議と異なる。

【図4】 一般再議の規定条文

> 第176条　普通地方公共団体の議会の議決について異議があるときは、当該普通地方公共団体の長は、この法律に特別の定めがあるものを除くほか、その議決の日（条例の制定若しくは改廃又は予算に関する議決については、その送付を受けた日）から十日以内に理由を示してこれを再議に付することができる。
> 2　前項の規定による議会の議決が再議に付された議決と同じ議決であるときは、その議決は、確定する。
> 3　前項の規定による議決のうち条例の制定若しくは改廃又は予算に関するものについては、出席議員の三分の二以上の者の同意がなければならない。

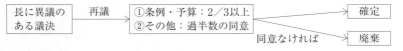

※再議による効果…再可決されない場合は長提案以外の議案は原案全体が廃棄となる。

【表2】特別再議の種類

特別再議の種別		再議で同様の議決の場合の措置
義務的経費等の減額・削除の議決（177条1項）	❶議決又は選挙が議会の権限を超え、又は法令・会議規則に違反すると認めるとき（176条4項）。	・知事等に審査申立可→裁定に不服の場合、裁判所に出訴可
	❷法令により負担する経費、法律の規定に基づき当該行政庁の職権により命ずる経費その他の自治体の義務に属する経費	・長の提案した原案を執行することが可（予算議決主義の例外措置）
	❸非常の災害による応急復旧の施設又は感染症予防のための必要な経費	・不信任議決とみなすことが可 ・議会解散又は議決に従う執行かは長の選択

2. 再議の運用実績

再議全体の傾向としては、経年的なデータが確認できる1974年度以降では、昭和年代が全国で年間8件程度であったものが、平成年代では12件を超えており、着実に増加傾向にあると考えられる。特に、特別再議は横ばいであるが、2000年度を境に、一般再議が多くなってきていることが顕著である。これは、自治体の事務の範囲が拡大するなどの大幅な制度改正がなされた、地方分権一括法施行と時期が一致することも興味深い。

条例・予算のみを対象としていた一般再議にそれ以外の議決事件を加える改正が2012年になされたが、その際の国会審議では、「地方行財政検討会議や地方制度調査会などでいろいろな議論をさせていただきましたけれども、そのときに明らかになりましたのは、再議制度はほとんど使われていない、それに対しまして、専決処分は非常に幅広く使われているということであります。今回の（再議の）制度改正は、再議制度が、長と議会との見解が異なるときに、長が議決に対して反論を行うことを通じて議会の議論が活性化する、そして熟議が深まるということを期待しているものであります」（第180回国会・衆議院総務委員会〔2012年8月7日〕での政府参考人答弁）と、再議が一貫して活用されていないという認識があったようであるが、専決処分に比べて再議は圧倒的に件数は少ないが、増加傾向にあることは間違いないと思われる。

3. 議決の方向性と再議のパターン化

政策の方向性に大きな影響を与える一般再議をさらに見ていくことにする。

議会が議決する場合には、自治体に対する新たな事務の創設をしたり、予算を増額して事業量を増加させる方向性のものと、逆に、長の提案に対して削除する方向性、すなわち、事業予算を削除するなどの、2つの方向性に大別される。条例の修正は、基本的に新たな事務の創設が多く、条例を廃止するにしても、新しい事務を執行部に強いることが多いといえる。予算に関しては、事業量の増加または新規事業に関する増額修正のようなプラス方向のものと、長が提案した事業の減額・削除のようなマイナス方向のものが混在している。

　そして、再議の対象の議決に即して考えると2つのパターンに分類できる。

　一つは、最初の段階で議員が議案を提案し、その議決が再議の対象とされるもので、これについては、たとえば、条例の新規制定、一部改正条例の提案等がある。

　他方は、予算が特有であるが、長が提案した議案に対して議会が修正議決を

【図5】再議のタイプ分類

[A型] 再議…議員提出議案の議決について異議がある再議

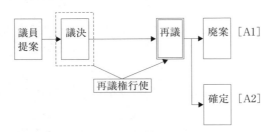

[B型] 再議…長提出議案に対する議会の修正議決について異議がある再議

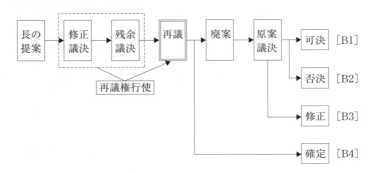

行い、この議決が再議の対象となるものである。条例においても長が提案した条例に対して議会が修正する形がこのタイプとなる。

前者のタイプを［A型］（再議）、後者のタイプを［B型］（再議）と呼ぶとするが、それらの審議の流れは図5のように整理できる。

［A型］では、再議の結果、3分の2以上の同意がなければ、議員提出議案は廃案（［A1］）、同意があれば、それが確定（［A2］）という2通りとなる。

［B型］では、長提案の議案に議会が修正議決を行い、それが可決された後、その修正以外の部分の全体の議案の議決（残余議決）がなされることになる。議会は長の提案のうち異論がある部分のみを修正するので、異論のない残余議決は可決されることになる。そして、長はこの修正議決を再議の対象とするが、再議は、修正議決と残余議決の全体が対象となる。再議の結果、これが廃案になれば、その後に、修正部分以外の議決（原案議決）があらためて審議の対象となる。

ここで、修正議決の廃案を議会がそのまま受け入れる場合は、残余議決と同一となる原案議決を可決すること［B1］になる。しかし、再議前に一度、残余議決として可決されている原案議決であるが、修正議決が廃案になったことから、長提案の議案全体に異論を唱えるというスタンスをとることで、否決し、たとえば、当初予算全体を成立させないこと［B2］こともできるし、原案議決にまた修正を加えて可決させること［B3］もできることになる。議会の勢力は過半数は長の提案全体には否定的であるから、これらの対応は可能となるわけである。

なお、［B2］で否決された場合には、長としては、これらを踏まえて当初の提案を修正した議案をあらためて提出することが多く、これも［B3］に性格は同じということになる。

つまり、［B型］再議では、議会の修正議決が再議の結果、廃案になったとしても、そのままこれを受け入れるのではなくて、議会の意思を通す戦略がとり得るということになる。

実際に、近時の再議事例事例を考察すると、修正議決が廃案になってもそれをそのまま受け入れるのではなく、［B2］［B3］の対応をとる議会が少なからず見受けられる。

近時の再議事例をつぶさに考察していくと、［B型］再議では、多くが廃案とはなるが、その後、原案議決を可決することで廃案を受け入れるものと、原案議決を否決するか、修正するかして、議会の意向を反映しているものがほぼ同程度となっている。そして、廃案後に議会が行う原案修正はほとんど可決されているので、再議で廃案になったことは受け入れるが、それを踏まえて当初の修正よりも幅を低めて議会の意向を修正案に入れ込むことに成功する例があるということである。

以上のように、再議は、廃案・確定のみでなく、原案議決の審議を通じて、議会の意向を反映させることができるという面があることに留意されるべきであろう。

一般再議の再可決の議決要件が3分の2以上であり、長の圧倒的に優位な制度となっていることから、これを見直すべきとの指摘も議長会からなされている。基本的にはその主張は正当であろうとは思うが、このような再議の運用実態にも配慮して制度改正は検討されるべきであろう。

4. 再議権不行使による政策運営への影響の実態

一般再議を行使するかどうかは、長の判断によるわけであるが、特に、最近、再議権不行使がその後の自治体の政策運営に大きな影響を与える例が少なくない。

特に、後述する住民投票条例の議決をめぐる再議不行使との関係で興味深い例があるので、2つの事例を紹介したい。

一つは、再議権不行使が、投票後の政策運営や政治状況に大きな影響を与えたT市の事例である（2015年）。

T市では、公認の陸上競技場の整備が長年の課題であったが、これまで適当な土地がなく、整備は実現していなかった。あるときに、民間企業で大規模な遊休地が発生し、市に譲渡してもよいという話があったので、市は絶好の機会だと考え、当該土地を66億円で購入した。その後、土地の規模に合わせた形で、陸上競技場のみならず、アリーナ、サッカー場、プールなども備えた総額300億円を超える基本計画が策定された。

この基本計画に対する賛否の住民投票を実施すべきとして住民から住民投票

条例の直接請求があり、市長は、住民投票やむなしと考えたのであるが、投票の選択肢として直接請求の案の「賛成」「反対」の2択でなく、「見直し」もいれた3択が住民の意向を反映させるためには適切であると主張した。議会審議の過程で与党派議員が市長の意を汲んで3択案の修正案を提出したが、直接請求どおりの2択案が可否同数となり、議長裁決により可決されることになった。

こうして、2択の住民投票が実施されることになったが、市長は住民投票の結果「反対」が多数であっても、基本計画を見直し、規模を縮小して整備する意向であることを投票にあたって言及した。しかしながら、住民投票の結果は、「反対」が8割を超えるという圧倒的なものとなり、衝撃を受けた市長は、「運動公園は整備しない。白紙に戻す」「この責任をとって次期選挙に出馬せず退陣する」ということに発展した。「反対」を投じた市民のなかにはかなりの割合で「見直し」の意味で投票した者がいたようである。その後、数年たってもその土地の利用計画は検討されず、放置されたままとなっている。

この場合、市長は、3択を主張したのであれば、2択案の条例が可決された際に、異議があるとして再議を行使すればよく、当然ながら、廃案になることが見込まれるわけである。そして、住民投票自体を否定するわけではないとしていたので、廃案になった後に、3択案の条例を提案し、2択案に賛成した議員のうち一人以上が「住民投票が実施されないよりは、3択での実施でもやむを得ない」と考えれば、3択案が可決されたであろう。

そして、2択のときに反対票を投じた住民のうち、たとえば、半数が「見直し」にいれるとすれば、賛成2割＋見直し4割の計6割が整備には前向きということで、整備が継続したとも考えられるわけである。

もちろん、整備計画自体が拙速だったことが問題であり、このシミュレーションも想定ではあるが、再議権の行使は、自治体の大きな意思決定を握る制度であるといえるわけである。

次に、事業が進捗している段階で住民投票が実施され、市長は、結果にかかわらず方針を変えないと明言していたK市の事例である（2017年）。

K市では、市内中心部に体育館や音楽ホール、プールなどの複合施設で、スポーツ大会や音楽イベントの舞台となるほか、災害時には避難所や救護スペースとしての役割も担うとした防災アリーナの建設を総工費約121億円を見込み、

すでに着工して基礎工事が終了しつつあった。

　その時点で、工事費が大きすぎるとして規模縮小を求める住民が住民投票で決すべきとして、直接請求に及んだ。

　しかしながら、市側はアリーナ建設はすでに着工しており、今から見直せば設計変更や工事の現状復帰、さらに発注済み資材のキャンセル料など、総額38億円もの費用がかかるという試算を根拠に、住民投票の結果がどうあれ、計画の見直しは難しいと表明した。住民投票実施時点で市長の任期は2ヶ月を切っており、当該市長は次期選挙には出馬しないことを明言していた。

　直接請求された住民投票条例案については、規模の見直しの「賛成」・「反対」が選択肢とされ、議会において賛成11・反対9で可決された。

　住民投票が実施され、規模見直しに対する「賛成」が55％、「反対」が45％と、見直しを求める住民が多数となった。しかしながら、市長は、改めて検討した結果、見直さないという当初どおりの意向を表明した。

　その後、「見直し」の有無を争点に、市長選挙が行われ、「見直し」を公約にしていた候補者が当選した。しかしながら、その後、市民との意見交換会等を経て、工事を中断してまでの見直しはあまりにも損害が大きくなるなどの面を踏まえて、見直しは行わないと表明するに至った。

　この問題も、住民投票条例制定の際に再議権を行使することが十分に想定された事例であり、結果からすると住民投票の実施の意義が強く疑問視される事例といえる。

5. 再議権行使の基本スタンス

　再議制度がある以上、それを適切に行使することは重要である。異例の制度であるからか、それが誤って運用される例も少なからず散見される。そして、3分の2以上の再可決要件をどう見るかという問題もある。

　いずれにしても、長と議会において対立構造があるならば、その調整制度としての再議を再認識することも重要であるし、長において、議決に明確に反対であるスタンスであれば、再議は控えることなく適切に行使し、議会で何が議論されているのかを市民に対して表示していくことが大事だと思われる。

住民投票の運用のあり方——議会の意思決定に大きく影響を与える住民の意思表示

1. 住民投票のタイプ

特定の政策に対して住民の意思を直接に表示する手法である住民投票については、2つのタイプがある。

一つは、特定のテーマについてその賛否を住民が投票する手続を規定する条例を制定し、自治体が投票経費等の予算を措置するという段取りで行われる。住民投票の実施を求める立場としては、住民のほか、首長や議会もあり得るが、自治体全体の大きな政策課題の決定に直接住民が関与しようとする局面になることから、基本的に、自治法の定める住民の直接請求の手続により住民投票条例が制定されることが多い。個別テーマごとに議会の条例の議決により住民投票の実施が判断されるという意味で、一般に、個別型住民投票と呼ばれ、全国的にも多くの事例が見られる。

これに対し、自治体の重要事項について住民投票を実施する旨の条例をあらかじめ制定しておいて、特定の重要事項につき一定数の住民の署名による請求あるいは首長又は議会の発議により住民投票が実施される（その都度の議会の議決は不要）ものがあり、常設型住民投票と呼ばれる。

2. 住民投票を目指す立場とこれに反対する立場の見解

住民投票の結果には法的拘束力がないが、実際にはこれまで実施された住民投票の事例では、ほとんどが投票結果に従った政策判断がなされている。議会の議決自体をも超越する影響力を持つともいえる状態である。

近時に実施された住民投票の事例について議会審議や直接請求の趣旨などをつぶさに考察すると、住民投票の実施を主張する立場のほとんどのケースで共通的に見られるのは、「大規模事業（重要な政策決定）に関する住民の合意が形成されていないから、いったん計画をストップさせて、必要ならば住民の意見を十分踏まえる作業を行い事業を再構築すべき」という意向に集約できる。

これに対し、住民投票実施に消極的な議会や執行部サイドは、まずは、議会審議等で一定の合意を図ってきたとの反論をすることが一般的であり、直接請求の署名数が圧倒的に多数になった場合には、住民投票やむなしとの見解に転換することも見られる。

市長が直接請求の条例案を議会に付議する際に提出する意見書や議会審議で

住民投票に否定的な立場からは、当該事業の必要性が主張されるが、「そうであるなら住民投票において住民の支持を得た（確認した）うえで施策に取り組むべきではないか」という住民投票推進派の指摘に対して合理的な論拠を示した長や議会の反論は見出せなかった。一部に「住民投票は議会審議で積み上げてきたことを無にする」「重要な施策の推進に支障となる」という反論も示されるが、これに対しては、「住民の事業に対する"反対"を確信しているから住民投票実施を否定するのだ」という住民投票推進派のする皮肉が論理的に正鵠を得てしまうことになろう。

　そして、議長や首長に住民投票の認識をアンケート調査した結果、「二者択一の賛否で問題は解決しないが、その示された結果に抗うことはできない」という意向が強くみられたが、議会、首長が苦しい立場に追い込まれることが、住民投票への抵抗感を強固にしているといえる。「住民投票に持ち込まれたらこれまでの取り組みが水泡に帰すおそれ」が、住民投票に対する反対理由となっていることを議会審議でも見出すことができた。

3. "あるべき"住民投票のスタイル

　このような住民投票にまつわる懸念や課題を払拭して、しっかりとした行政運営を図ろうとするための方法は、2つあると思われる。

　第一の方法は、きわめてオーソドックスで当然ともいえる対応であるが、施策立案・行政手続を丁寧に積み重ねていくことである。

　先に見たT市事例は、基本構想前に土地取得を行うなど、丁寧さを著しく欠いたことへの批判がその数倍にもなって住民投票の結果に表れ、それが、その後の行政の対応に大きな影響を与えた。合意形成の丁寧さを徹底することが必要な事例であったといえる。

　第二の方法は、早い段階で住民投票を実施することを行政システムに組み込んでしまうことである。

　この方策は、「❶住民投票の二者択一の賛否のみで問題は解決しないのではないか」「❷住民投票の結果に責任をとるものがいなくなる、責任の所在が不明確になるのでは」「❸市民の判断は的確なものとなり得るか」といった住民投票の課題に対しての一定の解答を導き出せると考えられる。

すなわち、それぞれの課題に対して、「❶早期の住民投票により住民の意思表示が得られ、その枠内で長や議会が協議して施策を具体化することがよりよい施策遂行に結びつく。すなわち投票結果により問題解決しないということにはならない」「❷長・議長は投票結果に従う中で施策を具体化していくことが役割であって、結果に対して無責任になることはない」「❸施策の判断の的確さに正解はなく、主権者の投票結果に沿って施策を詰めていくのが政治家の役割となる」といった解答が考えられる。

さらに、この方策の最も大きな課題としては、施策等が煮詰まっていない早期の段階の住民投票には無理があるのではということがあげられよう。しかしながら、あるべき住民自治の姿をイメージすると、その段階でも積極的な情報提供を行政・議会側は行い、市民サイドも旺盛に行政課題に問題意識をもって判断していくということが備わっていることが必要になるわけであって、この住民投票システムの制度化自体が、市民を責任ある判断を行使する立場に導く役割を持つことになると思われる。すなわち、素案段階で住民に関心がないからその判断に的確さは求められないと考えるのでなく、そのような政策のシステムの主役に位置する住民が関心を持って判断せざるを得ない状況・環境を作り出すという、まさに「地方自治の学校」のキーデバイスと位置付けることが

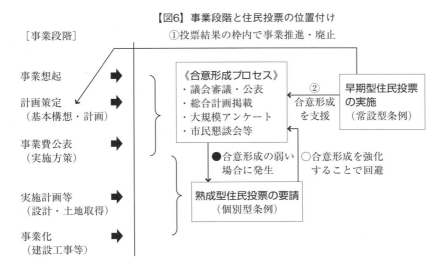

【図6】事業段階と住民投票の位置付け

できるのが、このシステムであると考えるのである。

　第一の方法に問題がある状況で実施される住民投票を、施策・事業が煮詰まって行われるという意味で「熟成型住民投票」、第二の方法のように、施策等の素案段階で実施される住民投票を「早期型住民投票」と呼ぶとする。熟成型住民投票は直接請求によって実施されるケースがほとんどであるから個別型条例によるものであり、早期型住民投票は、自治体の広聴施策の一環としても行われると考えられるから常設型条例によることになるであろう。これらの現象や位置付けは、図6のように表現できると思われる。

　図中で、行政の基本は、住民の合意形成のプロセスである。それが一部に手薄い部分があり、「弱い」状況にあれば、事例で見たような直接請求による住民投票、すなわち熟成型住民投票の要請が住民の直接請求という形で発生すると思われる。これは、発生しても、議会の判断で否決されることが多いというのが事例から見て取れるのであるが、状況によっては、T市事例のように住民投票に移行することになる。熟成型住民投票を回避する方法としては、第一の部分で指摘したように、合意形成プロセスを強化することが有効である。また、熟成型住民投票の可決が僅差である場合の長の採りうる立場としては、再議を検討することも意義があることであろう。

　必ずしも熟成型住民投票の実施が不適当で回避すべきものと考えるわけではなく、合意形成プロセスの評価の違いが住民と議会・首長との間で生じることもあり、その実施を議会が真摯に議論し、また、住民投票に及んだ場合でもその結果の活かし方も議会と首長が十分に議論して対応していくことが求められると考えるのである。

　一方、早期型住民投票は、重要な施策・事業の素案段階で、住民が意思を表示したいと考えたり、首長・議会が住民の意図を確認したいと考えた場合に実施されるものである。その効果は、図中の①として重要な施策等の方向性を議会・首長に示すことができ、それに沿った行政運営を期待できるということ、②として住民投票とかかわりなく取り組まれることになる合意形成プロセスを強化・支援するという効果が期待できることの2点である。もちろん、合意形成プロセスに加えて早期型住民投票が必ずしも必要というわけでなく、早期型住民投票のあり方はそれぞれの自治体で、どう認識するかにかかっているとい

える。

　筆者自身、必ずしも住民投票が自治体行政運営に必須なものと捉えているわけではない。現状において住民投票はどう認識され、どう位置付けられるかを描写したにとどまり、その検討の中で、多くの課題をも克服する可能性を、早期型住民投票に見出しているのにすぎない。

　議会が十分に機能し、自治体の広聴機能が発揮されていれば、大規模事業であっても住民投票の「荒波」にさらされることなく、推進されることになるであろう。そして、その政策プロセスについて、満足がいかないと認識する住民がいるなら、熟成型住民投票の要請が生じるのは自然の流れである。そのイレギュラーともいえる住民投票が想起された場合に、議会や長はそれを闇雲におそれるのではなく、それに対するスタンスを明確にして、代替案をも議論してこれを捉えることが必要であり、また、仮に否決するとしてもなぜそのように捉えるのかを明らかにして対応していくことが求められるのである。

　一方で、合意形成プロセスをより強化するうえで、住民投票をイレギュラーなものでなく、レギュラーなものとして捉えるならば、早期型住民投票の導入を検討・議論していくことが適当であるということになる。

自治制度と運用の考え方　自治体の意思決定に関する制度とその運用について、いくつかの側面に絞って見てきたが、全体にいえるのが、その制度がなぜあるのか、そして、どう運用していくべきなのかの議論を十分に尽くすべきということである。もちろん、制度を熟知していなかったということがあればそれは著しく問題である。

　議会の議決を超える影響力を持つ住民投票、さらには議決を変容する効力を持つ再議等、それぞれの制度について、十分な考察が引き続き必要であろう。

　自治制度は、意思決定のルールといえる。そのルールの根本は何かというと、基本的には「十分な議論」が何よりも優先されるものである。そのうえで、議決事項は、基本的に幅広く捉えることが必要であるし、専決処分は極力控えるべきである。

　また、議決を変容できる再議は、その行使は謙抑的である必要はなく、堂々と異議を申し立てて、住民に見える形で対立点を俎上に上げるべきである。住民投票についても議論を熟する方向下で講じることであれば意義があるし、早

期の意思決定を図る方向で活用することも考えるべきであろう。

〈参考文献〉
　吉田 勉『事例から学ぶ・実践！自治体法務入門講座』学陽書房、2018 年。
　吉田 勉「二元代表制の調整制度としての『再議』の運用の実態とその課題」自治実務セミナー 2019 年 2 月号、4 月号、7 月号。
　吉田 勉「住民投票に対する認識とそのあり方に関する考察」常磐大学・コミュニティ振興研究第 24 号、2017 年。
　奥宮京子・高橋哲也「はんれい最前線・専決処分をめぐり相次ぐ判決、自治体に戸惑いも？」判例地方自治第 384 号、2014 年。本講の「専決処分の違法性をめぐる訴訟」での事例紹介は、この論考を活用させていただいたものである。

第35講

自治体議会の政策法務

マリちゃん 今度、わたしの住んでいるA市の市議会議員選挙があるんだけど、自治体の議員ってどんな仕事をしているのかしら。

マコト君 そうだね。市長だと市役所の職員の職員たちをまとめて、たくさんの法令に基づいた行政サービスをしているのがわかるけど、議員さんって、人数も多いし、どんな活動をしているのかわかりにくいね。毎朝、駅の近くの街頭で演説している議員さんもいるけど、どうやって政策を実行するんだろう。

先生 国会では、議院内閣制といって、多数を占める与党の国会議員が内閣を組織して行政を行うけれども、自治体の場合、市長などの首長は住民の直接選挙で選ばれるため議員ではなく、議会は、首長とは独立した立場で仕事をしているんです。いわば、首長も議員も、選挙で選ばれたという点では対等・独立ということができます。これを、「二元代表制」といいます。

マリちゃん へえー。では、議員って、具体的にどんな仕事をしているんですか？

先生 一言でいうと、地域の代表として、地域住民の声を直接聞いて、地域の課題を解決するための仕事をしているんだ。地域課題を解決するために、地方自治法などの法律では、議会の権能として、議決による「意思決定機能」、首長の行政をチェックする「監視機能」、政策を条例化する「政策形成機能」の3つの権能が与えられています。これらの権能をうまく使って地域課題に対応するチカラが議会の「政策法務能力」です。この「政策法務能力」が高く、地域を元気にする政治家が「有能な議員」ということになるかな。

マコト君 そうなんだ。自治体議員って、地域にとって大切な仕事をしているんですね。議員にも政策法務能力が必要だなんて知らなかった。

マリちゃん 今度の市議会議員選挙でも、ちゃんと投票所に行って、政策法務に強く私たちの地域のために、しっかりした人を選ばなくっちゃ。先生、議会の政策法務についてもっと教えてください。

講義ノート

議会の政策法務の特質　一般に政策法務とは、「地方自治の本旨の実現のために、住民の福祉向上の観点から、何らかの対応が必要と考えられる政策を、憲法をはじめとする関係法体系のもとで、いかに合理的に制度化・条例化するか、適法・効果的に運用するかに関する思考と実践」（北村喜宣・礒崎初仁『政策法務研修テキスト〔自治体法務サポートブックレット・シリーズ〕〔第2版〕』2頁〔2005年、第一法規〕）と定義されている。

政策法務は、自治体の政策推進が自治体のPDCA（Plan-Do-Check-Action）サイクルによりマネジメントされていることに関連付けて、立法法務（Plan）、執行法務（Do）、評価・争訟（Check、Action）の3つの分野からなるとされるが、自治体議会の政策法務には次のような特質がみられる。

(1) 執行機関ではないため執行法務の側面が少ない

自治体議会（以下、この講では「議会」という）は、地方自治法（以下、この講では「自治法」という）などから意思決定機能、行政監視機能、政策立案機能の3つの機能権能を持つとされる。議会は、自治体の政策推進のための執行機関ではないので、執行法務やそれにかかわる争訟法務の主体となる可能性は限定的である。議会の活動の中での政策法務は、これら3つの機能に着目して行われる。この講では、議会の3つの機能に関連した政策法務の活用について述べることとする。

(2) 議会には政治性がある

議会は、本来、政治家である議員で構成されることから、議会の活動は政治性を帯びざるを得ない。したがって、特に、議員個人の考えではなく、議会の議決を得る必要のある事項では、その傾向は顕著である。多くの議員や会派の政治的な主張に沿わないときは、議決が成立しないこととなる。また、地方議会では、しばしば地域的な利害対立が生じ、政治問題化するケースもみられる。しかし、政治的な問題であっても、手続面、内容面において違法、不当な取り扱いは認められない。

(3) 二元代表制に基づくものである

議院内閣制の国会と異なり、地方議会では、首長も議員も、それぞれ別個に

行われる選挙で選ばれた住民の代表であり、立場的には対等の関係である。議会は、首長と名目的にも実質的にも独立した立場で活動することとなる。このような特質を背景として、地方議会では、自治法96条2項に基づく議員提案条例により、議会の議決事項を追加したり、議会運営面でも議会の審議日数や質問回数の運用、委員会審議に参加する議員数の調整、議会への首長等の出席要求などの取り組みにより、首長の行政運営に対するチェック機能を高めていくことができる。これは、地方議会のみでみられ、国会ではみられない特徴である。

(4) 慣習法による議会運営が行われている

　自治法の議会に関する規定、議会関係条例、会議規則などの成文法規は、他の法律分野に比して規律密度が低く、それぞれの議会の裁量に委ねられた解釈運用が行われているのが実態である。これは、合議体である議会の性格に鑑み、議員間の話し合いに基づき一定の柔軟性を持った形で議会運営を行うことが、民主政原理にかなうとの考え方に起因する。この柔軟な議会運営の指針になるものが、議会ごとの「先例」と呼ばれる慣習法である。きわめて規律密度が高い成文法規による運用が支配的なわが国の公的機関の中で、議会は慣習法が比較的大きなウェイトを占めているのが特徴的である。しかし、先例も慣習法である以上、適法性、合理性を備えることは当然である。

(5) 合議制機関としての議会の活動と議員個人の活動にかかわる部分に分かれる

　議会内の活動は、議決に基づく議会全体としての活動と、議員個人としての活動に大別される。前者の例としては、議案に対する賛否の議決、各種意見書等の決議などが該当し、あくまでも機関としての議会が議長の名の下に法令を解釈運用し、法的責任も議会全体に帰着する。後者の例としては、議員個人の本会議や委員会での質疑、討論、採決のほか、各種政策の調査・立案などが該当し、法令の解釈運用、法的責任も議員個人が負うこととなる。通常の首長などの執行機関の活動は、自治体として行われるのがほとんどであり、会計職員が賠償責任を問われる場合や建築基準法に基づく建築主事の場合などを除き、職員個人が法的責任主体となることは例外的である。これに対して、議員は、その言動が議会内外を問わず、懲罰等の処分の対象となるなど、個人の法的責

任も大きい。
(6) 議会事務局との連携により行われている

　多くの議員は法律の専門家ではないので、個別の法令解釈や法制執務などの細部の技術的な面については議会事務局のサポートが必要である。議会事務局には法令担当が通常配置されており、議員の求めに応じて、法律的な相談、情報提供、議員立法のサポートなどを業務として行っている。特に議員立法では、議員は当該立法の基本的な方針決定を行い、議会事務局は議員の考え方に沿った制度設計、法理論的な検討、条例案の起案、関係資料の作成などを担う。立法過程において議員と議会事務局は条例案の成立までの作業を共同して行うのであり、事務局の存在はきわめて重要である。この点、執行機関における条例立案作業の場合、制度設計から案文作成、議会対応までを一貫して原課が行い、法令担当課は法令審査を中心的に担う分業体制であり、議員立法とは大きく異なる。

議員立法の政策法務

1. 議員による立法とは

　議員は、自治法112条1項の規定にする「議員の議案提出権」に基づき、議員が議会に提出することができる。議案の提出に際しては、議員定数の12分の1以上の賛成が必要である（同法112条2項）。議員が提出できる議案としては、予算、執行機関の人事など首長の専権事項に関係するもの以外の議案提出が可能であるが、通常は決議案、意見書決議案、条例議案などがほとんどである。提出された議案が条例案の場合で、これが成立したときには、首長提案の条例と区別して特に議員提案条例という。

　議員提案条例には、議会の委員会条例や議員の費用弁償に関する条例などのように、自治体の機関として議会の組織や運営に関して当然に制定する必要のあるものと、議員が独自に自治体の政策の一環として提案し制定する条例がある。このうち、特に、後者について「政策的議員提案条例」「議会の政策条例」「議員提案の政策条例」などと呼ぶことがある（以下、このような条例をこの講では「政策的議員提案条例」という）。なお、自治体の機関として議会の組織や運営に関して制定された条例の中にも、たとえば、「議会基本条例」や「議会の情報公開条例」などのように、政策的な目的をもって制定される条例もあり、このようなものは、「政策的議員提案条例」の範疇にも含まれる。

2. 政策的議員提案条例の現状と意義

　議会には、「意思決定機能」「行政監視機能」「政策立案機能」の3つの権能があるが、政策的議員提案は、「政策立案機能」を具体化するものである。

　議員提案条例の制定件数は、都道府県、市町村を通じて、分権一括法が制定された2000年前後から10年間程度は顕著に増加していたが、最近は落ち着いている状況である。

　しかし、地方分権を進める観点からも議会の政策立案機能は重要であり、地域では新たな課題が日々生じている中で、生活者の視点に立った課題解決法としての政策的議員提案条例の制定の必要性は、依然として高いものと考えられる。

　議員提案条例は、特に地方分権改革以降、増加した要因としては次のようなものが考えられる。

① 2000年の地方分権一括法により機関委任事務が廃止されたことにより自治体の条例制定権の範囲が広がったこと。
② 地方議員自身の意識改革が進み、議員の政策立案に関する意識や能力が向上したこと。
③ 全国的に議会改革の必要性が叫ばれ、自治体議会の改革の進展度合いを示す指標の一つとして、議員提案条例の制定数が挙げられたこと。
④ 選挙における所謂「マニフェスト（政権公約）」の普及などに伴い、住民自身が政策の内容、実効性などにより投票する傾向が強まり、議員選挙においてもマニフェストを掲げて選挙に臨む例がみられ、議員の政策立案に対するモチベーションが加速化してきていること。
⑤ 情報公開などの進展により、従来のいわゆる「議員の口利き行為」を記録し、公開する条例や要綱が各地で制定され、議会以外での非公式な要望活動などが敬遠され、議会内での公式的な政策実施手段として、政策的議員提案条例などの活用が進んだこと。
⑥ 議会と首長との適度な緊張関係が保たれるようになり、政策的議員提案条例による議会のチェック機能の強化が進んだこと。

　これらは、いずれも相互に関連している。政策的議員提案条例を制定するためには、議員自身が問題意識をもって政策論議を積み重ね、条例案をまとめ、

議会の場で審議するが、その過程では、議会の活性化や議員の意識改革を促進するなどの副次的効果もあることから、今後も多くの議会で取組が進むことが期待される。

3. 政策的議員提案条例の類型

これまで制定された政策的議員提案条例について、規定内容の面から分類すると、次のような類型に分けられる。

(1) 議会のあり方やルールを定めた条例

議会のあり方やルールを定めた条例としては、議会基本条例、委員会条例、議員定数条例、議員報酬条例、議会の情報公開条例などが典型例である。分権時代の議会としての議会の理念、議論活性化に向けた取組のほか、議会の組織や手続き、議員の活動に関するものなど、条例の目的や直接的効果の及ぶ範囲が議会や議員の活動に限定されるものが中心であり、議会が、自治体の独立機関として自律的に定めるべき内容のものである。

このうち、議会基本条例は、2017年4月1日現在、797自治体で制定され、制定割合は自治体全体の44.6％（自治体議会改革フォーラムホームページより）となっている。内訳をみると、道府県66.0％、政令市80.0％、市59.8％と、町村以外では半数以上の自治体議会で制定が進んでいる。内容としては、議会自身の基本理念、議会改革を進めるための基本的事項などを定めたものが多くみられるが、議会報告会、NPO等との意見交換、議員間討論、議会としての政策提言などの制度を盛り込んだものもみられる。

(2) 首長と議会との関係のルールを定める条例

首長と議会との関係のルールを定める条例は、従来は首長の裁量で実施されていた政策に関して、議会が一定の関与をすることにより、議会のチェック機能や、政策決定の透明性を高めようとするものである。たとえば、自治体の総合計画等を議決事項とする条例（三重県、宮城県、岩手県等）、附属機関の委員等の男女構成や公募等を求める条例（宮城県）、出資法人への出資や業務委託などのあり方を定める条例（三重県、宮城県など）などが該当する。

最近の立法例では、財政健全化に関して首長に目標設定を含む計画策定を義務付け、その計画を議会の議決事項とし、その進捗状況や財務書類の議会への

報告、公表を義務付ける条例（横浜市将来にわたる財政運営の推進に関する条例〔2015年6月〕）などが、議会が財政的側面でのチェック機能を果たすという点で注目される。

　これらの条例は、直接的に住民サービスに結びつくものではないが、議会と首長との適度な緊張関係を形成し、議員の政策立案やチェックを側面から支援する役割があり、結果として住民からみて透明性の高い自治体運営を促進するものである。また、このような立法は、国会では余りみられず、二元代表制に起因する地方議会に特徴的なものである。

(3) 特定の行政分野に関する条例

　特定の行政分野に関する条例は、条例の内容が住民生活に直接関係のある種々の行政分野に関する条例であり、さらに政策理念的内容を中心とするものと、規制的内容を含むものに分類される。

　①特定の行政分野に関する条例のうち政策理念的な内容を中心とするもの

　政策理念的な内容を中心とする条例は、分権改革以降、首長提案でも、各行政分野の自治体の政策理念を明示するものとして制定例が増えてきている。議員提案でも、産業振興、健康づくりなど、多くの分野でみられる。条例の規定内容としては、当該行政分野に関する基本理念、住民・事業者・首長等の役割を規定し、それを達成するための行政計画の策定や基本的な施策の方針が規定されたものなどが多くみられる。最近の立法例としては、「観光振興条例」（大分県、群馬県など）、「中小企業振興条例」（宮城県、島根県、青森市、相模原市など）、「がん対策推進条例」（茨城県、横浜市、神戸市など）等がみられる。

　議員提案条例として制定する場合、特定の行政課題について、議員の目から首長の施策では十分でないと考えるときなどには、首長に対して一定の施策の実施を迫る効果がある。また、首長提案の場合、行政組織の縦割りから、調整に困難が伴うことがあるが、議員提案では、生活者の視点から、行政組織の壁を超えて条例制定することが比較的迅速に行えるというメリットも認められる。

　②特定の行政分野に関する条例のうち奨励的、啓発的な内容を含むもの

　近年の傾向として、特定分野の政策理念を示すだけではなく、地元産業の振興や住民に対する意識啓発などの目的で、首長や事業者、住民に対して、一定の取組を奨励又は普及することを求める内容を含む条例が多くみられる。

たとえば、市民に対してマナーの向上を促すため、ゴミの投棄、自転車の放置、歩行喫煙などのマナー違反行為の防止の啓発、地区指定、表彰等の制度を条例化した事例（大東市、安城市など）、歯科口腔の健康づくりのため、首長、事業者、住民のほか、歯科医師等の保健従事者に対して、歯科口腔保健に意識啓発の取り組み、「いい歯の日」等の記念日の設定などを条例化した事例（長野県、三重県など）などがみられる。

　これらは、罰則を含まず、住民、事業者等の自主的な取組を促すための具体の活動を首長に対して求めている点で、純粋の政策理念条例とは異なる。政治的な背景が薄く、議員間、会派間の合意が得られやすいことなどもあり、立法例が増加しているが、法規範である条例として、どこまでを条例化すべきかは検討が必要である（いわゆる「乾杯条例」もこの類型に入る）。

　③特定の行政分野に関する条例のうち規制的な内容を含むもの　規制的内容を含む条例としては、議員提案条例では、たとえば、暴走族規制条例、空き缶ポイ捨て規制条例、ピンクちらし規制条例など、生活環境保全、防犯などの分野で、住民に対して、一定の行為規制や権利義務の規制を伴う規定を含む条例の事例が多くみられる。最近の立法例としては、「空き家対策条例」、「子どもへの虐待防止条例」（岡山県、横浜市、名古屋市など）、「薬物乱用防止条例」（宮城県、茨城県、埼玉県など）など、社会的なニーズに適応したものがみられる。

　これらの条例は、罰則規定を伴うこともあり、人権保護の観点から適正手続の規定整備や、制度の実効性が担保される運用の仕組みづくりなど、法技術的に相当程度高いものが求められる（広島市暴走族追放条例事件について、最高裁は、条例を限定的に合憲なものと解釈しつつも、条例の暴走族の定義や禁止行為の対象が「規定の仕方が適切でなく、本条例がその文言どおりに適用されることになると、規制の対象が広範囲に及び、……問題がある」と述べ、罰則を適用根拠となる条例の文言が広範に解される可能性のあることを指摘している〔最［3小］判平成19年9月18日刑集61巻6号601頁〕）。

　なお、特に刑事罰を伴う規定を設ける場合、刑事裁判手続を伴うことから、議員提案条例であっても、罰則適用を実効性あるものとするため、罰則を運用する警察や検察と、構成要件の明確性や量刑の妥当性などについてあらかじめ実務上協議しておくことが望ましい。

4. 議員提案条例の制定プロセス

議員提案条例の制定手続きは、おおむね次のようなプロセスを経て制定されるが、首長提案の条例と比較して、議会の手続きに基づき立案、審議される点で大きく異なる。

(1) 立法事実の確認（条例のシーズの発見）

議員提案条例の制定は、まず、議員が、地域の諸問題の中から、条例の制定により解決すべき課題を発見し、絞り込むことから始まる。このような、条例のシーズ（種）になるような事実、すなわち条例を制定する根拠となるべき事実を「立法事実」という（「立法事実」とは、「法律や条例を制定する際の社会的、経済的、政治的、科学的な事実」を指すとされる〔兼子仁ほか編『政策法務事典』58頁〔2008年、ぎょうせい〕〕）。立法事実は、地域住民との意見交換、他自治体の条例との比較、選挙の際のマニフェストの実現、首長の政策に対する検討などを通じて、なぜ条例を制定しなければならないのか（必要性）、条例以外の方法では解決できないのか（非代替性）、制度として継続的に取り組む必要があるか（継続性）、一部の限られたグループや地域の住民だけでなく自治体の住民全体の公平な利益に資するものか（公平性）などの様々な観点から検討を重ねることにより明確化し、絞り込んでいくことが望ましい。

(2) 条例の基本設計（条例案骨子の作成）

議員提案条例の議案提出のためには、議員定数の12分の1以上の議員が賛成することが必要であることから（自治法112条2項）、条例の立法事実について会派や同僚議員と議論しながら、立法事実に含まれる課題を解決するために、どのような制度を構築すべきか、「条例の基本設計」を進める。この際、議会事務局の法令担当者のサポートも受けながら、条例の基本設計として条例案の骨子を作成し、条例案をアイデア段階のものから制度の大まかなフレームまで煮詰めていく。このような条例案の骨子を実務上「条例案大綱」ということもある。

(3) 条例の実施設計（条例案要綱、案文の作成）

条例案の骨子が固まると、次は条例案のいわば実施設計に当たる条例案要綱の作成に入る。条例案要綱は、骨子の段階で検討してきた制度を具体的に表現したもので、実際の条例案文の一歩手前の段階のものである。条例案要綱は、

国の法律や既存の制度との矛盾がないかなどの条例案の詳細な検討の際に使うほか、会派内や議員間の内部的検討、対外的な調整や説明にも活用する。ここでの作業は、提案議員が議会事務局の法務担当者のサポートを受けながら進めることとなる。この段階で、他の会派や必要に応じて首長部局等との実務的な調整や住民や関係者の意見聴取を行うこととなる。

　制度の内容に関する調整に一定の目処がつき、条例案要綱が固まった段階で、条例案要綱に沿った条例案文が作成され、議案としての条例案の形式を備えることとなる。条例の案文化の作業は、法制執務的スキルが要求されることから、議会事務局の法務担当者のサポートの下で行われることが多い。

(4) 会派間、議員間の調整・検討

　条例案の検討と平行して、会派間の条例案の調整方法、提案方法、提案時期、報道機関対応などを関係議員間で検討する。議会内での条例案の調整方法は、賛成する会派数（議員数）によって多少異なる。すなわち、賛成する会派数により「全会派共同提案」「一部会派共同提案」「会派単独提案」又は「議員有志による提案」の提案パターンがあり、それぞれに応じて条例案の調整方法や審議プロセスが多少異なる（表1参照）。検討を進めていた会派から他会派に条例案についての意向を打診し、「全会派共同提案」の場合は、各会派から代表を出して検討組織を立ち上げ調整する方法や、常任委員会や特別委員会の場で委

【表1】提案パターンと検討方法と審議プロセスの関係

提案パターン \ 検討方法	議運による条例検討組織	委員会の所管事務調査	一部会派共同での検討組織	会派単独・議員有志での検討
全会派共同提案・賛成	議運通告後に提案（審議プロセス一部省略可）	委員会として本会議に提案（委員会付託の省略）		
一部会派共同提案、賛成		委員会として提案（委員の会派構成による）	一部会派共同提案（審議プロセス省略不可）	
会派単独・議員有志提案				会派単独・議員連盟提案（審議プロセス省略不可）

※「議運」＝議会運営委員会の略。

員会の所管事務調査（委員会への付託案件のほか、委員会が自主的に所管する行政事務について調査審議すること）として検討・調整を進める方法などがある。条例案に賛成する会派が一部に止まる「一部会派共同提案」の場合は、賛成する会派間での調整や会派間でプロジェクトチームなどを設置して検討する方法がある。「会派単独提案」又は「議員有志による提案」の場合は、当該会派や議員有志の議員連盟などにより調整を進めることとなる。

　これらの会派間による条例案の調整方法の中で、提案者や提案時期、審議方法などの、いわゆる議会対策に関わる事項を調整していく。また、この間、正副議長、議会運営委員長、会派の代表者や政策担当者などと、必要に応じて審議手続などについて調整を進めることとなる。

　なお、小規模な自治体議会などで会派制をとっていない議会の場合は、上記のような手続がとれないときもある。その際は、「議員有志による提案」の場合に準じて、「議員有志による議員連盟」をつくるなどして、実質的に自治法112条2項に定める議員定数の12分の1以上の議員が賛成していることを外形的に示し、議論を進めやすくする基盤を整えることが望ましい。

(5) パブリック・コメント

　首長提案条例案の場合、「パブリック・コメント」の手続きを行う自治体がほとんどであるが、議員提案条例案の場合も、政策決定に対する住民参画の観点から、特に、住民の権利義務にかかわる内容を含む条例案を提案する場合には、パブリック・コメントの手続きを行うことが望ましい。

　パブリック・コメントの実施主体については、首長提案条例の場合、通常、パブリック・コメントに関する条例や要綱に基づき、公費で、執行機関職員が定められた手続、方法に従って行う。一方、議員提案条例の場合は、「パブリック・コメント実施要綱」などにより議会側でルールがあらかじめ定められているとき、または議会運営委員会などの場でパブリック・コメントの実施に関する承認を得たときは、費用の公費負担や議会事務局職員の補助などが可能となる。これ以外は、提案者（議員）や提案会派などがパブリック・コメントを実施することとなり、その負担は議員個人や会派が負うこととなる。議会における政策形成を透明性あるプロセスで行う観点からは、議会においても要綱などのルールをあらかじめ定めておくことが望ましい。このほか、委員会提案の

場合は、委員会の議決により行われることとなるため、費用の公費負担や議会事務局職員の補助が可能となる。

議会によるパブリック・コメントの実施状況は、自治体議会改革フォーラムの調べ（廣瀬克哉・同フォーラム編『2015年版議会改革白書』）によると、2014年にパブリック・コメントを実施した議会は、回答のあった1,557議会のうち157議会（10.1％）であり、過去の実施状況との比較でも、2011年（6.2％）、2012年（9.4％）、2013年（11.0％）、2014年（10.1％）と、1割程度の議会で実施されている。

なお、いわゆるパブリック・コメントとは別に、議会には、委員会における参考人招致や公聴会開催（自治法109条4項・5項）などの既存制度があり、これらの制度に基づき関係者や住民の意見を聴くことも可能である。また、委員会の所管事務調査（自治法109条3項）や議員派遣（自治法100条12項）として、議員が直接関係住民等と意見交換の機会を持つことも考えられる。

(6) 議案の提出と審議

これまでの手続を通じて条例案文を確定させ、いよいよ条例発議案の本会議への提出となる（図1参照）。発議案提出に際しては、議案として定められた体裁を整え、議員定数の12分の1以上の賛成者を募った上で、議長に提出することとなる。

議長は、提出された条例案の取扱いを議会運営委員会に諮り、審議日程が決められ、本会議での提案理由説明、議案に対する質疑、委員会付託、委員会での審議・採決、本会議への委員会の審議結果の報告、委員会の審議結果に対する質疑、討論、採決が行われ、可決されれば、条例として成立することとなる。

なお、議員提案条例の議会審議においては、提案者は議員であることから、通常、首長提案の条例で首長や執行機関の幹部職員がするように、提案理由の説明や本会議・委員会での質疑に対する答弁は提案者の議員がすべて行うこととなる。このため、実務的には、委員会審議の際の説明資料、質疑に備えた条例の逐条解釈や想定問答などの資料の作成も、議会事務局の法務担当者の支援を受けながら、提案者の議員が行うこととなる。条例議案提出に際しての議会事務局職員の支援の具体の内容については、国会では、議院法制局職員が、議員立法に関して、委員会審議の答弁資料の作成や、委員会に出席し提案議員の答弁の補佐などを行うほか、法制面について法制局職員が直接答弁に立つこと

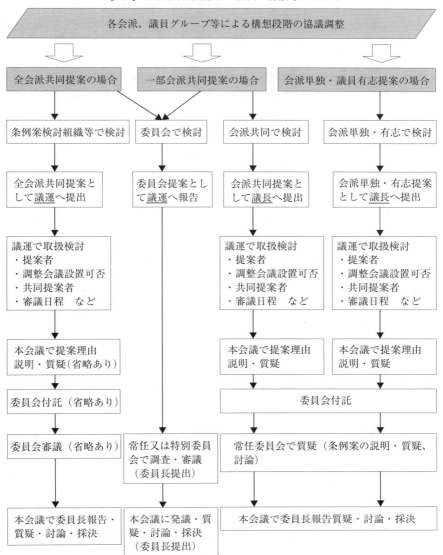

もあるとされ、これに準じて差支えないと考える（参照：参議院法制局ホームページ〔http://houseikyoku.sangiin.go.jp〕）。

　また、各議会の取扱いによっては、全会派共同提案の場合は、審議効率化のため、提案理由説明や委員会付託、質疑・討論などの審議手続が省略される場合もある。しかし、条例議案の場合は、直接、住民の権利義務に関係する場合や、自治体の重要な政策推進にかかわることもあり得ることから、審議プロセスを省略することについては慎重に考えるべきである。

(7) 条例の送付、公布および施行

　条例案が可決されると、議決の日から3日以内に議長は首長に送付し（自治法16条1項）、首長は、送付後20日以内に、その条例を公布しなければならない（自治法16条2項）。

　公布は、住民が知り得る状態とし、条例の効力発生のために必要な要件である。公布の方法等は、別途、公告式条例などの条例で定める（自治法16条4項）こととされ、これらの手続は首長提案の条例と同様である。条例は公布後、条例に特段の定めがある場合を除き、公布後10日経過した日から施行することとされているが（自治法16条3項）、通常は、条例の附則により施行期日を定めるか、施行期日を規則に委任するのが一般的である。

(8) 執行機関への引き継ぎ

　条例案が可決されると、通常、首長提案の場合は、執行機関において、条例の施行のための施行細目等を定めた規則等を定める（自治法15条1項）が、議会には、首長のように条例の施行細目を定めることが認められていないと解されており（議会には「会議規則」〔自治法120条〕、議長には「傍聴規則」〔自治法130条2項〕を制定することができる旨規定されており、これ以外の規則については制定できないと解されている）、可決された条例の施行運用は、執行機関に委ねられ、議会の手を離れることとなる。

　しかし、法的には定めのないものの、立法者としての意思を執行機関に明確に伝え、適正な運用を期する観点から、議会側から、成立した条例の趣旨や解釈を説明し、条例の立案関係資料を引き継ぎ、条例の施行規則等の制定が必要な場合は、規則立案への関与をしていくことも、場合によっては必要と考えられる。

議会の議決と政策法務

1. 議会の議決権
(1) 議会の議決の性質

　自治体の議会は、一定の定数の議員で構成された機関であり、議会としての行為は必ず議決を経ることにより行われる。議決は、自治体の団体としての意思決定としての性格を持つもの（**団体意思の決定としての議決**）と、自治体の機関としての議会の意思決定としての性格を持つもの（**機関意思の決定としての議決**）に大別される。たとえば、自治体の予算や条例を議決するのは前者であり、議会としての意見書の議決や議会運営に関する決定は後者に該当する。通常、前者としての団体意思の決定にあたっては、首長が議案として提案された予算案や条例案を審議し、議決するのが通常であるが、個々の議員には、一定数の賛成のもとに議案提出権が認められている。これまで、議員からの議案提出は意見書発議案などがほとんどであったが、議員提案条例案が議決され、成立した場合には団体意思の決定となる。

(2) 団体意思の決定としての議決

　自治法96条1項には、議会の議決事件として、議会の議決に付すべき事項が列挙されている。

　たとえば、条例の制定・改廃（1号）、予算の議決（2号）、決算の認定（3号）、地方税等の賦課徴収（4号）、重要な契約の締結（5号）や財産の処分（6号）等々、14件の議決事件が掲げられており、さらに、その他法令に定めるもの（5号）が多数ある。

　その他法令に定める議決事件としては、自治体の副知事・副市町村長（自治法162条）、教育委員会委員、監査委員、人事委員会委員等の議会同意人事の議決、複数の自治体間の連携協約の締結（自治法252条の2第3項）や協議会の設置（自治法252条の2の2第3項）に関する議決などがある。かつては、国土利用計画法に基づく「国土利用計画都道府県計画」などの策定に際して、議会の議決が必要とされていた。

　また、自治法96条2項では、国の安全に関わるものなど、一定のもの以外の議決事項の追加をすることができることとされている。この条項を活用して、自治体の総合計画等の基本的な政策の策定に当たって議会の議決を要することとしている自治体も多くみられる。

このように、議会には、広範な議決権が付与されており、一つひとつの内容は、それぞれの自治体の意思決定に直結する内容となっている。

　憲法92条では、「組織及び運営に関する事項は、地方自治の本旨に基いて、法律でこれを定める」とされており、「地方自治の本旨」とは、自治体が自主的に意思決定する「団体自治」と、住民の意思に基づく民主的な運営する「住民自治」を意味するとされている。議会の議決とは、まさに「団体自治」に基づく意思決定の最も典型的なものの一つということができる。

(3) 機関意思の決定としての議決

　議会は、本来、首長等の執行機関とは独立した機関として、自主的・自立的に運営されるべきであり、自治体の1機関である議会がどのような意思決定をするかは議会を構成する議員相互がルールに従って自立的に決定すべきものである。しかし、その議会の自立権も法令が認めた裁量権の範囲内で認められるものであり、法令が想定した範囲を逸脱した意思決定については、違法な議決として訴訟の対象となる場合があり得る。

　このように、自主的・自立的運営が認められている議会内の議決による行為であっても、直接的な重大な事項については、司法の対象となると解されることから、決議案の作成にあたっては、法令との整合性を十分にとり、適正な手続が必要となる。議員の懲罰に当たっても、具体的な処分基準などを事前に定め、議会運営委員会などの場を通じて、当該懲罰を受ける議員に対する告知・弁解・防御の機会を与えるなどの手続上の配慮が求められる。

2. 議会議決の違法性が問われた事例

(1) 条例議決の事例

　本来、議会は議決機関であり、執行機関ではないため、訴訟の場で争われることはきわめて稀であるが、条例議決について当該条例の施行により直接的に権利義務が生じると認められる場合には条例議決に処分性が認められた判例がある。

　すなわち、従来の昇給期間を延長する条例に関する議会の議決の処分性が争われた事例について、「条例は、直接には当該地方公共団体の住民に対して権利を制限し、または義務を課するという効果を生ぜず、通常条例に基く行政処

分が行われてはじめて現実の効果が生ずるのであるから、原則として行政訴訟の対象となりえないが、条例そのものの施行によつて当然に直接特定の者の具体的権利義務に法律上の効果を生じ、これに基いてさらに行政処分の行われることを要しないような特別の場合においては、なんら通常の行政処分と異なることがないから、条例に対し直接に行政訴訟を提起しうるものと解すべき」（参照：盛岡地判昭和31年10月15日行集7巻10号2443頁）としている。

(2) 専決処分議決の事例

　自治法180条に規定する軽易な事項に関する首長への専決処分に関して応訴事件の和解をすべて委任する議決について、「訴訟上の和解のすべてを無制限に知事の専決処分とすることは法の許容するところではないというべきであり、このような議決がされた場合には、議会に委ねられた裁量権を逸脱するものとして、違法の評価を受けるものというべきである」として、さらに「議会の議決が違法である場合は、これを再議に付することは長の義務である」とし、一義的・明白に違法な議会の議決にしたがって行った長の執行行為についても違法性を認めている（参照：東京高判平成13年8月27日判時1764号56頁、『地方自治判例百選〔第4版〕』71事件）。

(3) 議員の除名議決の事例

　判例では、典型的な議会の機関意思の決定としての議員に対する懲罰権の行使に関しては、特に除名処分の場合は処分性を認め、取消訴訟の対象としている。すなわち、議員の除名決議による処分については、「執行機関の処分をまたず直ちにその議員をして議員たる地位を失わしめる法律効果を生ぜしめる行為」とし、処分性を認める（最〔1小〕判昭和27年12月4日行集3巻11号2335頁、『地方自治判例百選〔第4版〕』A16事件）。一方、議員に対する出席停止処分については、議会の内部規律に基づく行為であり、裁量権の範囲内であるとしている（最大判昭和35年10月19日民集14巻12号2633頁、『地方自治判例百選〔第4版〕』74事件）。

(4) 議員派遣の議決の事例

　また、議員派遣の決定については、全国都道府県議会議員軟式野球大会に県議会議員が参加することに関し、「同大会の内容が単に議員が野球の対抗試合を行って優勝を競うものにすぎず、他の都道府県議会議員との意見交換や相互交流等の機会は設けられておらず、競技施設の視察等の公式行事も予定されて

いなかったなど……議員としての職務であるとはいえず」違法とされ（参照：最〔2小〕判平成15年1月17日民集57巻1号1頁、『地方自治判例百選〔第4版〕』70事件）、派遣された議員に対しては旅費相当額の不当利得返還義務を負うが、随行職員に対しては、財務会計上の看過し得ない瑕疵がない限り、議会の決定を拒むことができないとして違法とはされなかった。

議会の監視機能と政策法務

1. 議会の監視機能とその重要性

議会には、首長の行政運営を監視し、チェックすることが求められているが、どのような制度で監視機能を担保しているのだろうか。通常の議会での議論のほかに、自治法では、事務の検査権（法98条1項）、監査請求権（法98条2項）、調査権（法100条1項）、公社等の財政状況報告（法243条の3第2項）、特定の役職者の人事への同意権（副知事、副市長村長について法162条など）、首長に対する不信任（法178条）などの制度が用意されている。また、議会を開会する暇がないなどにより首長が専決処分（法179条1項）をした場合に、首長は次の議会に、その旨を報告し承認の議決を得る必要があり（法179条3項）、首長の専決処分についても事後的なチェックが行われる仕組みとなっている。

このほか、自治体によっては、政策評価条例を制定し、政策の進捗状況を議会に報告したり、その他に条例の規定を独自に設け、総合計画等を議決事項に追加したり、各種分野別の計画の進捗状況を議会に報告させる等の制度を有している自治体もある。

2. 議会の監視機能の活用
(1) 既存制度の活用

議会の首長等の執行機関への監視として、地方自治法等の既存の制度を使って情報を収集し、調査したり、議案についての質疑等でチェックする方法として次のようなものがある。

① 議会への報告　自治法では、出資法人等の経営状況報告（法243条の3）、監査委員からの監査（法199条4項など）や決算意見書の提出（法233条3項）、現金出納検査結果（法235条の2第3項）などが議会に報告されることとなっている。これらは、議会に報告することにより、住民に情報公開され、議員が内容につ

いて適正かどうかチェックすることが期待されている。

②　検査、調査　報告事項のほかに、事務の検査権（自治法98条1項）、監査請求権（自治法98条2項）、調査権（自治法100条）などの権限が議会には付与されている。これらは、議員個人の権限ではなく、機関としての議会の権限であるため議決が必要である。議決にあたっては、それぞれの検査、調査をする必要性、要件等について、法に照らして慎重に検討する必要がある。また、検査や調査は、実際には特別委員会等を設置することとなり、検査等が終了した際には本会議に報告書を提出することとなるので、その内容について十分な吟味が必要となる。

特に、自治法100条1項に基づく、いわゆる「100条調査」は、議会の伝家の宝刀として行政監視の最たるものとされる。「100条調査」は、国の安全に関する事項などを除く自治体の事務全般（自治法施行令121条の5第2項）について、通常は特別委員会を設置し、関係人等の証言や資料の提出を求めて調査する。関係人等が、正当な理由なく証言や資料提出を拒んだ場合は罰則の適用もある。このように大きな権限を有することもあり、「100条委員会」が設置されると社会の関心も高まるが、調査が十分な成果を得られない場合は、住民から批判を招く場合も少なくない。設置にあたっては、調査手法や報告書の作成方法等について十分な準備が必要である。

③　意見書　自治法99条では、議会は当該自治体の公益に関する事項について、意見書を国会又は関係行政庁に提出することができるとされている。関係行政庁には、首長も含まれており、議会から意見書の送付があると、意見書の内容により、議会からの措置要求と、議会の意見表明とに分けて、対応を検討し、議会にも報告することがある。意見書議決後のフォローも重要であり、意見書への対応状況について、議員が首長側の取組を質すこともある。

(2)　条例等の活用

自治法の定める既存制度のほかに、自治体独自で、議決事項を追加（法96条2項）したり、条例により施策の進捗状況を議会に対し報告を求める規定を設け、監視機能を高めることが可能である。

また、たとえば出資法人の経営状況報告について、自治法施行令152条1項・2項では出資割合が2分の1以上の法人等は報告が必須とされているが、

同条3項では条例により報告対象となる法人の出資割合を4分の1以上まで広げることが可能である。また、経常状況の議会報告のほかに、一定割合の出資を議決事項とするなど、既存制度の上乗せや横出しを条例で定めることで議会のチェック対象を広げることもできる（たとえば「宮城県の公社等外郭団体への関わり方の基本的事項を定める条例」〔2004年宮城県条例54号〕など）。

これら、条例で議会の監視機能を高める方法は、多くの場合、議員提案条例により行われており、議院内閣制の国会ではみられず、二元代表制の地方自治の特色とも言える。

(3) 決議の活用

決議は、意見書等と異なり、議会が機関としての意思を表明するものである。よくみられるものとしては、決算の承認にあたっての附帯決議（意見書を付す場合もある）などがある。決議は、法的拘束力はないが、住民に対して議会の考え方を伝えることにより監視機能を発揮することにつながる。

議会の政策法務能力の向上

1. 議会改革の推進との相関

議会や議員の政策法務の能力を向上するためには、議員自身の政策形成に対する意識改革を進めるとともに、議会全体の改革、すなわち議会改革を進めることが大切である。議会改革は、議会運営、議員の資質向上、政治倫理、議会の広聴広報、事務局の体制強化など多岐にわたっているが、議員提案条例の立案を中心とする「議会の政策形成能力の向上」と「議会改革の推進」は相関性がみられ、両者のいずれか一方が進むと他方が推進される事例が多くの自治体議会でみられる（津軽石「地方議会における議員提案条例の意義」年報自治体学第19号〔2006年〕参照）。また、議会の活性化は首長部局の政策形成や意識改革にも与えているように見受けられる。今後、自治体議会の改革を継続的に進め、自治体全体の活性化が図られることが期待される。

2. 議会事務局の体制強化

議会の政策法務能力を高めていくためには、議員に有効な政策情報を提供し、政策立案の補助をする体制が必要である。通常、これらの業務は議会事務局が担っており、規模の大きな自治体では、議会事務局に、議員への情報提供や議員発議案の立案をサポートする部門（政務調査課、調査課などの名称の組織）が設

置されている。最近は、政策法務に詳しい人材が配置されていることも多く、体制的には少しずつ充実されつつある。議会事務局が政策立案支援をどの程度行うかについては、統一的なものはないが、国会の例をみると、議員からの制度設計にかかわる各種相談、各種調査・資料作成、要綱案・条文案の起草など、政策的な決定を除く、広範な部分について支援をしており、自治体の議会事務局でも同様に考えて差し支えないものと考える。

一方、規模の小さい市町村では、議会事務局に専門スタッフを配置するのが困難な自治体も多くあり、政策法務を研究する大学研究者やNPO、シンクタンクなどの外部機関から協力を得ることも考えられる。今後、議員の側も大学やNPO、シンクタンクなどの外部機関との接点を多く持ち、外部機関の側も、地方議員に対する政策立案サポートや教育研修などのサービスを考えていくことが求められる。

このような直接的な政策立案支援機能のほか、普段から、議会図書室を整備し、政策立案に有用な資料を備え付けたり、審議に役立つ自主調査資料の作成などの政策情報を提供したり、議員向けの各種研修会を企画する役割も議会事務局の重要な仕事である。

また、住民に対して、議会での議論のようすを積極的に広報し、住民からの反応が議員の活動に反映されやすくすることも、議会を活性化することにつながり、議会事務局による議会広報も議会事務局の支援機能として重要である。

〈参考文献〉
　大森 彌『新版・分権改革と地方議会』ぎょうせい、2003年、103頁以下。
　田中孝男・木佐茂男『テキストブック自治体法務』ぎょうせい・2004年、79頁以下。
　札幌地方自治法研究会「議会による政策条例制定論〜議員による政策条例提案の活性化に向けて」『自治体法務ナビ Vol. 4』第一法規、2005年。
　秋葉賢也『地方議員における議員立法』文芸社、2001年。
　礒崎初仁「連載・自治体議会の政策法務（第1〜32回）」ガバナンス、2004年8月〜2007年3月。
　廣瀬克哉・自治体議会改革フォーラム編『2015年版議会改革白書』生活社、2015年。
　津軽石昭彦『議員提案条例をつくろう〜議員提案条例のノウハウ〜』第一法規、

2004 年。

津軽石昭彦「地方議会における議員提案条例の意義」『自治体学会編・年報自治体学第 19 号自治体における代表制』第一法規、2006 年。

津軽石昭彦「ゼミナール議員提案条例・議員提案条例をつくろう」『自治体議員活動総覧 議員実践ハンドブック』第一法規。

Café de 自治体 *8*

【政策法務を支えるお作法としての法制執務】
1. **法制執務とは**
　「法制執務」というと、いかにも固そうな時代がかった語感だが、通常は、行政機関で公務員が法律や条例などの法規文を起草する仕事をいい、国では各省庁の法令担当や内閣や国会に設置された法制局、自治体だと政策法務課などの法令審査担当課以外の職員には、ほとんど無縁と思われる人が多いのが現状であろう。まして、学生には全く無縁の存在と考える方が多数であろう。
2. **法制執務は政策法務に不要か？**
　しかし、法律や条例などの用語を解釈運用するためには、そこで使われている用語の意味を正しく理解することが前提である。これら法規文には、当然、市民の権利義務にかかわる規定が含まれている。用語の意味を誤るととんでもない不利益を被ることもありうる。たとえば「……しなければならない」という「義務付け規定」と、「……することができる」という「できる規定」では、前者の義務を怠ると罰則が適用される場合もあり得る。また、行為の迅速性の度合いを表す用語として「直ちに」「速やかに」「遅滞なく」という用語が混在している場合があるが、この中で迅速性の度合いは「直ちに」＞「速やかに」＞「遅滞なく」の順番である。行政機関が「直ちに……しなければならない」という規定があれば、急いで実行しない場合は、不作為の違法を問われる可能性がある。
　このように法令の解釈運用、そして起草するには、法令で使われている用語の意味を厳密に知っておくことが必要である。自治体職員等で政策法務の習熟度を表現する場合に、「法律に使われる公務員」「法律を使う公務員」ということが言われるが、「法律を使う公務員」になるためには、その基礎となる法制執務の基礎的な知識は必須といえよう。これは行政法を学ぶ学生にもある程度あてはまる。
3. **法制執務の学び方**
　では、実際に法制執務を学ぶにはどのようにすれば良いのか。筆者は、役所に最初に就職したときに、法令審査担当課に配属され、自治体の「公報」の編集を担当したことがある。自治体の「公報」とは、自治体の条例、規則等を公

布するために発行される、国の「官報」のようなものである。基礎自治体では、公告式条例などで、条例等の公布が市役所前等の掲示板やホームページで行われる場合もある。

　この「公報」の編集では、年間1,000件以上の条例、規則、訓令、告示などのあらゆる形式の法規文が掲載され、それを毎回実際に音読しながら、誤りがないか校正するのである。毎日、音読していると法令で通常使われる常套句が口をついて出てくるようになり、また、時には選挙や行政処分など地域のニュースも「公報」に掲載され興味も湧く。法令用語の意味や法制度の仕組みも自然に知ることができるのである。毎日、このような法規文の音読とまではいかなくても、国の官報や自治体公報などを読むことを、法制執務の学習としてお勧めしたい。

　そんなクセをつければ、あなたも「法律を使う公務員や学生」になれること請け合いである。

第36講

条例の制定過程

先生 条例は地方公共団体いわゆる自治体が制定するものだよね。では、それがどのようなプロセスを経て制定されるか知ってる？

マコト君 自治体が制定するというのはピンと来ないです。具体的には誰が制定しているのだろう？ 立法権は国会と同様の機能を持つ議会にあるはずだけど、議員が作ることは少ないだろうし……。忙しい知事や市町村長など自治体の長が自ら作るわけはないし……。

マリちゃん マコト君が言っているのは、条文化するという作業のことだよね。「立案」って言葉を聞いたことがあるけど、それじゃない？ 法令に詳しい専門家のような自治体職員が立案しているんじゃないかな？ 自治体ではなく国（霞が関）が舞台だったけど、城山三郎の小説の『官僚たちの夏』って面白かったなあ。

先生 なるほど。何をもって「制定」というのかも論点になりそうだね。条例の制定には、議決を要するんだけど、議会に提案するのは自治体の長、議会の委員会および議員のうち、断然、自治体の長の場合が多いんだ。また、提案まではもちろん、議決の後も、施行まではいくつものプロセスがあるんだよ。今回は、それらがどんな内容で、どういう意味を持つのかを一緒に見てみよう。

講義ノート

条例の制定過程とその意義

地方公共団体が制定する法には、条例（自治法14条）と規則（同法15条）がある。しかし、権利義務に関する事項は条例でしか定め得ないなど（同法14条2項）、条例が自治立法の中心であること、地方公共団体の長（以下「長」という）または長以外の執行機関（教育委員会、人事委員会など）で制定が完結する規則に比べ、条例の制定には議会の議決等多くの過程を伴い、規則の制定過程の要素も包含することから、本講では条例を中心に扱う。条例については、新たに設ける「制定」ならびに改正および廃止を指す「改廃」があるが（同法16条1項・74条1項・96条1項1号など）、本講では自治法14条にならいこれらを総称して「制定」と呼

ぶ。

　条例を制定するのは地方公共団体いわゆる自治体である（憲法94条）。その制定過程は大まかにいうと、「条例制定の要否の判断」→「条例案の立案」→「議会への提案・審議・議決」→「公布・施行」である。後述するように、状況によって異なるが、各行為の主体は自治体を構成する長・議員・議会・住民である。それらの行為すべてを含めて、条例の制定であるので、制定の主体は各行為の主体すべてを包含する自治体である。

　条例も一つの文書であるが、法である以上、他の文書と異なり、適用される場面においては、対象となる者個々の意思にかかわらない規範としての性質を有する。それは、一定の過程を経て、法として制定されているからである。制定過程——とりわけ、その充実度如何——は、条例の内容に大きな影響を与えるものであり、その一つ一つは非常に重要である。また、立法作業の流れそのものであり、直接当該作業に携わった者以外の住民等も、どのような時に、どんな状況の下で、どのような検討や議論がなされて条例が制定されているかを理解する切り口となる。後述するように、条例の内容の違法性を争う場合、条例そのものではないが条例を制定した「行為」を、具体的な取消請求等の対象とすることもある。

条例案を作成するのは誰か　前述したように、条例を制定するのは、長や議員、住民等個人でも行政庁や議会等の一機関でもなく、それらにより構成されている自治体という法人である。ただし、もととなる条例案を立案するのは、議会へ提案する長（自治法149条1号）、議会の委員会（同法109条6項）または議員（同法112条1項）、長に制定を請求する住民（同法74条1項）のいずれかである。立案作業は、長の場合は、実際には補助機関である職員（同法172条1項）が行い、内部組織の決裁を経て、最終的に長の決裁により確定するのが通常である。議会の委員会または議員の場合も、実際には議会事務局の職員（同法138条2項）等が立案作業を行う場合も少なくないようである。

　条例の内容によっては、提案権がそれぞれに専属する場合がある。都道府県の支庁および地方事務所や市町村の支所または出張所の設置（同法155条1項）ならびに部局の設置（同法158条1項）など執行機関の内部組織に関する条例の

提案権は長に、常任委員会や議会運営委員会の設置（同法109条1項）など議会の内部組織に関する条例の提案権は議会の委員会および議員に専属する。住民は地方税の賦課徴収や使用料等の徴収に関する条例の制定は請求できない（同法74条1項）。

議会への付議の方法であるが、長および議員（ただし、同法112条2項により、議員の定数の12分の1以上の賛成が必要）は直接議会に条例案を提案できる。長以外の執行機関は提案権を持たないので（同法180条の6第2号）、長が代わって提案することになる。住民は、当該自治体の選挙権者の50分の1以上の連署をもって、代表者が長に条例の制定を請求することまではできるが（同法74条1項）、議会を招集し意見を附けて付議するのは長である（同条3項）。ただし、当該請求には条例案の添付が義務付けられており（同法施行規則9条および条例制定請求書様式）、付議の対象は条例案そのものであるので、実質的に提案権を有すると言えよう。

議会付議後は、いずれの提案についても同様の手続で審議は進むので、以下は最も多い長提案の場合を念頭に説明する。

条例制定過程の区分　条例の大まかな制定過程は先に見たとおりであるが、具体的な立案に至るまでを「課題設定」段階、立案段階を二分し「基本設計」と「詳細設計」段階、「住民参加」段階、「審議・決定」段階の5段階に整理されることがある（礒崎初仁『自治体政策法務講義 改訂版』243頁〔第一法規、2018年〕）。ただし、本講では、具体的な立案前の段階の主要なものは「立法要否」の判断であることから課題設定段階を「立法要否判断」段階と呼び換え、基本設計段階と詳細設計段階は一連の流れであることから統合して「立案」段階とし、条例案は住民だけではなく広く関係する団体や機関等と調整するので住民参加段階を「住民等調整」段階と呼び換え、「審議・決定」段階の後に「公布・施行」段階を加えることとする。

立法要否判断段階　条例の制定すなわち立法が必要かどうかを決するのは、立法の必要性を支える社会的・経済的・政治的・文化的・科学的等事実の有無や内容であり、「立法事実」と称される。立法の合理性を支えるものであり、立法事実の収集・整理は、この段階で完了するものではなく、この後の段階でも継続して行われる。条例の制定だけではなく、施行し運

用する際の指針にもつながるため、きわめて重要な作業である。

　立法事実は、実際には、関係法令の制定改廃によるものが多いとされているが（出口裕明「条例の制定過程」田村泰俊編著『最新・ハイブリッド行政法〔改訂第2版〕』463頁以下・465頁〔八千代出版、2011年〕）、組織の改編に伴う等を含むいわば形式的な整備のためのもののほか、顕在化した課題の対応、事件等の再発防止、従来の対策の限界の克服、他の自治体の取組への追随など実質的なものもある。

　実質的な立法事実は、解決すべき課題を明確にして、その原因を究明し、解決の方策を模索していく中で得られるものである。その解決に資する法令がないか、解釈を尽くしても現行の法令では間に合わないなどの立法の必要性や、立法により課題のどれぐらいの範囲をカバーし、どの程度の改善ひいては解決を図れるか、課題と用いる手法が比例しているか、他の手法と均衡が図られているかなどその合理性を説明する。したがって、立法事実は、なるべく数値化する等具体的かつ客観的なものとすることが望ましい。

　かかる立法事実をもとに、実際の立法の要否が判断される。立法事実の指摘は、議員や住民等各方面から行われることもあるが、この段階において最終的に判断するのは提案者であり、長提案の場合は長である。長提案と一口で言っても、そもそもの立法要否の判断の端緒は、実際には長のトップダウンによる場合と、担当者からのボトムアップによる場合がある。しかし、その後の作業は、当該課題解決の業務を所管する課等（「原課」ということが多い）が判断し、決裁ラインに沿って検討し、最終的には長の了解を得て決定するという手順となる。また、この検討に先だってあるいは並行して、条例が業務に影響する部署や法令審査を担当する部署、予算を必要とする場合には予算を担当する部署、議案を取りまとめる部署との調整が進められる。その調整が済んだのち、各部局長を構成員とする庁議等の場で議論され、全庁的な合意のもとに立法の要否が確定することが通常である。

　この段階で、実務上重要なことは、制定過程全体のスケジュールを定めることである。原課での検討や決裁だけではなく、関係部署との調整や条例案を全庁的にオーソライズしていく会議等への付議、住民や関係団体等との調整、議会への説明や議決手続等、関係する制定過程すべてを見渡したものである必要がある。内容がどれほど精緻なものになっていっても、所要の手続に間に合わ

なければ実際には立法化できない。ただし、このスケジュールは、ある時点で固定化されるのではなく、条例制定過程の進行とともに随時見直していくことになる。

立 案 段 階 条例の必要性や適法性および合理性を確認しながら条文化する作業の段階であり、実務的には最も重要である。

　作業の中心は原課であり担当者である。具体的な条文化を行う前に、どのような手法を用いるか、条例にどのような要素を盛り込むかを定め、条例の大まかな全体像を示す骨子案を作成することになる。まずは、簡単な要綱、図や表などでイメージを全庁的に共有するとともに、条例案全体の論理性と合理性を詰めていくことが重要である。一通り骨子案を作成し全庁的な了解を得られたのち――実際には、並行して行われるが――、条例の構成要素（パーツ）ごとの個別の論点の検討と条文化が進められる。条例が立法事実を実現しているか、法令に抵触せず法体系と整合しているかを確認するとともに、住民等との調整を踏まえているかや議会で十分に説明しきれるかを意識しながら具体的に作成していく。実際には条文化と個別論点の検討が交互に繰り返される。条文化するなかで、はじめて気づく論点も少なくなく、一定の検討が進み次第、早めにその作業を本格化させるべきである。パーツごとの条文化が一通り済んだ段階で、全体を統合し、条例全体を通しての構成や流れ、そして整合性を確認しながら仕上げていく。鳥瞰的な視点が加わり、ここでも新たな発見が多いので、この作業もなるべく早く行うべきである。

　実質的な立法事実が存在する場合、その新規性や地域独自性などにかかわらず、骨子案作成のためのフレームづくりは、有識者や関係団体との意見交換等からスタートする場合が多い。懇談会的なものであれば、早期の段階で終了する場合もあるが、制定委員会等になると最終案が確定するまで、一定段階ごとに条例案を示し、意見を交換することになる。その際、法律家――とりわけ研究者――を懇談会等のメンバーとしたり、個別に協議することは有効である。原課や担当者はミクロ的な検討に陥りがちであるが、法的に鋭敏な感覚を持ち、第三者的であり、なおかつ様々なケースを知る法律家には、広いマクロ的な視野を期待できるので、法体系との整合性の確認に資する。

　原課は立法要否判断段階から関係部署との調整を継続的に進めるが、立案段

階での調整のメインは法務担当部署とのものであり、法令審査である。原課内および所属する部局内の法令審査を経たのちに行われる。それまでにも事実上一定の法令審査は行われているが、正式には、次に説明する住民等調整段階が終了した立案の最終段階で行われることが多い。法令審査は、原課の立案担当者と法令審査担当部署の担当者の議論を中心に展開される。かつては、文言や規定の仕方が従来のルールに基づいているか、他の法令に抵触しないか等という法制執務上の審査が中心であったが、分権時代となり政策法務の必要性や重要性が認識された現在は、案文の適法性はもちろん、立法事実の内容の合理性や実現等という視点からの実質的な審査が行われている。この段階での実際の作業としては、審査と条文の修正が交互に繰り返される。法令担当部署での法令審査を経たのち、各部局の法令担当部署や法制度に造詣の深い課長等で構成される全庁的な法令審査委員会での審査が行われる。自治体によって異なるが、同委員会の前に、各部局の法令担当部署等の担当者レベルによる幹事会での審査を前置する場合もある。それらを経て、長および各部局長らで構成する庁議等の場で条例案を議論し、長が決裁し、条例案を決定する。

住民等調整段階　　条例案を内部決定して確定する前──具体的には正式な法令審査の前──に、住民や関係団体や国や他自治体等外部機関等と調整することが標準化している。

　自治体により根拠の如何や義務付けの有無は異なるが、長は、条例案もしくはその概要を広く示し、住民等からの意見を募集する「パブリック・コメント」を実施するとともに関係団体等に説明し意見交換を行う。当該手続実施の有無は、条例等で定めている場合はともかく、条例案の適法性には影響しないし、提出された意見は検討の参考にすれば足り、長に、それを踏まえて修正する義務はない。しかし、当該手続を適切に実施し、その後の検討に反映させることができれば、条例制定の民主性や正統性を高めることになろう。

　国との調整は、法定外目的税の新設等の際（地方税法731条2項）など法定のものもあるが、条例が国や他の自治体に影響を及ぼすことが見込まれる場合は、それらとあらかじめ行うのが通常である

　罰則を設ける条例の場合は、法定ではなく通知（1973年1月25日の全国都道府県総務部長会議における連絡事項「罰則の定めのある条例の制定等に関する検察庁との協議

について」）による要請とされているが、実際には、検察庁との協議が必要となる。構成要件が明確か、法令と抵触しないか、刑の軽重が現行の法体系上均衡を失していないか等が協議される。実際に罰則を適用するのは司法であることから、協議を経て実施されることになれば、条例の実効性も高まることになろう。

審議・決定段階　条例案は、原則は議会の審議および議決を経て成立する。法として成立させるためのメインの手続であり、民主的立法プロセスとしては最も重要なステージである。

重要な条例を制定する場合には、長側は、提案に先だってあらかじめ議会にも一定の説明を行っているのが通常である。特に新規かつ政策的で独自的な条例の場合は、かなり早期の段階から、節目ごとに、丁寧に説明と意見交換を行う。

長は本会議に条例案を提出し、趣旨を説明するが、通常は所管する常任委員会に付託され、そこで集中的に審議される。委員会で可決されたものが本会議で審議され可決される。

なお、議会が成立しないときなど例外的に長の専決処分により成立させることもある（自治法179条1項）。その場合であっても、長は次の議会で報告し承認を求めなければならないが（同条3項）、承認が得られなくても処分の効力には影響しないとされている（行実昭和21年12月27日等）。

公布・施行段階　議長は議決後3日以内に長に条例を送付し（自治法16条1項）、長は送付を受けた日から20日以内に公布しなければならない（同条2項）。公布の方式はあらかじめ条例で定められているが（同条4項）、都道府県は公報に登載し、市町村は掲示場に掲示することが多い。

条例に施行期日を定めている場合が多いが、定めがない場合は公布日から起算して10日を経過した日から施行される（同条3項）。公布日施行という場合もあるが、とりわけ規制が含まれる条例は十分な周知期間を確保してから施行というのが通常である。

必要に応じ、条例施行規則等の制定と運用通知の発出等を行う。それらは、理論上、条例成立後、施行までの期間で制定等を行えば足りる。しかし、早期の施行のためその期間をそれほどとっていない場合はもちろんだが、円滑な施

行や運用のため、条例の立案と同時に規則等を作り込んでいくことが望ましい。

■ 事例の検討 ■

条例の違法性が抗告訴訟で争われる場合に、条例自体は原則として処分性がないとされていることから（山梨県高根町簡易水道料金条例事件、最〔2小〕判平成18年7月14日民集60巻6号2369頁、神奈川県横浜市保育所廃止条例事件、最〔1小〕判平成21年11月26日民集63巻9号2124頁）、「制定行為」や「公布行為」が訴訟の対象とされることがある。

東京都千代田区小学校廃止条例事件（東京高判平成8年11月27日判時1594号19頁、最〔1小〕判平成14年4月25日判例地方自治229号52頁）や神奈川県横浜市保育所廃止条例事件（横浜地判平成18年5月22日民集63巻9号2152頁、東京高判平成21年1月29日民集63巻9号2260頁、前掲最〔1小〕判平成21年11月26日）では、自治体は利害関係者への説明や意見等の提出機会の付与をしていないとして手続上の違法性が問われた。裁判所は、かかる手続の履践を義務付ける憲法や法令上の根拠はない等と判断した。

大阪市チェック・オフ廃止条例事件（大阪地判平成23年8月24日労判1036号30頁）では市議会および議長の制定（議決）行為と市長の公布行為の取消しが、東京都中野区地区計画条例事件（東京地判平成24年4月27日裁判所ウェブサイト、東京高判平成24年9月27日裁判所ウェブサイト）でも制定行為の取消しが求められたが、裁判所はいずれも一般抽象的法規範を定立する立法作用であり、例外的に処分性を認める場合に該当しないと判断した。

〈参考文献〉

礒崎初仁『自治体政策法務講義 改訂版』第一法規、2018年。

小林明夫「条例等の制定過程」田村泰俊・千葉 実・吉田 勉編著『自治体政策法務』88頁以下、八千代出版、2009年。

自治体法務検定委員会政策法務編編集委員編『自治体法務検定公式テキスト　政策法務編　2019年度検定対応』第一法規、2019年。

千葉 実「訴訟における条例の適法性の審査について──『責任』ある立法法務を目指して」行政訴訟実務研究会編『自治体法務サポート　行政訴訟の実務』（加除式）4803頁以下、第一法規、2015年追録。

津軽石昭彦・千葉 実『政策法務ナレッジ　青森・岩手県境産業廃棄物不法投棄事件』第一法規、2003 年。

出口裕明「条例の制定過程」田村泰俊編著『最新・ハイブリッド行政法〔改訂第 2 版〕』463 頁以下、八千代出版、2011 年。

松本英昭『新版逐条地方自治法〈第 9 次改訂版〉』学陽書房、2017 年。

山本博史「条例制定過程の現状と課題―すぐれた条例を創出する条例制定過程とは」北村喜宣ほか編『自治体政策法務―地域特性に適合した法環境の創造』413 頁以下、有斐閣、2011 年。

鑓水三千男「自治立法のプロセスとシステム」川﨑政司編『シリーズ自治体政策法務講座第 1 巻　総論・立法法務』65 頁以下、ぎょうせい、2013 年。

Café de 自治体 9

【住民の「安心」の確保について】

　行政の最大の任務の一つは、国民すなわち住民の生命、身体および健康の保護すなわち「安全」の確保である。そのため、住民の安全を害しかねない一定の事業活動については、行政法に分類される各種の法令により、一旦禁じて、一定の要件を満たすものについては禁止を解除する「許可」を通じて、事業者の権利の行使等を規制する場合がある。これまでは、その規制を正当化するとともに適切に運用するため、科学的に証明された数値基準に象徴される明確性と客観性が重んじられてきた。その結果、「安心」に象徴される主観的な部分は個々人によって異なるとして切り捨てられてきた部分もあったように思われる。果たして、それは適当だったのであろうか。

　安心について、特に注目を集めている分野は原子力や食などであるが、身近であり自治体行政の「許可」を要する例として、産業廃棄物処理施設の設置を考えてみる。

　産業廃棄物の処理については、焼却や破砕などの中間処理段階や埋立てなどの最終処分段階で、有害物質が発生したり、浸出水が事業地または周辺環境を汚染するなどの危険がつきまとう。そこで廃棄物の清掃と処理に関する法律（以下「廃棄物処理法」という）は、産業廃棄物処理施設を設置する際には都道府県知事等の許可を要するものとし、許可基準の一つとして施設が具備すべき技術基準を定め、「安全」を確保しようとしている。すなわち、安全確保のため許可制度を用いることで設置者の財産権や営業の自由を一定程度制限するが、許可基準として客観的な技術基準を定めることで、その規制を正当化する根拠を科学に求めているものと思われる。

　しかし、法定基準を満たした産業廃棄物処理施設でさえ、全国各地で環境汚染を引き起こしている例が散見される。そうなると設置許可を受けて「安全」であるはずの産業廃棄物処理施設であるのに「安心」できない。そのような「不安感」が施設周辺の住民を設置の反対や建設、操業の差止めに駆り立てているものと思われる。

　このような不安感のない状態が安心であるとすると、確かに安心は主観的なものであるので、設置者の利益とも調和できる程度に合理的なものに限定する必要はあろう。しかし、原則として保護すべき法益または配慮すべき重要な要素なのではないか。その理由として、さしあたり次の3つが考えられる。

　第一に、不安感を抱いた住民は自己の財産権や人格権を十全に行使することが困難になるからである。

　第二に、不安感は必要な情報の欠如により生じる場合が多いにもかかわらず、かかる情報を有しているのは設置者のみという実質的平等を欠いた状態であることを示しているからである。

第三に、不安感は設置者、周辺住民、行政間の調和の構築の障害になるからである。産業廃棄物処理施設の設置の際の住民紛争等の最大の原因はここにあると思われる。廃棄物処理法上要求されていなくとも、条例等の要請に応え、あるいは将来の円滑な操業を考え、関係者の調和の「あかし」として、設置者は住民の同意を欲する場合が多いであろう。しかし、前述したように住民は廃棄物処理法上「安全」な産業廃棄物処理施設に「安心」していない。にもかかわらず、設置者は、安全性と適法性の主張による住民説得や経済的条件等により同意取得を試み、行政もその状況に関心を寄せる。これでは議論が噛み合っていないし、噛み合うはずもない。

　したがって、不幸かつ不毛な議論（実際は議論にもならないであろう）が際限なく続く泥沼に陥ることになる。これが現状ではないか。そこで今後は、従来切り捨てられがちだった主観的である「安心」を客観的であるとされている許可システムに取り込む必要があると考える。特に個々の住民に近い自治体行政で行われる必要がある。むしろ、現実的にもきめ細やかで小回りの利く対応が可能な自治体行政でないと実現は困難であろう。

　許可システムの中で安心を確保するには、施設設置者にインセンティブを持たせるため、許可（審査）基準などに「安心」の確保を盛り込むことで、専門家の手助けによりわかりやすく中立な情報を住民に提供すること、許可手続の過程の情報に住民がアクセスできるようにすること、その上で公聴会などを戦略的に活用し許可処分に住民がコミットできるようにすることなどが考えられる。もとより安心確保の処方箋は単一のものでなかろう。今後も検討を深めていきたい。

〈参考文献〉

　北村喜宣「地方分権時代の自治体行政と市民参画」同『分権改革と条例』（弘文堂、2004年）258頁以下。

　同「同意制条例」同『行政法の実効性確保』（有斐閣、2008年）35頁以下。

　千葉実「産業廃棄物処理施設設置における周辺住民の安心度の向上と設置手続（一）〜（四）」いんだすと2007年9月号61頁以下、10月号42頁以下、11月号56頁以下、12月号36頁以下。

　同「産業廃棄物の処理施設の設置手続における周辺住民の意向の反映について―ミニアセスやその他の自治体の取組みを踏まえて―」都市問題第108巻4号（2017年）、93頁以下。

第37講

防災や復興のための法制度

マリちゃん 最近、大きな災害が起こっていますが、災害が起こると様々な役所の人が関わっているのがニュースなどでよく見かけます。これって何か法律やルールに基づいて行動しているのかしら？

マコト君 災害って、非常事態なんだから、ルールなんてないよ。

マリちゃん でも、非常事態だからこそ、様々な役所がルールに従って効率的に行動しないと、被災者の方々のニーズに早く、効果的に対応できないんじゃないの。先生、防災や災害後の復興に関わる法律関係って、どのようになっているんですか？

先生 そうですね。確かに非常事態だからこそ、行政機関は秩序だった対応をすることが求められます。日本は、非常に災害が多い国で、日本の国土面積は世界の0.28％しかないのに、マグニチュード6以上の地震回数では世界の約21％、世界の災害被害額の約12％（内閣府「平成22年版防災白書」）を、それぞれ日本が占めている「災害大国」なんだ。そんな国だからこそ、大きな災害が発生するたびに、そこから教訓を学び、防災や復興に関する法制度が整備されてきました。

マコト君 へぇー、そうなんですね。防災や災害からの地域の復興は、僕たちにも身近なことですよね。防災や復興についての法律について、先生、もっと教えてください。

講義ノート

災害大国ニッポン——災害の発生状況と自治体対応　日本の災害の発生状況を国際的に比較してみると、マグニチュード6.0以上の地震回数が世界の約21％、活火山数が約7％、災害被害額が約12％となるなど、日本の国土面積が世界の0.28％にすぎないことを考慮すると、国土面積に比して非常に災害が多い状況となっている（図1。内閣府「平成22年版防災白書」）。

【図1】 日本の災害の国際比較（内閣府「平成22年版防災白書」より）

マグニチュード6.0以上の地震回数

注）2000年から2009年の合計。日本については気象庁、世界については米国地質調査所（USGS）の震源資料をもとに内閣府において作成。

活火山数

注）活火山は過去およそ一万年以内に噴火した火山等。日本については気象庁、世界については米国のスミソニアン自然史博物館の火山資料をもとに内閣府において作成。

災害死者数（千人）

注）1979年から2008年の合計，ベルギー・ルーバン・カトリック大学疫学研究センター（CRED）の資料をもとに内閣府において作成。

災害被害額（億ドル）

注）1979年から2008年の合計。CREDの資料をもとに内閣府において作成。

　特に、2011年3月に発生した東日本大震災は大規模な津波を伴い、被害規模がきわめて大きく、被災地は今なお復興途上にある（2019年現在）。また、近年の地球温暖化の影響もあり、台風も大規模化しており、毎年のように大きな土砂災害、風水害が発生している。
　さらに、南海トラフ、首都直下の大規模地震も懸念されており、地域の防災と被災後の復興は、国民にとって身近な関心事となっている。
　通常、災害発生時の自治体対応は、発災直後、復旧期、復興期のおおむね3つのステージに分けられるが、それぞれのステージにおいて、通常業務に加え、

災害対応業務として、急激に多種多様な調整を要する業務が発生し、行政の縦割りを越えた対応が求められることとなる。そのほか、平時においても災害発生に備えた災害予防対策が行われている。発災直後の自治体対応としては、災害対策本部の設置、各種情報収集、住民への避難情報の提供や避難指示、避難所の開設、水・食料、生活物資の確保提供、警察・消防、自衛隊等への支援要請などがある。復旧期としては、災害の危険性が収まり住民の安全が確認された頃から、被害情報のとりまとめ、電気・ガス・水道等のライフラインの復旧、罹災証明の発行、災害廃棄物の処理、住宅等を失った被災者への応急仮設住宅の設置、災害ボランティアや他自治体による応援の受け入れ、道路等の公共インフラの応急復旧などがある。

復興期の対応としては、災害により種々であるが、規模の大きな災害では、発災後おおむね1ケ月半程度の期間を経過した頃に、復興本部等への復興体制への移行がなされ、復興政策が進められることとなる。自治体の復興政策は、通常、①道路や防災施設、公共施設の復旧、災害公営住宅の設置などの住民の安全確保にかかわるインフラ関連のもの、②被災者の各種相談、住宅を失った被災者の住宅再建支援、障害者、高齢者等の生活支援などの被災者の生活の自立再建に関するもの、③店舗や工場等を失った被災事業への再建支援、農林水産業の減収対策、観光客の減少対策などの地域産業の再建に関するもの、の主に3つの分野で行われる。これらの自治体の復興政策は、これまでの例では、発災後半年から1年程度に「復興計画」としてとりまとめられ、進捗管理されることが多い。

災害法制の制定経緯　　わが国における防災法制は、太平洋戦争前は、主に国土保全と災害時の被災者支援の観点から中央省庁の縦割りにより、整備が進められてきた。国土保全については、明治期に富国強兵政策の下で山林の荒廃が進行したところに豪雨が続き、大規模な水害が各地で発生したことから、明治中期に旧河川法（1896年）、砂防法（1897年）、旧森林法（1897年）が制定され、治山治水に関する本格的な法整備がなされたことなどに始まり、以後、個別法により、国土保全の観点から各種法整備が行われてきた（栗島明康「砂防法制定の経緯及び意義について―明治中期における国土形成法制の形成―」〔2014年、砂防学会雑誌所収〕参照）。

被災者支援については、1880年に現在の災害救助法の原型とされる備荒儲蓄法（びこうちょちくほう）が制定され、中央政府と道府県が資金を拠出した基金を創設し、災害時の被災者支援の財源とする制度を創設したが、財源確保以外の被災者支援の内容や基準が定められておらず、道府県ごとに支援内容に差異を生じる等の問題があったとされる（八木寿明『被災者の生活再建支援をめぐる論議と立法の経緯』2007年、国立国会図書館調査及び立法考査局「レファレンス平成19年11月号」参照）。

　このような個別的法整備による縦割り行政の弊害が、1959年9月の伊勢湾台風による大規模な被害により現れることとなった。この台風は、当時、戦後の経済成長期を迎えつつあった名古屋市を含む愛知県、三重県、岐阜県を直撃し、死者約5,000人、負傷者約4万人にのぼる大災害となった。政府は、ハード・ソフトの対策を総合的に進める法整備の必要に迫られ、災害対応の統一的な基本法として「災害対策基本法」(1961年) が制定された。

災害対策基本法の概要

1. 災害対策基本法の性格

　災害対策基本法（以下、この項では「法」という）は、その第1条において「防災に関し、基本理念を定め、……必要な体制を確立し、責任の所在を明確にするとともに、防災計画の作成、災害予防、災害応急対策、災害復旧及び防災に関する財政金融措置その他必要な災害対策の基本を定める」と規定され、次のような法的性格と有するとされる。

(1) 防災法令の一般法

　わが国の防災法制は、従来、個別法に基づく権限を調整する制度的な仕組みが存在しなかったが、1959年の伊勢湾台風の大きな被害を受けて防災法令の一般法としての性格を有することとなった。

(2) 災害予防から復旧活動までを規定する総合法制

　災害予防対策（法46～49条の13）として、防災計画の策定、防災教育、防災訓練、物資の備蓄などを、災害応急対策（法50～109条の2）として、警報伝達、避難指示、自衛隊の災害派遣要請、避難所開設、災害復旧、激甚災害指定などが定められており、災害予防から当面の災害復旧までをカバーする総合法制としての性格を有している。

(3) 国・地方を通じた行政対応を定めた基本法

国、地方自治体等の責務・役割が規定されており（法3～7条）、防災行政に関して関係機関の調整推進を図るため、国、都道府県、市町村のそれぞれに防災会議を設置することとされているほか、災害発生時の施策決定の組織として国、都道府県、市町村に災害対策本部を設置すること定められている（法11～28条の6）。災害予防から災害復旧に至る行政の取組みが規定されており、国・地方を通じた災害対応を定めた基本法としての性格を有している。

(4) 新たな災害の教訓を生かし続ける進化する法律

法律制定以来、毎年のように災害が発生し、それを教訓に逐次法改正による制度の拡充整備を図ってきている。たとえば、2013年の改正では、東日本大震災の経験を踏まえて、基本理念（法2条の2）として「減災」（同条1号）、「自助、公助、共助」（同条2号）、「ソフトとハードの組合せによる見直し」（同条3号）などの考え方が盛り込まれた。PDCAサイクル（Plan-Do-Check-Action）を機能させ、逐次進化し続けている法律である。

2. 災害対策基本法の主要なポイント

(1) 防災の主体と平時の対応

防災について、国、都道府県、市町村は、それぞれ防災計画を策定し、実施する責務（法3条2項・4条1項・5条1項）を有し、電気、ガス、輸送、通信等の公共的な性格を有する事業者も事業に関する防災計画の策定実施、防災への寄与（法6条）の責務が定められている。また、ボランティアの防災活動（法5条の3）、公共的団体や防災施設の管理者、物資等の業者等の協力の責務（法7条1項・2項）も規定され、一般住民に対しても、物資の備蓄、防災訓練への参加、災害の教訓伝承等の努力義務（法7条3項）が定めれている。この点では、国民全体がそれぞれの立場での防災の主体ということができる。その中で、市町村は、基礎自治体として、避難所の指定（法49条の4～49条の9）、自主防災組織の育成・連携（法5条2項）、災害現場での避難指示等（法60条）、応急措置（法62条）などの役割を担っており、特に重要である。

防災施策の決定・推進組織として、国には内閣総理大臣を長とし、関係機関等で構成する中央防災会議（法11条～13条）が、自治体には首長を長とし、地域の関係機関等で構成する都道府県防災会議（法14条～15条）、市町村防災会

議(法16条)が設置されている。地域防災会議では、地域防災計画の策定と進捗管理、防災に関する重要事項の審議などを行うが、会議の構成員は関係団体の代表者がほとんどで人数も多く、会議開催回数も年に1～2回程度で、防災計画の策定を除くと総合調整の役割が大きい。地域防災の観点から実質的に市民が参加し議論できる仕組みの導入が望まれる。

災害予防としては、自治体や防災上重要な施設の管理者等の災害訓練義務(法48条)、防災教育の実施(47条の2)、物資・資材の備蓄(法49条)、市町村による避難所の指定(法49条の4～49条の9)、高齢者・障害者等の避難行動要支援者名簿の作成(法49条の10)などが定められている。このうち、避難所には「指定緊急避難場所」(法49条の4第1項)と「指定避難所」(法49条の7第1項)があり、前者は災害種別ごとに危険回避のために一時避難する場所であり、後者は災害により家屋を失った者が一定期間、滞在する場所を指す。

(2) 防災計画

防災に関する計画として、政府の中央防災会議は防災基本計画(法34条1項)を、各省庁大臣等は防災業務計画(法36条1項)を、自治体の地域防災会議は地域防災計画(都道府県は法40条1項、市町村は法42条1項)を、それぞれ策定することが義務付けられている。

自治体の地域防災計画には、①災害予防のための防災知識普及、自主防災組織等の育成など、②災害応急対策のために活動体制、通信情報、ボランティア

【図2】各主体の防災計画の体系(法34～45条)

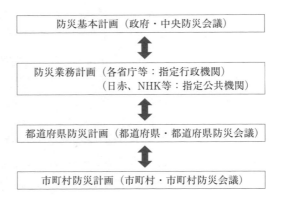

に関する事項など、③災害からの地域の復旧・復興のための公共施設復旧、生活安定確保に関する事項などが、それぞれ実際に災害が発生したことを想定した行動指針として定められている。また、たとえば避難所の場所や物資調達先の名称などが具体的に定められているなど、災害対策のマニュアル的な性格を有している。一方、計画期間や目標設定、進捗管理などの仕組みなどは定められていないことが多く、毎年のように見直しが行われ、通常の行政計画と異なる点もある（図2参照）。

(3) 災害時の対応

災害が発生し又は発生するおそれがある場合、当該自治体では、「防災の推進を図るため必要があると認めるときは」（都道府県は法23条1項、市町村は法23条の2第1項）、首長を本部長とする災害対策本部を設置し、組織の縦割りを越えた災害応急対策が可能な体制を立ち上げる。自治体の災害応急対策としては、地域防災計画に基づき、特に市町村長は住民への避難勧告・指示（法60条1項）、消防機関等への出動命令（法58条）、被害拡大防止のための施設設備の除去等の指示（法59条）や応急措置の実施（法62条1項）、工作物の一時使用・収用・除去（法64条1項・2項）など強力な権限を付与されているほか、都道府県知事も自衛隊の災害派遣の要請（自衛隊法83条1項）、市町村長が行う応急措置の代行（法73条1項）、他の都道府県知事への応援要求（法74条1項）などを行うことができる。このように災害発生時の対応は、自治体、特に基礎自治体としての市町村に負うところが大きい。

一方、国は、大規模な災害が発生し、「特別な必要」が認められる場合に、防災担当大臣を長とする非常災害対策本部（法24条1項）を、「著しく異常かつ激甚な非常災害が発生した場合」で「特別の必要」が認められるときは閣議決定のうえで内閣総理大臣を長とする緊急災害対策本部（法28条の2第1項）を設置し、政府としての災害対策の方針策定、関係機関の調整等の業務を行う。

また、災害緊急事態の措置として、国の経済や公共の福祉に重大な影響を及ぼすような異常かつ激甚な災害に際して、災害応急対策の推進や国の経済秩序の維持などのために、内閣総理大臣が、国会の承認のうえで関係地域に「災害緊急事態の布告」を発し（法105条1項・106条1項）、政府としての対処基本方針を定めることとされている（法108条1項）。災害緊急事態が布告されると、

国民への生活物資の買い占めの自粛等の協力要請（法108条の3第1項）のほか、生活必需物資の配給等、価格統制、金銭債務の支払い延期等の緊急措置を講ずることができるとされる（法109条1項）。なお、東日本大震災においては、初めて緊急災害対策本部が設置されたが、災害緊急事態の布告には至らなかった。布告に関しては、実務的には、緊急措置の具体的な発動要件をどうするか、どのように誰が運用するか、当該緊急措置による損失等の補塡をどうするか、自治体も関係する場合の権限や役割分担等をどうするかなどの法的な検討も必要となろう。

(4) 被災後の対応

災害時の応急的な対策が行われ、住民の安全が確保されると、復旧に向けた取組みに重点は移っていくこととなる。まず、道路、学校などの公共施設の復旧のため、自治体、行政機関の災害復旧の実施責任（法87条）、国の地方交付税の早期交付（法90条）などを規定している。

また、住民生活の再建支援を進めるための基礎となる罹災証明書の交付（法90条の2）、被災者台帳の作成（法90条の3）が定められている。罹災証明は、住宅を失った被災者が被災者生活再建支援法に基づく被災者生活再建支援金の申請時等に利用するなど、被災者に対する各種支援制度を受ける前提となるもので、家屋の被害状況等を市町村長が証明するものであり、被災者台帳は、被災者に対する支援を漏れや重複がないように効率的に行うために被災者の情報を台帳化するものであり、それぞれ東日本大震災後の2013年の災害対策基本法改正で追加された。

特に、罹災証明については、従来、災害により被災した住家等について、その被害の程度を証明したものであり、法令上明示的な位置付けはないものの、災害対策に関する市町村の自治事務の一つとして、かねてより災害発生時に被災者に交付されてきたものであるが、行政の支援メニュー以外にも例えば保険金の支払、学校・会社からの支援の届出等にも幅広く活用されている実態がある。東日本大震災に際しては、罹災証明書の交付に長期間を要し、結果として被災者支援の実施そのものに遅れが生じた事例も少なくなかったこともあり、2013年法改正では、罹災証明書を遅滞なく交付することを市町村長の義務として規定し、住家被害の調査に従事する職員の育成や他の地方公共団体等との

連携確保等、罹災証明書の交付に必要な業務の実施体制の確保に平常時から努めることが市町村長の義務としたものとされた（2013年6月21日付、内閣府等通知）。

　罹災証明の法的性格は、被害状況に関する事実の証明であることから、通常はいわゆる処分性を認めることは難しいが、しかし、筆者が法改正後に発生した熊本地震等の被災地で行ったヒアリング等によると、実際は、証明内容に対して被災者から不服が申し立てられることも多いのが実態である。国の法改正についての通知では、証明内容に関する再調査の依頼にも応じるべき旨の周知をすべきことが述べられ、自治体では再調査を複数回行っているとされるが、証明内容に不服がある被災者への法的な救済の仕組みがないのが現状であり、さらなる制度改善が望まれる。

その他の主な災害法制の概要

1. 災害救助法

　災害救助法（以下、この節において「法」という）は、戦後間もない1946年12月に発生した昭和南海地震で、それまでの罹災者救助基金法（1899年制定）では、具体の被災者への救助内容が自治体に任せられ、自治体ごとで救助に要する費用単価に大きな差異が生じるなどの課題が表面化したことから、1947年に、救助全般の規定を盛り込み、国と都道府県との役割分を明確化することをめざし、制定された法律である。

　この法律では、一定規模以上の大きな災害について、災害救助の主体を都道府県知事とし（法2条）、救助の内容としては、①避難所、応急仮設住宅の設置、②食品、飲料水の給与、③被服、寝具等の給与、④医療、助産、⑤被災者の救出など、発災当初の、主に現物給付による被災者の安全確保、生活支援に関する事項が規定されている（法4条）。たとえば避難所の食費などの、救助の程度、方法及び期間などの救助内容の基準については、内閣府告示で一般的な基準が定められ、これによりがたい場合は、その都度、都道府県が国に協議することとなっている。また、具体の救助の実施について、日本赤十字社に委託することができる（法16条）。

　この法律の事務の主体は、都道府県であるが、東日本大震災において、政令市の仙台市と宮城県との協議に時間を要したとされたことから、大都市である政令市での迅速な災害救助を可能にするため、2018年の法改正により、この

法律による事務を市町村長に移譲することができることとされた（法13条）。そもそも、災害対策の一般法である災害対策基本法では、基礎自治体が災害対応事務を中心的に担うことを前提とした規定となっているが、災害救助法では、その主体は都道府県とされおり、整合性がとれていない点があり、災害救助の主体について検討を要する。

2. 強くしなやかな国民生活の実現を図るための防災・減災等に資する国土強靱化基本法（国土強靱化基本法）

強くしなやかな国民生活の実現を図るための防災・減災等に資する国土強靱化基本法（国土強靱化基本法）（以下、この節で「法」という）は、東日本大震災から2年後の2013年に、震災の教訓から、「ソフトとハードを組み合わせた防災」や「減災」の考え方を取り入れることにより、大規模災害の影響の最小化を図るという理念のもとに制定された（法2条）。これは、迅速に復旧復興に向けた取り組みができる体制をあらかじめ準備することにより国民生活へのダメージを最小限にとどめるという防災における「レジリエンス（復元力）」の発想を取り入れ、大規模自然災害に対して強くしなやかな国土の形成（国土強靱化）をめざしたものとされる。

具体的には、この法律では、まず、国は、内閣総理大臣を長とする国土強靱化本部を設置し（法16条・18条）、国土強靱化にあたって、最悪の事態を想定して分野ごとにボトルネックとなる脆弱性を抽出する「脆弱性評価」を行い（法17条）、その結果をもとに施策を推進するための「国土強靱化基本計画」を策定する（法10条1項）。

国の国土強靱化基本計画に基づき、都道府県及び市町村も、地域ごとに脆弱性評価を行い、「国土強靱化地域計画」を自治体ごとに策定することとされている（法13条）。

国の国土強靱化基本計画、自治体の国土強靱化地域計画は、ともに国土強靱化にかかわる他の計画の指針として位置付けられている（法10条1項・13条）。つまり、国土強靱化に関連する各種行政計画の中で上位に位置付けられていることを法律上明示し、優先的な施策であることを示している。

国が基本計画を策定し、それに基づく地域計画の策定を自治体に求め、その

際、現状の課題評価を併せて行い、施策ごとの数値目標（KPI）を設定させる手法は、まち・ひと・しごと創生法（2014年制定）など、国の施策の誘導の方法として最近みられるが、防災面からは、定期的に様々な施策分野で状況を評価検証することは、定着すれば有効なやり方ともいえる。

3. 大規模災害からの復興に関する法律（復興法）

大規模災害からの復興に関する法律（復興法）（以下、この節で「法」という）は、東日本大震災での教訓を踏まえ、国会での災害対策基本法の改正法の附帯決議（2012年6月）、中央防災会議報告書（2012年7月）を受けて、大規模災害からの復興に関する一般法として制定されたものである。

この法律では、大規模な災害を受けた地域の円滑かつ迅速な復興を図るため、その基本理念、政府による復興対策本部の設置及び復興基本方針の策定並びに復興のための特別の措置について定めることとされ（法1条）、これにより、大規模災害が発生した際には、被災地の復興政策を、国、都道府県、市町村が復興計画等の形で策定することが明記された。

被災地の復興政策については、1995年の阪神淡路大震災以前は、「復興」という考え方は法令等にはなかったとされる（神戸市「阪神淡路大震災の概要及び復興」65頁〔2011年〕）が、阪神淡路大震災では、被災自治体が、「創造的復興」の理念のもとに、国に先行する形で独自に「復興計画」を策定し、国の復興委員会においても、復興計画を地方で作成することが位置付けられた。その後、国の防災基本計画で自治体の復興計画の策定が位置付けられた。

その後、2011年東日本大震災が発生した。政府は、東日本大震災復興基本法を制定し、復興施策の企画調整等を担う復興庁の設置方針（同法24条3項）、復興特別区域（復興特区）制度（同法10条）などのほか、復興の計画かつ総合的実施が自治体の責務として位置付けられた（同法4条）。

このような大規模災害の教訓を経て、復興に関する一般法として復興法は制定された。この法律では、大規模災害時の政府の復興対策の立案調整機関としての復興対策本部（法4条）や関係自治体の長や有識者で構成する復興委員会（法7条）の設置、復興のための政府の復興基本方針（法8条）、都道府県の復興方針（法9条）、市町村の復興計画（法10条）の策定、主に市町村が復興施策を

【表1】都道府県における防災に関する条例の主な制定状況（2018年7月現在）

都道府県	条例名	制定年月日
北海道	北海道防災対策基本条例	2009年3月31日
岩手	みんなで取り組む防災活動促進条例	2010年10月15日
宮城	震災対策推進条例	2008年10月23日
福島	福島県安全で安心な県づくりの推進に関する条例	2008年12月24日
栃木	災害に強いとちぎづくり条例	2014年3月27日
埼玉	埼玉県震災予防のまちづくり条例	2002年3月29日
東京	東京都震災対策条例	2000年12月22日
神奈川	神奈川県地震災害対策推進条例	2013年1月11日
富山	富山県総合雪対策条例	1985年3月26日
岐阜	岐阜県地震防災対策推進条例	2005年3月23日
静岡	静岡県地震対策推進条例	1996年3月28日
愛知	愛知県地震防災推進条例	2004年3月26日
三重	三重県防災対策推進条例	2009年3月25日
京都	災害からの安全な京都づくり条例	2016年8月4日
兵庫	ひょうご防災減災推進条例	2005年3月28日
奈良	奈良県地域防災活動推進条例	2013年3月28日
	奈良県安全で安心して暮らせるまちづくりの推進に関する条例	2008年7月11日
和歌山	和歌山県防災対策推進条例	2018年3月24日
岡山	岡山県防災対策基本条例	2008年3月18日
広島	広島県防災対策基本条例	2009年3月24日
	広島県「みんなで減災」県民総ぐるみ運動条例	2015年3月16日
徳島	徳島県消防防災人材の育成の推進に関する条例	2015年3月16日
	徳島県南海トラフ巨大地震等に係る震災に強い社会づくり条例	2012年12月21日
香川	香川県防災対策基本条例	2006年7月15日
愛媛	愛媛県防災対策基本条例	2006年12月19日
高知	高知県南海トラフ地震による災害に強い地域社会づくり条例	2008年3月25日
長崎	みんなで取り組む災害に強い長崎県づくり条例	2013年3月29日
大分	大分県減災社会づくりのための県民条例	2009年3月30日
宮崎	宮崎県防災対策推進条例	2006年9月19日
鹿児島	鹿児島県防災対策基本条例	2007年12月25日

※筆者が各都道府県ホームページを閲覧し作成

盛り込む際の土地利用等の特例措置などが規定され、東日本大震災での取組みを反映させたものとなっている。

自治体における防災条例の制定　自治体では、1995年の阪神淡路大震災を契機に「防災基本条例」などの形で防災に関する独自条例制定が進んできており、2011年の東日本大震災後、制定が加速化している。2018年7月現在、筆者の調べでは、地震等の特定の災害に着目したものを含め、都道府県では28都道府県で防災に関する条例が制定されている（表1参照）。

内容的には、災害予防、災害応急対策に関する自治体、住民、事業者の責務や努力義務を規定したものが多いが、自主防災組織の取組み、建物の耐震性強化、復興対策、帰宅困難者対策などを定めたものもみられる。

一般的に、条例は、住民の代表である議員の審議による民主的手続により制定され、近年は、パブリック・コメントなどの市民参画のプロセスを経て条例化される場合も多い。この意味では、防災に関する条例についても、条例案が議会に提案され公開の場で審議され、制定プロセスに市民が参画することにより、住民が防災に関心を持ち、住民意識の向上にもつながる。また、地域防災の実務的なアクションプランは地域防災計画であるが、あまりに大部であり、市民が内容をすべて理解するのは困難であり、条例の形で地域防災の理念をわかりやすく示し、普及していくことは有効と考えられる。

〈参考文献〉

　生田長人『防災法（法律学講座14）』信山堂、2013年。
　生田長人『防災の法と仕組み（シリーズ・防災を考える）』東信堂、2010年。
　津久井進『大災害と法（岩波新書）』岩波書店、2012年。
　塩崎賢明『復興〈災害〉――阪神・淡路大震災と東日本大震災（岩波新書）』岩波書店、2014年。
　岡本　正『災害復興法学Ⅰ・Ⅱ』慶應義塾大学出版会、2014年、2018年。
　防災行政研究会『逐条解説 災害対策基本法 第三次改訂版』ぎょうせい、2016年。
　災害救助実務研究会『災害救助の運用と実務　平成26年版』第一法規、2014年。
　神戸市「阪神淡路大震災の概要及び復興」2011年。
　栗島明康「砂防法制定の経緯及び意義について―明治中期における国土形成法制の形成―」砂防学会雑誌第66巻第5号、2014年。

八木寿明「被災者の生活再建支援をめぐる論議と立法の経緯」国立国会図書館調査及び立法考査局「レファレンス平成 19 年 11 月号」2007 年。

Café de 自治体 10

【自治体内法曹有資格者の現状と展開―職務内容と任用形態等について―】

1. 自治体内法曹有資格者の人数

　法曹資格を取得後、法律事務所で弁護士として執務する働き方のほかにも、自治体で勤務する法曹有資格者が増加している。平成28年3月現在、地方自治体に勤務している法曹有資格者の人数は、76の自治体において合計107名である（日本弁護士連合会「地方公共団体における法曹有資格者の常務職員」〔2016年3月現在〕）。

2. 職務内容

　職務内容としては、従前から法曹有資格者に期待されていた訴訟や法律相談等に加え、条例等の制定・審査、公金債権管理・回収、監査等といった新しい分野での活躍も広がりを見せている（詳細については、参考文献①参照）。こうした内容、特に行政法に関心のある者にとっては、大変やりがいのある領域だと思われる（実際の経験者の方々の感想・メッセージ等については、参考文献②7頁以下を参照）。

3. 任用形態

　自治体内法曹有資格者となるには、大きく分けると、一般の公務員試験を受験し通常の行政職として採用される方法と、任期の定めのある特別法上の公務員として採用される方法とがある。前者については、任期の定めはないが、待遇は他の職員とほぼ同じであり、総合職として法務部門以外への異動もありうるという傾向がある。他方、後者については、待遇は採用当初から管理職級であり、職務も法務関連部門に特化している傾向がある。どういった形態・待遇とするかは、一定の先行事例を有する自治体以外では、まだ手探りの段階であるように思われる。

　なお、自治体側が採用しようと考えたきっかけ、動機等については、参考文献③29頁以下に詳しい記述があり、参考になる。

4. 課題

　もっとも、自治体内で勤務するといっても、法曹の仕事には、高度の専門性と独立性が必要であり、これらをどう保つかが、今後の課題である。

〈参考文献〉
①日本弁護士連合会「地方公共団体における法曹有資格者の常勤職員に対するアンケート結果報告（分析・概要）」（2014年）。
②日本弁護士連合会「（パンフレット）自治体内弁護士という選択～切り拓け自治体法務！」（2014年）。
③谷垣岳人ほか「特集①　地方自治体で活躍する法曹有資格者」『自由と正義』（第62巻第11号、2011年10月）。

ロー・スクール／予備試験／公務員試験へのガイダンス

マコト君　ボク、ロー・スクール、チャレンジしようかな……。

マリちゃん　え！

マコト君　１年間行政法の授業に出て、マリちゃんや先生との対話が、いきなり教室に入ってきてむずかしい話をする先生のクラスとちがって面白かったし……。事例が多かったから、法律って身近にあるんだなって感じたし……。

マリちゃん　たしかに、ロー・スクールでは「対話（ソクラテス・メソッド）」や「事例（ケース・メソッド）」だって聞いてますけど……。マコト君……だいじょうぶ……？　他の科目出てないし……。今後、始まる法曹養成コースの学生はくいつくように勉強しているのに。

先生　マリちゃん。マコト君のように従来の理論・学説中心の法律「学」をなまじ聞いていない方がいいかもしれないよ。アメリカでは、ほとんどプリ・ローは学部でメジャーではないんだ。だから、物理学や音楽をメジャーにした人が入って来る。陪審制の国だし、学部で論理学や言語学をやった人は、けっこう強いもんだよ。

マリちゃん　だいじょうぶかなあー。

先生　マコト君のこの１年の発言を聞いていて、いいところに疑問を持ってもいたようだ。たとえば、第２講では、アカウンタビリティーを指摘していたし、第４講では戸籍騰本と情報プライヴァシー権について関心を持っていた。実は、現実の問題を法に結びつけて考える「力」があるんじゃないかなと思った。少なくとも、センスはある。私など師匠から、君の論文はセンスがないんだ、とよく言われたもんだが……。そうそう、エレガントじゃないとも言われたよ。

　ただ、ロー・スクールでのソクラテス・メソッドでは、ここでの雑談的会話と異なって、先生からビシビシあてられるし、具体的に利用するケースは、事前に全て読み込んでおく必要がある。先例と法理論をしっかりと頭の中にたたき込んだうえで、ケースに対する分析を行い、矛盾点や逆に補強する法的主張の展開を「自ら導き出す」努力をしてください。まちがっても、暗記した知識を「むりやりケースにあてはめる」ようなことはしないでくださいね。ロー・スクールはまさに実学なのですが、「実学」と言えば、私は福沢諭吉を思い出します。小泉信三は「福沢の実学の精神はまた批判の精神であった」（小泉信三『福沢諭吉』95頁〔岩波新書、1966年〕）と述べていますが、批判的精神という実学の本質は決して忘れないでください。いわば、問題点を「見つけ出す力」と言ってよいのではないでしょうか。予備試験組も、この点同じです。

マコト君　今年の授業が進むにつれて、ガイダンスの日に先生が言っていた「思考力」「分析力」といった言葉が、実は、だんだん気になってきていたんだ……。

マリちゃん がんばってね！ NHK の「プロジェクトX」（NHK 出版、2000～2003 年）なみにがんばらなきゃダメよ！ 私も、県庁の星（桂 望実『県庁の星』〔小学館、2005 年〕）になるようにがんばるから。

マコト君 わかってるよ！ 中島みゆきさんの「地上の星」を聞きながら、がんばる！

先生 皆さんが、それぞれの目標でがんばる姿を見れるのは、教員としてとても幸せだな。若い時の気持ちを、行政の場であれ、司法の場であれ、心の中に倫理として持って行ってください。そして、行政も司法も法にたずさわる仕事ですから、社会的弱者への「愛」を、行政や司法に奉仕しようとする人は、絶対に忘れてはいけません。この講義はガイダンスで始まりガイダンスで終わった。しかしアメリカでは、卒業式を commencement という。commence ははじめるという意味だね！ 今、私が言った気持ちを持ってここで皆さんの行政や司法での法のプロとしてのはじめ、スタートとしよう！

講義ノート

宗教では、信仰的事実と歴史的事実という理解があると聖職者のお一人からうかがったことがあるが、法律の世界でも事実こそ一番の基礎となる。

たとえばロー・スクール開設にあわせ、民事法では伊藤滋夫・山崎敏彦編『ケースブック要件事実・事実認定』（有斐閣、2002 年）のように、ロー・スクールを意識した教材が出版された（なお、従来のパンデクテン的民法ではとっつきにくいと思った人は、要件事実から見るとよく理解できる場合が多いので、ぜひ参考としてみてほしい。なお、要件事実的な行政法の見方については第 23 講参照）。さらに、ロー・スクールの主要な教育方法となるソクラテス・メソッドを導入した、当時の渋谷秀樹『日本国憲法の論じ方〔第 2 版〕』（有斐閣、2010 年）も参考となるであろう。

ところで、行政法では、従来の司法研修所での実務研修でも民事法の中に埋没し、テキストや教材もその課題となっていた。そこで、大貫裕之・土田伸也『行政法――事案解析の作法〔第 2 版〕』（日本評論社、2016 年）や土田伸也『基礎演習行政法〔第 2 版〕』（日本評論社、2016 年）のようにケースの分析方法や実例を示す試みもある程度は定着してきている。なお、予備試験問題については、土田伸也『実戦演習行政法』（弘文堂、2018 年）。

2002 年からは、実際に、法科大学院がスタートを切った。しかし、そこには、現実として、理念とは異なり、従来からの受験勉強的暗記勉強を行ってい

る人々が多く見うけられるように思われる。多くの法令をその対象とする行政法では、ケースの分析力が大切となるが、逆にケースに対して自分が暗記した知識をむりやりあてはめて結果を出せないでいる人々が多いのではないだろうか（マスコミのいう「乱立」だけが問題ではない。暗記勉強こそ問題であった）。そこで、現在法科大学院をめざす人々に行政法に限って一応の勉強のアドバイスをしておくこととしよう。あわせて、法科大学院における教育内容・方法に関する研究会（石川敏行・小早川光郎・土井真一・中川丈久・長谷部恭男『法科大学院における公法系教育のあり方等について〔中間まとめ〕』〔2002年6月28日〕）では、本書で、たびたび取り上げた宅地建物取引業法が、風営適正化法の条文も参考条文とされたうえでモデル問題の題材とされた。

　さて、公法系の方向性の全体像を比較的見やすい文献は「法科大学院における公法系教育のあり方等について―法科大学院協会設立準備会・第2回シンポジウム―」（法学教室第269号154頁以下〔2003年〕）であろう。加えて、石川敏行「法科大学院・公法系・法学教育―その中間総括と展望―」『ドイツ公法理論の受容と展開―山下威士先生還暦記念―』2頁以下（尚学社、2004年）も参考となろう。

　さらに、これを行政法の具体的争点との関係で見た場合、阿部泰隆「基本科目としての行政法・行政救済法の意義(1)－(9)」自治研究第77巻第3号3頁以下、第4号14頁以下、第6号23頁以下、第7号3頁以下、第9号3頁以下、第78巻第1号16頁以下、第4号3頁以下、第5号3頁以下、第7号3頁以下（2001～2002年）、小早川光郎・小幡純子・高木光・高橋滋「法科大学院における行政法カリキュラムの充実に向けて―具体案の提示・検討の呼びかけ―」自治研究第77巻第4号3頁以下（2001年）が重要な文献となっている。

　さて、現段階では、次のように考えて、勉強を進めてみてはどうだろうか。

　まず、「事実」を前提に考えるべきであろう（ここにケース・スタディー・メソッドの1つの基本がある）。従来の流れは、行政法学上の理論（たとえば、公定力や原告適格）→学説→判例という流れであったと言ってよいであろう。

　しかし、実務的発想ではどうだろうか。まず「事実」としての法的問題があるわけである。そして、行政側のロイヤーは、たとえばこの法的事実として争われる「処分」は合法、逆に、住民らの原告側のロイヤーは違法との結論（ロ

イヤーにとっての目標）が設定される（そこで、ソクラテス・メソッドでは、あなたが原告の代理人だったらどうするのか、どういう先例によるのか、どういう論理によるのか、一方、被告の代理人だったら逆にどう主張するのかと質問されることとなろう）。

そして、次に、そのそれぞれの事実に対する結論を支えるという作業に入る（つまり、「戦略的発想」であると言ってよいであろう）。具体的には、その法的争点・事実に適用されているそれぞれの法律の「ストラクチャー（構造）」の分析を行う。なお、この場合、その具体的法律ばかりではなく、他の法令との関係つまり法システム全体との関連で見ることを忘れてはいけないだろう（公法教育の面では、憲法との融合が強調されるが、現実には民事法、刑事法との関係も重要となる）。なお、本書でフーゾクという具体的エリアで説明したのも、実は、この法律のストラクチャー全体を、法システム・総合法的に分析するという方法を知ってもらうこともねらいの一つだったからである。

さて、法律のストラクチャーの分析の具体例を示しておこう。北村喜宣教授は、具体的な法律での許可について、5つの分類を行っている（ここでも、まず「許可」の定義からはじまる古典的行政法学とは異なったアプローチを見ることができよう）。それを示せば、第一に「都市計画法型（……であるときは、許可を与えなければならない）」。第二に「浄化槽法型（……と認めるときでなければ、許可をしてはならない）」、第三に「風俗営業法型（……の場合においては、許可をしてはならない）」、第四に「道路法型（……の場合に限り、許可を与えることができる）」、第五に「薬事法型（……に該当するときは、許可を与えないことができる）」である（北村喜宣『自治力の冒険』64-65頁〔信山社、2003年〕）。

さて、仮に、自らが担当しているケース（法的事実）に適用されている許可が、第二類型であったとしよう（たとえば、廃棄物処理法15条の2第1項——かつての15条2項、北村・前掲書、66頁）。

この場合、これを第一類型と全く同じ意味とする立場（札幌地判平成9年2月13日判夕936号257頁）と、第一類型と第二類型は異なった法的意味を有するとする理解（田村「廃棄物処理法における産業廃棄物処分場設置許可申請と地方自治体の裁量権—平成9年札幌高等裁判所判決の批判的考察—」東京国際大学論叢〔経済学部編〕第21号〔1999年〕、北村・前掲書、66頁も「文言の十分な検討」の必要を指摘し、この立場に立っている。本書第16講参照）がある。前者による立場では、行政側に拒否処分を

する裁量権はなくなることとなり、逆に後者の理解に立てば裁量権が認められることとなる。つまり、ロイヤーは、すでに指摘した、それぞれの事実に対する結論・目標から、この２つの立場・理解からその一つをまさしく選択することとなる（つまり、純理論としてどちらが正しいかを思考するわけではない）。

次に、自らの選択を支える判例や論理を求めていくこととなる。

判例を例として取り上げてみよう（なお、ロー・スクールを意識したケース・メソッドのテキストとして、関 哲夫『判例セミナー行政法』〔酒井書店、2002年〕が参考となる）。たとえば、原告適格については、どうであろうか。法律のストラクチャーとの関係で見ると最近の例では次のような実例が思い浮かぶ。

さて、都市計画法と森林法は、ある意味で、それぞれの法律のストラクチャーは類似している。そこで、都市計画法の原告適格について示された判断は、ほぼそのまま森林法にも適用されると考えてよい（具体的な判例として、最〔３小〕判平成９年１月28日民集51巻１号250頁、および最〔３小〕判平成13年３月13日民集55巻２号283頁、百選Ⅱ163事件であり、それぞれ都市計画開発許可と林地開発許可が争点とされた）。そして、そこでは、両判決とも生命・身体に直接危険が及ぶ者にスタンディングを許容し、単に周辺に土地などの財産権を有するにすぎない者にはスタンディングを否定したわけである。

ところで、皆さんが、ロイヤーとして建築基準法での確認や許可を争う訴訟を担当したとしてみよう。もし、処分庁側のロイヤーであれば、入口の段階（訴訟要件）で訴えをシャット・アウトしたいので、仮に土地・建物を周辺に有するにすぎない者が原告の場合、建築基準法は都市計画法といわばコンパニオンたる法律なので上記の２つの判例を引用し原告適格を否定する主張を行うであろう（これに近い理解を判示した裁判例として、東京地判平成７年12月20日判例地方自治150号71頁）。一方、もし原告側のロイヤーであれば、建築基準法は、基本的には、都市計画法や森林法とそのストラクチャーを異にしている（塩野・Ⅰ、66頁は「仕組み解釈」と呼ぶ）。すなわちそれは、建物の倒壊や火災から周辺の建物などを守ることもその目的としているから、財産権などを周辺に有するにすぎない者にもスタンディングが認められると主張するであろう（これを許容したのが、建築基準法での総合設計許可が争点とされた最〔３小〕判平成14年１月22日民集56巻１号46頁、百選Ⅱ164事件。これらの判例の関係を知り得る評釈として、安達和志・法

学教室264号132頁以下〔2002年〕。なお、この平成14年判決は、判時1781号82頁、判タ1088号127頁にも載っているが、判時、判タの「コメント」は、実務では判例どうしの関係、当該判例の意味や位置づけを知るうえで重要であることも知っておこう）。

なお、2004年行政事件訴訟法改正では、原告適格の判断にあたり、関連する法令も考慮されることとなったので、都市計画法上の開発許可を争う場合、建築基準法を関連法規とし（後に建築確認を求めるから）財産権のみをもっている者にも、都市計画法上の開発許可を争う段階で、これが認められる可能性が出てきた。

ともあれ、以上のように、ロイヤーは、自らの主張を基礎づけるために判例を限定して読んだり、拡大して読んだりする。これを英米法では「判例の適用範囲を、事実の相異や法律のストラクチャーを理由に区別する（distinguish）」と呼んでいる（なお、判例の中に「法理論」が展開されていることを決して忘れてはならない。その意味で、判例のとった結論のみを示すだけでは十分とは言えないことも知っておこう）。

そして最後に、自己の示す法令や判例上の根拠を支えるために、学説などに法論理を求める場合もあり得るであろう。

以上、見てきたように、実務では、事実→結論→目標の設定→法令・判例の分析→それを補強する論理との流れになる（つまり伝統的な法学教育とは全く逆のフローとなるわけである）。そこで、法令・判例そして、その基礎にある、立法事実や論理の分析が重要となることを知っておこう。

そして、これらの勉強の方法は、政策型の行政では法というツールを使った政策推進が公務員には求められる時代となったので、公務員をめざす人、現役の公務員も全く同じである。すなわち、行政にしろ司法にしろ、実務を意識した法の学び方といってよい。政策法務（本書第6講）での条例立案でも、立法事実を把握した上で、目標を設定し、条例の内容を決定するというプロセスも、基本的には同じ発想と言ってよい。

まさに、英米法型の「Jurisprudence（このコンセプトは、実務と理論を統合したものなので「法哲学」・「法理学」より広いコンセプトである。したがって、法哲学や法理学との狭い訳は与えない方がよいと考える）」に近づくわけである。

なお、本書を土台に、よりヴァージョンアップした力をつけるために、阿部

泰隆『行政法再入門（上）（下）』（信山社、2015年）を読むことをすすめたい。

　今後に向けて、「練習ハ不可能ヲ可能ニス」との小泉信三の言葉（山内慶太他編『アルバム小泉信三』79頁〔慶應義塾大学出版会、2009年〕）を、チャレンジする若き人々とともに共有したいと思う（小泉信三の経済学や戦後の位置付けについては、小川原正道『小泉信三』〔中公新書、2018年〕を読むとよいであろう。法律を学ぶ者は、小泉が、わが国でも著名な純粋法学のハンス・ケルゼンに言及していること〔小川原・前掲書51頁〕に興味を引かれるかもしれない）。最後に、筆者が最も感銘を受けた小泉信三の言葉は、「途に老幼婦女に遜れ」という訓示（山内慶太他編・前掲書49頁）である。社会的に弱い人々の立場に立つというこの思想は、法律を学ぶ者は、絶対にわすれてはならない。

判例索引（年代順）

最（2小）判昭和25年9月15日民集4巻9号404頁	242
最（2小）判昭和27年1月25日民集6巻1号22頁	376
最（1小）判昭和27年12月4日行集3巻11号2335頁	447
最大判昭和28年12月23日民集7巻13号1523頁	311
最大判昭和28年12月23日民集7巻13号1561頁	363
最大判昭和29年7月19日民集8巻7号1387頁	240
札幌高裁函館支判昭和29年9月6日下民集5巻9号1436頁	327
最（3小）判昭和29年9月28日民集8巻9号1779頁	229
最大判昭和31年7月18日民集10巻7号890頁	241
盛岡地判昭和31年10月15日行集7巻10号2443頁	447
最（2小）判昭和31年11月30日民集10巻11号1502頁	318
最（2小）判昭和33年3月28日民集12巻4号624頁	101
最大判昭和33年4月9日民集12巻5号717頁	225
最（1小）判昭和33年5月1日刑集12巻7号1272頁	98
最（3小）判昭和35年7月12日民集14巻9号1744頁	359
最大判昭和35年10月19日民集14巻12号2633頁	447
山口地裁岩国支判昭和36年2月20日下民集12巻2号320頁	134
東京地判昭和36年2月21日行集12巻2号204頁	242
最（2小）判昭和36年7月14日民集15巻7号1814頁	240
最大判昭和37年11月28日刑集16巻11号1593頁	237
最（3小）判昭和38年4月2日民集17巻3号435頁	225
最（3小）判昭和38年6月4日民集17巻5号670頁	359
最（1小）判昭和39年10月29日民集18巻8号1809頁	214, 359
東京地決昭和40年4月22日行集16巻4号708頁	383
最大判昭和40年4月28日民集19巻3号721頁	364
東京地判昭和40年9月16日行集16巻9号1585頁	70
最大判昭和41年2月23日民集20巻2号271頁	102, 359
最大判昭和41年2月23日民集20巻2号320頁	277
最大判昭和41年10月26日刑集20巻8号901頁	108
東京地判昭和41年12月20日労民集17巻6号1407頁	141
最（1小）判昭和43年11月7日民集22巻12号2421頁	230, 232
最大判昭和43年11月27日刑集22巻12号1402頁	233, 309
最（3小）判昭和43年12月24日民集22巻13号3147頁	101, 359
岐阜地判昭和44年11月27日判時600号100頁	256, 277
最大判昭和44年12月24日刑集23巻12号1625頁	164
最（1小）判昭和45年8月20日民集24巻9号1268頁	326
東京地判昭和46年8月27日判時648号81頁	327
最（1小）判昭和46年10月28日民集25巻7号1037頁	70, 175
最大判昭和47年11月22日刑集26巻9号554頁	168
最大判昭和47年11月22日刑集26巻9号586頁	13-14
最大判昭和48年4月4日刑集27巻3号265頁	240

最（3小）決昭和48年7月10日刑集27巻7号1205頁	168
最（1小）判昭和48年10月18日民集27巻9号1210頁	311
大阪地判昭和48年11月14日判時738号65頁	216
最（2小）決昭和48年11月16日民集27巻10号1333頁	206
最（1小）決昭和48年12月20日民集7巻11号1594頁	147
最（3小）判昭和49年2月5日民集28巻1号1頁	233
東京高判昭和49年4月30日行集25巻4号336頁	255
名古屋地判昭和50年4月14日判タ320号131頁	235, 314
最大判昭和50年4月30日民集29巻4号572頁	13, 237-238
最大判昭和50年9月10日刑集29巻8号489頁	403
最大判昭和51年4月14日民集30巻3号223頁	381
最（3小）判昭和53年3月14日民集32巻2号211頁	331, 361
最（2小）判昭和53年6月16日刑集32巻4号605頁	298
最（3小）判昭和53年7月4日民集32巻5号809頁	326
最大判昭和53年10月4日民集32巻7号1223頁	301
最（3小）判昭和54年12月25日民集33巻7号753頁	208
大阪地判昭和55年3月19日行集31巻3号481頁	196
最（3小）決昭和55年9月22日刑集34巻5号272頁	164
最（3小）判昭和55年11月25日民集34巻6号781頁	364
最（3小）判昭和56年1月27日民集35巻1号35頁	111
最（3小）判昭和56年3月24日民集35巻2号300頁	141
最（1小）判昭和56年12月16日民集35巻10号1369頁	213
最（1小）判昭和57年4月22日民集36巻4号705頁	108
最（2小）判昭和57年4月23日民集36巻4号727頁	129, 177
東京高判昭和58年8月30日行集34巻8号1551頁	144
最（1小）判昭和59年1月26日民集38巻2号53頁	326
最大判昭和59年12月12日民集38巻12号1308頁	13, 255
最（1小）判昭和59年12月13日民集38巻12号1411頁	15, 214
最（3小）判昭和60年1月22日民集39巻1号1頁	182
最（3小）判昭和60年7月16日民集39巻5号989頁	127, 296
東京高判昭和60年8月28日行集36巻7・8号1250頁	313
大阪高決昭和60年11月25日判時1189号39頁	272, 277
大阪高判昭和63年2月24日判時1270号160頁	288
最（2小）判昭和63年6月17日判時1289号39頁	231, 233
最（2小）判平成元年2月17日民集43巻2号56頁	362, 373
最（1小）判平成元年4月13日判時1313号121頁	361
広島地判平成元年5月25日訟月35巻10号1944頁	30
最（3小）判平成元年6月20日判時1334号201頁	361
最（2小）決平成元年11月8日判時1328号16頁	131
最（1小）判平成2年1月18日民集44巻1号1頁	99
最（1小）判平成2年2月1日民集44巻2号369頁	98
最（1小）判平成2年12月13日民集44巻9号1186頁	326
最（2小）判平成3年3月8日民集45巻3号164頁	256
浦和地判平成3年3月25日判例地方自治86号62頁	30
最（3小）判平成3年7月9日民集45巻6号1049頁	98

横浜地判平成 3 年 9 月 9 日判タ 781 号 128 頁	30
最大判平成 4 年 7 月 1 日民集 46 巻 5 号 437 頁	6, 168, 174
最（3 小）判平成 4 年 9 月 22 日民集 46 巻 6 号 571 頁	218, 331, 362
最（1 小）判平成 4 年 10 月 29 日民集 46 巻 7 号 1174 頁	178, 181, 300, 378
最（1 小）判平成 4 年 11 月 26 日民集 46 巻 8 号 2658 頁	111
最（1 小）判平成 4 年 12 月 10 日判時 1453 号 116 頁	183
神戸地判平成 5 年 1 月 25 日判タ 817 号 177 頁	91
最（1 小）判平成 5 年 2 月 18 日民集 47 巻 2 号 574 頁	124, 131
最（3 小）判平成 5 年 3 月 16 日民集 47 巻 5 号 3483 頁	300
東京高判平成 5 年 3 月 24 日判時 1460 号 62 頁	182
秋田地判平成 5 年 4 月 23 日行集 44 巻 4・5 号 325 頁	65
秋田地判平成 5 年 4 月 23 日訟月 40 巻 2 号 332 頁	134
最（2 小）判平成 6 年 3 月 25 日判時 1512 号 22 頁	38
岡山地判平成 6 年 4 月 20 日判例地方自治 136 号 84 頁	66
神戸地裁伊丹支決平成 6 年 6 月 9 日判例地方自治 128 号 68 頁	271
最（3 小）判平成 6 年 9 月 27 日判時 1518 号 10 頁	368
最（1 小）判平成 7 年 3 月 23 日民集 49 巻 3 号 1006 頁	208, 216
東京高判平成 7 年 10 月 31 日判時 1566 号 134 頁	45, 287
最（3 小）判平成 7 年 11 月 7 日判時 1553 号 88 頁	7, 140, 142, 145
東京地判平成 7 年 11 月 29 日判時 1558 号 22 頁	218
東京地判平成 7 年 12 月 20 日判例地方自治 150 号 71 頁	484
名古屋地判平成 8 年 1 月 31 日判例地方自治 156 号 78 頁	183
最（2 小）判平成 8 年 3 月 8 日民集 50 巻 3 号 469 頁	300
最（2 小）判平成 8 年 3 月 15 日民集 50 巻 3 号 549 頁	142
東京地判平成 8 年 7 月 31 日判時 1593 号 41 頁	142
東京高判平成 8 年 9 月 25 日判時 1601 号 102 頁	218
東京高判平成 8 年 11 月 27 日判時 1594 号 19 頁	461
盛岡地決平成 9 年 1 月 24 日判タ 950 号 117 頁	91
最（3 小）判平成 9 年 1 月 28 日民集 51 巻 1 号 250 頁	484
札幌地判平成 9 年 2 月 13 日判タ 936 号 257 頁	482
大阪地判平成 9 年 2 月 13 日判例地方自治 166 号 101 頁	66
大阪高判平成 9 年 10 月 1 日判タ 62 号 108 頁	66
札幌高判平成 9 年 10 月 7 日行集 48 巻 10 号 753 頁	298
仙台地判平成 10 年 1 月 27 日判タ 994 号 132 頁	180
宮崎地裁都城支判平成 10 年 1 月 28 日判タ 988 号 181 頁	145
東京地判平成 10 年 2 月 27 日判時 1660 号 44 頁	183
最（1 小）判平成 10 年 7 月 10 日判タ 983 号 186 頁	125, 287
横浜地判平成 10 年 9 月 30 日判例地方自治 185 号 86 頁	135
福岡高判平成 10 年 10 月 9 日判タ 994 号 66 頁	65
横浜地判平成 10 年 10 月 23 日平成 12 年（行ウ）41 号	40
最（1 小）判平成 10 年 12 月 17 日民集 52 巻 9 号 1821 頁	367
最（2 小）決平成 11 年 3 月 10 日刑集 53 巻 3 号 339 頁	45
東京高判平成 11 年 3 月 31 日判時 1689 号 51 頁	301
金沢地判平成 11 年 6 月 11 日判時 1730 号 11 頁	65
最（2 小）判平成 11 年 11 月 19 日民集 53 巻 8 号 1862 頁	374

判例	頁
最（3小）判平成 11 年 12 月 14 日裁判所時報 1258 号 1 頁	12
京都地判平成 12 年 2 月 24 日判時 1717 号 112 頁	134-135, 321
最（2小）判平成 12 年 3 月 17 日判時 1708 号 62 頁	361
最（3小）判平成 12 年 3 月 21 日判時 1707 号 112 頁	66
名古屋地判平成 12 年 8 月 9 日判例地方自治 218 号 84 頁	262
横浜地判平成 12 年 9 月 27 日判例地方自治 217 号 69 頁	258
東京高判平成 12 年 12 月 26 日判時 1753 号 53 頁	151
盛岡地決平成 13 年 2 月 23 日（判例集未登載）	279
最（3小）判平成 13 年 3 月 13 日民集 55 巻 2 号 283 頁	484
東京高判平成 13 年 6 月 14 日判時 1757 号 51 頁	178
東京高判平成 13 年 8 月 27 日判時 1764 号 56 頁	447
最（3小）判平成 14 年 1 月 22 日民集 56 巻 1 号 46 頁	484
東京高判平成 14 年 3 月 26 日平成 14 年（行コ）289 号	40
最（1小）判平成 14 年 4 月 25 日判例地方自治 229 号 52 頁	461
最（3小）判平成 14 年 6 月 11 日民集 56 巻 5 号 958 頁	311
最（3小）判平成 14 年 7 月 9 日民集 56 巻 6 号 1134 頁	256, 267, 271-272, 278, 283
高知地判平成 14 年 12 月 3 日判タ 1212 号 108 頁	65
札幌地判平成 14 年 12 月 19 日判タ 1140 号 178 頁	14
東京家裁八王子支部判平成 14 年 12 月 25 日家裁月報 55 巻 6 号 132 頁	284
最（2小）判平成 15 年 1 月 17 日民集 57 巻 1 号 1 頁	448
東京地判平成 15 年 2 月 3 日民集 58 巻 8 号 2233 頁	35
名古屋地判平成 15 年 6 月 25 日 TKC 文献番号 28082839	202
最判平成 15 年 9 月 25 日平成 15 年（行ツ）173 号、（行ヒ）176 号	40
最（3小）判平成 16 年 3 月 16 日民集 58 巻 3 号 647 頁	65
最（3小）判平成 16 年 6 月 1 日判時 1873 号 118 頁	146
最（2小）判平成 16 年 10 月 15 日民集 58 巻 7 号 1802 頁	151
東京高判平成 17 年 1 月 19 日判時 1898 号 157 頁	164
千葉地判平成 17 年 4 月 26 日 TKC 文献番号 28101210	201
名古屋地判平成 17 年 5 月 26 日判例地方自治 271 号 60 頁	77
最（2小）決平成 17 年 6 月 24 日判時 1904 号 69 頁	128
最（2小）判平成 17 年 7 月 15 日民集 59 巻 6 号 1661 頁	133, 136, 152, 216, 360
最大判平成 17 年 9 月 14 日民集 59 巻 7 号 2087 頁	354
最（1小）判平成 17 年 11 月 10 日裁判所時報 1399 号 12 頁	151
最大判平成 17 年 12 月 7 日民集 59 巻 10 号 2645 頁	331, 363
鳥取地判平成 18 年 2 月 7 日判時 1983 号 73 頁	102
横浜地判平成 18 年 5 月 22 日民集 63 巻 9 号 2152 頁	461
最（2小）判平成 18 年 7 月 14 日民集 60 巻 6 号 2369 頁	461
東京高判平成 19 年 5 月 31 日判時 1982 号 48 頁	182
東京高判平成 19 年 8 月 29 日判例地方自治 302 号 77 頁	235
最（3小）判平成 19 年 9 月 18 日刑集 61 巻 6 号 601 頁	438
最（1小）判平成 20 年 3 月 6 日民集 62 巻 3 号 665 頁	41
最（1小）判平成 20 年 4 月 15 日民集 62 巻 5 号 1005 頁	319
最大判平成 20 年 9 月 10 日民集 62 巻 8 号 2029 頁	109, 216, 360
東京高判平成 21 年 1 月 29 日民集 63 巻 9 号 2260 頁	461
最（1小）判平成 21 年 10 月 15 日民集 63 巻 8 号 1711 頁	331, 363

最大判平成 21 年 11 月 18 日民集 63 巻 9 号 2033 頁	99
最（1 小）判平成 21 年 11 月 26 日民集 63 巻 9 号 2124 頁	360, 461
最（1 小）判平成 21 年 12 月 17 日民集 63 巻 10 号 2631 頁	242
大分地判平成 22 年 9 月 30 日判時 2113 号 100 頁	329
東京高判平成 22 年 11 月 24 日判例地方自治 355 号 47 頁	157
大阪地判平成 23 年 8 月 24 日労判 1036 号 30 頁	461
東京地判平成 24 年 4 月 27 日裁判所ウェブサイト	461
甲府地判平成 24 年 9 月 18 日判例地方自治 363 号 11 頁	415
東京高判平成 24 年 9 月 27 日裁判所ウェブサイト	461
最（2 小）判平成 25 年 1 月 11 日民集 67 巻 1 号 1 頁	99, 105
前橋地判平成 25 年 1 月 25 日判例地方自治 371 号 47 頁	416
東京地判平成 25 年 3 月 22 日判例地方自治 377 号 91 頁	235
千葉地判平成 25 年 3 月 22 日判時 2196 号 3 頁	415
東京高判平成 25 年 5 月 30 日判例地方自治 385 号 11 頁	416
東京高判平成 25 年 6 月 12 日平成 25 年（行コ）105 号	416
東京高判平成 25 年 8 月 29 日判例地方自治 384 号 10 頁	417
京都地判平成 26 年 2 月 25 日裁判所ウェブサイト	248
金沢地判平成 26 年 9 月 29 日 LEX/DB 文献番号 25504858	200
最（1 小）決平成 27 年 1 月 15 日判例地方自治 384 号 10 頁	417
最（3 小）判平成 27 年 3 月 3 日民集 69 巻 2 号 143 頁	196, 364
名古屋高金沢支部判平成 27 年 6 月 24 日判例地方自治 400 号 104 頁	200

索　引

ア　行

アカウンタビリティー	34, 135, 321
空き家対策条例	438
空家等問題	390
安心	463
安全	463
意見公募手続	103
伊丹市教育環境保全のための建築等の規制条例	91
一般競争入札	145
一般再議（任意的再議）	418
一般市民法秩序	21
一般処分	382
委任専決処分	413
委任命令	98
違法行為の転換	376
違法性判断の基準時	375
岩手県県行政に関する基本的な計画の議決に関する条例	110
岩手県産業廃棄物税条例	264
岩手県循環型地域社会の形成に関する条例	268
イン・カメラ手続	39
訴えの提起	410
訴えの取下げ	380
訴えの併合	371
訴えの変更	371
営業犯	286
英米法	172
NPO条例	29
大阪府風俗案内防止条例	248
公の営造物	325
小田急連続立体交差事業事件	331

カ　行

解釈基準	95
外部監査制度	46
格付け制度	268
過失	288
──の客観化	318
瑕疵の治癒	376
河川法	467
課徴金	262
仮処分	371
過料	285
川崎市中高層建築物の建築に係る紛争の予防及び調整に関する条例	303
管轄裁判所	365
関係部署との調整	458
監視カメラ	163
間接民主制	407
完全補償説	311
官房学	23
関与の廃止・縮減	397
関与の法定主義	396
関連請求	372
議員提案条例	434
議院内閣制	432
議員派遣	447
消えた年金記録問題	52
議会基本条例	436
議会事務局	451
議会の議決事件	408
議会の審議および議決	460
機関意思	445-446
機関委任事務	114, 396
機関訴訟	350
棄却	342
期限	224
危険責任	320
技術的な助言	400
規制インパクト分析	45
既判力	383
岐阜県乗鞍環境保全税条例	264
基本法	387
義務付けの訴え	352
義務的執行停止	345
却下	342
却下判決	381
客観訴訟	350
客観的併合	372

協議	156	群馬県における農薬の適正な販売・使用	
（狭義の）訴えの利益	363	及び管理に関する条例	270
教示制度	334, 366	訓令・通達	100
行政過程論	7	計画裁量	297
行政基準	96	軽過失	317
行政規則	96, 98	経済的自由権	25
──の外部化現象	100	警察行政	24
行政救済	328	警察許可	24, 30
行政強制	254	形式的基準	310
行政計画	107	形式的行政処分	142
行政刑罰	284-285	形式的当事者訴訟	313, 354
行政契約	138	形成力	382
行政行為	208, 359	継続規定	132
行政裁量	296	啓発手法	153, 269
行政指導	122, 321	契約関係からの排除	266
行政主体	329, 364	ケース・スタディー・メソッド	482
行政処分	205, 208	欠格事由	179
──（行為）の瑕疵の治癒	240	結果不法説	319
──の無効と取消し	239	原課	458
「行政処分」「行政契約」手法選択論	142	厳格な合理性の基準	13
行政組織法	114	原告適格	360
行政代執行	254	原処分主義	373
行政庁	329, 364	検察庁との協議	459
行政調査	159	現物補償	312
強制徴収	257	権力分立	113
行政手続法	175	公安委員会	116
行政手続法等	187	行為不法説	319
行政手続法要綱案	175	公役務	205
行政ドック	187	公害防止協定	143
行政の実効性確保	252	効果裁量	296
行政罰	281	公共性の原理	149
行政不服審査会	340	公権力の行使	316
行政不服審査制度	328	抗告訴訟	350-351
行政文書	53	工作物責任	325
──の管理	54	公序	214
行政立法	94	公正の原理	9
協定	152	構成要件論	124
協働事務	86	拘束的行為の規制	16
許可	219	拘束力	383
許可システム	464	公聴会	464
緊急災害対策本部	471-472	公定力	293
緊急専決処分	413	口頭意見陳述	339
近代法	21	公表	131
国地方係争処理委員会	401	公布・施行段階	456, 460
国や関係する自治体とあらかじめ調整	459	公物	325

索引　493

公文書等	53	自然減	386
公法上の法律関係に関する確認の訴え		自然減対策	387
	111, 135, 150	自然的正義	188
公民連携	29	自治事務	395
公務員	316	自治体オンブズマン	303
国土強靱化基本法	474	自治体の法令解釈	399
国立公文書館等	55	自治体の法令解釈権	64, 404
個人識別情報	38	自治紛争処理委員	401
個人情報保護制度	40	自治立法	398
子どもへの虐待防止条例	438	執行停止	344
個別型住民投票	425	──の取消し	346
雇用保険審査官	333	執行罰	265

サ 行

		執行不停止の原則	370
		執行命令	98
災害救助法	473	実質的基準	310
災害緊急事態	471	実質的証拠法則	374
災害訓練義務	470	実質的当事者訴訟	313
災害対策基本法	468	指定緊急避難場所	470
災害派遣	471	指定避難所	470
災害予防	470	私的自治の原則	375, 380
再議	409, 418	児童遊園設置条例	299
罪刑法定主義	124	事務管理	156
裁決	342	事務権限の委譲	397
──の義務付・差止効果	301	指名競争入札	145
──の取消しの訴え	351	社会減	386
裁決主義	373	社会減対策	387
再審査請求	333	釈明処分	374
再調査の請求	333	──の特則	46, 374
裁判外紛争処理	61, 303	重過失	317
裁量	297	終局判決	379
裁量権収縮論	300	自由権	13
裁量的開示	38	重大かつ明白な瑕疵	241
裁量的執行停止	345	住民訴訟	354
差止めの訴え	353	住民等調整段階	456, 459
砂防法	467	住民投票	409
参加人	338	住民の同意	464
三面関係	12, 26	就労資格の確認義務	16
三面の利害調整モデル	12	主観訴訟	350
支援措置	346	主観的併合	372
仕組み解釈	63, 482	熟成型住民投票	428
自己責任説	320	出訴期間	365
指示処分	192	主婦連ジュース事件	331
自主防災組織	469	受理	181
事情裁決	344	酒類提供飲食店営業	73
事情判決	381	場外車券場設置許可事件	331

条件	223	請求棄却判決	381
常設型住民投票	425	請求認容判決	381
少年指導委員	16, 155	請求の放棄	380
情報公開法	37	税金の利用	264
情報の利用	270	政策裁量	297
条例案の提案	456	政策事実	83
条例案要綱	439	政策的議員提案条例	434
条例制定請求	456	政策の日常化	28
条例の制定過程	454	政策評価	43
条例の提案権	456	——の利用	266
条例の立案者	455	政策法務	80
所轄の下	332-333	生存権	12
食品衛生法	45	制定過程全体のスケジュール	457
職務行為基準説	319	制度的保障	114
職権証拠調べ	375	性風俗特殊営業	74
職権探知	375	政府調達協定	140
職権取消	229	責務規定	85
初日不算入の原則	365	接客業務受託営業	74, 88
処分基準	196	積極的生活補償	312
処分の取消しの訴え	351	接待飲食等営業	75
除名議決	447	絶対的効力説	382
所有者不明土地問題	391	設置・管理の瑕疵	326
知る権利	37	セット・バック	134
審議・決定段階	456, 460	説明責任	35
信義則	373	選挙訴訟	354
人口減少	386	専決処分	409, 413, 447
——に対応できる社会システム	386	全部留保説	253
——による不都合に処処する	389	戦略的アセスメント	44
——を食い止める	386	先例	433
——を前提にしながらも社会生活サービスの水準を落とさないようにする	389	早期型住民投票	428
		総合計画	445
人材の育成	270	相互保証主義	317
審査・応答義務	181	相対的効力説	383
審査基準	179, 188	相当補償説	311
審査請求前置	346	即時確定の利益	46
人身売買罪	16	即時強制の拡大	258
申請型義務付け訴訟	353	ソクラテス・メソッド	480
申請権	177	組織過失	318
申請に対する処分	171	訴訟参加	372
申請満足型義務付け訴訟	353	訴訟上の和解	379
信頼保護の法理	135	訴訟要件	358
審理員	329	措置入院	258
森林法	467	損害賠償的補助金	156
随意契約	145	損害賠償の額の決定	411
生活擁護者としての行政	28	損失補償	235, 308

タ 行

代位責任説	320
第1期地方分権改革	395, 397
第三者機関	116
対世効	382
第2期地方分権改革	401
大陸法	172
立入検査受忍義務	143
WTO協定	140
談合	140
団体意思	445
団体自治	446
地域主権改革	401
地域防災計画	470, 477
チーム制	62
地区計画	110
秩序罰	286
地方分権	431
地方分権一括法案	396
地方分権推進委員会	395
地方分権推進計画	395
地方分権推進法	395
地方分権改革推進法	401
中央防災会議	469
長による議会の解散	409
聴聞主宰者	199
聴聞調書	201
聴聞手続	192
聴聞の特例	194
直接強制	257
直接請求制度	408
追加的併合	372
通常有すべき安全性	326
通達	61
――による行政	101
通報褒賞金	268
撤回	229
撤回権の留保	224, 261
手続的正義	191
デュー・プロセス	36
店舗型電話異性紹介営業	75
東京都テレホンクラブ等営業及びデートクラブ営業の規制に関する条例	91
動産	327
当事者訴訟	350
透明性	176
登録制度	262
時のアセスメント	43
時の裁量	128
特定管轄裁判所	39
特定性	167
特定非営利活動促進法	29
特定歴史公文書等	53
――の管理	55
特別再議（義務的再議）	418
特別の犠牲	308-309
届出	244, 269
届出義務	16
取り消し得べき行政処分（行為）	241
取消訴訟	296, 351
――の対象	359
――の排他的管轄	293
取消訴訟中心主義	351
努力目標規定	180

ナ 行

内閣総理大臣の異議	371
二元代表制	409, 431-432, 437
二重の基準	13
ニセコ町まちづくり基本条例	39
日本赤十字社	473
二面関係	25
ニュー・ディール立法	24
認容	342
ノー・アクション・レター	45, 321

ハ 行

廃棄物処理法	45
廃止処分	194
罰則	261, 281
パブリック・コメント	42, 441, 459
反射的利益	319, 361
反則金	263
反復禁止効	384
PPP	29
備荒貯蓄法	468
被告適格	364
非裁量	297
非常災害対策本部	471

非申請型義務付け訴訟	352	防災業務計画	470
避難勧告	471	防災計画	469
避難所	469	防災条例	477
100条調査	449	法人文書	53
標準処理期間	179	——の管理	54
表彰	153	法定外抗告訴訟	353
比例原則	129	法定受託事務	114, 395
広い裁量	297	法定犯	61
広島市暴走族追放条例	438	——の自然犯化	150
不安感	463	法的保護に値する利益	331
風俗環境浄化協会制度	73	法的保護に値する利益説	360
風俗関連営業	70	法の支配	29
不開示情報	38	法の保護する利益説	360
不可争力	293	法律上の争訟	350
附款	222	法律上の利益	360, 373
福岡市ピンクちらし等の根絶に関する条例	44	法律上保護された利益	331
		法律上保護された利益説	361
複効的（二重効果的）行政処分	211	法律先（専）占論	86
福祉の維持	392	法律による行政の原理	21, 380
福祉の増進	392	法律の法規創造力	22
不作為の違法確認の訴え	352	法律の優位	22
不信任議決	409	法律の留保	22
負担	224	法令審査	459
普通裁判籍	365	法令審査委員会	459
復興計画	475	補完性の原則	114
復興法	475	補充性の原則	345
不服審査申立適格	331	補助執行（旧153条3項）の廃止	85
不法就労	16	補正	338
不法就労助長罪	88	没収・追徴	264
不利益処分	192	本案審理	358
文書管理	38		
文書等の閲覧	197	マ 行	
便宜あるいは目的裁量	296	マネージャー制	62
変更	343	民間活力の利用	270
弁明手続	192	民間建築主事	127
返戻	181	民衆訴訟	350
弁論主義	375	無過失責任主義	325
包括的指定方式	90	無許可風俗営業罪	286
法規あるいは覊束裁量	296	無効等確認の訴え	296, 351
法規命令	98	無効な行政処分（行為）	240
法源	75	無届営業	286
報告書	201	無名抗告訴訟	353
防災会議	469	名義貸しの禁止	66
防災基本計画	470	明白性の基準	13
防災教育	470	明白性補充要件説	242

名誉・信用に頼る手法	261	罹災証明書	472-473
もんじゅ原子炉事件	331	立案段階	456
		立憲主義	172
		立証責任	377

ヤ 行

薬物乱用防止条例	438
役割分担	46
誘導手法	149
要件裁量	296
要件事実	304
要件審理	358
横須賀市民パブリック・コメント手続条例	42
横浜市船舶の放置防止に関する条例	258

立証責任	377
立法事実	439, 456
立法要否判断段階	456
理由の提示	182, 192
類型論	66
レジリエンス	474
連座制	179

ラ 行

罹災証明	472

ワ 行

和解	411

編著者紹介

田村 泰俊
現在 明治学院大学法学部教授、博士（法学）（慶應義塾大学より授与）
　　　慶應義塾大学大学院法学研究科修士課程修了後、同博士課程単位取得満期退学
主要著作
『公務員不法行為責任の研究』（信山社、1995年）
『組織・企業と公的規制訴訟——RICO法研究』（中央大学出版部、2001年）
『新・裁判実務大系18　租税争訟〔改訂版〕』（共著、青林書院、2009年）

千葉　実
現在 岩手県職員（前・岩手県立大学特任准教授）、修士（法学）（上智大学より授与）
　　　上智大学大学院法学研究科博士前期課程修了
主要著作
『青森・岩手県境産業廃棄物不法投棄事件』（共著、第一法規、2003年）
『自治体政策法務』（共著、八千代出版、2009年）
『自治体政策法務の理論と課題別実践』（共著、第一法規、2017年）

津軽石昭彦
現在 関東学院大学法学部地域創生学科教授
　　　東北大学法学部卒業後、岩手県職員を経て現職
主要著作
『青森・岩手県境産業廃棄物不法投棄事件』（共著、第一法規、2003年）
『議員提案条例をつくろう』（第一法規、2004年）
『自治体政策法務』（共著、八千代出版、2009年）

先端・ハイブリッド行政法

2019年7月8日　第1版1刷発行

編著者 ── 田村泰俊・千葉　実・津軽石昭彦
発行者 ── 森　口　恵美子
印刷所 ── 三　光　デジプロ
製本所 ── グ　リ　ー　ン
発行所 ── 八千代出版株式会社

〒101-0061　東京都千代田神田三崎町2-2-13
TEL　03(3262)0420
FAX　03(3237)0723

＊定価はカバーに表示してあります。
＊落丁・乱丁本はお取り替えいたします。

Ⓒ 2019 Y. Tamura et al.

ISBN978-4-8429-1751-1